慶應の小論文

［第3版］

吉岡友治 編著

教学社

はしがき

　本書は，慶應義塾大学の文学部・経済学部・法学部・商学部および総合政策学部・環境情報学部で課せられる小論文を書くための問題集です。ただし，問題集と言っても，たんにそれぞれの過去問の解き方と解答例を示しているのではなく，他の問題にも応用できるような，小論文の書き方・発想の仕方を丁寧に説明しているので，その点では参考書とも言えるでしょう。

　小論文は，高校の正式の科目には定められていません。ですから，皆さんは，高校の先生に初歩から教えられた，という経験はあまりないかもしれません。私も高校で小論文に関する講演をしばしば行いますが，授業で小論文の書き方を定期的に訓練する学校は多くありません。しかし，入試は容赦なく迫ってくる。だからこそ，本書の存在価値が出てくるわけです。

　小論文の基本は，自分の意見を述べることです。しかし，その意見が「なるほど！」と思われるには，根拠や例を挙げるといった特有の文章構造が必要です。ときには，自分の意見と対立する意見を想定し，それと議論しつつ，より高い結論に至るようなプロセスも必要です。慶應大の小論文は，このような「高い議論力」を求めています。とくに重要なのは，設問で細かく条件をつけることで，他者の問いかけに的確に応答しつつ自分の意見を練り上げる力を重視していることでしょう。

　問われ方は学部によって多様なので，過去問を使って書き方を学んでいくのが最も効果的です。設問文の表現を検討しながら，解答の方向を論理的に絞り込んでいく。それを丁寧に行うことで，深く思考し，他人に伝わる文章で表現する力を身につける。これは，たんに入試突破の技術ではなく，自分の考えを明確化して，他人と協力しながら実現するために，繰り返し必要とされるスキルです。

　その意味で，『慶應の小論文』は，これから社会に出たときに必要とされる力に直接つながっています。この本を読むことが，皆さんの人生のエンパワーメントになることを願っています。

吉岡友治

目　次

第1章　課題文型

文学部

経済学部

法学部

商学部

第2章　複数資料型

(編集部注) 本書に掲載されている入試問題の解答・解説は, 出題校が公表したものではありません。

本書の特長と活用法

::: 各学部の良問で効率的に実力養成 :::

　本書は，慶應大の小論文の出題形式を大きく**課題文型**（文学部・経済学部・法学部・商学部）と**複数資料型**（総合政策学部・環境情報学部）に分け，受験生にぜひ取り組んでほしい良問を精選している。各学部の中では原則として難易度順に問題を配列しており，順に解いていくと，自然に力がつくようになっている。

　慶應大の小論文は，後に述べるように，学部によって多様な形式で出題されている。志望学部の実際の問題に取り組み，出題形式や内容，レベルを体感してみよう。さらに，「各学部の傾向分析」を参考に，他学部の問題にもあたってみると，志望学部の出題の特徴がよりわかるし，豊富な演習ができるだろう。

::: 「読む」「書く」の双方を鍛える :::

　解説は，**「課題文の解説」**と**「設問の解説」**で構成されている。これらを通して，慶應大の小論文を攻略するために必須の，「読む」「書く」技術を鍛えよう。

　「課題文の解説」では，課題文の骨子を正確に把握できるよう，全体構造と段落（資料）ごとの要点を示した**「各段落（各資料）の要点」**を設けた。また，**「着眼」**では，著者の問題意識や議論の背景，出題意図などを，**「キーワード」**では，読解の鍵となる用語の意味を解説しているので，出題への理解を深めるのに役立ててほしい。

　本書の大きな特長は，実際の問題を通して，他の問題にも応用できるような，小論文の書き方のルールを説明していることだ。**「設問の解説」**では，とくに典型的な設問について 解答ルール を設け，答案の書き方や課題文の読み方を見やすく示した。

::: 解き方・発想の仕方を身につける :::

　小論文では，「設問で何が問われているのか？」を読み誤らないことが最も重要である。慶應大の小論文では，設問の要求が入り組んでいることも少なくない。そこで，**「設問の解説」**では，設問の「要求」と「条件」を改めて示すとともに，解答に至る思考のプロセスがわかるよう，解説を工夫している。

　さらに，「課題文に対して，どのように応答すべきか？」「設問どうしの関係は？」などにも踏み込んで解説した。ビジュアル面では，表を用いて解答に必要な要素を整理したり，図解を適宜盛り込んで理解の助けになるようにしたりしている。

慶應小論文の研究

慶應小論文の基礎知識

1　慶應大ではなぜ小論文が課されるのか？

　慶應大の入試では，国語ではなく，小論文が課されている。なぜ国語ではなくて，小論文が課されるのか，という理由は，文学部長によれば，マークセンス式では測れない「知的能力の多様性」を測るため，と説明されている（慶應塾生新聞「慶大入試『小論文』が重視される理由とは？」2019 年 2 月 9 日付）。そもそも，問題文や設問文の内容を的確に読み取り，妥当な解答を導くことは，入試における基本的な作法である。したがって，読解力自体は，英語などの他科目でも測れそうだ。しかし，課題文や資料の読解力だけでなく，それらを分析し自分の考えをまとめる思考力，的確に人に伝える表現力などを総合的に問うには，小論文の形式が適している。こうした力は，大学生活において，さらには社会に出たときに最も求められるものだ。だからこそ，慶應大は，決して採点が容易ではない小論文を長年課し続けているのだろう。

2　学部ごとの出題形式の違い

　慶應大の小論文の問題は，各学部が求める学生像に応じて科目名が異なり，その形式も様々である。大きく分けて，文学部・経済学部・法学部・商学部が**課題文型**，総合政策学部・環境情報学部が**複数資料型**である。

　課題文型では，一つの課題文を読んで，内容の読解や要約，意見論述などを求める。それに対して，**複数資料型**では，文章のほかグラフ・統計表・図などの資料が複数提示され，それらをもとに，意見論述や提案をすることが要求される。なお，商学部の「論文テスト」は，課題文を読んで答える点では課題文型と言えるが，選択問題が多く含まれ，確率・統計といった，社会科学にも応用されている数学的分野が出題されやすいところに特色がある。

　つまり，一口に「慶應の小論文」と言っても，学部によって多様な出題形式になっているのだ。たとえば，課題文型と複数資料型では，「課題文（・資料）を読む」「書く」といった基本的な技術は同じでも，実践的な解法はやや異なってくる。まずは，志望する学部の出題形式を知り，それに合った対策を立てる必要がある。

●各学部における科目名と出題形式

学部	科目名	出題形式	
文	小論文	課題文型	大問1題。課題文を読み，(1)要約または内容説明，(2)意見論述（合計760～800字以内）。
経済	小論文		大問1題。課題文を読み，(1)内容説明，(2)意見論述（合計600字以内）。
法	論述力		大問1題。課題文を読み，1000字以内で要約と意見論述が課される形式が多い。
商	論文テスト		大問2～3題。課題文を読み，空欄補充，内容説明，計算など。大部分は選択問題だが，一部に短文論述問題を含む。
総合政策	小論文	複数資料型	大問1題。複数の資料を読み，内容説明，要約，問題の設定，例示，図示，意見論述など。
環境情報	小論文		大問1題。複数の資料を読み，複数の設問に答えたり，研究計画を述べたりする。

3 小論文の評価はどうなるか？

　小論文の評価は，他の教科のように，解答が「正しいか」「間違っているか」だけでは決まらない。学部により力点は異なるが，理解度・独創性・論理性・文章構造・表現・知識など，複数の要素を総合して評価される。

　たとえば，知識がたくさんあるのはよいことだが，それが問題で聞かれていることと関係が薄かったり，そもそも間違っていたりしたら元も子もない。それだけではなく，情報がただ同等に並べられているだけでは，高い評価にならない。設問の要求や条件に沿って，要素どうしの関係が明確に定められ，内容に論理的な展開があるものが「よい」と言われるのである。

　学部によっては，独創性も大事である。どこかで見たような内容だけでは不十分で，ところどころに「自分なりに考えた」ところが垣間見えなければならない。だが，どんなに独創的で面白くても，リアリティがなかったり，簡単に反論されたりするものは評価が低いだろう。「それは本当か？」「どうして本当と言えるのか？」といった読む側の疑問や反論にちゃんと答える構造を持っていなければならないし，論理が飛躍していてはならない。

　このようにいくつかの条件を満たしたバランスのよい答案が，高い評価を得るのである。けっして，ただ制限字数を書ききれば合格できる，というものではないのだ。

各学部の傾向分析

文学部

小論文　資料を与えて，理解と表現の能力を総合的に問う

▶出題形式

　試験時間 90 分，大問 1 題，合計 760～800 字以内。近年は，長めの課題文を読み，(1)要約または内容説明（300～400 字），(2)意見論述（320～400 字）の 2 問に答える形式が定着している。意見論述では，「…について」文章をふまえて考えを述べよというように，論述すべきトピックが指定されることが多い。トピックは課題文に関連するものだが，より抽象的なキーワードが与えられるなど，課題文の中心的な内容とは少しずれる場合もある。

▶内容と対策

　課題文のテーマは言語や文化，思想，社会と幅広いが，全体としては人文学的な内容が多い。「『よそよそしい共存』の可能性」（2020 年度）は珍しく国際関係学からの出題であったが，「中動態と自由のあり方」（2018 年度）は哲学，「芸術と非芸術の境界」（2023 年度）は芸術学の話題であった。とくに，言語に関する出題には注意が必要であり，「人間にとって『名付ける』とはどういうことか」（2016 年度）のように，哲学的な検討がなされる場合は難しく感じるかもしれない。文章自体が難解ということはないが，普段からこうしたテーマに接していないと，限られた時間で内容を理解し，それに対する自分の意見を書くのは難しいだろう。

　対策としては，上記のようなテーマに関する一般向けの新書などをいくつか読んでおくと，課題文の理解も早まるし，自分の意見を展開する際の指針となるだろう。また，評論などの文章を読んで，50～100 字程度で要約する練習を積んでおくと効果的だろう。その際は，筆者が最も言いたいことを探すとともに，そこに至る論理的な筋道をしっかり追うことを意識しよう。

◆ おすすめの過去問活用法

　課題文の分量が多く，要旨を的確に把握するには長文を読み慣れておく必要があるが，法学部ほどの論述字数はなく，要約（内容説明）と意見論述とで設問がはっきり分かれているので，その分取り組みやすい。課題文が短めで，設問の要求・条件が明確な経済学部の問題で練習して，小論文の答え方に慣れてから取り組んでみるとよい。

経済学部

小論文　高校生にふさわしい知識，理解力，分析力，構想力，表現力を問う

▶出題形式

　試験時間 60 分，大問 1 題，合計 600 字以内。課題文を読み，(1)内容説明や理由説明（200〜300 字），(2)意見論述（300〜400 字）の 2 問に答える形式が大半である。過去には，グラフや統計表などを含む文章が出題されたこともある。

　設問では，「課題文に則して」「…と対比しながら」「…に着目して」などと解答する上での細かな条件が付されているのが特徴である。そうした条件に逐一答えていくのはやや骨が折れるが，誘導がある分，比較的考えやすいと言えるかもしれない。

▶内容と対策

　課題文は，社会科学的なテーマが多い。ただし，その内容は経済に限らず，政治・社会・哲学・心理学など広い範囲にわたっている。たとえば，「非対称的な関係と両者の責任」（2021 年度）は経済と国際関係，「多様性と人間社会のあり方」（2019 年度），「ソクラテス的人材が活躍するためには」（2017 年度）は現代社会論，「自由についての対立する考え―共和主義とリベラリズム」（2016 年度）は政治哲学と，多様なテーマが出題されている。いずれも論旨は明快で，法学部のように論理展開を押さえるのに苦労するような文章は見当たらない。

　経済学部では，「読む」「書く」ことの基本的な学力が試されている。対策としては，まず，現代文の問題集などを利用して，評論などの論理的な文章を読み，要約や内容説明の仕方を身につけることが挙げられる。さらに，過去問演習を通じて，小論文の基本構造に従って，自分の意見を組み立てられるようにしておこう。試験時間が 60分と短いことには注意が必要である。本番で時間切れにならないよう，時間配分を意識しておかなければならない。知識面では，専門的な知識は不要だが，時事問題や社会問題への興味・関心が問われることが多いので，新聞・ニュース番組などでつねに情報を得ておくとともに，新書などにも目を通しておくとよいだろう。

◆ おすすめの過去問活用法

　課題文が長くなく，設問の条件に沿って解答を組み立てていけばよいので，さほど難解な出題ではない。小論文初心者でも，経済学部の問題から解き始めるとよい練習になる。また，出題形式は異なるが，商学部や総合政策学部の問題で経済や現代社会に関するテーマのものをピックアップして，そうした文章を読み慣れておくとよい。

法学部

論述力　資料を与えて，理解，構成，発想，表現の能力を問う

▶出題形式

　試験時間 90 分，大問 1 題，合計 1000 字以内。課題文を読み，400 字程度で要約して，残りの字数でそれに対する意見論述をする，という形式が基本である。要約は，「著者の議論をまとめ…」というように文章全体を要約させるだけではなく，論点を指定して要約させる場合もある。課されている字数が 1000 字と多く，その中で要約と意見論述の双方を展開する必要があるため，高度な構成力が求められる。

▶内容と対策

　課題文の内容は，経済学部と同様，社会科学的なものが多い。法学の基本的な考え方を扱ったものや，政治・社会に関するものが出題されている。たとえば，「アジアとその近代化」（2020 年度）は近代国家の建設，「現代社会のリスクとどうつきあうか」（2018 年度）は科学技術と社会，「立憲主義とは何か？―『公と私』を区分する政治」（2017 年度）は憲法論であった。最近では「戦争の善悪を問うことはできるか」（2022 年度）など，半世紀以上前の政治評論もしばしば出題され，現代の歴史背景についての知識も必要とされる。それぞれ，専門的な知識がなくても読み解けるが，硬質かつ論理展開が複雑な文章が多く，法学をはじめ社会科学的な思考に親しんでいる人と，そうでない人では，理解の程度も答案を書くスピードも変わってくるだろう。

　したがって，法学部の問題を解くには，法律・政治や現代社会に対する深い興味と，初歩的な法学・政治学・現代史の知識はあった方がよいだろう。これらの入門知識を解説した新書などには目を通しておこう。そうした文章を素早く分析的に読み，基本的な概念を理解する力をつけておく必要がある。また，90 分という試験時間で 1000 字の論述をまとめ上げるのは相当大変なので，早めに要約や意見論述の練習に取り組むとともに，過去問を通して出題に慣れておくことが大切だろう。

✎ おすすめの過去問活用法

　課題文の分量が多めで，内容的なレベルも高いこと，1000 字と本格的な論述が求められ，文章の構成力や柔軟な思考力，表現力が必要なことから，全体的な難度は高い。同じく社会科学的な内容の出題が多く，法学部よりは取り組みやすい経済学部の問題や，要約と意見論述が求められる文学部の問題にあたってから，法学部の問題に挑戦することをすすめる。

商学部

論文テスト 資料を与えて，論理的理解力と表現力を問う

▶出題形式

　試験時間 70 分，大問 2 ～ 3 題。商学部の出題形式は，他学部とは大きく異なり，選択問題が中心で，課題文の空欄補充や内容説明，要約などが課される。短文論述問題は，1 問当たりの字数が 10～150 字程度とごく短く，現代文の記述問題に近い。

　特徴的なのが，ゲーム理論や確率・統計など，社会科学，とくに経済学で使用される数学的な考え方が紹介され，論理的・数学的思考力を問う問題が出題されることである。計算が求められることも多い。課題文中で考え方や解き方が示されるので，特別な知識がなくても対応は可能だが，本番で戸惑わないようにしておかなければいけない。計算問題ではマークの仕方が指定される場合もあるので，注意しよう。

▶内容と対策

　課題文は，経済学・経営学に関するものや，数学・論理学に関するものなどが見られる。経済学・経営学に関するものには，「インセンティブの与え方」（2021 年度〔2〕）や，「フリー・イノベーションの重要性」（2018 年度〔2〕）などがある。数学・論理学に関するものでは，「仮説検定の理論—統計で得られたデータの信頼性」（2016 年度〔2〕），「論理命題と反証可能性」（2015 年度〔3〕）などが挙げられる。いずれも内容的にはそれほど難しくないが，確率・統計をはじめとする数学・論理学分野の文章には，入門書に触れるなどして慣れておいた方がよいかもしれない。

　設問のタイプは大きく分けて国語的な読解力を問うものと，論理的・数学的思考力を問うものがある。前者は，現代文の問題集を使って対策するとよいだろう。後者は，数学の教科書や問題集で確率や命題の真偽といった基本的な知識などをさらっておくと安心である。さらに，過去問演習を通じて，課題文から思考の手がかりを見つけ，計算などに生かす訓練を積んでおこう。

◆ おすすめの過去問活用法

　課題文が短めで，設問で課される字数が比較的少ないという点では，経済学部の問題を解いておくことは，読解・解答のトレーニングになるだろう。ただし，特有の論理的思考力を問う出題や，計算など数学的思考力を問う出題に関しては，商学部の過去問に取り組むしかない。過去問で十分にこの形式に慣れておこう。

総合政策学部

小論文　発想，論理的構成，表現などの総合的能力を問う

▶出題形式

　試験時間 120 分，大問 1 題。総合政策学部と環境情報学部の問題は，その他の学部と違って，複数資料型の形式で出題されている。資料の数は 4 ～ 7 個と多く（グラフ・統計表などを含めれば，それ以上のこともある），すべてに目を通すだけでも相当な時間がかかる。設問は内容説明，要約，意見論述に加えて，具体例の提示，関係性の図示など多彩である。大きな特徴は，資料をもとに具体的な問題を設定させ，原因を分析させるとともに，解決方法の提案をさせる出題がよく見られることである。これは，SFC において問題解決型の教育が行われていることと関係するだろう。これらをきちんと解くには，それなりの訓練が必要である。

▶内容と対策

　内容に関しては，時事的な社会問題や，社会政策に関わるテーマが取り上げられることが多い。「民主主義の危機」（2020 年度），「グローバルリスク」（2019 年度）などである。また，「定性分析の試み」（2021 年度），「相関関係と因果関係—真の原因を考える」（2017 年度）のように，社会現象を分析するための方法論に光が当てられる傾向がある。そもそも，総合政策学部は，法律・政治・経済といった分野を学際的に横断して，政策的なアプローチを試みる学部であるから，こうした出題になっているのだろう。

　対策としては，時事問題に関心を持つとともに，何がその原因となっているのか，どのような解決方法が試みられているのかを掘り下げて調べてみることである。法学・経済学・社会学などの入門書を読んでみるのもよいだろう。できれば，具体的な事例を扱ったものを選び，そこでどのようなアプローチが行われているかに注目しつつ読むこと。また，総合政策学部での学びのあり方に直結する出題なので，学部の理念や研究内容を知っておくことは欠かせない。加えて，グラフ・統計表の読み取りに慣れておくことも必要である。

✎ おすすめの過去問活用法

　環境情報学部の問題は，出題形式が似通っているので，大いに参考になる。また，複数資料型の問題では，資料間の異同を明確に把握する必要があるが，そのためにはまず，他学部の課題文型の問題で，単一の課題文の要旨をつかみ，設問に的確に答える方法を学んだ上で，複数資料型の問題の練習に入るとよいだろう。

環境情報学部

小論文 発想，論理的構成，表現などの総合的能力を問う

▶出題形式

　試験時間 120 分，大問 1 題。環境情報学部の問題は，総合政策学部と同様，複数資料型の形式である。資料の数は 4 ～10 個程度で，写真や図，漫画などが示されることもある。資料を全部読むだけで，相当な時間をとられることは覚悟しよう。設問は，タイトル・サブタイトルの考案といった，資料の内容理解を問うものが導入として設けられることもあるが，具体的な問題の発見や，解決方法の提案といった出題がメインである。さらに，過去の体験の分析，物語の創作，模式図の図示など，バラエティに富んだ出題が見られる。

▶内容と対策

　内容には，大きな特色がある。「SFC における問題の発見と解決方法の指摘」（2019 年度）や，「『生きること』と『研究のあり方』」（2023 年度）は，環境情報学部における問題解決学習や，研究のあり方に直接関わるもので，入学後の展望を問う，という出題傾向がストレートに表れている。その他にも，「世の中の『不条理』と向かい合う」（2021 年度）など，身近なモノ・サービスについて分析させ，そのデザインや内容について具体的なアイディアを求める問題も特徴的である。資料の題材は様々であるが，情報科学分野のもの，デザイン論，技術論などが多い。

　対策としては，現代社会で起きていることや，自分を取り巻くモノなどに関心を持ち，どうしたらよりよい提案ができるか，普段から考えてみることである。新聞・ニュース番組などを通して時事問題に触れるとともに，新たなモノ・サービスがどのような発想で生み出されているのかを，「環境」「情報」「デザイン」などをキーワードに，書籍やインターネットなどで調べてみるのもよいだろう。環境情報学部での学びの内容を知り，入学してから自分が何をするのか，という具体的なイメージを膨らませておくことにも大きな意味がある。もちろん，自分の考えを論理的に伝えるためには，小論文の基本構造を身につける訓練も必要である。

✎ おすすめの過去問活用法

　演習量を確保する上では，出題形式が似ている総合政策学部の問題を解いておくとよいだろう。また，総合政策学部でも述べたように，他学部の課題文型の問題にあたって，単一の課題文の要旨をつかむ練習や，設問に的確に答える練習を積んだ上で，複数資料型の問題の練習に入ることをすすめる。

小論文作成の基本

1　小論文とは何か？

　小論文とは，どのような文章なのだろうか？　ある体験をして自分がどう感じたのかを書いた文章は，感想文である。それに対して，小論文の基本は意見文である。つまり，ある**問題**に対して，自分なりの**解決**を与える文章である。「地球温暖化に対して，どう行動すべきか？」「日本の政治をどうしたらよいか？」など，何らかの問題が提示され，それに対して「自分なら，このように考える／する」と書けば，意見（解決）になる。もちろん，意見は言いっ放しではいけない。自分の意見が正しいことを証明するために，「なぜ，正しいか？」という**根拠**をいかに示すかが，小論文の要諦である。

2　根拠を充実させる

　根拠の中で一番重要なのは，**理由**である。たとえば，「日本の原発をどうすべきか？」という問題に対して，「すべて廃炉にすべきである」と意見を述べたとしよう。聞いた人は「なぜ，そう思うのか？」と問うてくるだろう。それに対して，「なぜなら，危険だからだ」などと理由を述べなければ，相手は納得できないはずだ。つまり，小論文では，必ず理由を示して，相手を「なるほど」と思わせなければならないのである。

　ただし，「危険だからだ」という一点だけで，相手が納得するとは限らない。その場合は，「このくらい危険だ」「こうだから危険だ」などと，**説明**やさらなる理由を加えなければならないだろう。たとえば，「原発事故により多量の放射性物質が大気中に放出されると，被曝した人の発がんリスクが高まる」「その周辺でとれた農産物が風評被害により売れなくなってしまい，地元農家が経済的損害を被る」などである。

　さらに，「たとえば」と**例示**をすると，説得力が高まる。その際は，健康に関する危惧や経済的な被害を具体的なデータとともに記述しなければならない。そうすることで，「ああ，そうか！」と納得する人が増えるのである。要するに，根拠とは，相手を納得させるための材料と考えればよい。

　以上の要素をまとめると，下記のようになる。これを「小論文の基本構造」と呼んでおこう。

小論文（意見文）＝ 問題 ＋ 解決 ＋ 根拠（理由・説明・例示）

3 小論文作成の実際

慶應大の総合型選抜の過去問を例題に，小論文の基本構造を具体的に見てみよう。

例題

> 1887年，ポーランド人のルドヴィコ・ザメンホフは，異なる母国語を持つ人びとの間でコミュニケーションを容易にするために「普遍的な言語」，エスペラント語を考案しました。ところが，130年ちかくたった今も，エスペラント語の話者は期待されたほどには増えず，その数は200万人を超えないといわれています。もしエスペラント語が当初の思惑どおり世界中に普及していたら，世界は変わっていたでしょうか。あなたの考えを400字程度で述べてください。
>
> （2017年度 法学部FIT入試 第2次選考・総合考査Ⅱ）

問題は，「もしエスペラント語が世界中に普及していたら，世界は変わっていたか？」という疑問の形で示されている。それに対する**解決**は，「変わっていた」または「変わっていない」のどちらかである。予想が問われているのだから，自分なりの解決でよく，どちらを選んでもよい。ここでは「変わっていない」としてみよう。

次に書くべきなのは，その**理由**である。「言語はその人の生活やアイデンティティと深く結びついたものであり，人々が母国語を手放すことはないからだ」という理由はどうだろうか？　歴史的にも，「普遍的な言語」は存在したが，結局，いくつかの地域語がそれにとって代わっている。たとえば，ラテン語は中世ヨーロッパにおける公用の普遍語であり，学問・宗教を支える役割を担ったが，主権国家の成立とともに，俗ラテン語から分化したフランス語，スペイン語などのロマンス諸語が普遍語としてのラテン語にとって代わるようになった。ラテン語がもっぱら知識階級や教会内で使用される言葉で，普通の人々の日常生活に馴染まなかったことが一因であろう。

これを見れば，エスペラント語を巡る事情も同様と考えられよう。エスペラント語は，国家や民族の壁を越えて人々が対等に意思疎通できるように考案されたため，強力な生活・文化の裏付けがない。したがって，人々が自らの母語や生活言語を手放すことは考えられない。つまり，複数の言語が並び立つ状況となり，世界を変えるほどの影響力は持たない，と言うことができる。小論文の基本構造に沿ってそれぞれの内容を表にすると，以下のようになる。解答例も確認しておこう。

問題	もしエスペラント語が世界中に普及していたら，世界は変わっていたか？
解決	変わっていない
理由	言語はその人の生活やアイデンティティと深く結びついたものであり，人々が母国語を手放すことはないからだ
説明	「普遍的な言語」は歴史的に存在したが，いくつかの地域語がそれにとって代わった
例示	ラテン語は中世ヨーロッパにおける公用の普遍語だったが，フランス語，スペイン語などにとって代わられた
結論	エスペラント語を巡る事情も同様であり，人々が母国語を手放すとは考えられない。複数の言語が並び立つ状況となり，世界を変えるほどの影響力は持たない

解答例

> 　もしエスペラント語が普及したとしても，世界は変わっていないだろう（**解決**）。なぜなら，言語はその人の生活やアイデンティティと深く結びついたものであり，人々が母国語を手放すことはないからだ（**理由**）。歴史的に見ても，「普遍的な言語」は存在したが，その後いくつかの地域語がそれにとって代わった（**説明**）。たとえば，ラテン語は中世ヨーロッパの公用の普遍語だったが，近代に至ってフランス語，スペイン語などにとって代わられた（**例示**）。ラテン語が知識階級や教会内でのみ使用され，普通の人々の日常生活に馴染まなかったことが，その一因であろう。
>
> 　エスペラント語を巡る事情も同様だと思われる。エスペラント語は，母国語が異なる人々が対等に意思疎通できるよう，各国語に固有の要素を排除することで普遍性を獲得しているため，生活・文化の裏付けがない。したがって，人々が母国語を手放すとは考えられない。結局，複数の言語が並び立つ状況となり，世界を変えるほどの影響力は持たないのである（**結論**）。（400字程度）

　なお，小論文では結論をどう書くのかと問われることが多いが，結論では，それまで触れなかった全く新しい内容を書いてはいけない。結論は，最初に書いた解決と同じか，そこから容易に推論できる内容に限られる。もちろん，表現については，ただ繰り返すだけだと単調だから，少し変えるとよいだろう。

4 課題文型の問題をどう解くか？

　前述の例題の場合は，設問の中にわかりやすく**問題**が提示されており，それに対する考えを述べればよかった。しかし，文学部をはじめとする慶應大の多くの学部の一般入試で課されている課題文型の問題では，設問文に「…について」考えを述べよとあっても，課題文がそれに関してどのように**問題**を提示し，どう**解決**を導いているかをふまえて，自分の考えをまとめなければならないことが大半だ。

　その場合大事なのは，課題文の要約と自分の主張を明確に区別することである。よく使われるのが「課題文によれば～」「筆者は～」などという言い回しだ。要約をこうした言い回しで始めて，一段落でまとめ，その最後を「…と言う」などとする。その後の段落で，筆者の意見に反対するなら，「しかし～」と書き始め，概ね賛成ならば「たしかに～」と書き始める。

　賛成の場合でも，どこかで課題文の筆者との違いを出したい。たとえば，「概ね賛成だが，この点は，こう考えた方がもっとよい」「この意見は妥当だが，このような場合を見落としている」などと，補足したり修正したりする。さらに，筆者が挙げていない自分なりの例が示せるとよい。反対の場合は，その**理由**を必ず述べた上で，**説明・例示**などで論を補強していく。字数が許せば，筆者の反論を予想して，それを「たしかに～」という譲歩の構文で記した上で，「しかし…」その反論はやはり誤っている，と批判して結論につなげるとよい。

5 要約の仕方

　課題文型の問題に関連して，要約の方法も説明しておこう。要約とは，筆者の言いたい内容を短くまとめたものだ。だが，「言いたい内容」は，どうやって見つけたらよいか？　そこがわからないと，要約しようにも「『筆者の言いたい内容』だと感じたところ」のまとめになってしまう。これでは要約にならない。要約を求められるタイプの文章は決まっている。小説や詩歌を要約する問題は出ない。要約を求められるのは，つねに論理的文章，つまり「論文」だ。論文の構造は，「２　根拠を充実させる」で見た小論文と同じで，問題＋解決＋根拠に分かれ，根拠も理由・説明・例示で構成される。ただ，そこに引用・比喩・比較対比などが入ってくるのが違うだけだ。

論文＝問題＋解決＋根拠（理由・説明・例示・引用・比喩・比較対比）

　筆者の言いたい内容は，問題と解決に集約されている。だから，問題と解決を軸にまとめるのが基本だ。制限字数に応じて，理由・説明などを付け加える。その他の細かな説明・例示・引用・比喩・比較対比などは，基本的にはすべてカットする。例を見よう。

例題

以下の文章を読み，筆者の主張を 50 字程度で要約しなさい。

「東京裁判」の判決を大筋で受けいれた人も，それが告発する個別の事実については疑いを抱くことがある。第二次大戦から満州事変に遡る日本の罪を認める人でも，それがさらに明治以来の近代史すべてに及ぶという非難には首をかしげるだろう。（中略）

しかし，こうした反発はたんに歴史について誤っているだけでなく，現に国家間で起こっている対立の本質を見誤っている。争われているのはじつは歴史的真実の問題ではなく，それとは異質の，政治的正義の問題なのだということを見誤っている。そのうえ，そこには政治的正義の本質についても素朴な誤解があって，政治的正義は世界にただ一つしかなく，譲れない真実にもとづくものだと信じられているように見える。そしてその譲れない真実こそ，歴史についての正しい認識であり，学問的真実だと思いこまれているように見える。だが，じつは政治的正義は世界にいくつもあるものであって，しかもその真の理想は何であれ真実を反映することではなく，社会の秩序と安寧を実現することのほかにはないのである。

（出典）　山崎正和『歴史の真実と政治の正義』
（2007 年度　法学部・改）

具体的情報を除くと，この文章は「東京裁判の判決の是非」を扱っている。「疑いを抱く」人に「その反発は誤っている」と言うのだから，**問題**は「東京裁判の判決への反発は正しいか？」で，**解決**は「その反発は正しくない」。なぜ，そう言えるのか？東京裁判は「政治的正義の問題であり，その目的は社会の秩序と安寧を実現することだから」だ。

問題	東京裁判の判決への反発は正しいか？
解決	正しくない
理由	東京裁判は政治的正義の問題であり，その目的は社会の秩序と安寧を実現することだから

解答例

東京裁判の判決への反発は正しくない。なぜなら，その目的が社会の秩序と安寧を実現することだからだ。（50 字程度）

6 複数資料型の問題はどうか？

　総合政策学部や環境情報学部では，一つの課題文が与えられるのではなく，資料が複数提示される。そのような場合には，資料の内容を要約して，賛否どちらかの立場をとるというだけでは不十分だ。

　こうした場合は，一つ一つの資料の要旨をつかむだけでなく，資料どうしの関係を考える必要が出てくる。それぞれの資料は独立に書かれたものであることがほとんどだが，共通する論点や問題意識は何か整理する。さらに，その論点について，資料間の立場の違いを把握しておく。このように抽出した資料の共通点・相違点を，設問で求められている意見論述や提案，図示のヒントとして生かしていくのである。

7 正しい方法で努力しよう

　ここでは触れる余裕がなかったが，段落の区切り方や，その構成の仕方，論理の組み立て方，接続詞の正確な使用法など，論理的な文章には書き方の作法がある。その作法に従わないと，わかりにくく支離滅裂な文章になってしまう。ぜひ，本書で志望する学部の問題や，出題形式が似ている学部の問題を実際に解いて，自分の解答と解答例とを見比べ，どこがどう違うのかを研究してほしい。それだけでなく，解説をよく読み，解き方や考え方を学んでいってもらいたい。そうした地道な努力が，知らず知らずのうちに自分の書く力を引き上げていくはずである。

第 1 章　課題文型

- ・文学部
- ・経済学部
- ・法学部
- ・商学部

文学部

1 日本的感性の特徴—空間性から考える

2011年度・目標**90**分

　次の文章を読み，設問に答えなさい。

　日本的な感性を考えるということは，それが中国的な感性やフランス的な感性とは異なるということ，感じ方に個性がある，ということである。文化により，個人によって個性的な感性がある，と想定することができるためには，感性の回路のなかに，個的な偏差のありかがなければならない。この個性の根は，どこに，どのようなかたちで存在するのか。

　各文化，各個人において，鋭い感性を見せるところと，鈍いところがあり，この鋭さ鈍さの総体的な分布が個性である，と考えればよい。文化により，個人によって，色彩に関して鋭敏な感性を示しつつ，音については反応が鈍い，ということがあるし，ひとの作品に関して豊かな感性を示す文化もしくは個人が，自然には殆ど関心を示さない，ということがある。特定の対象やことがらについて，鋭い感性を示すというのは，それについては小さな刺戟にもすぐに反応するようなスタンバイの状態ができている，ということである。われわれの感性は，外界からの刺戟に応えてわれわれの内部に引き起こされる反響を聴き取る受容体だが，それはひとによって個々に他と異なるような仕方で帯電している。個性的な分布を以て帯電しているわれわれの感性は，感ずる対象を選び取り，独特の反響を返す。

　その帯電の分布すなわち構造は，生来のものであることもあろうが，多くは文化的環境のなかで育まれたものである。そして，特に個々の文化に固有の感性を考えるなら，それぞれの国語の語彙のシステムとして伝承されるものが重要である。一方に数個しか色彩語をもたない言語の民族があり，他方で何十という雪の様態を区別している言語をもった民族もある。遠くの人びとのことではない。万葉期の日本語は，しろ，くろ，あか，あおの四つの色彩語しかもっていなかった。

　われわれの以下の課題は，顕著な反響を響かせている和歌を探し，分析して，この分布の日本的構造を析出することである。

　　　　＊　　　＊　　　＊

　広い空間を見はるかすとき，われわれは何か目立つものに注目し，それと「われ」

とを結びつけることによって，安心感を覚える。遠くにあればランドマークだし，手でつかむことのできる手すりのようなものでもよい。こうした拠り所を得ることによって，世界との関係は安定し，彼方へと広がる空間のなかにわれわれは安住することができる。この関係が破綻するとき，例えば，きつねに化かされたように，どうしても同じ道を堂々巡りするようなとき，われわれはパニックに陥ったりする。方向音痴と自覚しているひとは，その自覚そのものによって，このような危機に対する予防措置を施しているように思われる。もちろん，きつねに化かされるのは稀な経験であり，日常的には安定した関係が築かれている。

　ここで考えようとするのは，富士山や村の一本杉のようなランドマークのことではない。いまわたしが考えようとしているのは，より根底的で無記的（目立つもののない）な，空間の見渡しを支配している幾何学的な構造である。無記的で幾何学的であるとはいえ，わたしのまなざしに属するものであり，日本的感性に固有の構造があるように思われる。まず，次の永福門院（一二七一～一三四二）のうたを観賞することにしよう。

　　　月かげはもりの梢にかたぶきてうす雪しろしありあけの庭（『玉葉集』九九七番）

　彼方に黒い影を見せる森の上に月はかかり，いま沈もうとしている。近くを見ると，庭には雪がほの白く広がっている，という情景である。ここで注目すべきは，遠景と近景の取り合わせである。この取り合わせを柱として，このうたは構成されている。言い換えれば，中景はない。同じ歌人のうたを，更に二首挙げる。

　　　さ夜ふかき軒ばの嶺に月はいりてくらきひばらに嵐をぞ聞く　（同，二一二三番）
　　　をちこちの山は桜の花ざかり野べは霞にうぐひすの声　　　　　（同，一四八番）

　前のうたは，同趣の構図だが，近景に視覚的なイメージではなく，聴覚的知覚を置いている。歌人は部屋のなかにいて，御簾をあげた窓から彼方を見やっている。この視野において遠くの嶺はちょうど「軒ば」の位置に見えている。彼女からは外の近景は目に入らず，「嵐」の声によって近くの森を知覚している（「ひばら」は「檜原」である）。

　後の方のうたにおいて，「をちこち」は「遠近」の読みであるから，この字義に従えば近くの山を含んでいるはずである。しかし，構図的には，山は遠景を構成する。その山々には花ざかりの桜が群れている。その手前の野には霞がかかっているのだが，どこからともなくうぐいすの鳴き声が聞こえてくる，そんな風景である。これも，遠景と近景を取り合わせたもので，中景には「霞」が置かれているが，それは言わば空白である。

このように中景を欠く空間構成は，なつかしい絵画的表現の典型的な情景ではなかろうか。『源氏物語』の一節を，谷崎訳で引用しよう。「おこり」を患った「君」が，その病をよく治すという行者を北山に訪ねる。「お勤め」をしたあとのことである。

> ……うしろの山へお上がりになつて，京の方を御覧になります。はるばると霞がかゝつて，四方の梢がほんのり煙つてゐる具合など，「何と絵によく似てゐることよ（四方の木ずゑ，そこはかとなう，けぶり渡れるほど，絵にいとよくも似たるかな）。こんな所に住む人は心に思ひ残すこともないであらうな」と仰せになりますと，「まだ此のあたりの景色は浅うございます。田舎の方にある海山の有様などを御覧になりましたら，どんなに御絵が御上達なさるでございませう……（「若紫」）。

広く霞がかかっている。遠景としては，「木ずゑ」があちこちに姿をのぞかせており，目の位置とこの遠景のあいだは「けぶり渡って」いる。そのような情景が「絵のようだ」と言われている。つまり，霞が中景を覆い，そこにあるものを隠している状態が「絵のよう」なのである。この時代の絵画の作例はほとんど残っていないが，この言葉自体が証言となる。もちろん，『源氏物語』のなかには他にも「絵のよう」と形容されている光景があるが，この「けぶり渡る」が絵画的光景の一つの代表的なものであることは，誰にも異論のないところであろう。霞は，高温多湿な日本の風土に深く根ざした自然の風景であるとともに，やまと絵以来の日本の絵画における基本的な手法ともなった（上の「若紫」の言葉は，ずっと時代を下るが，長谷川等伯の「松林図屏風」を思わせる）。西洋のルネサンス期に確立した透視画法が，遠景と近景を連続的につなげる中景に関わる遠近法であるのに対して，この日本的遠近法が中景を省略することによる効果を利用していることは，大いに注目すべきところである。このような空間把握に関連して，和歌の表現においてかなめとなっているのは，「〜渡る」という広がりを表わす補助動詞である。能因法師のうたを参照しよう。

> 心あらむ人にみせばや津の国のなにはわたりの春のけしきを
>
> （『後拾遺集』四三番）

「難波わたり」は大まかに言えば「難波のあたり」の意だが，「辺り」と「わたり」には違いがある。「わたり」にはこちらから向こうへという動勢が含まれており，見るひとの見はるかす心の動きと，そのまなざしのスキャンする広がりが含意されている。『逆引き広辞苑』を引くと，「〜渡す」という複合他動詞が二八例，「〜渡る」という複合自動詞が五一例挙げられている。「〜渡す」に関して面白いのは，その多くがひとを与格として働きかけるものが多く（売り渡す，明け渡す，申し渡す，譲り渡

す等々），それにひきかえ，われわれの関心事である広がりあるいは距離を貫く運動を表わすもののうち，今でも使われているのは「見渡す」くらいしか見当たらない。「射渡す」（矢を射て遠くまで届かせる）のような言いまわしは，文脈なしに単語だけ示されても，すぐには見当がつかないのではないかと思われる。

　空間表現で例も多く，味わいの深いのは「〜渡る」という自動詞である。今でも使われているのは，行き渡る，冴え渡る，染み渡る，知れ渡る，晴れ渡るなど数個にすぎないが，いずれにおいても「渡る」は広がりの意味を添加している。「晴れ渡る」などは，決まりきった言いまわしでしか使われないので，無自覚的に用いられることが多いが，もとの意味を意識してみると，なかなか味わいの深い語である。『日本国語大辞典』は，この「〜渡る」に空間的な広がりの意味（あたり一面に〜する）と，時間的な持続の意味（ずっと〜し続ける）を挙げている。後者の意味の典型的な歌語は「恋ひわたる」で（万葉末期に用例がある。四四七六番），いつまでも恋心を懐きつづけるという意味とされる。しかし，この言いまわしには，遠くの恋人に思いを届かせようとする憧れの気持ち（空間的意味）が含意されているようにも感じられる。

　上に見た『源氏物語』の文において，霞が「けぶり渡る」と言われていたことにも見られるように，中景ぬきの遠近法において，遠景と近景のあいだの空間は，「渡る／渡す」の動勢によって満たされているように感じられる。言うまでもなく「見渡す」ひとのその指向性である。日本の詩歌のなかには，ここで見てきたような遠近法的な空間表象とは異なる広大な描写があるのを，われわれは知っている。

　　東（ひんがし）の野にかぎろひの立つ見えてかへりみすれば月西渡（かたぶ）きぬ
　　　　　　　　　　　　　　　　　　　　　　　　　　（柿本人麻呂，『万葉集』四八番）
　　菜の花や月は東に日は西に
　　　　　　　　　　　　　　　　　　　　　　　（与謝蕪村（よさぶそん），『蕪村句集』）

　しかし，これらは明瞭な対比語法を以てうたわれており，日本的な感性というよりも，中国の修辞技法に学んで造形された光景ではなかろうか。中国ではこれが有力な文章法であるのに対して，日本の古典的テクストにおいて，明瞭な対比性を示す表現の作例は稀だからである。一八〇度身体を回転させて得られる人麻呂や蕪村の空間とは異なり，永福門院のうたにうたわれているのは，歌人の前方に奥行きとして広がっている空間である。また透視図法の場合，視点に位置する画家は，情景の外に居て，その情景を対象的に見ている科学的な「眼」である。それに対して，この日本的遠近法の視点に位置する歌人は，思いを彼方へと「渡す」動勢のもとである。ここで重要なのは，世界のなかに屹立（きつりつ）するランドマークの存在とは別に，見渡すわたしのまなざしに固有の空間構造が秘められている，ということである。中景を飛ばして遠景を近景と結ぶその構造こそ，日本的感性に固有の空間性と見ることができる。なぜか。

　これを考えるうえでは，西洋の透視図法的な遠近法と比較してみるのがよい。この

近代的な遠近法が，近代科学と同じくルネサンス期に完成し，事実，その時期には，絵画が学問であるという主張を支える決定的な役割を果たしたことは，よく知られている。その特徴は，既に初めに触れたように，遠景と近景を結ぶ中景が中心となっていることである。街路や並木，家並みのように連続して遠方に続いてゆく空間が，この遠近法による描写の最も得意とする対象である。しかも，中景が言わば満たしているこの空間は，均質であることを特徴としている。この百メートルと次の百メートルは，同じ減衰の割合によって縮小していくのであり，そのことは位置の違いを表わしはするものの，長さとしては完全に等価と見られている。この抽象性が科学的ということの意味である。それは，生きて生活している人間の空間とは異なる。同一の家並みを，旅人と住民は異なったように見る。それぞれが相異なる関心をもっており，その関心の差異に応じて，注目する対象，地点が異なる。注目された部分の空間は濃密なものとなり，無関心な部分は希薄なものとなる。かくして，二人の前に，空間は異なる起伏を見せて立ち上がってくる。

　永福門院のうたが表わしているのは，空間の側に属する客観的論理ではなく，世界のなかに立つひとに属する，しかしそのような関心以前の，ある意味でア・プリオリな（個々の経験に先立つ）構造であり，しかも認知されるよりも感じられるものである。この感性的な論理は，われわれがこれまで明らかにしてきた日本的な感性の特徴と符合する。永福門院のうたった空間の特徴は，遠景を捉えるのに，近景を支えとしていることである。近景は視野のなかの身体的圏域とでも呼ぶべきものである。遠景に注目するとき，ただ遠景だけを切り出したのでは，それは望遠鏡で覗いた対象の如きものにすぎず，わたしの居る世界の遠景とは言えない。わたしの世界の遠景となるためには，わたしの視野における遠景とならなければならない。それは，わたしの身体的な近景に呼応するものとして遠景なのである。あるいは，その遠景を含む世界の近景に，わたしが身体的に参与することによって，世界はわたしの世界となり，そこに世界が具体的な視野となる，と言う方が正確であろう。遠景を支えるのが，身体的近景であるのは，日本的な感性にとってはごく自然なことと思われる。これまで見てきたように，触覚的な接触を基調とするものだからである。

（佐々木健一『日本的感性―触覚とずらしの構造』より）

設問Ⅰ　著者が述べる「日本的感性に固有の空間性」とは何か，180字以上200字以内で説明しなさい。

設問Ⅱ　著者の論じているような日本的感性（感じ方の日本的な個性）について，
① 感性は普遍的なものであって，日本的感性などは存在しない。
② 昔の日本には個性的な感性があったが，現代社会になって失われてしまった。
③ 日本的な感性は，時代を超えて現代にも存在している。
のいずれの立場をとるかを明確にした上で，なぜそう考えるのか，本文以外の例を挙げて，400字以上500字以内で論じなさい。

POINT　文学部の典型的な問題。設問Ⅰは内容説明。「日本的感性に固有の空間性」を180字以上200字以内でまとめる。「日本的感性」の下位概念として「固有の空間性」があるが，和歌を手がかりにその特徴を述べる。設問Ⅱは「日本的感性」は存在するか／しないか，をめぐる意見論述。最初に①〜③のどの立場をとるのかを選択し，後は「なぜ」それを正しいと思うのか，例を挙げながら根拠を述べる。小論文の基本構造に則って書けばよい。

課題文の解説

▶各段落の要点

問題	❶日本的な感性＝個性的な感性であるならば，個性の根はどこにどのようなかたちで存在するか？
補足・分析方法	❷個性＝感性の鋭さ鈍さの総体的な分布 　特定の対象・ことがらに鋭い感性を示す＝小さな刺戟にもすぐ反応するスタンバイの状態にある ❸個性は文化的環境によって育まれる。特に国語に関わるものが重要 　**例示**万葉期の色彩語の少なさ ❹和歌の分析によって，日本的な感性を析出する
空間性の定義	❺広い空間の中で目立つものに注目し「われ」と結びつける→世界との関係が安定する ❻空間の見渡しを支配する幾何学的な構造について考える
例と分析	❼～❾永福門院のうた三首：中景を欠く空間構成 ❿・⓫『源氏物語』「若紫」：霞が中景を隠している状態が「絵のよう」 ⓬・⓭能因法師のうた：「わたり」の表現は見るひとの心の動きと広がりを含意 ⓮先に見た『源氏物語』：遠景と近景のあいだの空間は，「渡る／渡す」の動勢によって満たされている
比較	⓯柿本人麻呂・与謝蕪村のうた：明瞭な対比性を持つ＝中国の修辞技法，180度身体を回転させて得られる空間 　　　　　⇕ 永福門院のうた：歌人の前方に奥行きとして広がる空間 思いを彼方へと「渡す」動勢のもとにある，中景を飛ばして遠景と近景を結ぶ構造＝日本的感性に固有の空間性
対比	⓰西洋の透視図法的な遠近法：遠景と近景を結ぶ中景が中心＝抽象的・科学的≠生きて生活している人間の空間
結論	⓱永福門院のうたの空間性：世界のなかに立つひとに属する，感じられた構造 遠景を近景（身体的圏域）が支える→世界がわたしの世界となり，具体的な視野となる 　　　‖ 触覚的接触を基調とする日本的感性にとって自然

（凡例：⇔対比）

▶着眼

　課題文は文学部らしい文化論で，「日本的感性に固有の空間性」を論ずる。固有性，つまり特徴を述べるには，対比と比較がつきものである。対比とは，反対のものを並べて違いを強調すること，比較とは，似ているものを並べて類似と相違に注意を促し

特徴を明らかにすること，と考えればよい。ここでは，文学作品を例に日本的なあり方を中国的なあり方と比較し，西洋的なあり方と対比していることに注意したい。

　当然のことながら，力点は日本にあり，中国・西洋はそれをくっきりとさせるための道具にすぎない。したがって，**設問Ⅰ**の内容説明はあくまで「日本的感性に固有の空間性」を中心とせねばならない。

▶キーワード

□**知覚**　英語では perception で原義は「把握」。感覚器官を通じて，外界の事物を見分け，「それが何であるか」をとらえる働き。感覚器官が感じただけなら sensation 「感覚，興奮」である。

□**修辞技法**　レトリック（rhetoric）とも言う。言葉をうまく使って，効果的に表現すること。「違い」を表現するための対比の他，「白髪三千丈」などの誇張，「彼は警察のイヌだ」といった隠喩など，多くの技法がある。

□**ア・プリオリ**　経験とは独立にあり，生得的・先天的に与えられていること。対義語はア・ポステリオリ「後天的」。たとえば，1＋1＝2という数式は具体的経験に関係のないア・プリオリな真理である。

設問の解説

設問Ⅰ　内容説明

〔要求〕 著者が述べる「日本的感性に固有の空間性」とは何か説明する。

　文章全体ではなく部分的な説明が求められているので，それが説明・例示されている箇所を探し，抽象化して述べるとよいだろう。

　「固有の空間性」については，第❶～❹段落は導入部にすぎず，本論は第❺段落から始まる。内容をまとめるときは，比較を多くせず，本質だけを抽出するべきだろう。

　比較が出てくるのは，柿本人麻呂・与謝蕪村のうたを引いて説明している第⓯段落からだから，それまでの内容をまず挙げてみよう。

> ・遠景と近景の取り合わせで…中景がない（第❼段落）
> ・遠景と近景のあいだの空間は，「渡る／渡す」の動勢…「見渡す」ひとのその指向性によって満たされている（第⓮段落）

　ただし，「『渡る／渡す』の動勢」「『見渡す』ひとのその指向性」がわかりにくい。第⓬段落に「『わたり』にはこちらから向こうへという動勢が含まれており，見るひとの見はるかす心の動きと，そのまなざしのスキャンする広がりが含意されている」とあることから，「『見渡す』ひとの，心の動きをともなったまなざし」などと言い換

えられるだろう。制限字数は 200 字なので，さらに材料を探してみたい。

最終段落から探す

　第❶❺・❶❻段落では，中国・西洋的な感性と比較・対比することで，日本的感性を浮かび上がらせている。続く最終段落を見てみると，次のような表現がある。

> • 遠景を捉えるのに，近景を支えとしている
> • 近景は視野のなかの身体的圏域
> • 遠景を含む世界の近景に，わたしが身体的に参与することによって，世界はわたしの世界となり，そこに世界が具体的な視野となる
> • （日本的感性は）触覚的な接触を基調とする

　これらは，日本的な空間性の特徴である「遠景と近景の取り合わせで，中景がない」ことを，「世界」「身体」「触覚」などという，より根源的な言葉を用いて詳しく説明している。よって，前述の内容の説明・補足として使えそうである。これらを先の内容に接続させて解答をまとめよう。

　なお，西洋との対比を使って書くことも考えられる。主題は「日本的感性に固有の空間性」であり，少ない字数で特徴を書かねばならない場合には対比は不要だが，200 字と字数に余裕があるので，短く対比を盛り込んでみてもよいだろう。

解答例

　　日本的感性に固有の空間性は，文学作品に見られるように，中景がなく，遠景と近景の取り合わせになっている。その間は「見渡す」ひとの，心の動きをともなったまなざしによって満たされている。この空間の特徴は，遠景が，視野のなかの身体的圏域である近景に支えられていることである。その近景にわたしが身体的に参与することで，世界はわたしの世界となり，具体的な視野となる。つまり，触覚的な接触を基調とするのである。（180 字以上 200 字以内）

設問Ⅱ　例を挙げての意見論述

〔要求〕　「日本的感性」が存在しているかどうか論じる。
〔条件〕　①日本的感性などは存在しない，②昔はあったが，現代社会になって失われた，③時代を超えて現代にも存在している，のいずれの立場をとるかを明確にした上で，なぜそう考えるのか本文以外の例を挙げる。

　①～③のどれかを選んで，例を用いて明確に根拠づけられたらよく，どれを選んでもよい。なお，②を選ぶ場合は，いつ・なぜ失われたのか，という検討が欠かせない。また，③を選ぶ場合，必ずしも著者の主張する日本的感性をもとに論じなくてもよい。

〔解答例〕では③「日本的な感性は，時代を超えて現代にも存在している」を選んだ。実は，「存在している」と主張するのは簡単ではない。「日本文化を形成してきたからだ」と書く人がいるが，これでは原因と結果が逆になる。日本的な感性が時代を超えて存在しているから，日本文化を形成してきたと言えるので，その逆ではない。

　むしろ「日本的感性」はこれだ，と冒頭に規定して，その形がこれまでの日本文化の中に見られ，現代の日本文化にも見受けられることを示せれば，同様の「日本的感性」が現代にも存在することを証明できる。その際は，著者の主張する「日本的感性」の内容を踏まえるのがやりやすいだろう。

　〔解答例〕では，著者が日本的感性に固有だとする「わたしの世界」「具体的な視野」をもとに，「一人称小説」をその例として出した。文学では narrative「語り」と呼ばれる話題である。たんに「一人称小説」の定義を述べるだけでなく，経験や心情を主観的視点から述べることが，どういう効果を生み，どんな特徴を日本文学に与えることになったのか，まで述べられるとよい。そのうえで，「ライトノベル」との結びつきなど，現代的事象と関係づけること。

　特徴を捉えるには，〔着眼〕で述べたように，比較・対比が有効である。ここでは，欧米文学と対比して，「三人称からの視点」がどのような効果を持っているかを述べ，「一人称小説」とどう違うのか説明した。

解答例

　「日本的な感性は，時代を超えて現代にも存在している」の立場をとる。課題文に「わたしの世界」とあるように，日本では自らの主観に従って物事を捉え，自分との関係で世界の事象を認識する傾向が強い。世界を俯瞰して客観的な視点から捉えることは少ないのだ。

　たとえば，日本の近代文学に多く見られる一人称の物語形式には，この感性が見てとれる。主人公が自らの経験や心情を一人称で吐露していき，人物や風景も主人公の視点から主観的に描かれ，客観的に語られることはない。この形式は，現代のライトノベルにも，若者らの口語体による「自分語り」のアピールという形で引き継がれている。

　それに対して，欧米文学では一人称による形式も存在するが，三人称が主流であり，出来事や人間関係は，どの登場人物にも拠らない一般的な視点から記述される均質なものであることが多い。ここから，西洋的な感性は客観的に物事を捉える点に特徴があり，主観性を重んじる日本的感性と対照をなす。

　このように，世界を「わたしの世界」として主観的に捉える日本的な感性は，時代を超えて文学に影響を及ぼし，日本文化を形作ってきたと考えられる。(400字以上500字以内)

変化はパラメータで説明する

　設問Ⅱでは，②の立場「昔の日本には個性的な感性があったが，現代社会になって失われてしまった」をとることもできる。その場合，なぜ，昔あったものがなくなったのか，を考えることになる。「日本的な感性」を外から成り立たせているものを想定して，それが変化したから「日本的な感性」も結果として失われたのだ，という理屈を立てるのである。このように，ある事物の外側から影響を与えるものを，パラメータ（変数）と呼ぶ。

　「日本的な感性」という地域の固有性にかかわるパラメータとして，たとえば「資本主義」を想定してみよう。それが「以前」「以後」という二つの値を取るとする。すると，「資本主義以前」は「日本的な感性」という地域の固有性があったが，「資本主義以後」は失われた，という仮説を立てることができる。

　ドイツの社会学者マックス・ウェーバーによれば，資本主義はヨーロッパのプロテスタンティズムを母体として生まれ，世界中に広まったとされている。「資本主義以前」は地域の固有性が強かったのだが，資本主義の方が圧倒的な力を持つので，「資本主義以後」は，世界のどこでも同じようになってしまった。すなわち，資本主義というパラメータによって，地域の固有性・特殊性がなくなった，などと論ずることができよう。つまり，次のような因果関係が成り立つのだ。

　○資本主義→地域の固有性　　×地域の固有性→資本主義

　このようなパラメータの考え方は，近代の「唯物論」や「経済決定論」のモデルとなっている。現代では，こういう考え方を取る人は少なくなってきたが，アメリカの文化史などでは，社会と文化の関係をパラメータによって考えることがある。正しいか否かは別として，こういうメカニズムを考えることは無駄ではないのである。

2　芸術と非芸術の境界

2023年度・目標**90**分

次の文章を読み，設問に答えなさい。

　近ごろ，豊かな自然のなかで作品展示が行われる芸術祭が各地で開催されているようだ。そこで主催者がしばしば耳にする言葉は「あれも作品ですか？」らしい。地元のオッちゃんから「これが作品なら，あれだってアートだ」などと，木漏れ日のなかキラメいて揺れる蜘蛛の巣を指さされることもあるという。想像しただけでも美しいではないか。筆者など「そのとおりだ」と素直にうなずいてしまうことだろう。そういう目をもってすれば，なんだってそれらしく見える。こうしたイヴェントに参加すると，それまで当たり前のように思っていた自分の感覚に戸惑いを覚える。むしろ，そんな美意識の攪乱を自ら楽しむこと自体が，その目的ではあるのだろう。そういえば勤める大学のキャンパスの一角にガレキが積み上げられているのを，美術学部の作品発表かと勘違いしてじっと見ていたことがある。「先生，それ本当に廃棄物です」とやってきた学生にいわれても半信半疑だった。立ち入りを規制するロープにさえも，なにかメッセージが込められているかに思えていたからだ。芸大などという場所は，そもそもが世間から隔絶された異空間だ。深読みすればそのへんに転がっているゴミだって作品に見えてくる。あらゆるモノや事象が芸術となる可能性をもった時代をわたしたちが生きていることに間違いはなさそうだ。

　音楽についていえば，この世を満たす音響現象はすべて芸術たりうる。それはかのジョン・ケージ（一九一二〜一九九二）作曲「４分33秒」（一九五二年）を聴けば（？）一目（聴）瞭然だ。楽譜に音符は書かれていない。奏者はただ楽器の前にいるだけだ。しかるに，ステージからはなんら音の発せられないそのあいだ，聞こえてくる音響全部が彼の作品だ。それはひとびとの呼吸する音であり，しわぶきであり，ざわめきであり，椅子のきしみであり，空調の唸りであり，外を通る車のノイズであるかもしれない。奏者がいっさい音を出さないことを訝しむ聴衆に対する「本当にあなた方は何も聞こえないのですか」という問いかけそのものが，彼の芸術活動だ。

　余談だが，じつは無音の音楽（？）を最初に書いたのはケージではない。彼よりも三三年早く音のない音楽（？）に気づいた人物がいる。エルヴィン・シュールホフ（一八九四〜一九四二）というプラハ生まれのユダヤ人作曲家だ。一九一九年に発表された彼の「五つのピトレスク」というピアノ小曲集第三曲「未来に」と題されたその曲は，全三〇小節があらゆる種類の休符と感嘆符，疑問符等の記号，そして顔文字のようなものだけで埋められていた。一音も発せられないにもかかわらず右手は五

分の三拍子，左手は一〇分の七拍子と指定もされている。そのうえ楽譜の冒頭には「常に表情豊かに感情をこめて自由に歌うように……」（『シュールホフ　フルートとピアノのためのソナタ』音楽之友社）との指示まである。これほど演奏困難な音楽はあるまい。彼はほかにも女性のあえぎ声と水の流れる音だけの「ソナタ・エロティカ――男たちだけのために」などという曲（？）を発表するなど，第一次世界大戦後，世界の虚無をアートにした音楽家だ。ナチスの悲劇に巻き込まれさえしなければ，戦後新たな音楽シーンを創り出す才能となったに違いない。

　筆者は「それが一聴して音楽と認識できないものを音楽とは認めない」という立場ではある。

　しかしながら実際には，当初ランダムな音響の連続としてしか捉えられなかった音現象が，なにかをきっかけに音楽として聞こえてくることがある。「ソナタ・エロティカ」だって聴きようによってはたしかに音楽に聞こえなくもない。自ら演奏する場合など「これを音楽とは認めがたい」と，いやいや譜読みをしていた作品にもかかわらず，突如その響きが音楽として現前する瞬間さえある。

　機械的，無機的に作曲されたはずの，偶然性と十二音技法を組み合わせた日本人作品のなかから，きわめて日本的な情緒が立ち昇ってきて驚いた経験がかつてあった。それもなぜか，古代の日本が大陸から盛んに文化的影響を受けていた時代の匂い（知っているはずはないのだけれど……）に幻惑されるような感覚だった。なんら脈絡のない（と思われる）音の連続であっても，条件が整えばそれを音楽と感じるセンサーがひとには備わっているようだ。

　もちろん最後まで雑音と無意味な信号音が連続する「自称芸術」としか評価のくだしようのない作品もたくさん経験してきた。もしかしたら，そうしたものであってもセンサーの感度が上がれば，それを音楽として認識できるときが訪れるのかもしれない。

　いまや芸術と非芸術の境界は個人的な感覚のなかでさえ，曖昧なもののようだ。

　おそらくそれは「芸術とは何か」，裏を返せば「どうすれば芸術でなくなるのか」という，問題提起自体が芸術となりうる時代の混乱がもたらしたものだ。

　その意味で，ケージ，シュールホフの作品などは音楽に対する価値観の転換を図ったものにほかならない。おそらくそうした考えの先駆となり，新しい時代の新しい芸術のあり方に，誰よりも果敢に挑んだのが，美術家マルセル・デュシャン（一八八七～一九六八）ではなかったか。

　一九一七年に発表された彼の「泉」を嚆矢として，芸術への挑発的な問いは発せられた。どこにでも売っている（いや，どこにでも売ってはいないけれど，しかるべきところにさえ行けば簡単に手に入る）男性用小便器に，デュシャンの手によって〈R.Mutt 1917〉とサインされたそれは，ニューヨークにおける「第一回アメリカ独立美術家協会展」に出品されようとしていた。彼が架空の人物リチャード・マット

（Richard Mutt）氏になりすまして展覧会に応募したのだ。審査なし，年会費と出品料合わせて六ドルさえ払えば，誰のどんな作品であっても展示する，というのがその展覧会の売りだった。ところがその作品「泉」は「不謹慎」を理由に，ひとびとの目に触れることはなかった。内覧会オープンに残すところ一時間となるまで，これを展示するかどうかで内部では侃々諤々の議論があったという。審査基準はなかったにもかかわらずだ。展示拒否の結論に協会理事の一人でもあった本人は抗議の辞任をする。

　その後彼は，自ら発行する小雑誌に以下のような文章で，協会の決定に反論を試みる。

　　この展覧会には六ドルを払えば，アーティストは誰でもその作品を展示できるという。リチャード・マット氏は泉を送った。しかしこの作品は議論されることなく姿を消し，展示されなかった。マット氏の泉は何を根拠に拒否されたのか：——

　　1．ある者は，それは不道徳で，下品だと主張した。
　　2．他の者は，それは剽窃で，単なる配管設備だ，という。
　　さて，マット氏の泉は不道徳ではない。浴槽が不道徳でないのと同じで，ばかばかしいはなしだ。それは誰でも毎日配管設備店のショーウィンドウで見ることができる。
　　マット氏が自分の手でそれを作ったかどうかは重要なことではない。彼はそれを選んだ。彼は平凡な生活用品を取りあげ，新しい題名と視点のもとに本来の実用的な意味が消えるようにした——そう，あの物体に対して新しい思考を創造したのだ。
　　　　　　　　　　　　　　　　　　　　　　　　（『百年の《泉》』，筆者訳）

　つまり彼は，自分の手で何かモノを作るのではなく，思考を創造することをもって芸術とした。まさにコンセプチュアルアートの先駆けがこの一連の事件（？）といえる。

　デュシャンは美術家のひと言ではくくれない二〇世紀を代表する芸術家だ。彼は画家から出発したものの，ひと言でいうなら芸術という分野に「何でもあり」を持ち込んだ元祖といってよかろう。便器はもとより，モナ・リザの複製画に髭を描き加えたり，やはりどこにでも売っているコート掛け（タイトル「罠」）や瓶乾燥機を作品とした。はたから見れば「やりたい放題」だ。新しい時代の芸術（運動）は便器が芸術となったその瞬間から始まったといえよう。だからガレキと立ち入りを拒むロープを作品として筆者が捉えてもおかしくはないわけだ。もしあの場に作者を名乗る人物が現れて「ロープとガレキを組み合わせることによって『わたしたちの目をそらせようとしているものは何か』を考えてほしかった」と，説明されれば，「なるほど」と得

心したにちがいない。それはたしかに思考の創造だ。

　たとえそれが屁理屈だとしても，単なるゴミでさえもが考えようによっては芸術となりうる時代をわたしたちは肯定的に捉えるべきだろうか。いうまでもなく「何でもあり」（本当はそうでもないとはいえ）の芸術に首をかしげるひとびとも少なくはない。しかし，規則にがんじがらめになり，常に管理される社会に生きるよりは言祝ぐべき事態ではあろう。いや話は逆なのかもしれない。彼らのような芸術家を通して，ひとり一人があらゆる価値観をさし出すことのできる社会をわたしたちは目指しているように思える。すでに現状を自由の過剰と捉える者もいれば，未だ達成せずと考える者もいる。しかし少なくとも，異なる概念がせめぎ合う場を立ち上げ，またそれを維持することが芸術家に課せられた責務の一つであることに間違いはないようだ。

　ところで，いつの頃からかデュシャンのそれや，ケージらの音響パフォーマンスともとれる音楽は，日本では「アート」と称されはじめた。当然ながら英語に芸術とアートの差異はない。他の欧米諸言語と対照しても同様だろう。「Art」（英）や「Kunst」（独）の訳語として「芸術」があてられたのだから区別のしようがない。だから本来はアートも芸術も同じ意味であり等価であるはずだ。ところが，日本では意識的にか無意識にか，芸術とアートが使い分けられている。

　その線引きの根底にあるのは，鍛錬された技術のうえに成り立つ作品あるいはパフォーマンスと，発想や考え方に重点をおく作品（もしくはパフォーマンス）の差なのだろう。前者が「芸術」と呼ばれ，後者が「アート」と称されている。

　一般的な感覚では，手仕事として精緻をきわめたミケランジェロやラファエロの作品は芸術といえても，サインをしただけの既製品を「芸術」と認めるにはどこか抵抗がある。音楽においても同様だ。演奏する（？）ためにはいかなるスキルも必要とされない「4分33秒」，したがって赤ん坊にでも演奏（？）できるそれは果たして芸術なのか。意図せず偶然響いた音響をして「芸術」と主張されても，頭のなかには？？が飛び交う。どう考えてもバッハやモーツァルト，ベートーヴェンの作品やその演奏と同列には扱いたくないというのが，ひとびとの本音ではないか。「果たして自分の頭は固いのではないか」などと自問し，戸惑いを覚えつつも，芸術としての便器に感じるもやもやをどうすることもできない。わが国で「芸術」と「アート」の使い分けが始まったのは，このような事情を解消するための苦肉の策だったにちがいない。

　もちろん，アートにもそれなりの技巧は求められる。だとしても，その制作やパフォーマンスには，代々受け継がれ磨き尽くされた技が必ずしも必要とされるわけではない。鍛錬のうえに習熟される手技は，むしろ歴史の重圧を想起させる。そんな権威と閉塞感から脱出するためにも，「アート」には高度なワザに頼らなくてもいいアイデアや概念が必要とされるのではないか。

　そうした感じ方は日本以外のひとびとにも共通ではあるようだ。古典的な芸術と区

別するために「モダンアート＝現代芸術」や「コンテンポラリーアート＝同時代芸術」「コンセプチュアルアート＝概念芸術」などの言葉で差別化していることからもそれは分かる。とはいえ、どの言葉もあくまでアート＝芸術であることに変わりはない。日本における「芸術」と「アート」のような分離絶縁された構図ではなさそうだ。というのも、アート＝芸術というものはそれが何であれ、ひとの営みの果実と捉えられるからであるようだ。日本語に翻訳された芸術の語感からはそうした開放性が抜け落ちてしまった。代わってこの言葉には、外部からはうかがい知ることのできない特殊な世界の伝統と権威というイメージが貼りついたのだろう。旧来の縛りからの解放を謳う芸術の総称として日本でアートが用いられるようになったのも無理からぬことのようだ。

　そう考えるとアーノンクール（一九二九～二〇一六）が挑んだ古楽復興運動は、それまでのクラシック界の常識と伝統（と信じられていたもの）からの逃走を試みた点で、まさしくアートだったのかもしれない。当時の権威主義的な演奏のあり方をいったん白紙に戻し、楽器の奏法も一からの見直しを図ったからだ。

　誰もが疑いもしなかったヴィブラートに疑問を投げかけたことなどはその好例だ。ヴィブラートのない演奏など考えることすらできなかった二〇世紀半ばの音楽界に彼は「本当にそれは必然なのか」と問いを発した。古典的な音楽であるかぎり、演奏のために鍛錬された技の必要性が減じたわけではない。だが、伝統と称する権威にからめとられた奏法を見直そうとする運動は、過去の音楽の再現を通り越し、むしろアヴァンギャルドな芸術（音楽）＝アートであるかのように響きもした。彼は近年ひとびとのあいだで信じられてきた音楽上の語法が、じつは一九世紀以降初めて音楽界に共有された理念によって生まれたものであり、それ以前の音楽はまったく違う価値観で奏されるべき、と主張する。返す刀で二〇世紀のスタンダードを築いた巨匠たちのバッハ、モーツァルト解釈をことごとく否定していった。大衆ウケする彼らの音楽は一八世紀の演奏習慣からは、大きく逸脱していたからだ。その結果、時代の反逆児アーノンクールの音楽は大御所たちに毛嫌いされることとなる。

　さて、芸術であれアートであれ、その歴史が人類の起源にまで遡るものであることに疑いの余地はない。ラスコーに代表される洞窟壁画がクロマニョン人の手によることは知られている。最近の研究では、芸術的な能力は希薄だったとされてきたネアンデルタール人にも芸術活動の痕跡が見られるという。ネアンデルタール人はクロマニョン人出現以前、いまから四〇万年ほど前から二万年ほど前まで地球に生息していた人類といわれる。いくつかの洞窟壁画はこれまでの定説を覆し、ネアンデルタール人によるものであると主張する学者もいる。ことばを獲得する以前に彼らが、ことばのない歌によって意思疎通を図っていたとの説もある。なによりも死者に花を手向ける心性をすでに彼らは持っていたらしい。ひとの埋葬された跡から多量の花粉痕が見つかることで、それが分かるという。

　死者を悼み弔うことは，そこに無いものとコミュニケイトしようとするこころにほかならない。それはとりもなおさず彼らが芸術的な精神活動の持ち主であったことの証だろう。日の当たる日常の向こう側にあるものの鼓動に耳を傾けること，それはすでに芸術だ。芸術の本質は，覆いの背後に息をひそめている真実へのアプローチにこそあるからだ。ひとを手厚く葬るという行為は，死の陰に隠された生の真実へと至ろうとする意思なしには生まれ得ないではないか。

　なぜか人間だけが獲得してしまった想像力によって，ひとは目に見える世界の向こう側にある世界を見，聴き，語ろうとする願望を持つにいたった。それこそが芸術の始まりだったはずだ。芸術は日常の秩序とはちがう原理を求める。中沢新一氏は，それを「社会的なものの外へ越え出ていこうとする衝動」と表現している（『芸術人類学』）。

　それゆえに，便器の向こう側に新たな意味を探索しようとするアートも，さまざまな音を組み合わせ，未知なる世界に辿りつこうとする音楽も同じものだ。美学者・佐々木健一氏によれば「常に現状を超え出てゆこうとする精神の冒険性に根ざし，美的コミュニケーションを指向する活動」が芸術ということになる。

　ひとは，ただ目の前にある現実を受け入れ生きるだけでは，その生に満足しないらしい。生命を超越した「無いのに在るもの」の存在を確信して，初めて生の充実を得られるようだ。なぜ人類がそのようなこころを持って，この世界に登場したのかは謎というほかはない。ただ一ついえることは芸術（と宗教）だけが，人間の持って生まれた本質的な欠落感を埋める唯一の手がかりらしいことだ。人間を人間たらしめることの根源にある営みが，芸術であることに間違いはなさそうだ。

　他の動物たちと同様，ただ生物としての生命をまっとうすればそれでよさそうなものを，ややこしいといえばややこしい話ではある。でも，それが人間存在の土台である以上文句をいっても始まらない。　　　　（大嶋義実『演奏家が語る音楽の哲学』より）

設問Ⅰ　この文章を300字以上360字以内で要約しなさい。

設問Ⅱ　人間の創造性について，この文章をふまえて，あなたの考えを320字以上400字以内で述べなさい。

POINT　芸術と非芸術の境界が曖昧になっている例を，経験や芸術史から挙げて，「芸術とは何か？」を考察する随想的な文章。設問Ⅰは，文章全体を要約する問題。設問Ⅱは，「人間の創造性」について「文章をふまえて」自分の意見を述べる問題。「文章をふまえ」るのだから，課題文の主張に触れつつ，自己の主張を展開しなければならない。

課題文の解説

▶各段落の要点

導入	❶〜❸「あれも作品ですか？」→あらゆるモノや事象が芸術となる可能性 音響現象はすべて芸術たりうる **例示**ジョン・ケージ「4分33秒」，エルヴィン・シュールホフの作品
芸術と非芸術 の境界	❹〜❾条件が整えば音楽と感じる **例示**偶然性＋十二音技法の作品→日本的情緒 芸術と非芸術の境界は曖昧→時代の混乱
デュシャンの 方法	❿〜⓯マルセル・デュシャン＝価値観の転換，「泉」→芸術への挑発的な問い，思考を創造すること＝芸術 「何でもあり」→ひとり一人があらゆる価値観をさし出すことのできる社会？
言葉の使い 分け	⓰〜⓲芸術とアートの使い分け 芸術＝鍛錬された技術のうえに成り立つ作品，アート＝発想や考え方に重点をおく作品 **例示**「4分33秒」とバッハの作品は同列？
「アート」の 開放性	⓳〜⓶アート＝高度なワザに頼らなくてもいいアイデアや概念が必要 **例示**日本以外→モダン・アート 芸術＝伝統と権威→アート＝解放 **例示**アーノンクールの古楽復興＝アート？
芸術の起源	㉓〜㉖芸術の歴史は人類の起源に遡る＝死者に花を手向ける心性 芸術の本質＝そこに無いものとコミュニケイトしようとするこころ **引用**社会的なものの外へ越え出ていこうとする衝動→芸術もアートも同じ
人間と芸術	㉗・㉘人間は「無いのに在るもの」の存在を確信して初めて生の充実を得られる 芸術と宗教＝人間存在の土台

▶着眼

　筆者の大嶋義実（1958年〜）はフルート奏者で大学教授。課題文は演奏という観点から見た芸術論である。設問は二つ。まず，全体の要約が求められ，それから「この文章をふまえて」自分の考えを述べることが求められる。これ以上ないスタンダードな問題。「この文章をふまえて」はよく使われる表現だが，単なる賛成・反対ではなく，課題文の論旨を自分なりに発展させて思考することが期待されている。

▶キーワード

□**十二音技法**　20世紀の作曲家アルノルト・シェーンベルクが提唱した音楽技法。
　ハ長調，ニ短調などの調性ある音楽に聞こえないように，ルールを定めて作曲する

ようにした。彼の技法を受け継いだ作曲家としては，ウェーベルン，ベルクなどの「ウィーン新古典派」がいる。ベルクの『ヴァイオリン協奏曲』などが有名。

□**ヴィブラート** 音程を細かく上下させて，震えたような効果を出す演奏・歌唱の技法。ヴァイオリンなどは，弦を押さえる指の位置を揺らすことで，音程を上下させる。管楽器では口付近でコントロールして，音程を上下させる。

□**アヴァンギャルド** フランスの軍隊用語 Avant-garde のカタカナ表記。日本語の意味は「前衛」。造形芸術では，シュルレアリスム，抽象主義，キュビスム，未来派など，革新的・前衛的な芸術や，その立場をとる芸術家群をいう。

設問の解説

設問Ⅰ　文章全体の要約

〔要求〕　この文章を要約する。

　内容の制限はなく，課題文全体を 300〜360 字で要約することが求められている。要約では，まずトピック（話題）を確認して，その話題に対して，どんな命題（「話題 A は B である」という形）で述べられているかを調べる。ここでは，随筆風なので，内容のつながりはゆるく，何カ所かで思いついた順になっている点に注意したい。

スタイルと叙述の順序

　課題文は，随想と評論の中間的なスタイルになっている。この特徴は，題名『演奏家が語る音楽の哲学』からも明らかだろう。随筆風なので，体験→感想→思考の順に文章は進み，評論ではないので，論証も断定もしない。そもそも筆者は演奏家なのだから，理論や概念の細かな操作などはせず，むしろ体験的・実感的に語ることになる。必然的に例も多くなり，この文章でも，ケージ，デュシャンなど人名が頻出する。これらの人々は，芸術に多大な影響を及ぼした人物なので，文学部志望なら，どんな文脈で何をしたかくらいは知っておいた方がよい。拙著『ヴィジュアルを読みとく技術』（ちくま新書）なども参考になるだろう。

　全体は大きく 3 つに分かれる。冒頭の「あれも作品ですか？」という問いから，大学キャンパス内にある廃棄物が作品に見えるという自らの体験を述べ，そこから筆者の専門分野である音楽の例を出し，芸術と非芸術の境界が曖昧になっている問題を提示する。その始まりは，デュシャンが「思考を創造することをもって芸術とした」ことにあるとし，第**⑮**段落では，規則に縛られる管理社会の中ではこのような試みを肯定的に捉えるべきだ，と評価する。

　第**⑯**〜**㉒**段落では，この新しい形態の「芸術」に対して，従来の芸術と比べて，「アート」という言葉を使うようになった経緯を考察する。つまり，高度な技術的鍛

錬を必要とする「芸術」に対して，手技を必要としない現代芸術が「アート」と呼ばれるようになった。アーノンクールの「古楽復興」運動なども，今まで当然とされていた技法を問い直したので「アート」と呼んでもよいかもしれない，というのである。

第❷段落以降では，芸術の起源を考察し，それが「死者を悼み弔う」行為から始まったと主張する。芸術は，日常にはない真実や世界に至り，社会的なものの外に越えようとする衝動であり，人間存在の土台になっている，と芸術自体の意義を述べて結論にしている。以上の内容をつなぎ合わせて，表現を整理すれば解答できるだろう。

段落は1文で終わるものもあり，10文続くものもあって，かなり自由な構成になっている。しかし，文章自体は読みやすいので，重要なところに線を引きながら読んでいけば，段落ごとの内容をつかむのは難しくない。

段落番号	機能	内容
❶〜⓯	導入・問題・解決	どんなものでも芸術と感じる体験→芸術と非芸術の境界が曖昧になっている デュシャンが思考の創造を芸術とした→肯定的に捉えるべき
⓰〜㉒	話題転換・考察	鍛錬された技術のうえに成り立つ「芸術」と発想や考え方に重点をおく「アート」に言葉が使い分けられる→音楽でも，そういう試みは見られる
㉓〜㉘	話題転換・考察	芸術の歴史は人類の起源に遡る→死者に花を手向ける心性→そこに無いものとコミュニケイトする→その意味では芸術もアートも同じ→芸術は人間存在の土台にある

解答例

　現代では，どんな音響でも廃棄物でも，条件が整えば音楽や絵画の作品と感じるようになっている。つまり，芸術と非芸術の境界が曖昧になっているのだ。この状況は，デュシャンが「思考の創造自体を芸術とした」ことから始まっているが，規則だらけの社会から解放される，という意味では肯定的に捉えるべきだろう。このように発想や考え方に重点をおく作品は，日本では「アート」と呼ばれ，鍛錬された技術のうえに成り立つ「芸術」と区別されている。しかし，芸術の起源が「死者を悼む」行為から発していると考えれば，その歴史は人類の起源に遡るはずだ。芸術もアートも，今ここにない真実とコミュニケイトする行為としては同じであり，人間存在の根源に根ざす営為なのである。(300字以上360字以内)

設問Ⅱ　課題文をふまえた意見論述

〔要求〕　人間の創造性について，自分の考えを述べる。

〔条件〕　この文章をふまえる。

　本来の形の小論文。ただし，**設問Ⅰ**の要約はそのまま利用できない。なぜなら，課題文の話題は「芸術」であり，「人間の創造性」ではないからだ。課題文の中で「人間の創造性」について書いてある箇所を抜き出し，それに対する反応という形で書く。賛否のどちらかを選ぶ，という方法も一般的には可能だが，課題文は随想に近く，論証も不十分なので，この方法ではやりにくい。むしろ課題文に触発された自分の思考を展開する，というやり方が向いている。

人間の創造性についての記述を探す

　「人間の創造性」という，あまりにも大きなテーマで書くことを求められている。設問に「この文章をふまえて」とあるので，下の3つの方法が取れる。ここでは，課題文全体の主張についての出題ではなく，課題文も随筆風で論証も不完全なので，3の方法，つまり「創造性」の捉え方を確認して，そこから「自分なりの展開」につなげる，という方法が書きやすいだろう。

解答ルール　「文章をふまえる」のいろいろ

　「文章をふまえる」とは，課題文との関係が明確になっているという意味。それには次のような方法がある。

1. 課題文の主張に賛成して根拠を述べる。ただ全面賛成だと新しい例示を出すだけになるので，部分賛成して補足修正する。
2. 課題文の主張に反対して根拠を述べる。ただ根拠を述べるだけでなく，筆者の反対意見を予想して批判すれば完璧。
3. 筆者の述べた内容の一部を自分なりに発展して，別の内容につなげる。

　課題文を見ると，「創造性」は話題ではないので，直接触れているところは少ない。ただ，第⓭段落では，コンセプチュアルアートについて，思考の創造を芸術とすると述べられている。しかも，第㉖段落では「アートも…音楽（芸術の例示）も同じ」とあるので，筆者の「創造性」の捉え方については，芸術についての主張から推定できるはずだ。たとえば「『無いのに在るもの』の存在を確信して，初めて生の充実を得られる」「芸術（と宗教）だけが，…本質的な欠落感を埋める唯一の手がかり」（第㉗段落）などはどうだろう？　実際，「無い」から「在る」への移行は「創造」そのものだろう。つまり，課題文の芸術の意味を確定すれば，そこから「創造性」に関する課題文の捉え方も見えてくるはずである。

- 思考の創造を芸術とする（第⓭段落）
  ↓
- アートも…音楽（芸術の例）も同じ（第㉖段落）
  ↓
- 「無いのに在るもの」の存在を確信して，初めて生の充実を得られる（第㉗段落）
- 芸術（と宗教）だけが，…本質的な欠落感を埋める唯一の手がかり（第㉗段落）

芸術の根本的意味とは？

　さて，第❷段落以降によれば，芸術の起源は「死者に花を手向ける」行為から始まっているとも言われている。これがどういう意味を持つのかについては，課題文では「そこに無いものとコミュニケイトしようとする」「日常の向こう側にあるものの鼓動に耳を傾ける」「社会的なものの外へ越え出ていこうとする衝動」などと様々に書かれているが，どれも抽象的・一般的でやや書きにくいかもしれない。ただ，知識があれば「そこに無いものとコミュニケイトする」「日常の向こう側」「社会的なものの外へ越え出る」に注目して，世間のルールを敢えて無視して，新しい世界につながる芸術行為の例を出す，という書き方は可能かもしれない。

> ● 芸術の起源は「死者に花を手向ける」行為（第❷段落）
> 　　↓
> ● そこに無いものとコミュニケイトする（第❷段落）
> ● 日常の向こう側にあるものの鼓動に耳を傾ける（第❷段落）
> ● 社会的なものの外へ越え出ていこうとする衝動（第❷段落）

　知識がない場合は，むしろ元になっている「死者に花を手向ける」という具体的な行為をどう意味づけるか，という方法を取る方が書きやすいかもしれない。これも「生と死」というビッグテーマだが，誰にとっても関心事であるので，むしろ書きやすくなるかもしれないと言える。

　もちろん，筆者の発言には必ずしも従ったり反対したりする必要はない。というのも，筆者は自分の思ったことを様々に並べているだけで，「なぜなら」等で始まる論証をしていないからだ。だから，「生と死」それと「花を手向ける」行為について自分なりの捉え方や解釈を膨らませて提示できれば，課題文をふまえつつも，それを自分なりにイメージして考えを展開したことになるはずだ。

「死者」とは何か？

　動物でも，長年一緒にいた相手が急に死ぬと，それを悲しむ行動を見せると言われている。たとえば，狐は一夫一婦制だが，片方が死ぬと，もう一方はしばらく側を離れない，と言う。それが人間から見ると「悲しんでいる」ように見える。ただ死体はそのまま放置され，自然に腐ったり消滅したりするのにまかされる。

　しかし，人間は「死んだ者」を埋葬して墓を立て，花を飾る。この「死者」に花を飾る，という行為は，突然，人間以外の世界に行ってしまった死者を，また人間の世界に呼び戻す行為とも考えられる。あるいはもし「生」が，「生誕以前の死」と「死亡後の死」に挟まれている限られた時間だと考えると，死を前にして生きる意味を捉え直し，その価値を再確認する行為とも言えるかもしれない。

死者に花を手向けるのが芸術の起源
　　↓
死者を弔うのは人間だけの行為
　　↓
花を手向ける
　　↓
人間以外の世界に行った死者を，また人間の世界に呼び戻す
（あるいは）
死を前にして今ある生の価値を確認する行為
　　↓
自らの存在の不思議に驚いて，あらためて感じ直す「創造性」

芸術に興味を持つこととは？

　つまり，芸術に興味を持つとは，死に挟まれた束の間の生という自らの存在の不思議に驚いて，今まで当然と感じていた生への感覚を，あらためて感じ直す体験とも意味づけられる。その新しい感じ方は，当然「人間の創造性」にもつながるはずだ。逆に言うと，芸術に興味を持たない人は，存在の不思議さに気づかず，効用や財産などの現世的な価値にかまけているだけかもしれない。

　これらの考察を現代のできごとと結びつけることもできよう。たとえば，近年，人工知能が活用されて，AIによる芸術／アート創造などという試みも注目されている。しかし，AIは生死という形で存在の不思議に直面することがないだろう。としたら，ここで言うような「芸術」の創造性も生まれていないはずだ。ここから，AIによる「芸術創造」には，ビジネス的には意味があっても，芸術としての意味はあまり期待できそうにない，などという考察につなげてもよいかもしれない。

芸術に興味を持たない人は現世的な価値に固着している
　　↓
存在の不思議に驚いて感じ直す「創造性」は出てこない
　　↓
存在の不思議に直面することのできない人工知能は真の創造性を持ちえない

解答例

　　課題文では，芸術の起源を「死者に花を手向ける行為」とする。つまり，芸術とは，死を飾り立て，また人間の一部として受け入れる葬礼と同様なのだ。とすれば「人間の創造性」とは，死と相対する生の意味を確認することが根底にある。つまり，芸術とは，生と死という存在の不思議に驚いて今ま

で当然と感じていたことを，あらためて感じ直すことであり，それが「創造性」につながるのだ。逆に言うと，芸術に興味を持たない状態は，生の不思議さより，効用や財産などの現世的価値に固着しているだけなのかもしれない。そういえば，近年，人工知能の活用が進み「AIによるアート」などという試みも注目されているが，AIは自己の存在を生死という形で知覚できないし，生の不思議さに驚くこともない。とすれば，「AIによるアート」は，現世のビジネス的には意味があっても，真の「創造性」を持つことはそもそも期待できないと言えよう。(320字以上400字以内)

古代ギリシアにおける死と葬礼

　ソポクレスの悲劇『アンティゴネー』には，死者の埋葬がいかに人間性と切り離せないか，が描かれている。国王クレオンは主人公アンティゴネーとその兄ポリュネイケスの叔父にあたる。ポリュネイケスは，祖国に戦争を仕掛けて死んだ。そこでクレオンは，ポリュネイケスの死体を放置し，獣が食い荒らすにまかせよ，と命じた。埋葬を禁じて人間としての扱いをせず，ポリュネイケスを共同体から永遠に追放したことを示すためである。

　それに対して，アンティゴネーは，家族を埋葬しないという扱いは「神の法に反する」と主張して，国王の命に反して砂をかけたため，国法に反した罪を問われて，実質的な死刑である地下への幽閉を宣告される。クレオンは後に決定を後悔して覆し，彼女を許そうとしたが，時すでにおそし。アンティゴネーは地下で自殺し，彼女と婚約していた国王の息子ハイモンも自殺して，国王自身の家系も崩壊する。つまり，死者の埋葬は，子々孫々人間らしい生活を送ることの一部として組み込まれており，それを破ったクレオンの家系も破滅するのである。

　「死者に花を手向ける」ことも，彼方の世界に行ってしまった死者を美しく飾り立て，もう一度人間的な意味の中に呼び戻そうとする行為と言えるかもしれない。日本にも，盆の行事で死者が黄泉の国から帰ってくることを祝うという習慣がある。このような儀式は，生まれて死ぬという，人間にはどうしようもない運命のサイクルを，人間の理解できる一部として受け入れる働きを持つらしい。もちろん，死の不条理性は変わらないので，儀式の効果は一時的であり，定期的に行われなければ心理的安定は得られない。筆者は，芸術も，宗教と同様に，死と生に対する人間的意味の付与として位置づけ，そこからこの世にない存在に思いをはせる行為として意味づけるのである。

3 「よそよそしい共存」の可能性

2020年度・目標**90**分

次の文章を読み，設問に答えなさい。

　現代の世界では，国境を越えた自由な人の移動は原則として認められていない。人口密度が高い中央集権的な社会では，土地と人間は中央権力によって捕捉され，測られ，登録されることになる。人が他者に縛られずに移動できる行為は，旅行だけである。しかし，旅の終点が起点と異なれば，人はそこで再び登録される。

　そのような制限があってもなお，東南アジアの漁民が別の島々に渡ったように，そしてアフリカの農民が山の向こう側の森に火を入れたように，今でも人は移動し続けている。仕事がうまくいって家族を呼び寄せたり，新しい家族ができたり，留学先の国で落ち着いたり，裏切りや失望を経験して母国の村に戻ったりと，矢印は様々であるが，第三章で見たように，国境を越えた人間の移動はますます「南の現象」になりつつある。

　そこで，様々な場所において定住者と移民の出会いが生まれることになる。受け入れる定住者の側と参入する移民の側の関係を律するために，欧米諸国の多くは多文化主義と呼ばれる政策原理を採用してきた。その原理を最も体系的に唱道したのは，カナダの政治学者ウィル・キムリッカだろう。だが，その政策は，多文化主義という言葉のイメージほどに寛容なものではなかった。キムリッカは，自発的に自分の国を出て移住してきた人々は，移住先の文化に徐々に統合されていくべきであり，エスニックな母国語での公教育を制度的に要求したりする資格はないと主張した。母国を捨てた者に対して，受入国が費用を負担してまで民族教育を施す必要はないというのである。

　高度な自治権の保障が検討されるべきは，自分たちは独自のネイションであると主張できるような大規模な集団，たとえばカナダのフランス語圏コミュニティなどの場合に限られる。その他，移住を強要されたアフリカ系アメリカ人，あるいはジェノサイドの対象となった先住アメリカ人などの場合は道義的に慎重な対応が必要となるだろうが，自分の意思で移住してきた人々とその子どもたちについては，受入社会への統合が基本となる。それぞれの出自の文化を尊重するのは，統合をより円滑なものにするためである。

　だが，マイノリティの統合を進める手段だったはずの多文化共生も，二〇〇一年の九・一一事件を転換として，欧米世界で激しいバッシングを受けるようになった。少数派の文化の存在を認める多文化主義によって少数派が甘やかされ，そこから秩序を

破壊する原理主義者が育っていったというのである。少数派の側もパターナリスティックな多文化主義秩序を擁護しようとはしなかった。二一世紀に入って多文化主義は左右から批判を受け，その社会規範としての力は一気に弱まった。

　政策としての多文化主義は終わったかもしれない。しかし，統合を求めない多文化主義，あるいは，規模の大小を問わず文化的な集団が互いを尊重して共存する「状態」としての多文化共生を想定することはできないものだろうか。そのような着想を得たのは，筆者が東京の下町で過ごしていたときだった。耳に入る言葉で判断すると商店街を歩くのは日本人が多数派だと思われるが，フィリピン人，ネパール人，パキスタン人，中国人，韓国人，欧米人などの定住者の姿も目立つ。買い物での小銭のやりとりを除いて，地元の人々と移民たちが積極的に交わっている様子はない。よく観察すると，出身地を異にする移民たち同士もそうだ。しかし敵意は感じられない。かといって，互いにまったく関心がないわけでもない。お祭りでサンバの山車が商店街を練り歩くと，少し離れたところから，皆が好奇心たっぷりに眺めている。距離を保ちながらお互いに何かが響くような感覚は，意外に心地よいものである。

　イギリスの植民地官吏Ｊ・Ｓ・ファーニバルは，『植民地政策と実践』（一九四八年）という本のなかで，東南アジア社会を「複合社会」と特徴づけた。多数派の地元民（たとえばマレー人），そして少数派のインド人，中国人などは，市場で取引はするけれども，国民的な一体感をもつことはない。「かれらは混じり合うが，結びつかない」のである。植民地社会の底流にはイギリス人の権力者にはわからない結びつきもあっただろうが，分かれて暮らしながら共存するという構図は，現在の東南アジアの国々の都市社会でも見て取ることができる。

　第三章で触れたように，アフリカ大陸では多くの中国人移民が暮らしている。アフリカ人も中国人も，内輪では相手の悪口を言うが，暴力的な対立にまで発展することは多くないし，そもそも中国人の商店には地元の顧客がいるから商売が成立している。逆の構図として，中国の都市に商品を買い付けに来るアフリカ人商人も目立つ。アフリカ人の滞在者は中国人の差別的な振る舞いに怒るが，自分が中国人になりたいと願うわけではない。

　西洋世界の多文化主義は終わったかもしれないが，アフリカやアジアの国民国家のレベルでは，「よそよそしい共存」が成立している空間がある。抽象的な個人の社会契約にもとづいて制度を設計しようとするガバナンスの伝統は，著しく西洋的なものである。ひるがえって非西洋世界の国民国家には，良かれ悪しかれ，移民政策のグランドセオリーは存在しない。恭順しない者は追い出そうと威嚇するが，本当に追い出すとは限らない。そこで生まれる共存の状態は，壊れやすい均衡だとも言える。すなわち，平和的な共存も暴力的な排除も，行き当たりばったりなのである。

　このような状態の積極的な側面を理念型として描き出すことはできないだろうか。

つまり，抽象的な個人ではなく，多様な人間の存在を前提として，そのような人々が自由に参入し退出するような社会の仕組みを，思考実験として提案することはできないものだろうか。それは，ルソーの野生人の世界に対応するガバナンスの秩序を考えることでもあるだろう。

　人々は移動し，共存する。小競り合いが起きれば，立ち去ることもある。人々の動きを妨げる障壁は存在しない。そのようなルソー的な自由社会の編成原理に近いものを描き出したのが，インド系市民としてマレーシアに生まれた哲学者チャンドラン・クカサスである。

　クカサスの『リベラルな群島──多様性と自由の理論』（二〇〇三年）の前提は，人間の多様性──価値というより事実として──を承認することである。人間が多様だからこそ，他者の事柄には干渉しないというリベラリズムの思考が大切になる。リベラリズムの根幹には，結社の自由，そこから脱退する自由，そして集団どうしの相互的な寛容の原則がある。クカサスによれば，結社の自由が根本的な価値だと考えるべき根拠は，まずもって良心の自由にあるという。自分の良心に従う行動が他者とは異なる場合，人は行動を強制されてはならない。それは人々が別々に行動することを意味する。そうやって多様な人間が多様な結社を形成するのだが，これらは互いに「結合」するのではなく，違いを認めて「共存」することが求められる。こうして，成員に自由を保障するリベラルな社会は，競合し重なり合う多くの権威によって構成される「群島」として自己の姿を現すことになる。

　この仕組みがうまく機能するためには，組織から脱退する自由が保障されるとともに，脱退した個人を受け入れてくれる他の組織が存在することが必要である。クカサスによれば，主権というものは程度の問題であり，政府もまた数多くの結社のひとつにすぎない。世界政府が存在しない国際社会において，出入国管理がすべて撤廃されたと仮定すると，その姿はクカサスが考える理念的なリベラル社会に近いものになるだろう。

　　国際社会は群島──海に幾多の島がある──である。それぞれの島は分離した領域をなし，海によって他の島々と隔てられている。ある島の状況や行く末に他の島々は関心をもたない。〔…〕これらの島に住む人々は，願望も気質も互いに異なっている。〔…〕自分の居場所に満足しており，大洋に乗り出す危険を冒そうとは思いもしない者がいる一方で，最高の楽園のような環境を捨てて，海の向こうの未知の機会を求めて旅立とうとそわそわしている者もいる。住民たちには島を離れる自由があり，かくして海には船が点在している。既存の航路にそって動く船もあるし，海図がない場所に迷い込む船もあるのだが，一目でわかる目的を示しながら動く船はない

（Chandran Kukathas, *The Liberal Archipelago*, Oxford University Press, 2003, pp.28-9 ）。

　かつての自由な海洋世界の秩序は，実際にこのようなものだったのかもしれない。国と国の経済格差が縮小することを，そして，「人を殺してはならない」といった基礎的な人倫の規範をすべての個人と集団が受け入れることを前提として，この暗喩が描き出すような自由な世界の現前を夢みることは楽しい。国内を旅するように世界を旅し，どこかで故郷を見つけるのだ。

　問題なのは，そのような移動，結社，脱退の自由が今ここで支配的であるとは言えないという現実である。ミャンマーのロヒンギャたちは生まれ育った村から追い出される。逆に，パレスチナのガザで暮らす人々は，狭い空間に閉じ込められ，砲撃の犠牲になる。東京の下町の「よそよそしい共存」と同じ時間に，新大久保では暴力的な街宣行動があった。動きようがない者が追い出され，動きたい者が閉じ込められる。さらに，潜行する人身売買は国際関係の地下茎を形成している。自発的な移動の権利が否定される事態は，その権利の大切さを浮き彫りにしているとも言える。

　植民地化以前のアフリカや東南アジアには，硬質な中央集権国家はあまり存在していなかった。西洋との接触以前，千年単位の歴史によって形づくられた流動的で分散的な小人口社会の特質は，現代のアフリカ連合（AU）や東南アジア諸国連合（ASEAN）などの地域機構の組織原理にも影響を与えているように思う。かつて欧州連合（EU）は，ギリシアやポルトガルに対して緊縮政策を要求し，組織内の小国を無理矢理締め上げるような態度をとって求心性を弱めたが，こういうスタイルの政治は AU や ASEAN では考えられない。境界線にはあまりこだわらず，組織内の大国と小国が共存しながら，コンセンサスで物事を決めていく。外から見ているとまどろっこしく，あまり効率的ではないかもしれないが，協調的な枠組みで内部のもめ事を解決していくスタイルは，アフリカと東南アジアの地域機構ではそれなりに定着している。

　西洋世界の多文化主義の実験は破綻したかもしれないが，諦めるのは早すぎる。西洋世界に向けるのと同じだけの実践的，思想的な好奇心をもって，非西洋世界における寛容と共存の実験に目を向けていこう。

　異物を排除せず，人々の多様な結社の動きを妨げず，それらの共存を促進しようとする国は現実に存在しうるだろうか。領域の内部で複数の主権が共存する多元的な国家の構想は，主権国家は単一かつ絶対でなければならないと考える人々を不安にさせるだろう。第二次世界大戦前，ドイツの政治学者カール・シュミットは，『政治的なものの概念』（一九三二年）という著作で多元的国家の構想を排撃し，非常事態における単一の主権者による意思決定を擁護する論陣を張ったものである。

　だが，二一世紀の今日，意思決定システムを分散させ，多様な人々がグループを自主的に結成し，解散し，移動していくという仕組みそのものは，すでに世界の様々な場所で十分に定着している。第二次世界大戦後，「南」の国々に対して国家意思としての介入戦争を何度も主導してきた米国においても，分権的なシステムは規範的な地位を獲得している。米国は五〇の州に強い権限を与えている連邦国家であるが，それだけではない。米国の先端のビジネスモデルそのものが，本章で述べてきた小人口世界の生活様式と似ている多元的で流動的な様式に近づきつつあるのだ。

　マサチューセッツ工科大学（MIT）の経営学者トマス・マローンは，人類世界は孤立，分散，自由に特徴づけられる狩猟採集民の世界から，中央集権的な階層社会へと向かい，いま再び分散的なネットワーク社会へと移行しつつあると主張する。「命令と管理」にもとづく厳格な階層制度は軍隊には向いているかもしれないが，情報ネットワーク社会には適合しない。イノベーションを続けて前進しようとすれば，分散的なシステム，すなわち関係する者を意思決定に参加させることで一人一人の創造性，主体性，責任感を強め，組織の柔軟性を確保することが必須の条件になる。最新のネットワーク・ビジネスの動きは，人間が遠い昔に手放した自由を取り戻すことでもある。階層社会を解体しても個人が孤立しないのは，印刷物から電信・電話，インターネットへと，情報伝達のコストが劇的に低下したおかげである。

　マローンによれば，これからの指導者に求められるのは，「命令と管理」から「調整と育成」へと組織原理をシフトさせることだという。成員に命令するのではなく，独立して動く自由で小規模なユニットをつなげ，人々の問題解決能力を育てていくのである。軍隊やインフラが消滅するわけではないから，「命令と管理」のシステムが完全に消えることはない。しかし，先端産業の重心は移動していくだろう。「調整と育成」が無政府状態を意味するわけではない。指導者が紛争をおさめ，個人の才能と創造力を生かし，価値観を提示できる組織には，多様な人間が集まり，自生的な秩序が生まれるだろう。小人口世界において優れた指導者がいる首長国に臣民が集まるのと同じロジックである。

（峯陽一『2100 年の世界地図―アフラシアの時代』より）

設問Ⅰ この文章を 300 字以上 360 字以内で要約しなさい。

設問Ⅱ 集団に属するということについて，この文章をふまえて，あなたの考えを
320 字以上 400 字以内で述べなさい。

POINT 現代世界における，国境を越えた自由な人の移動と出会い，共存の可能性に
ついて考察した国際関係学・政治人類学的な文章。設問Ⅰは，文章全体を要約する
問題。話題が多く，一見主題をつかみにくく思えるかもしれないが，主張と例示を
読み分けられれば要約はさほど難しくない。一方，設問Ⅱは，「集団に属するとい
うこと」について，「文章をふまえて」自分の意見を述べる問題。いずれも，ここ
数年の典型的な出題形式である。

課題文の解説

▶各段落の要点

導入	❶現代では国境を越えた自由な人の移動は認められていない ⇕ ❷国境を越えて人は移動し続けている
問題への一つの解決と失敗	❸・❹定住者と移民の出会いの発生→両者の関係を律するため，欧米諸国の多くが多文化主義という政策原理を採用 ⇕ 多文化主義の内実＝移民は移住先の文化に統合されるのが基本であり，それぞれの出自の文化の尊重は統合を円滑にするため ↓ ❺9.11以来，多文化主義の社会規範としての力は弱まった
新たな解決の提案	❻統合を求めない多文化主義は想定できないか？ 　**例示**東京の下町での外国人との共生 ❼**引用**東南アジア社会は「複合社会」で，「かれらは混じり合うが，結びつかない」 分かれて暮らしながら共存する構図は，現在の東南アジアの都市社会でも見て取れる ❽**例示**アフリカ大陸での中国人移民，中国の都市に買い付けに来るアフリカ人商人 ❾アフリカやアジアでは「よそよそしい共存」が成立 抽象的な個人の社会契約にもとづき制度設計するガバナンスの伝統は西洋的 ⇕ 非西洋世界にあるのは壊れやすい均衡，共存も排除も行き当たりばったり ↓ ❿これが理念型にならないか？　多様な人間が自由に参入・退出する社会の仕組みを思考実験として提案できないか？
クカサスの理念	⓫～⓮人間は多様→他者の事柄に干渉しないリベラリズムの思考が大切 リベラリズムの根幹に結社の自由がある根拠＝良心の自由 ↓ ×行動の強制，○互いの違いを認めて「共存」→「群島」としてのリベラル社会が出現 これには組織から脱退する自由＋脱退した個人を受け入れる他の組織の存在が必要 **例示**出入国管理が撤廃された国際社会≒かつての自由な海洋世界
現実と可能性	⓯移動・結社・脱退の自由が支配的ではないという現実 **例示**ロヒンギャ，ガザで暮らす人々，新大久保での暴力的な街宣行動，人身売買 ⓰植民地化以前のアフリカ・東南アジアには硬質な中央集権国家が少なかった

	EUの求心的な政治⇔AUやASEANの協調的な枠組みで内部のもめ事を解決するスタイル
	❼非西洋世界の寛容と共存の実験に目を向けるべき
再問題化	❽異物を排除せず，結社を妨げず，共存を促進しようとする国，複数の主権が共存する多元的な国家は存在しうるか？
	⇕
	カール・シュミットは単一の主権者による意思決定を擁護
今日の状況	❾意思決定システムの分散，グループの自主的な結成・解散・移動が世界で定着
	例示米国の先端のビジネスモデルの，多元的で流動的な様式
マローンの主張	⓴人類世界が分散的なネットワーク社会へ移行
	イノベーションの必須条件＝分散的なシステムにより個人の創造性・主体性・責任感を強め，組織の柔軟性を確保すること←情報伝達のコストの劇的な低下
	㉑指導者に求められること＝「調整と育成」による組織運営→多様な人間が集まり自生的な秩序が生まれる

▶着眼

　筆者の峯陽一（1961年～）はアフリカ地域研究者・国際関係学者。課題文はデータを交えてアジアとアフリカを中心に2100年の未来予測をした著書『2100年の世界地図―アフラシアの時代』から。「ユーラシア」がヨーロッパとアジアを統合した概念であるように，「アフラシア」とはアジアとアフリカを統合した概念であり，2100年はこれらの地域の重要性が増す，と予測される。課題文は豊富な例示で，これらの地域に「多様な人々の自由な共生」の可能性を探っている。確定的な解決を主張するわけではないが，相手の行動に干渉しないというリベラリズムの方向を志向している。

▶キーワード

□**ネイション**　国民・国家のこと。ベネディクト・アンダーソンは『想像の共同体』で，マスコミによって情報が共有されることで，イメージとしての「国民」が形成されると論じた。

□**ガバナンス**　統治・支配・管理という意味だが，ガバメントが政府という特定の機構を表すのに対して，ガバナンスは国家・企業・集団など，あらゆる領域でのコントロールを指す。「ガバナンスが効いている」とは，問題が起こらないようにきちんとコントロールされていること。

□**理念型**　ドイツの社会学者マックス・ウェーバーの用語。複雑で多様な現象の中から本質的特徴を抽出して，それらを論理的に組み合わせて作った理論的モデルのこと。

設問の解説

設問Ⅰ　対比を用いた文章全体の要約

〔要求〕　この文章を要約する。

　論理的文章の読み取りの基本は,「何の問題にどんな解決をしているか?」である。この課題文の問題は,「国境を越えた人々の移動に伴う定住者と移民の出会いにどう対処したらよいか?」であり, 解決は, もちろん共生の方向で構想されている。筆者の主張を見ていこう。

多文化主義の失敗

　第❶〜❺段落までは全体の導入部分。国境を越えて人間が移動する現実に対して, 定住者と移民との出会いが生まれ, 欧米諸国では「多文化主義」という政策原理が出てきた。しかし, その内実は, 移民は受け入れ先である西洋社会の文化に統合されるべき, という非寛容な主張であり, 9.11 以降, 原理主義者が育つ温床となったとして厳しく批判されたと言う。

　それに対して筆者は, 第❻〜❿段落で,「統合を求めない多文化主義」の可能性を探ろうとする。東京の下町や東南アジア社会に, 分かれて暮らしながらの「よそよそしい共存」を見て, それを理念型＝理論モデルにできないか, と提案する。つまり, 多様な人間が自由に参入・退出する社会の仕組みを, 西洋の社会契約論的発想ではなく, アジア・アフリカの現実をモデルに思考できないか, と問題提起するのである。

「よそよそしい共存」の可能性

　その手がかりとして, 第⓫〜⓮段落では, チャンドラン・クカサスの文章が引用される。クカサスが依拠するのは, 結社・脱退の自由を許し, 他者の事柄には干渉しないリベラリズムである。そして, 多様な人間が互いの違いを認めて共存する,「群島」としてのリベラルな社会のイメージを説く。ただ, 第⓯段落でも言うように, 現実には, リベラルな社会と正反対の事態が進行している。それでも筆者は, 現代のAU や ASEAN などの地域機構に見られる, 中央集権的ではない協調的な組織原理に着目して, 非西洋世界には西洋世界とは違った可能性があると言うのである。

　第⓳段落以降に言われるとおり, リベラルな社会のこのような多元的で流動的なあり方に, 現在の国際社会, とくにアメリカの先端のビジネスモデルは近づいている。それは, マローンによれば, イノベーションを続けるには,「命令と管理」ではなく,「調整と育成」に基づく分散的な意思決定システムが有利だからだ。それを支えるのが, 情報伝達の低コスト化だと筆者は言う。

要約の作り方

　要約する際は，問題と解決を冒頭に置くと，全体の方向が明快になるはずだ。

> 　国境を越えた人々の移動とその受け入れに対しては，（多文化主義ではなく）アジア・アフリカにおける多民族の「よそよそしい共存」に理想形を見ることができる。

　後は，それを証明するために，西洋流の「多文化主義」の破綻と対比して，中央集権国家を基礎とした発想とは違った解決の方向を探らねばならないことを言う。

解答例

　国境を越えた人々の移動による定住者と移民の出会いに対して，西洋流の多文化主義ではなく，アジア・アフリカにおける多民族の「よそよそしい共存」に理想を見ることができる。欧米諸国の多くが採用してきた多文化主義は，移民に受け入れ社会への統合を求めるもので，文化的に寛容とは言えず，もはや破綻している。モデルにすべきは，アジア・アフリカに見られる多元的で流動的なあり方である。それは，多様な人間の自由な参入・退出を許し，他者の事柄に干渉しないリベラリズムに基づいている。このようなあり方は未だ一般的でないとは言え，今日の世界は分散的なネットワーク社会へと移行し，先端的なビジネスモデルも多元的で流動的な様式に近づきつつあって，それを低コストの情報伝達システムが支えている。（300字以上360字以内）

設問Ⅱ　課題文をふまえた意見論述

〔要求〕　集団に属するということについて，自分の考えを述べる。
〔条件〕　この文章をふまえる。

　課題文には「集団に属する」という言葉はないが，移民とその受け入れという問題を通じて，「国家」「民族」といった集団とそこに属する人々のあり方が論じられている。解答でも「国家」「民族」などを取り上げることは可能だが，「この文章をふまえて」という指定があることに注意が必要である。課題文が中央集権的な国家や序列的な民族観を批判している以上，こうした考えを自明視するような論調であってはいけない。また，設問で「集団」と一般化した言い方がなされているからには，企業や学校，部活といった身近な集団に広げて考えてみることもできる。

　課題文には「よそよそしい共存」の理想をはじめとして，「多様性を前提に自由に人々が出入り可能な共生の仕組みが望ましい」「現代社会が分散的なネットワーク社会に移行しつつある」「イノベーションは関係者を意思決定に参加させる分散的なシ

ステムの確保を促す」「これからの指導者に求められるのは『命令と管理』から『調整と育成』へと組織原理をシフトさせることである」などの集団にかかわる主張がある。そうした中から1～2つを選び，解答に含めて自分の意見を述べる。

「集団に属する」とは何か？

　そもそも，「集団に属する」とはどういうことなのだろうか？　たとえば「日本人である」とは「国家に属する」という考えだろう。しかし「男性／女性である」なら，属しているのは性別ということになる。こういう「集団に属する」意識は，個人のアイデンティティ identity に関わり，自分が何者であるかという規定をもたらし，安心感を与える。

　しかし，現代のような「国際化」が進む状況では，従来のように同質の集団がまとまって居住するという状況は，もはや期待できない。一例として，日本における外国人労働者の問題を取り上げてみると，日本の農業や製造業では，国内の労働力不足も関係し，もはや外国人労働者なしでは成り立たなくなっている。たとえば，ベトナム人技能実習生は，日本人が働かないような劣悪な労働条件で働いていたことが問題になった。また，2021年に発覚した名古屋出入国在留管理局におけるスリランカ人女性の死亡事件に見られるように，外国人労働者の人権を侵害するような扱いが後を絶たない。短期的にでも日本で生活を送っているのならば，彼らを集団の一員として認め，きちんと処遇するための制度を整えるべきなのだが，それが進んでいないのである。

多様性をどう保障するか―筆者の主張への疑問

　このような現状に対して，課題文にあるような，相互に干渉しないリベラリズムの思考で一人一人の創造性，主体性，責任感に任せてモデル的な共存が自生的に生まれることを期待するのは，楽観的だと言えるかもしれない。したがって，多様性を保障するためには明示的なルール作りをするべきであり，統合という観点でなくても，相互の調整にかかわる専門機関などの存在が必要だと述べることができる。

解答例

　　日本の農業や製造業では，日本の労働力不足も関係し，もはや外国人労働者なしでは成り立たない状況になっている。しかし，ベトナム人技能実習生の劣悪な労働条件や入管施設におけるスリランカ人女性の死亡事件に見られるように，外国人労働者の人権を侵害するような扱いが後を絶たない。彼らを集団の一員としてきちんと処遇するための制度が整っていないのである。

　　このような現状に対して，筆者が述べているように，個人の創造性・主体性・責任感に任せて自生的な秩序が生まれることを望むのはやや楽観的かも

しれない。
　理想とされるような，人々の多様性が尊重される共存の状態に近づけるためには，単に他者の事柄には干渉しないというリベラリズムに任せず，しかし，統合を進めるというかたちでもない，異なる集団間を調整する明示的なルール作りをすべきである。その意味では，専門機関が集団間の調整に介入することもありうるだろう。（320字以上400字以内）

東南アジアの喧噪―宗教・生活の共存は難しい

　東南アジアに行くと，イスラム教の力が強いのに驚く。朝夕は，町中のモスクからイスラム教の礼拝への呼びかけアザーンの声が，スピーカーを通して大音量で鳴り響く。食堂やレストランでは，ムスリム風と言われる店が豚肉を使わない，とうたっている。肉と言えば，牛肉か山羊肉や羊肉になる。

　宗教儀式も，一年に1カ月のラマダン（断食月）が決められていて，日中は食事をしてはならない。敬虔な人たちの中には，唾を呑み込んでもならない，と頑張る人もいる。祈りも一日に5回，聖地であるマッカ（メッカ）の方を向いて礼拝するので，「心の中だけで祈る」ことは不可能だ。隠れキリシタンはできても，隠れムスリムはできない。

　このような宗教のあり方は，日本人の宗教観と大きく違う。理解しようとしてもなかなかできるものではない。理屈としては，互いの不干渉がよいのだが，何か問題が出てくると，宗教を巡って対立が起きるのもたしかだ。課題文の筆者もロヒンギャの例を挙げていたが，彼らはミャンマーの中のイスラム系少数民族で，多数派である仏教徒から激しい弾圧を受けている。「共生」と言われても，たんに，その迫害が小康状態になっているだけかもしれない。

　そもそも，宗教的寛容とは，宗教戦争後のヨーロッパから出てきた観念である。言わば，血と生命で贖った知恵であり，内容もかなり厳しいものだ。たとえば，フランスのライシテ原則では，公共的な場所には，いっさい宗教的シンボルを持ち込んではならない。だから，公立学校では，十字架のネックレスも付けられないし，ムスリムのヴェールも禁止され，違反者は退学になる。そういう厳しさがあるからこそ，複数の宗教が共存できる，というのである。

　そう考えれば，筆者のように，現在「共生」と見える状態を抽象化すれば，理想の国家を考える手助けになるという主張は，いささか楽観的すぎる気もするのである。

4 中動態と自由のあり方

2018 年度・目標 90 分

次の文章を読み，設問に答えなさい。

アレントの答え方は実に興味深い。アレントは自らの解釈を提示するのではなく，ただ，アリストテレス哲学に沿った答えだけを提示する。

銃で脅された私が相手にお金を渡すという行為は，アリストテレスの定義によれば自発的な行為と見なされてしまうだろう，というのがその答えだ。なぜ自発的な行為と見なされてしまうのかと言えば，「彼〔アリストテレス〕が自発的ということで理解しているのは，行為が，行き当たりばったりのものではなくて，自らの身体的・精神的な力を欠けるところなく保持している行為者によって遂行されたものである——「運動の起源が行為者のなかにあった」——ということに過ぎない」からである。

アレントの意図は明らかであって，ここで仄めかされているのは，アリストテレスの自発性の定義に従う限り行為の記述はおかしなものになってしまうということである。銃で脅されてお金を渡したら自発的にお金を渡したことにされてしまうのが，アリストテレス哲学における自発性の定義である，と。

アレントがここで，意志概念を否定してきた哲学の伝統を一貫して批判していること，アリストテレスの提唱したプロアイレシス[注1]概念を意志概念と取り違えてはならないと強く主張していることをいま一度思い起こそう。そしてそのうえで，アリストテレスは本当にそんなふうに考えていたのかと問わねばならない。

アリストテレスは脅されて行った行為は自発的な行為であると考えていたのだろうか？　アレントが参照しているのは，『ニコマコス倫理学』における自発性の定義である。アレントの説明を読んでいると何かややこしい印象を受けるが，そこで述べられているのはさほど複雑なことではない。

まずアリストテレスは，一方で，行為の「起源」が行為者にある行為はたしかに「自発的」と見なされると言っている。したがって，私が実際に手を動かしてお金を渡したのならば，その行為は自発的な行為である。

だが，他方，同書では，「自発的」や「非自発的」といった用語は，その行為がなされた状況に関連して用いられねばならないとも言われている。アリストテレスがあげるのは，「嵐の際に積み荷を投げ捨てる」という事例である。

その際，人はたしかに自分と乗組員の安全のために，自らの判断で積み荷を投げ捨てる。しかし，言うまでもなく，積み荷を投げ捨てる行為そのものは非自発的に行われている。進んで積み荷を投げ捨てる者はいないからである。したがって，アリスト

テレスはこうした行為を，自発的でもあるとも言えるし，そうでないとも言えるという意味で，「混合的 μικτός」な行為だと述べている。

　たしかに「どちらかといえば自発的な行為に近い」というただし書きもあるのだが，いずれにせよ重要なのは，アリストテレスが，同じ行為であっても状況や視点によって自発的とも非自発的とも言われうるという両義性に着目していたという点である。

　アレントは，しかし，それを単純化してしまう。意志を批判してきた哲学の伝統を彼女が否定しようとしているという事実を合わせて考えると，ここには何か印象操作のようなものすら感じられてくる。つまり，「意志概念をもたない哲学はおかしな結果をもたらすことになる」とのイメージをつくりだそうとしているのではないかと思えてくるのだ。

　このカツアゲの事例は，単なるアリストテレス解釈の問題には留まらない，より広い問題系のなかに位置づけられるべきものである。というのも，ここにあるのは，人が何ごとかをなすとはどういうことか，人が何ごとかをさせられるとはどういうことか，という原理的な問題だからである。

　ここでは「する」と「させる」の境目が問われているのであり，だとすれば，この事例は中動態と無関係ではありえない。たしかにアレントは通りがかりに軽くこの事例に触れたに過ぎない。しかし，この事例をどう位置づけるかによって，その思想の核心部が見えてくるとすら言うことができる。では，そのような事例にどうアプローチしたらよいか？

　われわれはここで，一つの補助線として，二〇世紀フランスの哲学者，ミシェル・フーコーの権力論を参照したいと思う。フーコーこそは権力の問題を通じて，人に何かをさせるとか，人が何かをするとはどういうことかを原理的に問うた哲学者だからである。その権力論によって，アレントの思想をさらに相対化することもまた可能になる。

　少し回り道になるが，労をいとわずこの理論の紹介を試みよう。

　フーコーの権力論はそれまで支配的であったマルクス主義的な権力観を一変させたと言われている。これは，フーコーが権力を抑圧によってではなく，行為の産出によって定義したことによるものだ。

　ごく大雑把に言うならば，マルクス主義的な権力観においては，権力は「国家の暴力装置」と同一視されていた。暴力を独占している階級や機構が大衆を抑えつけている，その有り様がボンヤリと「権力の行使」と名指されていたのである。

　それに対しフーコーは，権力は抑えつけるのではなくて，行為させると考えた。

　たとえば工場で労働者が，軍隊で兵士が，学校で生徒が，然るべき仕方で行為させられている。その意味で権力は，「抑圧」のような消極的なイメージでは捉えきれな

いのであって，「行為の産出」という積極的なイメージで語られねばならないという
わけだ。

　したがってフーコー権力論の特徴の一つを，権力と暴力の明確な区別に求めること
ができるだろう。マルクス主義的な権力観では，それらが曖昧に重ねられていた。フ
ーコーは次のようにはっきりと，権力と暴力を区別する。

　　実際，権力関係を定義するのは何かと言えば，この関係が，他者に直接，無媒介
　　に働きかけるのではなくて，他者の行為に働きかけるような行為の様態だという
　　ことである。すなわち権力関係とは，行為に対する行為であり，なされるかもし
　　れぬ，あるいは現実になされる，未来もしくは現在の行為に対する働きかけなの
　　である。〔それに対し〕暴力の関係は，身体や物に働きかける。それは強制し，
　　屈服させ，打ちのめし，破壊し，あらゆる可能性を閉ざす。それゆえ，暴力の関
　　係のもとには，受動性の極しか残されていない。

　権力は人々が行為するのを妨げるのではない。権力は行為に働きかけ，人がある行
為をするように，もしくは，その行為のあり方を規定するように作用する。言い換え
れば，権力は人がもつ行為する力を利用する。それは行為を産出するという意味で
「生産的 productif」である。フーコーが『監獄の誕生』などで研究したのは，権力
による行為産出の特定のパターンであり，そのパターンの歴史的変化に他ならない。
　それに対し暴力は，身体に直接に働きかけるという意味で権力から区別される。
「それは強制し，屈服させ，打ちのめし，破壊し，あらゆる可能性を閉ざす」。

　萱野稔人はフーコーの言う暴力を解説して，「暴力は，相手の身体にそなわってい
る力能を物理的に上まわる力によって，その身体を特定の状態（監禁，苦痛，死
……）に置くように作用する」と述べている。権力が相手の行為に働きかけて，相手
に行為させるのに対し，暴力は相手の身体に働きかけて，相手を特定の状態に置く。
つまり，権力は相手の行為する力を利用するが，暴力は行為する力そのものを抑え込
む。
　フーコーが暴力を定義するにあたって，「受動性」の語を引き合いに出しているこ
とは非常に興味深い。そしてこの説明は的確である。
　暴力関係において，暴力を振るう者は能動的な立場にいて，暴力を振るわれる者は
受動的な立場にいる。暴力の行使が成功した場合，相手は完全に受動的な状態に置か
れる。その意味で，暴力関係は能動と受動の対立のなかにある。
　では，権力関係においては，権力を行使する側と行使される側の関係はどうなって
いるか？
　ここで注意しなければならないのは，権力関係において権力を行使される側にいる

者は，ある意味で能動的だということである。権力を行使される側は，行為するのであるから。「権力の関係においては，行為者に多少なりとも「能動性」が残されている」。

では，「される」なのに「する」，「する」のに「される」の状態にある行為はどう形容されるべきか？

便所掃除を例に考えてみよう。嫌がる相手に便所掃除をさせるためにはどうすればよいだろうか？

たとえば，相手の手にブラシをもたせ，その手をつかんで動かすといったやり方が想像できる。たしかにそうすれば相手に便所掃除をさせることができる。

しかし，そうやって相手の自由を奪えば，その結果として産出されるのは，何らかの行為ではなく，単なる身体の受動的な状態である。すなわち，相手に便所掃除をさせたいのに，事実上，自分が便所掃除をするはめに陥ってしまうのである。

相手に便所掃除をさせるためには，相手が，ある程度自由であり，ある意味で「能動的」でなければならない。権力はそのような条件を利用できてはじめて，相手に便所掃除をさせることができる。

たとえば，「便所掃除をしなければおやつをあげない」といって相手に便所掃除をさせることができたならば，これは権力による行為の産出である。そのとき，権力行使の対象となっている人間は，ある程度自由であり，またある程度の「能動性」を残されている。おとなしく言うことを聞くか，この酷いやり方に抗議するか，そうした可能性のなかで行為しうる「能動性」である。

この例はもっと恐ろしい内容に変えることができる。権力行使の手段をおやつではなく，アレントがカツアゲの事例で持ち出した銃に変えても事態は変わらない。それは，相手の行為に働きかけて，相手に行為させ，そして行為のあり方を規定するように作用する行為である。

武器で脅して便所掃除をさせるのは，武器が出てきているため一見したところ暴力の行使のように思われるかもしれない。しかし，そうではない。萱野が明確に述べている通り，これは権力の行使とみなされなければならない。武器はこの場合，行使可能性に留まっているからだ。相手には，おとなしく服従するか，相手の暴力に対峙するか，それとも逃げ出すか，そうした可能性のなかで行為しうる「能動性」が残されている。

それに対し暴力は「あらゆる可能性を閉ざす」のだった。つまり，先ほどあげた，相手の手にブラシをもたせ，その手をつかんで動かすという事例こそは暴力行使の事例である。この事例では力が直接に身体に働きかけており，その身体には，手を強制的に動かされる以外の可能性が閉ざされている。

こう考えると，暴力には大きな限界があることが分かる。暴力は相手の身体を押さ

え込み，受動性の極に置く。したがって，そこからは行為を引き出すことができない。言い換えれば，「暴力の行使それ自体によっては服従を獲得できない」。服従を獲得するためには，暴力は行使可能性のうちに留まっていなければならない。

　フーコーは「権力のあるところには抵抗がある」と述べているが，これは抵抗の可能性が減少するとともに，行為を規定しつつ産出するという権力の効力も減少してしまうことを意味する。抵抗できないほどに衰弱している相手には，便所掃除をさせることもできない。

　権力と暴力が混同されがちであるのは，権力がしばしば暴力を利用するからである。暴力が行使可能性に留まりつつも効力を発揮するためには，権力を行使される相手がその暴力の恐ろしさを理解していなければならない。したがって権力は，暴力の恐ろしさを理解させるために，暴力を限定的に用いることがある。

　その際，暴力をどの程度限定するかによって権力の効力が規定される。たとえば相手を立ち上がれないほどに殴りつければ，その相手はもはや行為できず，権力の効力は限りなくゼロに近づく。つまり，権力は十分に効力を発揮できない。繰り返すが，権力の行使は，行使される側のある種の「能動性」を前提にしているからである。権力はたしかに暴力を限定的に用いることがあるが，暴力の行使は権力の目的と対立する。

　ではこのとき，権力を行使される側に見出される，ある種の「能動性」をどう理解したらよいだろうか？　権力によって便所掃除させられる者は能動的であると，そう言うべきなのだろうか？

　いや，むしろ次のように問うべきであろう。暴力は相手を受動性のもとに置くのだった。暴力を振るう側は「する」立場にいて能動的であり，暴力を振るわれる側は「される」立場にいて受動的である。では，権力行使に見出されたある種の「能動性」は，この暴力行使における能動性と同じものであろうか？

　両者が異なっていることは明白である。武器で脅されて便所掃除させられる者は，進んで便所掃除をすると同時に，便所掃除をイヤイヤさせられているからだ。権力行使においては，たしかに相手にある程度の自由が与えられているが，その自由は，いわゆる受動性としては理解できないのはもちろんのこと（たしかに行為しているから），いわゆる能動性としても理解できない（行為させられているわけだから）。

　つまり，権力行使における行為者の有り様を「する」と「される」の対立で説明することはできないのである。

　フーコーの権力論は，いわゆる能動性と受動性の対立を疑わせるものである。権力によって動かされる行為者は能動的でもあり受動的でもある（あるいは，能動的でも受動的でもない）。

　この点は，あるときはうまく理解されず，またあるときは小難しい議論（権力の対象である主体は「他律としての自律」である云々）の対象となった。しかし，権力の様態が特殊なものに思えるのは，すべては能動と受動の対立で説明できると信じられているからに過ぎない。

　権力の関係は，能動性と受動性の対立によってではなく，能動性と中動性の対立によって定義するのが正しい。すなわち，行為者が行為の座になっているか否かで定義するのである。

　権力を行使する者は権力によって相手に行為をさせるのだから，行為のプロセスの外にいる。これは中動性に対立する意味での能動性に該当する。権力によって行為させられる側は，行為のプロセスの内にいるのだから中動的である。

　武器で脅されて便所掃除させられている者は，それを進んですると同時にイヤイヤさせられてもいる。すなわち，単に行為のプロセスのなかにいる。能動性と中動性の対立で説明すればこれは簡単に説明できることである。能動と受動の対立，「する」と「される」の対立でこれを説明しようとするからうまくいかないのだ。

　こう考えると，暴力と権力をきちんと区別せず，両者を曖昧に重ねてしまう考え方というのは，能動性と中動性の対立で理解すべきであるものを，無理やりに，能動性と受動性，「する」と「される」の対立に押し込む考え方だと言うことができるだろう。フーコーが権力概念の刷新のために相当苦労しなければならなかったのも，能動性と中動性の対立がもはや存在せず，すべてが能動性と受動性で理解されてしまう，そのような言語＝思想的条件があったからである。

（國分功一郎『中動態の世界―意志と責任の考古学』より）

注1　プロアイレシスは一般に「選択」などと訳される。

設問Ⅰ　この文章を300字以上360字以内で要約しなさい。

設問Ⅱ　「自由」について，この文章をふまえて，あなたの考えを320字以上400字以内で述べなさい。

POINT　言語における中動態の概念を用いて，権力とは何か，を分析する哲学的な文章。設問Ⅰは，文章全体を要約する問題。本題に入るまでの説明が長く，やや話題が摑みにくいので注意したい。一方，設問Ⅱは，「自由」について，自分の意見を述べる問題。筆者の主張をふまえるのが条件だが，課題文では「自由」に関する直接的な言及があまりない。設問Ⅰの要約内容を「自由」に適用して，例示などをもとに考察を深められれば，十分だろう。

課題文の解説

▶各段落の要点

アレントへの疑念	❶～❸アレントの答え＝アリストテレスの定義によれば，銃で脅されて金を渡す行為は，自発的行為になる **理由**アリストテレスの理解では，「運動の起源が行為者のなかにあった」ことになるから アレントの意図＝アリストテレスの定義に従うと，行為の記述がおかしくなる ❹・❺アリストテレスは本当に「脅されて行った行為は自発的な行為」と考えていたのか？
筆者のアリストテレス読解	❻～❾行為の「起源」が行為者にあるならば「自発的」な行為 ⇕ 「自発的」か「非自発的」かは状況による **例示**嵐の際に積み荷を投げ捨てる＝「混合的」 アリストテレスは両義性に着目
アレントへの批判	❿アレントの単純化は「意志概念をもたない哲学」を否定するための印象操作？
問題とアプローチ方法	⓫・⓬カツアゲの事例は，人が何ごとかをなす／人が何ごとかをさせられるとは，という原理的問題に関わる 問われているのは「する」と「させる」の境目→中動態に関係 ⓭・⓮ミシェル・フーコーの権力論を参照して事例にアプローチ
マルクス主義との対比	⓯～⓲マルクス主義的な権力観＝権力は大衆を抑えつける「暴力装置」 ⇕ フーコーによる権力の定義＝×抑圧，〇行為の産出 **例示**工場で労働者，軍隊で兵士，学校で生徒が行為させられる
フーコーの権力論の特徴	⓳～㉑権力と暴力を明確に区別 **引用**権力関係＝行為に対する行為，行為に対する働きかけ⇔暴力の関係＝身体や物に対する働きかけ，強制・破壊，受動性の極
対比	㉒～㉗権力＝相手の行為する力を利用⇔暴力＝行為する力を抑え込む 暴力関係＝能動と受動の対立で理解される⇔権力関係では権力を行使される側はある意味で能動的，その行為はどう形容されるべき？
例示と説明	㉘～㉝嫌がる相手に便所掃除をさせるには？ 相手の自由を奪うと実現できない，相手がある程度自由で，ある意味で「能動的」であることが必要 ㉞～㉟武器で脅して便所掃除させる＝×暴力の行使，〇権力の行使 **理由**武器は行使可能性に留まり，相手には服従・対峙・逃亡といった可能性のなかで行為しうる「能動性」がある ⇕ 暴力は相手のあらゆる可能性を閉ざし，受動性の極に置く→行為を引き出すこと・服従を獲得することができない＝暴力の限界 **引用**フーコー「権力のあるところには抵抗がある」

権力行使にお ける能動性	❸❽〜❹❶権力と暴力が混同されがちなのは，権力がしばしば暴力を利用する から→どの程度用いるのかが問題 権力によって便所掃除させられる者は能動的か？　権力行使の「能動 性」は暴力行使の「能動性」と同じか？ ❹❷・❹❸権力行使において相手はある程度自由だが，いわゆる受動性として もいわゆる能動性としても理解できない **理由**イヤイヤ行為させられているから 　↓ 権力行使における行為を「する」と「される」の対立で説明できない
新しい見方	❹❹権力行使される行為者＝能動的でも受動的でもある ❹❺〜❹❽権力の関係は能動性と受動性の対立ではなく，能動性と中動性の対 立で定義すべき 権力を行使する者＝行為のプロセスの外にいる＝能動的 権力に行為させられる側＝行為のプロセスの内にいる＝中動的
結論	❹❾能動性と中動性の対立で理解すべきものを，能動性と受動性の対立に押 し込めたため混乱が生じた

▶着眼

　筆者の國分功一郎（1974年〜）は哲学者で，スピノザの研究でも著名。課題文は小林秀雄賞を受賞した『中動態の世界―意志と責任の考古学』から。中動態とは，古代ギリシア語などに見られる動詞の態で，「互いに〜し合う」「（自分のために）〜する」などの意味で使われる。歴史的には，最初は能動態と中動態が存在し，後になって，受動態が発達した，と言われる。ここでは，現在では一般的に「する」「される」，つまり能動態と受動態の対立で行為を理解するが，むしろ，能動態と中動態の対立として捉えた方がよい分野・対象があることを，権力と暴力の相違を例にして示している。

▶キーワード

□**ミシェル・フーコー**　1926〜84年。フランスの哲学者・歴史家。主著に『狂気の歴史』『監獄の誕生―監視と処罰』『言葉と物』などがある。現代人が当然のように使っている思考の枠組みが，歴史的にある時期に形成された特殊なものであると示して，現代の思想状況に大きな影響を与えた。

□**相対化**　ある視点やものの見方を，他の視点やものと比較して捉えることによって，それが唯一絶対のあり方ではないと見なしたり提示したりすること。

□**マルクス主義**　ドイツの哲学者・経済学者マルクスと社会思想家エンゲルスの社会観・歴史観。歴史は経済の発展によって動き，経済的な土台が政治・文化などを規定すると主張した。ここでは「国家＝暴力装置」という彼の考え方が示されている。国家は暴力を独占し，それ以外の暴力を取り締まることで秩序を保つのである。

設問の解説

設問Ⅰ　対比を用いた文章全体の要約

〔要求〕　この文章を要約する。

　課題文の序盤で，20世紀の哲学者ハンナ・アレントの名前が出てくるが，これが主題ではないことに注意する。筆者によれば，アリストテレス『ニコマコス倫理学』における自発性の定義についてのアレントの説明には問題がある。アリストテレスは，同じ行為が視点や状況次第で自発的とも非自発的とも言われうるとし，その両義性に着目していた。しかし，アレントは意図的にそれを単純化していると筆者は言う。ここまでのアリストテレス解釈の問題は，導入にすぎない。

　より本質的な内容は，第⓫段落の「人が何ごとかをなすとはどういうことか，人が何ごとかをさせられるとはどういうことか」という「原理的な問題」の提起から始まる。第⓬段落によれば，それは「『する』と『させる』の境目」についての問いであり，「中動態」に関わる。では，どう考えたらよいのか？

　筆者はフーコーの権力論を手がかりにして思考する。前述の「原理的な問題」に迫るものだからである。

権力と暴力の違いとは？

　よく知られたマルクス主義では，権力は暴力と同一視され，大衆を抑圧するものとされていた。それに対して，フーコーは権力と暴力を区別し，権力は抑圧するのではなく，行為を産出すると考えた。

　暴力は，相手の身体に直接働きかけ，あらゆる可能性を閉ざして受動性の極に置くが，権力は，相手の行為に働きかけ，ある行為をするように作用する。つまり，暴力では，暴力を行使する方が「能動的」であり，行使される方が「受動的」であるのに対して，権力では，権力を行使される方も何らかの行為をするのだから，「ある意味で能動的」である。

　筆者は，「嫌がる相手に便所掃除をさせる」例を使って，第㉘段落以後，この事情を説明する。暴力により相手の自由を奪えば，単に受動的な状態にするだけで便所掃除という行為はさせられない。だから，便所掃除をさせるには，相手がある程度自由であり，いくつかの可能性のなかで行為を選択しうる能動性を残す必要がある，というのだ。おやつをあげないのも，武器で脅すのも，その方法の一つだ。

　これだけ大きな違いがあるのに，権力と暴力が混同されるのはなぜか？　その根拠は第㉟段落で「権力がしばしば暴力を利用するから」と説明されている。ただし，その使用は限定的である。実際，相手を無力にするまで殴りつければ，相手は行為できない。だから，相手が行為できる力を残しておかなくてはならないのだ。

権力行使における行為者のあり方

　さて，第❹段落からは，本題である権力を行使される側の，ある種の「能動性」の解釈が始まる。暴力では，暴力を振るう側は「能動的」であり，振るわれる側は「受動的」であった。それに対して，権力行使の場合に見出される「能動性」は，暴力行使におけるそれとは性質が異なる，と筆者は言う。

　なぜなら，行使される側は「イヤイヤさせられている」からであり，そこにある自由は受動性としても能動性としても理解できない。つまり，権力行使での行為者の有り様は，暴力のように「する」と「される」の対立では表せないのである。

　では，権力関係をどう理解するか？　第❻段落では，それは能動性と中動性の対立で考えるのが正しいという視点が提示される。つまり，行為者が行為の座になっているかいないか，で区別するのだ。権力を行使する者は，相手に行為させて，自分は行為しないので，行為のプロセスの外にいる。これは中動性に対立する意味での能動性ということになる。それに対して，権力を行使される側は，進んですると同時にイヤイヤさせられてもいるわけだが，行為のプロセスの内にいるのだから，中動的だと区別するのである。

　すなわち，権力の理解には能動性と中動性の対立で考えるのが有効であり，能動性と受動性という対立は役に立たない，と筆者は言う。

要約の作り方

　解答は，これらをまとめる。ただし，暴力と権力の違い自体が主要な話題ではないことに注意したい。それは，「人が何ごとかをなすとはどういうことか，人が何ごとかをさせられるとはどういうことか，という原理的な問題」に対して，「する」でも「させる」でもない，中動態という考え方があることを理解させるための材料である。この課題文の主張を一文で言えば，次のようになる。

> 　人が何ごとかをなすとはどういうことか，人が何ごとかをさせられるとはどういうことか，を理解するには，中動態という考え方が必要だ。

　これを要約の冒頭に置けば，全体の方向が明快になる。後は，それを証明するために，暴力と権力の違いを並べていけばよい。たとえば，暴力は「する」「される」という能動性と受動性の対立で説明できるのに，権力はその組み合わせでは説明できない。能動性と中動性の対立で理解するとうまくいく，と言えば方向性が定まる。

解答例

　　人が何かをしたりさせられたりする行為を理解するには，中動態の概念が必要になる。フーコーの権力論によれば，暴力は相手の行為を抑圧するが，権力は行為を産出する。つまり，前者では暴力を振るう側が能動的，振るわれる側が受動的という関係にあるが，後者では権力を行使される側も何らかの行動をするので，ある意味で能動的である。しかし，行為者にある程度自由があるとはいえ，イヤイヤさせられているのだから，暴力における能動性とは違う。むしろ，行為者が行為の座になっているかでみれば，権力を行使される側は行為のプロセスの内にいるので，中動的だと言える。権力を行使する側は行為のプロセスの外にあって能動的である。このように，権力などの行為は能動性と中動性の対立で理解すべきであり，能動性と受動性の対立と考えるから理解が難しくなるのである。（300字以上360字以内）

設問Ⅱ　課題文をふまえた意見論述

〔**要求**〕「自由」について，自分の考えを述べる。
〔**条件**〕この文章をふまえる。

　「この文章をふまえて」とあるが，論題である「自由」について，課題文では掘り下げて論じられていない。だから，解答では，「自由」に関する課題文の記述を参照するだけでなく，**設問Ⅰ**で抽出した「人間の行為を理解するには，中動態という概念が必要だ」という課題文の主張を何らかの形で利用しつつ，「自由」と関連づけて自分の意見を述べなければならない。ここでは，「中動態」「中動性」というアイディアを参考にして，類似する現象を指摘し，「自由」に適用するやり方が書きやすい。

　課題文で言及されているのは，権力が行使される場面での行為者の自由である。第**㉜**〜**㉞**段落によれば，これは，いくつかの可能性のなかで行為を選択しうるということとほぼ同義である。さらに，第**㊷**段落以降も確認すれば，筆者が取り上げている自由とは，能動性でも受動性でもない，中動性に関わるものだとわかる。つまり，一般に考えられているような「自分の意のままにできる」ことが「自由」ではないし，「他人の意のままにされる」ことが単純に「不自由」とも言えないのだ。

自由を具体的に考える

　たとえば，教育や躾を考えてみよう。学生や生徒は，教育されるとき，まずは教師に言われるままに考えたり行動したりしなければならない。ここで，教師と生徒のあいだには権力関係があり，生徒は教師によって行為させられている。とすれば，教育は「不自由」なのだろうか？

　もちろん，そうではないだろう。我々が教育を受けるのは，自分が能力やスキル，あるいは判断力を身につけて，社会に出たときに，そうした能力を生かして行動できる可能性を広げるためである。もし，教育が「不自由」だとして反抗するだけだと，必要なスキルや能力も得られなくなるので，独立して行動しようにも，選択できる行動の幅が狭くなる。

　実際，「相手の話の内容を理解して，その通りに振る舞う」ことが全くできないと，自分の行動は常に相手の意に反するようになるので，相手は常に，指示に反しないように監視しなければならないし，反したときは強制的に是正しようとするだろう。意のままに振る舞うことは，結果として不自由を招来するのである。

　社会学では，イギリスの労働者階級には，学校・教師に反抗する文化があるために，子どもたちが必要なスキル・能力を獲得できず，親と同様に未熟練労働に従事せざるを得ず，階級の固定化が進むという例が知られている（ポール・ウィリス『ハマータウンの野郎ども—学校への反抗，労働への順応』より）。

　また，学校においては，教師も生徒を無視して好き勝手に振る舞うことはできない。生徒側からのフィードバックを受けて絶えず指導を修正しなければならない。その意味では，能動的に行為しうるかに見える教師の「権力」も，実は中動的と言えるかもしれない。このように，学校という空間だけを取り出してみても，様々な力学が働き，「自由」がその隙間に浸透していることがわかる。

　これはもちろん，教育や躾に限らない。社会の中で他者と関わりを持って生きる限り，常に同じことが言える。自由とは，たんに「意のままに振る舞う」ことではなく，むしろ様々な影響関係や権力関係の中で，その制限を前提として，何とかして「自分の行動の幅を広げる」余地を見出すプロセスだと考えられる。これは「する」「される」の両方の意味を持つ。つまり，「自由」は，「他人や社会に受け入れられつつ，自分の行動の可能性を広げ，希望を実現していく」中動態的なあり方なのだ。

　これで論題「自由」に対して，中動態というアイディアを適用できたことになる。以上の内容をまとめれば，以下のような構造になりそうだ。

解答例

　「自由」とは，他人からの束縛がなく，自分の意のままに行動することではない。むしろ，社会における他人との権力関係に影響を受けつつも，その中で自分の行動可能性を広げ，希望を実現していく中動態的なあり方を指すだろう。

　たとえば学校においては，教師の指示に従って振る舞わねばならないが，それは知識やスキルを獲得して，社会の中で選択しうる行動の幅を獲得するためである。また，教師にしても，生徒の反応を受けて絶えず指導を修正していく必要がある。教師にせよ生徒にせよ，好き勝手に振る舞うことは相手

の抵抗を招き，結果として自分の可能性を狭め，不自由を生み出す。こう考えると，一見権力への一方的服従が求められるかのような学校も，制限がある中で互いに自由を学ぶ空間であると言える。

　このように「自由」は単なる能動性では説明できない。むしろ，自由は，受動の中から能動を生み出すという中動態的なプロセスの中にあるのだろう。（320字以上400字以内）

自由の両義性—飼い犬の場合

　動物行動学者のコンラート・ローレンツは，その著書『人イヌにあう』の中で，飼い犬の躾について，興味深い見解を述べている。よく訓練された犬は引き綱なしでどこにでも連れて行くことができ，人間が「伏せ！」と命令すると，縛りつけなくても待っていられる。だから，人間社会の中で，より行動の自由を得られる，と言うのだ。しかも，待っているときでも，頭の良い犬は，ただじっとしているのではなく，その場を離れない範囲で身体を伸ばしたり歩き回ったりして，行動している。逆に，訓練が不十分で人間の命令を聞くことができない犬だと，常に引き綱をつけて人間がコントロールしなくてはならないので，犬自身の行動も制限され，その生も不幸だと言う。人間社会のルールや仕組みを知って，それに従うことで，より「自由」に振る舞うことができるという逆説が成り立つのだ。

　人間の状況も同様かもしれない。常に「自分の意のまま」に行動する人は，社会の中で他人と共存する状態では，協調することができない。そのため，逆に他人に監視されたり制御されたりして，意のままに振る舞うことが不可能になる。むしろ，社会の約束事に従いつつ行動する中で，そこに自分の希望を実現させる余地を見つけ出すのが「自由の実現」なのかもしれない。その意味で言うなら，「自由」とは，単純に「自分の意のままにする」ことではないし，「不自由」も，たんに「他人に従わされる」ことではない。むしろ，社会のルールや知識を受け入れつつ，それを利用して，自分の意志するところを達成する可能性を探るという中動態的なプロセスが「自由」と言えるのかもしれない。

5　「国語」としての日本語の危機

2010 年度・目標 90 分

　次のインタビュー記事を読み，設問に答えなさい。

――水村さん^(注)は，『日本語が亡びるとき』の中で，こう指摘します。世界中をいとも簡単につないでしまうインターネットの出現により，英語が世界の共通言語（「普遍語」）として，史上例を見ないほどの力を持ってきた。そして，そのことによって「国語」としての日本語は危機に晒されていると。

　この本の発刊後，英語公用語論が再び注目を集める一方，「美しい日本語」は保護されるべきだという声も多数あがるなど，さまざまな議論が沸き起こりました。

水村　こんなに注目していただけるとは，正直思ってもみませんでした。日本近代文学を愛する人，いわば死に絶えつつある人と手を取り合い，「日本語の行く末を一緒に嘆きましょう」というつもりで書いたんです（笑）。それなのに，文学なんてほとんど読んだこともない読者にまで届くなんて。

　ともかく読者に分かっていただきたかったのは，日本語という非西洋語圏の言葉が，かくも早々と「国語」になることができたのは，実は奇跡のようなことだったという事実です。

　私は「国語」というものを，国民国家の成立時に，翻訳という行為を通じて生まれたものだと考えています。日常生活で使う「現地語」が，古くはラテン語や漢語，そして今は英語が代表する「普遍語」からの翻訳を通じて磨かれてゆき，やがて「普遍語」と同じように，人類の叡智を刻む機能を負うようになる。それが「国語」です。ところが人はいったん国語が成立すると，その起源を忘れます。海に国語を守られた日本人はことにそうです。

　でも，世界中を見渡すと，非西洋語圏では，機能する「国語」が存在する方が珍しいのが分かります。英語，フランス語，ドイツ語と並んで日本語があるのは，あたりまえのことではないのです。西洋列強による植民地政策によって勝手に線引きされた結果，世界にはまず多言語・多民族国家が多い。しかも支配層は宗主国の言葉を共通語として使っていた。これらの国では，今，自分たちの「国語」を作ろうとしていますが，「国語」の成立とは実はとても困難なことなんです。例えば，フィリピンでは英語とともにタガログ語が公用語とされていますが，タガログ語を話さない国民は「これは自分たちの言葉ではない」と反発しています。パキスタンとバングラデシュでは，地形の問題に加えて，ウルドゥ語とベンガル語という使用言語の違いがあって，

国が分裂してしまいました。

　私はこの本の第七章に，学校教育で近代文学を読ませるのを国家への提言のように書きましたが，こういう主張をすると，「学校で学ばせるとよけいに文学が嫌いになる」という反論が必ず出てきます。でもそれ自体，とても贅沢な反論なんですね。まず「国語」を持っている。そして教育がこれだけ行き渡っている。そのうえ教えるに足る優れた国民文学が存在する。それらのありがたみを考えたら，学校教育でこそ日本語を大切にして欲しい。日本語のように幸せな運命を辿った非西洋語はとても少ないという，まずはそのことを自覚して欲しいと思います。

——それにしても衝撃的なタイトルですね。

水村　タイトルだけを見ると誤解されてしまう恐れがあるのですが，「日本語が亡びる」というのは，あくまでも比喩的な表現です。「クジラが絶滅する」というような意味ではありません。

　今後，さらに英語の影響力が増していったとしても，「話し言葉」としての日本語は当然残りますし，「書き言葉」としての日本語も残るでしょう。つまり日本語は，日本人が日常的に使う伝達の手段としても，さっと読み，すぐにブックオフで売ってしまう「廉価な文化商品」に使われる言葉としても残る。「現地語」としての日本語は日本がある限り消えないと思います。

　私が危惧しているのは，人がその言葉を真剣に読もうという，「国語」としての日本語が生き残れるかどうかです。かつての日本人は，「この本は高いけど，お夕食を一日抜いても買って読みたい」という気持ちで日本語を読んでいました。ところが今や，自然科学のみならず社会科学や人文科学の分野においても，世界的に意味のある文章は英語で読み書きされる。そんな時代に入った今，しかも，そんな時代が続くのが見えている今，日本語が娯楽以上のもの，《ありがたいもの》として流通し続けるだろうかということです。

——すぐに売ってしまうからか，最近は本棚のない家も増えているようです。

水村　そのようですね。「蔵書」というのは，「この本はくり返し読みたい。だから手元に置いておきたい」という気持ちがあって存在するものです。私も漱石や一葉や谷崎の全集は，とても手放す気が起こらず，いつも一緒に引っ越しして，くり返し読み続けました。

　よく聞かれますが，私は，最近書かれた文章をまったく評価していないわけではないんです。送ってもらう文芸誌などをたまに読むと，「ああ，面白いな」と思います。でも，今書かれているものの中に優れたものがあるかどうかは，この際，本質的な問

題ではないのです。英語が「普遍語」として流通するようになればなるほど，必然的に，「国語」は危うくなる。今，英語以外のどの「国語」も分岐点に立たされているのです。しかも，非西洋語圏の「国語」の方がより危ない。非西洋語を母語とする人たちは，バイリンガルになるのが困難なので，いったん英語にいってしまうと帰ってこない。ことに「国語」がまともに機能していなければ，帰ってくる必然性がありません。

　そんな時代に，日本語が真の「国語」として存在し続けるためには，日本人は，まずは近代文学の古典ぐらいは読めるように育つべきだと思うんです。古典とは，定義上，時を超えて残ったものであり，再読するに堪えるものだということです。実際，漱石ほど何度も読みたいと思う作家はいません。

　私は「良質な本が書かれるか」よりも前に，まずは，「良質な本が読み継がれるか」ということが，これからの日本にとって，一番重要な問題だと考えているんです。良質な本が読み継がれるということは，文化の継承を意味します。その継承がないということは，もう文化自体が存在していないに等しいことだと思っていますので。

——日本語が，明治時代に「現地語」から「国語」に変わっていった過程を《奇跡》と称されましたが，具体的には何が起きたのでしょうか。

水村　日本が「国語」を成立させた歴史的条件は，三つあると思います。一つは，漢語からの翻訳を通じ，近代以前の日本語が「書き言葉」としてかなり成熟していたこと。二つには，江戸時代にすでに「印刷資本主義」を持っていたこと。三つには，西洋列強の植民地にならなかったことですね。

　これらの条件が揃って，福沢諭吉や夏目漱石などの優れた人材が，西洋語という「普遍語」をよく読み，世界の知識を吸収しつつも，「普遍語」ではなく，自分たちの言葉で書いていった。その過程で，日本語が非西洋語圏の中で早々と「国語」として成立して大きく花ひらいていった。世界史の中でそのことが《奇跡》ではないかと。

　明治時代の日本人は，自分たちが非西洋語圏に生きているという事実を意識せざるをえず，非西洋語圏の国として世界でどういう態度を取るべきか，考えざるをえませんでした。西洋と全力でぶつかっていたんですね。

　今の日本は，明治以来一五〇年の時を経て，ふたたび英語とぶつかっています。ですから，今こそ，日本語で読み書きするとはどういうことか，日本の頭脳が英語に流出するのを食い止めるにはどうすべきかを真剣に考えなくてはならないときだと思います。

——本では，明治以降の「翻訳」が素晴らしかったことも指摘されています。

水村　そうなんです。日本人ほど翻訳を通じて，世界の書物を読み漁った民族はいないのではないでしょうか。卑近な例で申し訳ありませんが，私の母なども日本語しか読めなかったのに，充実した翻訳文化があったおかげで，世界の文学を読み，世界のことを知ることができ，その上で，日本語ならではの面白い文章を書けました。戦前の女学校教育といえば十七歳までです。当時の日本語教育に感心します。

――水村さんは，日本語を守らなくてはいけないとする一方で，人類の文明を進めるにあたり，「普遍語」の使用が効率的なのは間違いないとされています。「英語の世紀」に入った今，いっそ英語を公用語にするという意見も慎重に検討されていますね。このあたり，かなり迷われたのではないでしょうか。

水村　ええ，かなり迷いました。実際，短期的な国益を考えたら日本語など捨ててしまった方がよいのではという内なる思いと戦いながら書きました。
　でも，最終的には，日本語を守るのは，フランス語を守る以上に意味があるという結論に達しています。英語の世紀に入ったとは，これから世界中の読書人が，英語という「書き言葉」を介して世界を理解していくということです。そのような世界において，まずは，英語以外の「書き言葉」を守ること自体に意味があると思います。でも，フランス語のような西洋語だと，世界の理解の仕方が，やはり英語と地続きの理解の仕方でしかありません。ところが，日本語はまったく違った言葉です。しかも「書き言葉」として長い歴史を持っている。そのような「書き言葉」が亡びるのは，大げさですが，人類が知的にも感性的にも貧しくなってしまうのを意味します。しかも，日本語は世界でも希有な表記法を持った言葉なので，「書き言葉」の種の多様性を保持する上でも，守らなくては。
　ですから，私の立場はいわゆる「美しい日本語」を提唱する保守主義者とは違うと思うんです。私は，「美しい日本語」の存続が危ないと主張しているのではなく，世界中の「国語」が危ないと言っているのです。たまたま私が深くかかわっているのが日本語だから，「日本語が危ない」と強調している。そして，その危機感を共有してもらうために，世界的な視点から，日本語が辿ってきた道のりと日本語が存在し続ける意味を理解して欲しかった。
　ただ，文学者というのは，いわゆる保守主義者たちとは別の意味で保守的で，それはそれで当然なんですね。つまり，文学を書くというのは，これまで文学を読んできたからこそ書いており，さらには，これまで文学を読んできた人に向けて書いているからです。言葉は過去の言葉の宝庫を喚起できればできるほど，たんにそこに並んでいる文字を超えた豊かさを得ることができます。だから過去に書かれたものに対する「模倣への欲望」は肯定すべきなんですね。しかも，たくさんの文章を読んできた読者だけが，その豊かさを分かってくれます。乏しい読書経験しかなければ，どんな文

章を前にしても，それだけのことしか読めない。

――そう言えば，水村さんの小説も，『續明暗』は漱石の『明暗』を，『本格小説』はエミリー・ブロンテの『嵐が丘』を読んでいた方が楽しめます。

水村　ええ。「言語はどんどん変化していくものだ」という言語学の立場とは，文学は対立せざるをえません。

――水村さんにとっての「文学」の定義を教えてください。水村さんの薦める日本近代文学は，狭義の「文学」だと思いますが，広い意味では，『聖書』も「文学」といえなくもありません。

水村　文学は二つに分けて考えられると思います。一つは，十八世紀半ばから西洋で「文学」と呼ばれるようになった小説や劇や詩など。今，ふつう「文学」というと多くの人が思い浮かべる，いわゆる狭義の「文学」です。
　でも，私がこの本の中で最終的に問題にしているのは，広義の「文学」です。日本近代文学に強調をおいたので，誤解が生じたかもしれませんが，それこそ『聖書』も含んだ，すべての優れた書物を論じているつもりです。例えば，ダーウィンの『種の起原』や，フロイトの『モーセと一神教』なども素晴らしい文学だと思います。近代日本のもので言えば，福沢諭吉の『文明論之概略』も文学だと思っています。
　ですから，問題は，今後，優れた小説が日本語で書かれるかどうかではなくて，今後，広義の意味での優れた「文学」が日本語で書かれるかどうかにあります。そして，さらにそれ以前に，そのような書物が，ある程度の規模で流通するかどうか。優れた文学がほんの一部の専門家だけにしか読まれなかったとしたら，その「書き言葉」は亡びてしまったも同然ですから。
　もちろん，優れた文学が市場で流通するのは，たいへん難しいことです。日本は，高度成長期を迎え高度教育が行き渡ったのが，たまたま，まだ書物が重要な時代だったので，「良書は黒字にならない」という残酷な認識が少し薄いかもしれませんね。
　例えばノルウェーには，国家が一定の水準に達した本を買い上げて，図書館に配るシステムがあります。アメリカも地方の中小出版社は，経営の半分を寄付金に頼っています。そういう出版社が良書を出す。そして，その中で一般受けしそうなものがあれば，初めて大きな出版社が版権を買い上げる。良書を市場で流通させることの困難は，どの先進国も直面しています。
　政府も，少子高齢化対策などで忙しいとは思いますが，本の在庫ぐらいは免税にし，少しは良書の流通を助ける方法を検討して欲しいですね。（笑）

――「ケータイ小説」が顕著な例ですが，最近出版される本は，完全に「現地語」で書かれたものが増えているように思います。そしてそれが売り上げ増につながっている例もある。これは，「現地語」による「国語」の押し流しが起きているということでしょうか。

　水村　英語が支配的な言語になったことと，日本で流通している日本語が貧しくなったこと――実は，私はこの間には直接的な関係はなかったと考えているんです。もちろん，今後は，英語が支配的な言語となった影響は急速に出てくるでしょう。でもそれ以前に日本語は勝手に貧しくなっていった。

　原因はいくつか考えられますが，一番大きいのは，戦後教育において，文章に対する正しい認識が失われてしまったことにあると思います。文章は読むべきものであり，自己表現のための道具ではないという認識が失われてしまった。その結果，密度の高い文章を読ませなくなってしまいました。

　私は学校で「近代文学」を読むのを勧めています。「それは単なる好みの問題だろう。現代文学で何が悪い」という意見が出てくるのも，この日本でしたら，ありうると思います。でも，私はこれは好みの問題には還元できないと思っているんです。理由はいくつも挙げられますが，二つに絞っていえば，一つには，くり返しになりますが，古典というのは時の流れに堪えてきたもので，どの国でも国民文学の古典を教えるのはあたりまえだからです。こんなあたりまえのことを，国語教育の基本に据えていないのは愚の骨頂です。言論統制があって，過去のものを読ませてはマズイという国は別ですが。

　そして，もう一つには，読む能力の不可逆性とでもいうべきものがあります。子供の頃から近代文学に親しんでいれば，現在書かれている文学を読むのに何の問題もありません。物理的にページを繰る速度で読めるぐらいです。ところが，現代文学しか読んでいないと，近代文学が読めないんです。つまり，ある年までに，ある程度歯応えのある文章を読む癖がついていない人は，その後ずっと読めなくなってしまう。どちらも読めて，はじめて「好みの問題」だといえると思います。

　私は，何も「紫式部を読め」といっているわけではありません。日本語は，非西洋語であるにもかかわらず，国民文学の古典としての近代文学を早々と持つことができた幸運な言葉である。その近代文学を読み継ぐことで，読む訓練をする。日本語が「亡び」ないで済む道を辿るのに，正統的でも効果的でもある方法だと考えています。

（水村美苗「世界中から『国語』がなくなる日」『中央公論』2009 年 3 月号より）

出題者注
　（注）　水村さん
　　　　　水村美苗　作家。著書に『續明暗』，『私小説』，『本格小説』，『日本語が亡びるとき』などがある。

設問Ⅰ　水村氏の発言中の「普遍語」「国語」「現地語」とは，それぞれどういうもの
か。違いがわかるように 220 字以上 280 字以内でまとめよ。

設問Ⅱ　水村氏の現状認識を踏まえた上で，「英語を日本の公用語とする」という意
見について，自分の意見を 340 字以上 440 字以内で述べよ。

POINT　「国語」の存亡という，いかにも文学部らしい主題。設問Ⅰは，課題文中の
キーワード「普遍語」「国語」「現地語」についての内容説明。「違いがわかるよう
に」とあり，三者の対比が求められている。2 つの対比は簡単だが，3 つとなると，
関係性を明確にする叙述の工夫が必要になる。設問Ⅱは，水村氏の主張を踏まえた
上で，「英語を日本の公用語とする」という意見に対して，自分の意見を論述する。
最初に Yes か No かを選択し，後から根拠を述べるという，小論文の基本構造に
従えばよい。

課題文の解説

▶水村氏の各発言の要点

問題1	❶「国語」としての日本語の危機？ 「国語」＝国民国家の成立時に，翻訳という行為を通じて生まれたもの 日常生活で使う「現地語」⇔人類の叡智を刻む機能を負う「普遍語」 非西洋語圏では「国語」の成立は困難→「国語」・教育・国民文学があることのありがたみ ❷「日本語は亡びる」のか？ 「現地語」としての日本語は消えない 真剣に読まれる「国語」としての日本語が生き残れるかを危惧 **背景**世界的に意味のある文章は英語で読み書きされる時代
対策	❸英語が「普遍語」として流通する→「国語」は危うくなる **理由**非西洋語を母語とする人＝バイリンガルになるのが困難＋母語が「国語」として機能していない→母語には帰ってこない ↓ **主張**日本語が「国語」として存在し続けるには，日本人は近代文学の古典ぐらいは読めるように育つべき 良質な本が読み継がれる＝文化の継承
説明	❹日本の「国語」成立の歴史的条件＝「書き言葉」としての成熟・「印刷資本主義」の成立・西洋の植民地にならなかったこと （明治時代の）優れた人材が「普遍語」を読み，世界の知識を吸収しつつ自分たちの言葉で書いた→「国語」が成立 ❺日本人は翻訳を通じて，世界の書物を読み漁った。
問題2	❻英語の公用語化？ これから世界中の読書人が英語を通じて世界を理解する 英語以外の「書き言葉」を守ること＝人類の知的・感性的な多様性を守ること ×「美しい日本語」の存続が危ない，○世界中の「国語」が危ない 文学は過去の言葉を踏まえて書かれる ⇕ ❼「言語は変化していく」という言語学の立場
文学の定義	❽問題にしているのは広義の「文学」＝すべての優れた書物 優れた「文学」が日本語で書かれるかが問題 **主張**良書の流通を助ける方法を検討すべき **例示**国家が本を買い上げるノルウェー，寄付金に頼るアメリカ
提案	❾「現地語」による「国語」の押し流しが起きている？ そうではなく，日本語が勝手に貧しくなった **原因**文章は自己表現のための道具ではないという認識が戦後教育において失われ，密度の高い文章を読ませなくなった **提案**学校で「近代文学」を読ませて，読む能力の訓練をする

▶着眼

　水村美苗（1951 年〜）は小説家。アメリカの大学・大学院で教育を受け，日本近代文学を教える。課題文はインタビュー形式で，ベストセラー『日本語が亡びるとき』の解説になっている。「現地語」「普遍語」と対比して，「国語」の機能を論じ，その機能が英語の隆盛で脅かされていることを指摘し，近代文学をもっと教えて「国語」を守らなければならないと訴える。実際，アフリカの作家などは英語で書き始めたために，アフリカのことを書いても英語圏文学に位置づけられ，アイデンティティに悩む例もある。それを考えれば，水村氏の主張は，見逃されがちな論点をついている。日本語が「国語」として機能しているのは稀な例であり，言語の多様性を守る上でも貴重なのである。

▶キーワード

□**英語公用語論**　公的文書などで日常的に日・英両語を併用することを法律で定めて，英語の運用能力を上げるべきだという主張。なお，カナダ・スイスなど複数の公用語を定めている国では，その目的は多言語社会で国民が不公平な扱いをされないためであり，日本で言われるように言語の運用能力を上げるためではない。

□**叡智**　すぐれた知恵や深い知性のこと。あるいは，学問・芸術・宗教など，真なる存在や世界の真理を捉える人間活動のために使われる最高の認識能力。

設問の解説

設問Ⅰ　三つの語を対比させた説明

　〔**要求**〕　水村氏の発言中の「普遍語」「国語」「現地語」とは，それぞれどういうものかまとめる。
　〔**条件**〕　違いがわかるようにする。

　「普遍語」「国語」「現地語」についての言及は，それぞれ複数箇所あるので，それらをまとめて，違いがわかるようにうまく対義語などを使って説明するとよい。
　これら三つの語の定義が出てくるのは主に第❶・❷発言で，その後は，それに対する「近代文学を読ませる」という提案に向かう内容だから，そこまでの該当する部分をまずは拾ってみよう。

普遍語	• 世界の共通言語　…❶（冒頭の聞き手の発言） • 古くはラテン語や漢語，今は英語が代表する　…❶ • 人類の叡智を刻む機能を負う　…❶ • 世界的に意味のある文章が読み書きされる　…❷
国　語	• 国民国家の成立時に，翻訳という行為を通じて生まれたもの　…❶ • 「現地語」が「普遍語」からの翻訳を通じて磨かれてゆき，やがて「普遍語」と同じ機能を負うようになったもの　…❶ • 人がその言葉を真剣に読もうとする　…❷ • 娯楽以上の《ありがたいもの》　…❷
現地語	• 日常生活で使う　…❶ • 日常的に使う伝達の手段としての話し言葉，廉価な文化商品に使われる書き言葉　…❷

　これらを整理してみよう。

　まず「普遍語」とは，世界の共通言語であり，人類の叡智を刻む機能を負うものとされている。また，自然科学・社会科学・人文科学といった分野においても，世界的に意味のある文章は英語のような「普遍語」で読み書きされる時代であると描写される。

　それに対して「現地語」は，日常生活で使う言語である。さらに，日常的に使う伝達の手段としての「話し言葉」と，さっと読み，すぐにブックオフで売ってしまう廉価な文化商品に使われる「書き言葉」に区分される。

　「国語」は，この二者との関係によって定義づけられ，国民国家の成立時に「現地語」が「普遍語」からの翻訳を通じて磨かれてゆき，やがて「普遍語」と同じく人類の叡智を刻む機能を負うようになったものである。さらに，人がその言葉を真剣に読もうとするもの，娯楽以上のありがたいものである。

　以上を文章にまとめると，解答ができあがる。

　なお，さらに先を読むと，第❹発言で日本における「国語」は，優れた人材が「『普遍語』をよく読み，世界の知識を吸収しつつも…自分たちの言葉（＝「現地語」）で書いていった…過程」で生まれ，花開いたとされている。〔解答例〕には含めなかったが，この知識の吸収との関連に触れてもよい。

　日常の伝達手段としての言葉の範囲は狭い。当然，語彙も具体的なものに限られ，一般的・抽象的概念は少ないし，高度なロジックを使う機会も少ない。たとえば，かつての日本語には「哲学」という言葉がなかった。西欧のフィロソフィーに触れた日本人は，漢字を組み合わせて「哲学」という単語を発明して，アリストテレスやカントなどを理解するようになった。つまり，「国語」は「現地語」が「普遍語」に触れて，変化した姿なのである。

解答例

　水村氏の発言中の「現地語」とは，日常的な伝達の手段として使われる話し言葉，あるいは廉価な文化商品に使われる書き言葉といった，日常生活で使う言葉である。それに対して「普遍語」とは，古くはラテン語や漢語，そして今は英語などのように，人類の叡智を刻む機能を負った言語を言い，世界的に意味のある文章は，この言葉で読み書きされる。「国語」は，国民国家の成立時に，このような「普遍語」を自分たちの使う「現地語」に翻訳することで，「現地語」が「普遍語」と同じ機能を負い，娯楽以上のありがたいものとして読まれるよう発展してきた言葉である。（220字以上280字以内）

設問II　課題文の内容を踏まえた意見論述

〔要求〕　「英語を日本の公用語とする」という意見について，自分の意見を述べる。

〔条件〕　水村氏の現状認識を踏まえる。

　「英語を日本の公用語とする」ことについての水村氏の意見を踏まえ，賛成か反対の立場を選んで自分の意見を表明し，その主張を根拠づける。

　明確に主張できればいいので，どちらの立場を選んでもよいが，水村氏と同じ反対の立場をとる方が書きやすいだろう。その場合，課題文で彼女が主張している内容を要約して支持を表明し，説明や具体例は独自のものを考えて補強したい。

　第❻発言において，水村氏は「英語を日本の公用語とする」ことについての問いかけにこたえている。「普遍語」の使用が効率的であることは認めながら，最終的には日本語の「世界の理解の仕方」が英語と全く異なることや，日本語が「書き言葉」として長い歴史を持っていることを挙げ，「人類が知的にも感性的にも貧しくなってしまう」ことを避け，「書き言葉」の「種の多様性を保持する」ために，日本語を守ることを主張している。

　こうした水村氏の現状認識を踏まえて，それを別の角度から肯定できるような根拠を述べよう。たとえば，英語を日本の公用語にしたとしても現状では多くの日本人は日本語のようには読めないので，日本語しかできない人を締め出すことになりかねない，と主張することができる。例示として，アフリカの英語作家グギ・ワ・ジオンゴの例を見てみよう。彼は英語で教育を受けたため，英語で小説を書いたのだが，その結果，彼の作品は英語圏文学として位置づけられ，自国民には容易にアクセスできなくなった。アフリカのことを書いたのに，一番身近な読者と切り離されてしまったのである。日本でもこのように，英語を公用語とすることで，大多数の日本人がおいて

けぽりにされてしまうような事態が起きかねない。こういった観点からも，やはり「英語を日本の公用語とする」ことには反対である，と述べる。

　それに対して，「英語を日本の公用語とする」という意見に賛成の立場をとる場合も，難度は上がるが書けないわけではない。たとえば，英語を日本の公用語とするにしても，「英語と日本語を併存させる」可能性がある。ここで，水村氏による，近代の知識人たちが「普遍語」の翻訳を通じて日本語を「国語」として成立させたという指摘がヒントになる。すなわち，英語を日本語とともに公用語とすることで，より多くの日本人が英語で読み書きできるようになると，彼らがその内容を日本語に翻訳し，日本語を「国語」としていっそう豊かにすることが期待できる。

解答例

　　英語を日本の公用語とすべきではない。なぜなら，水村氏の主張するように，言葉の多様性を守らないと，人類は知的・感性的に貧しくなるからである。英語でものを書く限り，英語圏の人々の考え方・感じ方に合わせなければならず，それ以外のものは世に出にくくなる。つまり，英語で書くと，英語中心の世界に閉じ込められるのである。

　　たとえば，ケニアの作家グギは，英語で教育を受けたため，はじめ小説を英語で書いたが，その結果，彼の作品は英語圏文学として位置づけられたという。ケニアのことを書いたはずなのに，当のケニア人には読まれず，少数の英米の読者の対象になってしまった。一番身近で，読者となってほしい自国民につながれなかったのである。

　　英語では，ニーズを持つ読者が必ずしもアクセスできず，英語とは異なるものの考え方や感じ方に触れられなくなってしまう。おそらく，事情は日本においても同じで，日本的な情緒なども姿を消すことになる。これでは，文化の多様性を減じる結果になるだろう。(340字以上440字以内)

ポリグロットの悩み―言語とアイデンティティ

　いくつかの言語が使用できる人を「ポリグロット」と呼ぶ。元々はギリシア語で「たくさんの舌」という意味だ。いろいろな人と話ができて便利なようだが，もちろん特有の悩みもある。まず，複数の言語が同じように使える人は少ない。英語では読み書きできるが，日本語では会話ができるだけ，という場合も少なくない。両方を同じように使用できるようになるには，それなりに努力が必要である。

　たとえば，日独の両方の言語が使えるある人は，子供の時ドイツにおり，わざわざ日本語の補習校に通い，ドイツ人のクラスメートが遊んでいた時も，漢字の練習などを一人でしていたという。また，別の友人は，小学生の時にアメリカにいたので英語を話せるのだが，その後日本に帰国したので，語彙が子供のままで固定してしまったという。彼女は大人の英語にするために，わざわざアメリカの大学院に入り直した。

　それだけではない。両方の言語を同様に使えると，「自分はいったいどちら側の人間なのか？」という問題にも悩むことが少なくない。ある人は，アメリカに中学までいて高校の時に日本に帰ったが，どうしても日本の環境になじめずに，大学はアメリカに進学した。ただ，大学生活でアメリカ人の競争意識に嫌気がさし，自分がアジア人だと意識させられた。私が彼女と出会ったのはインドであった。そこを研究対象としたのは，自分のアイデンティティに悩んだことが大きく影響している，と聞かされた。

　つまり，言語が複数できるということは，ゴルフもサッカーもできる，というレベルではないのだ。言語は自己の一部であり，自己を形成していくものである。複数の言語が，その優先順位を争う，ということもしばしばある。多言語使用者に言わせると「結局，高等教育をどこで受けるか，で自分の言語は決まる」そうだ。なかなか含蓄の深い言い方だ。

6　科学的な知識の啓蒙のあり方

2015年度・目標**90**分

次の文章を読み，設問に答えなさい。

　赤い色は波長七七〇ナノメートルの光として物理学的に定義できるが，それを個人がどのような感覚（クオリア）として受け取っているかは，自分に関してはわかっても，他人については知りえない。それは色覚異常の人が赤色を識別できないという意味ではなく，正常に赤を知覚できる人が本当にどう感じているかはわからないという意味においてである。

　実のところ，私たちの赤の色覚はこの七七〇ナノメートルの波長を直接に感知しているわけではない。色の認知にかかわる人間の色覚は，それぞれ四四〇，五四〇，五九〇ナノメートル付近の光にもっとも強い感受性をもつ三種類の錐体細胞が受ける刺激によって構成されているからだ。この三つは慣例として青錐体，緑錐体，赤錐体と呼ばれているが，それぞれが青，緑，赤の色そのものを感じるわけではない。脳は，それぞれの錐体の反応の総和として，青なら青，赤なら赤という色を知覚するのである。

　私たちのコミュニケーションの前提になっているのは，おそらく他の人びとも同じように赤色を感じているのだろうという推測だけである。眼の構造および機能が基本的に同じなのだから，同じように感じるだろうという推測は自然だが，かならずしも正しいとは言い切れない。色覚には人種による違いが知られている。色覚が完全に発達するまで生後六年くらいを必要とするが，その間の文化的な影響があるからである。太陽は赤いと思っている日本人は多いが，他の国では黄色が多数派だし，日本人は虹を七色と見るが，四色や六色と見る民族も少なくない。

　色に限らず，あらゆる感覚について，他人がどう感じているかは外からうかがい知ることはできない。「怒り」，「悲しみ」，「喜び」という感情がどういうものかは，自分の感情を基本にして類推するしかない。

　進化心理学者ニコラス・ハンフリーの『内なる目』によれば，社会的なコミュニケーションを必要とするようになった初期人類（あるいは初期類人猿）が他人の感情を推し測るために自分の内面を見ることが自意識の始まりではないかという。こういう状況で自分が悲しみを感じたから，同じような状況でほかの人もそう感じるだろうと判断することが，意思の疎通の出発点である。自分が殴られたときに痛かったから，大切なものを失ったとき悲しかったから，似たような状況におかれた他人も同じように感じるだろうと推測することから，他人に対する配慮や思いやりが生まれる。

　他人の置かれた状況や振る舞いあるいは表情から，その人の気持ちを推し測るという能力は，しばしば人間以外の対象にも向けられる。人間以外の生物や無生物さえ人間的な心をもつと考えるのが，いわゆる擬人観，擬人主義である。

　他の動物がどの程度まで，人間に似た感情をもつかを，科学はまだ十分に解明できていないのだが，高等動物，少なくとも大型類人猿には悲しみ，喜び，絶望，嫉妬，同情などの感情があるらしく，鏡を見て自己認知する能力をもつことが確かめられている。イヌやネコを飼っている人の多くは，自分のペットには人間の気持ちがわかると信じているし，小鳥や魚にさえ感情があると思っている人も少なくないだろう（最近出版された『魚は痛みを感じるか？』という本によれば，魚にも少なくとも痛みの感覚があるらしい）。しかし，ミミズやイモムシに感情があると考えるのは，神経系の有り様からして無理筋の話で，たとえミミズがのたうちまわっていても痛がっているわけではない。そう感じるのは，人間の感情を対象に投影しているにすぎない。

　擬人観を敷衍すれば，万物に魂があるというアニミズムまで行き着くが，他の生物に感情を認めるというのは，科学的に正しくはなくとも，おそらく狩猟採集民時代の初期人類には実用的な価値があったのだろう。獲物となる動物の内面の心理的メカニズムをいちいち分析的に考えるより，人間と同じように振る舞う生き物として，相手の出方を考える方が狩りに成功しやすかったということは十分に考えられる。シートンの動物記などを読むと，野生動物を人間そのもののように考えることがハンターにとって不可欠な素養のように思えてくる。

　たとえ植物や細胞が相手であっても，対象の全般的な健康状態を知るのに「ご機嫌が悪い」というような擬人的な見立てが実践に役立つ場面がしばしばある。つまり，擬人的な対象の捉え方は，対象に感情移入して相手の丸ごとの反応を予測するうえで一定の便利さがあるということだ。科学啓蒙においてもしばしば擬人的な表現が用いられるのは，このゆえである。

　他人に何かを伝えようとするとき，聞き手にその何かを具体的に想像させるような表現が必要になる。したがって，言葉による表現はなんらかの形の比喩に頼らざるをえないのである。英語では，換喩（メトニミー），隠喩（メタファー），提喩（シネクドキ），寓意（アレゴリー）など，比喩的な表現がいろいろ細かく区別されているが，要は相手が知っている何かの具体物や感情に喩えることによってイメージを喚起する修辞法である。事物だけではなく，科学における概念についても，しばしば比喩的表現が用いられる。

　分子生物学の基本である遺伝「情報」の「伝達」（この二つの単語もすでにして比喩なのだが）を例にとれば，そこには擬人的・比喩的表現が満ちあふれている。

　まずDNAの塩基配列から同じ配列のDNAがつくられることを「複製」，RNAの相補的な塩基配列が形成されることを「転写」，メッセンジャーRNAの塩基配列か

らアミノ酸で構成されたタンパク質がつくられることを「翻訳」と呼ぶ。これらの過程は単なる化学反応にすぎず，そこに転写生や翻訳者がいるわけではない。しかしこうした擬人的な表現をすることによって遺伝情報の流れが明確に理解できる。科学啓蒙において，むずかしい概念をやさしく説明するために，擬人的な表現は時として必要である。

　しかし，たやすい理解には必ず誤解がつきまとう。作家村上春樹が述べている「理解というものは誤解の総体に過ぎない」（『スプートニクの恋人』）という認識論は，彼の真意とは異なるにせよ，科学的理解の本質を表す言葉としても使える。

　科学的に難解な概念や事柄を比喩的な表現によって理解するのは，自分の腑に落ちる部分だけをわかったつもりになるということでもある。「ビッグバン」や「ブラックホール」という言葉で表されているものの本質は，相対性理論や量子力学の理解なくしては把握できない難解なものである。しかし「ビッグバン」という言葉（ジョン・ホーガンの『科学の終焉』によれば，ビッグバンは一九五〇年に，フレッド・ホイルが，それまで「フリードマン宇宙論」と呼ばれていた膨張宇宙にキャッチーな名前をつけようとして思いついたものだという。その後，一九九三年にある雑誌がこの理論の改名コンテストをおこなうが，何千もの応募案でこれに勝るものはなかった。それについて，ホイルが「言葉というのは銛のようなもので，いったん打ち込まれると引き抜くのはとても難しい」と語っているのは，比喩的表現の影響力の大きさをよく物語っている）によって，異論があるものの大部分の宇宙物理学者に支持されている膨張宇宙論という仮説に立てば，宇宙の始まりがどのようなものであったかをイメージとして理解できる。

　「ブラックホール」という言葉によって，現代の主流天体物理学の理論にもとづく恒星進化の行き着く果てを思い描くことができる。そういう意味では，啓蒙的にすぐれた表現であるが，ここにも誤解の芽はある。ビッグバンのバン（bang）というのは爆発という意味だが，ここは通常の意味の「爆発（explosion）」ではけっしてない。気体も燃料も不用であって，ビッグバンをふつうの爆発と捉えるのは誤りである。「ブラックホール」は恒星進化の最終的な状態で，あまりにも重力が大きいために光も外に出ることができない天体を表す。さまざまな傍証から実在が確信されるようになってはいるが，実際に誰も見たわけではなく，多くの科学啓蒙書に出てくるシミュレーション画像もあくまで想像でしかない。言葉を額面通りに受け取って，宇宙空間にぽっかり黒い穴が空いているなどと想像するのはやはりまちがいである。

　専門外の物理学の話のついでに，二〇一三年度のノーベル物理学賞の対象となったヒッグス粒子の通俗的な説明について触れておこう。新聞や雑誌の解説には，ヒッグス粒子が質量をつくったとして，「宇宙空間がこの粒子で満たされると，他の素粒子はこれに衝突しながら動くとき，まるで水飴のなかを歩くように動きにくくなり，この動きにくさが質量なのだ」と書かれていたりする。これは素粒子物理学の世界の話

なので，私には本質的な理解は不可能だが，秘かに敬愛する学習院大学の田崎教授によれば，これははなはだ不適切な表現だという。

　代案の説明が書かれてはいるが，ここでそれを示すのは場違いだろう。ただ，教授が言うように，世の中には直感的に理解できないことはいくらでもあるのだから，無理矢理まちがった比喩的説明をするより，誰かに質問されたら，「場の量子論のことは知らないから，さっぱりわからない」と答えるのが正しいという意見は至言であると思う。

　科学の専門用語は，ギリシア語やラテン語にさかのぼって，新たな言葉として造語されたものか，従来から使われている言葉に限定された意味を与えたものかのいずれかである。前者の場合は，往々にして，難解な学術用語という趣があり，科学的な啓蒙にはあまり適さない。後者は広く一般読者に理解してもらうため，できるだけ平易で日常的な言葉で説明しようとする場合に使われる。もちろん研究者は厳密に定義して使うのだが，その言葉を受け取る側はその用語がもつ他の意味，つまり言葉が本来もっている「定義に含まれない」意味を読み取り，書き手の方もそれを暗黙の前提としていることがある。ここに，知の欺瞞への誘惑がある。

　一つの例としてカタストロフィー（カタストロフ）をとれば，この語はもともと天地がひっくり返るような出来事を意味するギリシア語に由来するもので，一般的に破局や破滅，大惨事や大災害を表すのに使われ，文学では悲劇的な結末のことを指した。一九世紀初頭にジョルジュ・キュヴィエが生物進化のメカニズムにこの概念を取り入れた。彼の考えでは，地球は地質時代を通じて何度かの天変地異（カタストロフ）に見舞われ，その際にそれまで生きていた生物のほとんどが絶滅し，生き残った少数の生物が次の時代に繁栄することによって進化が起きたという。そこで彼のこの考え（Catastrophism あるいは Theory of catastrophe）は激変説または天変地異説と呼ばれ，カタストロフが限定された意味で使われるようになった。

　そして一九七二年にはフランスの数学者ルネ・トムが数学理論としてカタストロフ理論を発表した。この理論は，秩序だった現象のなかから突然に無秩序が発生する現象を数学的に説明するもので，カオス理論やフラクタル理論とともに，複雑性研究の理論的武器として一躍脚光を浴びた。しかしこの理論におけるカタストロフはあくまで数学的な概念である。人文系の学者の多くがこの言葉の日常的な意味をくっつけたままで使うときに，混乱と欺瞞が生まれることになる。

　言論界に大きな波紋を投じたアラン・ソーカルとジャン・ブリクモンの『「知」の欺瞞』には，哲学者や人文学者による科学用語の誤用の例が数多く例示されている。そこで取り上げられているのは，カオス，微分，積分，虚数と無理数，速度と加速度，複雑系といった，主として数学および物理学の用語だが，俎上にのぼった哲学者たちは，こうした言葉を，言葉のイメージだけを借用して，本来の数学や物理学とはまっ

たく異なった用法で使っている。自分たちの哲学的な思索の内容を表現したいならば，厳密な定義のもとに独自の言葉をつくればいいだけの話なのだが，こうした科学用語を使うのは，彼らが科学主義を否定しながら，じつは科学の権威の傘を利用しようとしているのではないかと邪推したくなる。

こうした傾向は，世俗的なレベルでより顕著であり，代替医療の推奨者や悪徳商法業者が，物理学の波動（wave）のイメージを背負った波動（vibration）という言葉を採用し，科学的な真理のごとく「万物に波動がある」と言ったりするのはその典型である。

言葉は科学の独占物ではないので，誰がどのように使ってもいいのだが，定義された意味を変えるのなら，明確にそれとわかるようにしなければならない。

同じ言葉であっても，言葉の使い方が分野で違っていることがあったりするので，翻訳家も読者もしばしば困惑させられる。たとえば，「超伝導」と書くのがふつうだが，電気工学分野では「超電導」と書くのが通則になっているなどはその一例である。

翻訳に関する別の本（『悩ましい翻訳語』）にも書いたのだが，英語の form というのは，非常に多義的で翻訳が難しい。一般的には形，姿，形式，生物学関連では，形態，種類，タイプなどの意味で用いられるが，厄介なのは哲学用語としてでてきた場合である。アリストテレスの重要な概念的枠組みの一つである形相（eidos）が英訳では form となり，プラトンのイデア論も theory of forms と訳される。このように，英語の form は一筋縄ではいかない単語なのだが，これは日常語で形を表す form という単語がもつさまざまな歴史的・空間的な側面に，それぞれの学問分野が特異的な意味づけをしていることを示している。したがって，一つの言葉が文脈によって異なった意味をもつわけだが，それを逆手にとって，恣意的な言葉遣いをすれば，そこに誤解や歪曲が生じることになるのである。

　　　　　　　　　　　　　　　　（垂水雄二『科学はなぜ誤解されるのか』より）

設問Ⅰ　科学的な知識についての筆者の主張を 300 字以上 360 字以内にまとめなさい。

設問Ⅱ　人間にとって科学的な知識とはどのようなものか，この文章をふまえて，あなた自身の考えを 320 字以上 400 字以内で述べなさい。

POINT　設問Ⅰは筆者の主張を要約する問題。「科学的な知識についての」という条件が付いており，課題文前半の内容をどう扱うかがポイントとなる。設問Ⅱは意見論述。「この文章をふまえて」とあるので，賛成するにせよ反対するにせよ，課題文との対応を明確にする必要がある。大筋は賛成であっても，独自性のある答案にするには，何らかの違い，たとえば補足や修正などの内容があるのが望ましい。

課題文の解説

▶各段落の要点

序論1

❶赤い色は物理学的に定義できるが，それを他人がどのような感覚（クオリア）として受け取っているかはわからない

❷・❸コミュニケーションの前提＝他の人びとも（自分と）同じように感じているのだろうという推測→かならずしも正しいとは言い切れない

❹他人がどう感じているかは，自分の感情を基本にして類推するしかない

❺**引用**意思の疎通の出発点＝同じような状況ではほかの人もそう（同じように）感じるだろうと判断すること

序論2

❻・❼人間以外の対象に人間的な心があると考える＝擬人観・擬人主義→人間の感情を対象に投影している面もある

❽・❾擬人的な見立ては，科学的に正しくはなくとも，一定の便利さがある
　　↓
科学啓蒙でもしばしば擬人的な表現が用いられる

本論1

❿他人に何かを伝えようとするとき，具体的に想像させる表現が必要→比喩に頼らざるをえない→科学的概念においても比喩的表現が用いられる

⓫・⓬**例示**分子生物学の擬人的・比喩的表現→むずかしい概念をやさしく説明するために，擬人的な表現は時として必要

⓭たやすい理解には必ず誤解がつきまとう

⓮～⓰科学的に難解な概念・事柄を比喩的な表現で理解する＝自分の腑に落ちる部分だけをわかったつもりになる
例示「ビッグバン」≠通常の意味の爆発，「ブラックホール」≠黒い穴，ヒッグス粒子の通俗的な説明は不適切

⓱**引用**無理矢理まちがった比喩的説明をするより，「わからない」と答えるのが正しい

本論2

⓲～⓴科学の専門用語＝新たな造語か，従来から使われている言葉に限定された意味を与えたもの
後者は一般読者に理解してもらうために使われる→受け取る側は定義に含まれない意味を読み取り，書き手もそれを暗黙の前提としている
　　∥
知の欺瞞への誘惑
例示生物進化や数学の理論としての「カタストロフ」＝日常的な意味をつけて使うと混乱と欺瞞が生まれる

㉑・㉒**例示**『「知」の欺瞞』＝哲学者や人文学者による科学用語の誤用→科学の権威の傘を利用しようとしているのではないか
世俗的なレベルでより顕著→**例示**代替医療・悪徳商法における「波動」

㉓**主張**定義された意味を変えるのなら，明確にそれとわかるようにすべき

㉔・㉕同じ言葉でも，使い方が分野で違う→**例示**「超伝導」と「超電導」
例示英語の form＝文脈によって異なった意味を持つ
　　↓
恣意的な言葉遣いをすれば，誤解や歪曲が生じる

▶着眼

「科学的な知識」がテーマで，文学部の出題としては意外かもしれない。しかし，科学的な知識を一般の人に啓蒙するうえで，比喩などを使ってやさしく説明しようとする際に生じる問題や，科学の専門用語があえて本来とは違う用法で使われ，誤解を与えることが論じられており，広い意味では言葉を介したコミュニケーションを扱った文章だと言える。筆者の垂水雄二（1942年〜）は，翻訳家・科学ジャーナリストであり，科学の意味を伝えることの難しさを熟知しているのだろう。最近よく言われる「科学ジャーナリズムの必要性」などとも関連づけられる内容である。

▶キーワード

□**クオリア**　個人の感覚的な体験にともなう質感のこと。感覚質とも言う。

□**『「知」の欺瞞』**　物理学者アラン・ソーカルとジャン・ブリクモンによる，ポストモダンの哲学者・知識人による科学用語の恣意的な扱いを告発した著作。本書の出版前，ソーカルは人文系の学術雑誌に科学用語や数式をでたらめに並べた論文をわざと投稿し，それが受諾・掲載されるという事件（ソーカル事件）を起こしている。

設問の解説

設問Ⅰ　筆者の主張をとらえる

〔要求〕　科学的な知識についての筆者の主張をまとめる。

〔着眼〕で述べたとおり，課題文は「科学的な知識」とは何かについて述べているわけではなく，あくまでも，科学的な知識を他人に伝えようとするときの，説明の仕方や言葉の問題を扱っている。まずはこの点を把握し，答案作成の焦点を見定めよう。

課題文の文章構成

課題文には，本論に入る前に，長大な序論（第❶〜❾段落）が付されている。内容は二つで，まず，他人が本当にどう感じているかはわからないから，私たちのコミュニケーションの前提になっているのは，自分の感覚や感情に基づく「類推」だけである，というパート（第❶〜❺段落）。次に，その類推能力を人間以外の対象にも向ける「擬人的な見立て」は，対象の反応を知る上で一定の便利さがある，というパート（第❻〜❾段落）である。第❾段落のラストで，「科学啓蒙においてもしばしば擬人的な表現が用いられるのは，このゆえである」と，やっと本論とここまでの内容の関係が示される。

その後は，科学的な知識を説明するにも比喩的表現が必要である反面，それを通じた理解には誤解も多くなると指摘するパート（第❿〜⓱段落）と，科学の専門用語の

成り立ちや，学問分野の違いによる意味の違いを逆手にとって，言葉を恣意的に使うときに，誤解や歪曲が生まれると指摘するパート（第⓲〜㉕段落）の二つに分かれる。これらが，「科学的な知識」を言葉にする際の問題を直接扱っており，要約の軸となる箇所である。

とすれば，序論は本論での議論の前提，つまり，科学的に正しいとは言えない理解を導く可能性があるにもかかわらず，擬人的・比喩的表現を用いることの必然性と価値を述べている，と考えられる。したがって，要約では序論に触れる必要はない。

比喩的表現・科学用語の問題点

言葉を使ったコミュニケーションでは，何らかの比喩的表現に頼らざるを得ないが，科学的な知識の啓蒙においてもまた例外ではない。たしかに，難解な概念や事柄も比喩的に表現されるとイメージとして理解できる。しかし，そこにはしばしば誤解がともなうことを，筆者は様々な形で例示する。だから，無理に間違った比喩的説明をするくらいなら，むしろ「専門外だからわからない」と答えた方が正しいという発想もあり得る。

事情は，科学の専門用語を用いる場合でも同じだ。古典語に依拠した造語は，往々にして一般の人に説明するには適さない。一方，既存の言葉を科学用語に流用できるように定義しても，厳密な定義以外の意味を読み込まれると，受け手の誤解を呼んでしまう。さらに言えば，言葉の多義性を逆手にとった，書き手による恣意的な意味の歪曲にもつながる。そういう事態を避けるには，少なくとも言葉を使う側は，定義された意味を変えるなら，それが明確にわかるようにすべきだ，と筆者は主張する。

以上より，科学的な知識を他人に伝えようとするときの，言葉の問題について，本論の前半と後半のつながりを明らかにしてまとめる。

解答例

他人に何かを伝えるときは，それを具体的に想像させる表現が必要になる以上，科学的な知識を一般人に理解させるにも，比喩表現に頼るしかない。既知の具体物に喩えたり，擬人的な表現をしたりすることで，難解な概念や事柄をイメージとして理解できるが，それらはしばしば誤解を生む。したがって，無理矢理間違った比喩的説明をするより「専門外なので，わからない」と述べるのが正しいとも言える。他方，科学の専門用語も，造語以外は，既存の言葉に限定された意味を与えたものである。厳密な定義に含まれない意味を読み取る可能性がある上，専門外の学者や人々によって恣意的に使われれば，誤解や混乱が生じ，科学の権威が利用されることもあり得る。科学用語として定義された言葉の意味を変えるなら，明確にそれとわかるようにすべきである。（300字以上360字以内）

設問Ⅱ　課題文をふまえた意見論述

〔要求〕　人間にとって科学的な知識とはどのようなものか，自分自身の考えを述
　　　　べる。
〔条件〕　この文章をふまえる。

解答ルール　賛成／反対意見の書き方
　課題文に反対する場合は，課題文の主張に明確に対応した論拠が必要。課題文
に賛成する場合でも，自分独自の補足・修正が必要になる。

課題文とどう距離を取るか？

　「この文章をふまえて」自分の考えを書くことが求められている。**設問Ⅰ**で「科学
的な知識についての筆者の主張」を要約しているので，再度その内容を繰り返す必要
はないが，それと自分の主張がどのような関係にあるかを明示しなくてはならない。
　課題文に対して「自分の考え」を言う基本的な方法は，賛成か反対かを表明するこ
とだ。反対するのであれば，なぜ反対なのか，その理由を述べて説明し，可能なら具
体例も挙げる。字数に余裕があれば，筆者が行うだろう反論も予想して，それをさら
に批判すればよい。
　逆に賛成するのであっても，その理由を示して説明することになるが，筆者の意見
をなぞるだけでは，意見論述として不十分である。自分の意見の独自性を出すには，
課題文の主張に対して，補足・修正といったかたちで何らかの自分なりの見解を入れ
るべきだろう。課題文の筆者は，ほとんどの場合，書いてある問題についての専門家
であり，主張も論理もしっかりしているから，その主張に真っ向から反対して書くの
は，たいてい難しい。だから，全体としては賛成の立場をとり，部分的に自分なりの
補足・修正を入れる方が，書きやすいことが多いだろう。

```
課題文の主張 ┌→反対→理由→説明・例示→筆者の反論を予想して批判
             └→賛成→（理由→説明・例示）→補足・修正
```

誠実な態度の盲点

　今回の設問では，どこに補足・修正を入れられるだろうか？　ひとつは，「誰かに
質問されたら，『…わからない』と答えるのが正しいという意見は至言である」（第**⑰**
段落）という箇所だろう。たしかに「無理矢理まちがった比喩的説明をするより」い
っそのこと説明しない方がよいという態度は，科学者としては，「科学的な知識」を
歪めないという意味で，誠実な態度なのかもしれない。
　また，現在のように科学が細かく専門分化した状況では，科学者であっても，ほと
んどの分野が自分の「専門外」になるだろう。それに，たとえ自分の専門分野だとし

ても，科学的な知識を一般の人に理解させるには，それなりの工夫が必要だ。そんな苦労をする時間があったら，自分の研究に費やしたい，と思うのも無理はない。

　しかし，人間にとっての科学的な知識を考えてみると，それは，現代の社会や生活全体の基盤を成すものである。科学的な知識は様々な技術（テクノロジー）に応用され，物質的な豊かさを飛躍的に向上させてきた。一般人の側も，科学が自分たちの社会・生活に大きなインパクトを与えていること自体は，理解していると言えるだろう。

　他方，科学が扱う概念や事柄は難解で，一般人が直感的に理解できるようなものではない。そのため，「科学の権威」（第❷段落）の内実には，一般人が，科学の重要性は認めているが，科学の中身はわかっていない，ということが含まれる。たとえば，昨今は，様々な病気に関する情報が流布されており，中には，科学用語を恣意的に使いながら，現代医学の知識を否定するものもある。受け取る側は，科学的な判断ができないまま，情報をうのみにしてしまう可能性がある。こういう場合も，医師や医学の専門家は，誤解を恐れて「わからない」と言えばすむのだろうか？　すまないだろう。

　なぜなら，そもそも科学も，社会の支えなしで継続できないからだ。科学者の生活を保障し，研究に必要な資源を確保するには，社会全体として科学に金をかける仕組みがなければならず，科学は政治・経済と無関係ではいられない。たとえば，見込みのある研究だけに予算を絞ろう，という「選択と集中」政策の下では，科学者は，目立った成果がすぐに出そうな研究ばかりするようになるだろう。

　このような，科学と人間の社会の相互依存的な関係を踏まえれば，科学的な知識を社会全体で共有していくしかない。科学的な知識を一般人に伝える科学啓蒙は必要不可欠なのである。

科学ジャーナリストの必要性

　ところが，科学者が軒並み，質問されたら「わからない」と答える，という態度では，一般人が科学的な知識を理解する機会がなくなる。そうなると，科学の意義が中身を伴って理解されることはない。また，科学の後継者が減ることにもなるだろう。

　そうした事態を避けるには，たとえば，科学者とは別に，「科学ジャーナリスト」という存在が必要になってくる。これは，今，科学で何が行われて，どんな成果が期待できそうか，それによって社会がどう変わるか，などを科学者でない人にも伝える専門家だ。言葉の専門家ではない科学者に代わり，科学的な知識に対する正しい理解を前提に，課題文の指摘する問題を自覚した上で，一般人にもわかりやすい説明を模索し，発信する役割を担うことが期待できる。

　以上の内容をまとめると，〔解答例〕のようになる。部分賛成から修正へのつながりは，「たしかに～，しかし…」などの譲歩の構文を使うと書きやすい。

解答例

　筆者は，科学者は，無理矢理間違った比喩的説明をするより，「わからない」と答えるべきだ，という意見は至言だとする。たしかに，科学的な知識を歪めないためには，いっそ一般人には説明しないという態度も理解できる。平易な比喩的表現や科学用語の誤用が，とんでもない誤解を生む可能性があるからだ。

　しかし，科学的な知識には，技術と結びついて生活を変える力があり，それは現代社会の基盤となっている。また，そもそもの科学も，社会の支えなしには成り立たないので，科学的な知識は，広く社会で共有されるべきである。この要請に科学者が応えないままでは，科学の意義や考え方が正しく理解されず，権威の悪用がはびこるばかりか，後継者も育たなくなるだろう。

　だから，誤解の危険性をわかった上で，一般人にも科学的な知識を伝えるべく，言葉の工夫を続ける必要がある。それを担う科学ジャーナリズムの重要性は，今後さらに高まってくるはずだ。（320字以上400字以内）

経済学部

7　原発再稼働の是非─意見の対立の乗り越え方

2013 年度・目標 60 分

　原子力発電所の再稼働に関する次の 2 つの新聞の社説を読んで，設問 A，B に答えなさい。社説掲載日以降の進展については，解答において考慮しなくてもよい。

[課題文]

Ⅰ．透明で信頼される再稼働基準に見直せ
　　（日本経済新聞 2012 年 6 月 18 日　朝刊　社説）

　政府は関西電力大飯原子力発電所 3，4 号機の再稼働を正式に決めた。野田佳彦首相が枝野幸男経済産業相ら 3 閣僚と協議し，最終判断した。これを受け関電は再稼働の準備に着手し，7 月下旬にもフル稼働する見通しという。

　首相は原発の安全性と停止が長引くことによる経済への影響を考慮し，再稼働を「私が決める」としてきた。電力不足が見込まれる関西では梅雨明けとともに需要が膨らむ。フル稼働がそれに間に合うかは微妙だが，首相自身が決断したことはひとまず評価したい。

　一方で，再稼働の是非をめぐって世論が大きく割れたことを，首相は重く受け止めるべきだ。

　首相と 3 閣僚はストレステスト（耐性調査）の 1 次評価を踏まえ，津波や地震に対して原発が安全か見極める基準を設けた。この基準自体は妥当だが，本来ならば独自に基準を設けて安全性を厳しく審査し，それを国民に示すのは，専門家集団である原子力安全委員会の役割だったはずだ。

　原発ゼロが続けば電力不足を解消するメドが立たず，天然ガスの輸入などで年 3 兆円の国富が流出する。国民生活や経済に及ぼす悪影響を勘案し，再稼働の可否を総合的に判断するのは政治の役割だ。だが大飯原発では政治家が技術的・専門的な領域まで踏み込んで決めたとの印象を国民に与え，逆に不信を招いた面は否めない。

　政府は大飯に次いで四国電力伊方 3 号機などの再稼働を検討し，首相は「丁寧に個別に判断していく」と述べた。だが大飯と同じような基準や手続きでよいのか。

　原子力の安全行政を担う「原子力規制委員会」の関連法案が今国会で成立の見通しとなり，9 月までに発足する。福島原発事故で対応が混乱したことを教訓に，事故の

ときには規制委が技術的な判断を下し，首相はそれを覆せない仕組みにするという。

　原発の再稼働でも規制委が安全基準づくりを急ぎ，責任をもって安全確保に取り組むべきだ。規制委がまず安全性を確認したうえで，首相らが経済や国民生活への影響も考えて判断するならば，国民も理解しやすいはずだ。

　それには失墜した規制機関の信頼を取り戻すことが欠かせない。規制委の5人の委員は，原発の知識に加え，広い見識をもつ人材の起用が必須だ。政府は規制組織の器をつくるだけでなく，魂を入れることに全力を挙げるべきだ。

Ⅱ．大飯再稼働　原発仕分けを忘れるな

　　（朝日新聞 2012 年 6 月 17 日　朝刊　社説）

　関西電力大飯原発3，4号機の再稼働が決まった。

　野田政権は脱原発依存への道筋を示さないまま，暫定的な安全基準で再稼働に踏み切った。多くの国民が納得しないのは当然である。こんな手法は二度と許されない。

　原発に絶対の安全はない。事故が起きたときの被害は甚大である。原発はできるだけ早くゼロにすべきだ。ただ，短期的には電力不足で日々の暮らしや経済活動に過大な負担がかかりかねない。どう取り組むか。

　私たちが昨年来，求めてきたのは全原発の「仕分け」だ。

　福島事故の教訓をしっかり反映させた新たな安全基準と個々の立地に基づき，危険性の高い炉や避難が難しい原発から閉めていく。そのうえで第三者の目で必要性を精査し，当面動かさざるをえない最小限の原発を示し，国民の理解を得る。

　こうした作業の要となるべきなのが，8月にも発足する原子力規制委員会とその事務局となる原子力規制庁だ。

　これまでの原子力安全委員会や原子力安全・保安院は，地震や津波の専門家から活断層の存在や過去の津波被害などについて新たな知見が示されても，規制の強化に反映しないなど，原発推進機関と化していた。

　新しい組織が抜本的に生まれ変われるのか。規制委5人の人選は極めて重要だ。委員の中立性を保つため，原子力事業者からの寄付情報の公開も徹底しなければならない。

　規制庁は約1千人規模となるが，当初は大半が保安院や安全委，文部科学省など従来の原子力関連組織からの移籍組だ。

　統合される原子力安全基盤機構（JNES）を含めて，いずれも電力会社や原子炉メーカーに，人や情報の面で依存する部分が大きかった。

　器を変えても，なかで仕事をする職員の意識が変わらなければ，独立性が高まった分，「原子力ムラ」がかえって強化されかねない。

　規制庁は，5年後から全職員に出身官庁への復帰を認めないことにした。この間に職員の意識改革を徹底し，独自採用を含めて人材の確保・育成を進める必要がある。

　政権内には，新組織が発足すれば，残る原発も従来のストレステストの延長線上で再稼働が決まっていくとの期待がある。

　だが，規制委や規制庁がまず取り組むべきは厳格な安全基準の策定だ。それに基づいて，すべての原発を評価し直し，閉じる原発を決めていく。再稼働はそれからだ。

[設問]

A　これら2つの新聞の社説（Ⅰ・Ⅱ）には，見解が異なる部分と同じ部分がある。両者の見解の異同について200字以内でまとめなさい。

B　原子力発電所の再稼働問題を例にして，仮にその賛否についてのあなたの意見に対し異なる意見を持つ友人から批判を浴びたとしたなら，どのようにしてその対立を乗り越えようと考えるか。あなたの意見の内容と，それと異なる意見の内容（どのような意味で異なるかに言及すること），および対立の乗り越え方について400字以内で具体的に述べなさい。

POINT　[設問] Aでは，2つの新聞の社説を比較して，見解の異同をわかりやすく要約する。接続詞を適切に使いつつ，対義語をうまく配置して説明する必要がある。

　[設問] Bは，この課題の中心となる問題。まず意見の対立を明確化して，その対立を乗り越えて合意に達するまでに，どういう議論が必要になるか確認していく。

課題文の解説

▶各段落の要点

社説Ⅰ 日本経済新聞

状況説明	❶大飯原発の再稼働が正式に決定
評価	❷経済への影響を考慮し，電力不足を避けるため，首相自身が再稼働を決断したことを評価する
批判と問題提起	❸再稼働の是非をめぐる世論の対立を，首相は重く受け止めるべき ❹・❺首相と閣僚が安全基準を設けた→本来は原子力安全委員会の役割 ↓ 政治家が技術的・専門的な領域まで踏み込んで決めたとの不信を招いた ❻他原発でも同じ基準・手続きでよいのか？
提案	❼・❽発足する原子力規制委員会が安全性を確認してから首相が判断すべき→国民が理解しやすい ❾規制機関の信頼を取り戻すために，人材起用に力を入れるべき

社説Ⅱ 朝日新聞

状況説明と批判	❶大飯原発の再稼働が決定した ❷暫定的な安全基準で再稼働に踏み切るのは許されない
主張と問題提起	❸原発はできるだけ早くゼロにすべき ⇕ 短期的な電力不足をどうするか？
提案と説明	❹全原発の「仕分け」が必要 ❺新たな安全基準と立地から一部の原発を閉める＋最小限の原発の稼働に国民の理解を得る ❻作業の要となるべきは，原子力規制委員会と原子力規制庁
懸念と批判	❼これまでの原子力安全委員会や原子力安全・保安院は事実上原発推進機関だった ❽中立性を保つため，規制委の人選は重要 ❾・❿規制庁は大半が従来の原子力関連組織からの移籍組＝電力会社・原子炉メーカーに大きく依存 ⓫・⓬職員の意識改革の徹底と人材の確保・育成が必要
提案	⓭政権内にある再稼働への期待 ⇕ ⓮厳格な安全基準を策定して閉じる原発を決める，再稼働はその後

▶着眼

　原子力発電所（原発）の是非は，世論を二分する大きな社会問題である。2011年の東日本大震災および東京電力福島第一原発事故の発生により，国内の原発が運転を

停止した日本では，原発の再稼働が順次進められてきた。従来，原発は事故を起こすと広汎に深刻な影響を及ぼす一方，原発の作る電気は，燃料費のかかる火力発電などに比べコストが安いと言われてきた。しかしながら，福島第一原発事故を受け，安全対策のいっそうの強化が求められるとともに，事故リスク対応費の見積もりの困難さも指摘されている。このように，賛否両論がある現代社会のトピックについて，対立の内実を見極めさせ，合意可能性を探求させる出題となっている。

設問の解説

［設問］A　共通点・相違点の説明

〔要求〕　2つの新聞の社説（Ⅰ・Ⅱ）には，見解が異なる部分と同じ部分がある。両者の見解の異同をまとめる。

　対立はYesかNoかという単純な形で捉えられがちだ。しかし，現実の対立は，それほどシンプルだとは限らない。論点が複数に渡って，是非の判断が複雑に入り組んでいることも少なくない。それらを明確に区分けして，共通点と相違点を示すことが求められている。その際，共通点と相違点が一目でわかるように書かねばならない。
　まず挙げられる論点は，2つの社説の主題である「大飯原発再稼働への評価」であろう。さらに，この評価は「これから原発をどうすべきか」という展望とも切り離せない。また，社説Ⅰ・Ⅱとも，発足する「原子力規制委員会」の役割についての見解と，その人選に関する提案を述べている。
　以上の論点ごとに社説Ⅰ・Ⅱの見解を整理していくと，次のようになる。

	社説Ⅰ	社説Ⅱ	異同
再稼働への評価	肯定的	批判的	異
原発の展望	経済への影響を考慮すべき	絶対の安全はないので，できるだけ早くゼロにすべき	異
当面の使用	当面は原発を使う	最小限の原発は当面動かさざるを得ない	同
原子力規制委員会の役割	安全基準づくり，安全確保	厳格な安全基準の策定，原発の「仕分け」	同
規制委への提案	広い見識をもつ人材の起用が必須	人選が極めて重要，中立性を保つべき	同

　社説Ⅰは，当時の政府が大飯原発の再稼働を決定したことを肯定的に評価している。長期的展望について明確なことは述べられていないが，「経済への影響」を重視しているのだから，廃炉は念頭においておらず，当面は原発を使うべきとの立場だろう。それに対して，社説Ⅱは再稼働に批判的だ。原発の展望についても，「できるだけ早

くゼロにすべきだ」と主張する。ただし，短期的な電力不足を補うため，最小限の原発は当面動かさざるをえないと言っている。

　つまり，「再稼働への評価」や「原発の展望」に関しては両者は見解を異にしているものの，「当面は原発を使う」という意見は共通しているのだ。

　さて，当面原発を使うために，具体的に行うべきことについての主張を見てみると，ここにも共通部分がある。社説Ⅰ・Ⅱとも，原子力規制委員会が安全基準を策定して再稼働への道筋を示すべきだとしたうえで，国民の信頼を得るために，人材起用の重要性を指摘している。

　これらのポイントをまとめる際，社説Ⅰ・Ⅱの見解の異同が問われているのだから，まずは「同じ点は〜。一方，異なる点は…」などと論述の大枠をつくろう。そのうえで，異なる点は「Ⅰは〜。それに対して，Ⅱは…」という形で社説Ⅰ・Ⅱの見解の相違が明確になるよう記述しよう。

解答例

　　ⅠとⅡの異なる点は，再稼働への評価と原発政策への展望である。Ⅰは経済活動への影響を重視して，再稼働を肯定するのに対し，Ⅱは原発ゼロを目指すべきだとの主張のもと，暫定的な安全基準で再稼働に踏み切ったと政府を批判する。一方，同じ点は，ⅠもⅡも当面，原発を使用せざるを得ないと判断していることである。そして，原子力規制委員会が安全基準を策定するとともに，国民の信頼を得るために人選を重視すべきだと言う。（200字以内）

[設問] B　対立を止揚する

> **〔要求〕**　原子力発電所の再稼働問題の賛否について，自分の意見とは異なる意見を持つ友人から批判を浴びたら，どのようにしてその対立を乗り越えようと考えるか。
>
> **〔条件〕**　自分の意見の内容と，それと異なる意見の内容（どのような意味で異なるかに言及する），および対立の乗り越え方について具体的に述べる。

　意見が対立しているときに，「対立を乗り越え」るために，どう論を立てればいいのかを問うている。したがって，ディベートのように相手を論破すればよいわけではない。ここでよく使われるのが，折衷だろう。双方の意見のよい点を取り入れて，それらを一つにまとめる，というやり方だ。だが，これでは問題解決にはならず，案外うまくいかない。

　では，「対立を乗り越え」るのは不可能なのか？　そんなことはない。実は，一見対立しているように見えても，両者がどこかで一致していることは多い。たとえば，

「決断は早い方がよいか，遅い方がよいか」という問題では，時間だけを基準にすれば「早い」方がよいが，最終結果がよければ，多少「遅く」ても許容されるはずだ。「決断が早い／遅い」という評価は，時間だけでなく，結果のよさにも依存している。

とすれば，結果のよさが無視できない点では一致しているのであるから，そこを出発点にすれば，時間のかけ方への評価もおのずと定まってくる。このように，対立を自明視せず，状況を深く掘り下げ，両者に共通する考えを見出せれば，合意可能性が見えてくるのだ。

より具体的に考えてみよう。まず，自分が「再稼働に賛成」で，友人が「再稼働に反対」であるとしよう。自分が再稼働に賛成する理由は，現在主力の火力を補う電力源として，再生可能エネルギーは発電量が安定せず，コストもかかるため，電力不足には対応できず，原発を使う以外では解決しないと考えているからだとする。それに対して，友人が反対するのは，原発事故は重大な被害をもたらすうえ，安全対策や廃棄物処理等にかかる費用はむしろ経済を圧迫するからだとする。一見両者は対立しているようだが，原発が危険であることや，電力の安定供給が必要であることには異論はないだろう。

そうすると，両者とも将来は原発を止めることに同意できるはずだ。当面は移行にともなう措置として原発を使い，電力の安定供給を図りつつも，少しずつ再生可能エネルギーに切り替えて，何年か何十年か後には原発を全廃する，という道筋が提示できるのではないだろうか？　実際，太陽光などの再生可能エネルギーで作られる電気のコストは技術革新で下がりつつあるという。さらに，省エネルギーの技術が発展すれば，少ない発電量でも効率よくエネルギーを使うことができるため，研究開発が進められており，こうした点を解答に盛り込んでもよいかもしれない。

解答例

　私は再稼働に賛成だ。なぜなら，火力を補う電力源として，再生可能エネルギーでは電力の安定供給ができないうえコストが高く，社会が必要とする電力を確保するためには，原発に頼らざるを得ないからである。それに対して，友人は再稼働に反対だ。原発事故が起きると被害が甚大であるうえ，安全対策や廃棄物処理に費用がかかり，経済を圧迫すると考えるからだ。

　しかし状況をよく見れば，両者に共通する考えが見出せる。ともに原発の危険性は認識しており，電力の安定供給が必要だという点では異論はないと言える。したがって，将来に向けた原発の停止には同意できるはずだ。また，再生可能エネルギーによる発電にかかるコストは下がりつつあり，省エネルギーの研究開発も進んでいる。とすれば，原発廃止に向けての道筋を明確にしつつ，当面再稼働が必要な原発を決めるとともに，徐々に再生可能エネルギーに切り替えていくという方向で合意できそうだ。（400字以内）

8　現代における知の創造のあり方

2015年度・目標60分

次の課題文を読んで，設問A，Bに答えなさい。

［課題文］

　知（knowing）をその働きの方向によって分類すれば，情報（information）と反対の極をめざすのが，知恵（wisdom）だと見ることができる。聖書の知恵，長老の知恵，おばあさんの生活の知恵という言い方が暗示するように，それは時間を超えた真実を総合的にとらえるものとして理解されている。知恵は深い意味で実用性を持つが，およそ新しさや多様性とは縁がなく，それ自体が内部から自己革新を起こす性質にも欠けている。知恵は永遠であり唯一であり，その内部にも多様化への余地を許さない統一性を保っている。そしてこのように比較すると，普通に知識（knowledge）と呼ばれる種類の知は，構造と機能のどちらの面でも，この知恵と情報の中間にあると考えられるのである。

　知識は断片的な情報に脈絡を与え，できるだけ広い知の統一性を求めるとともに，できるだけ永く持続するものにしようとする。その点では，明らかに情報よりは知恵の方向をめざしながら，しかし知識はその内部に多様な情報を組みこみ，全体としては分節性のある構造をつくりあげる。全体を区切る細部があって，そのあいだに順序配列のある統一をつくるのである。知識はたえず新しい情報を受け入れて自己革新に努め，同時に古い知識との連続性を維持しようとする。一方，内側にも外側にも複雑な脈絡を持つ知識は，情報よりも知恵よりもそれを理解するのに努力を必要とする。さらに実用性という点から見ても，知識はこの二つに比べて効用がわかりにくいのが特色だといえよう。

　こうした知識がにわかに拡大したのが十八世紀であって，自然科学を中心に随所で神秘的な知恵や経験的な知恵を駆逐して行った。青年の学ぶ新しい学問のほうが，村の長老やおばあさんの言い伝えよりも尊重されるようになったのである。だがその反面，知識は最初からたえず情報に背後を脅かされ，体系的な統一性を試される宿命をおびていた。十八・九世紀は新発見の時代でもあって，理論的な知識はそれに合わせてたえず組み替えを求められたからであった。（中略）

　これに加えて，ここでとくに注意しておかねばならないのは，二十世紀の大衆社会の反権威主義的な気風である。古い特権的知識人が死に絶え，いわゆるインテリゲンチャも消滅するなかで，「啓蒙」という権威主義的な言葉も時代遅れになった。人びとは知的財産の平等な所有は求めながら，誰かに教えられ指導されることには潜在的

な嫌悪を感じ始めた。象徴的な事件は七〇年代の学園紛争であって，反乱学生は大学の教授体制を否定する一方，「自主解放講座」の設立を企てた。結局この矛盾した運動は挫折したが，彼らの知にたいする矛盾した感情は後を曳いているように見える。とりわけ実用性の乏しい教養的な知識について，人びとはその供給者に自己拡張の匂いを嗅ぎつけ，無意識の反感を覚える癖をつけたように見えるのである。

　この矛盾した感情をまえにして，またしても有利なのが情報であることはいうまでもない。断片的な情報は現実そのものの多面性に対応し，それを集めた個人よりも対象の現実に忠実であるように見える。じっさい情報は無署名で提供されることが多く，俗にいえば頭よりも「足で集めた」ように見える。知識に比べて情報には自己拡張の匂いが薄く，消費者の側から見て，教えられ指導されたという印象を受けることが少ない。これについては日常語の慣用が示唆的であって，知識はしばしば「授ける」ものであるのにたいして，情報はたんに「伝える」もの，ときには「さしあげる」とさえ言えるものなのである。

　これにたいして，知識はその構造からして権威主義的に見える宿命を負っている。特権や制度による権威づけとは無関係に，それは本質的に情報を脈絡づけ，文脈のなかで意味づけようとする意志の力に支えられる。その意志の力は同時に説得しようとする情熱であり，自己の作業を正しいと信じる信念にほかならない。もはや自明の普遍的な価値観がなく，社会的使命感も相対化された現代にあって，自立で知識を統一しようとする意志はますます気負いがちになる。そうした気負った意志と信念が二十世紀の市場社会に現れたとき，それが大衆の嘲笑を浴びないまでも，冷淡な視線に迎えられるのは当然だといえよう。

　実用的な価値に富み，しかも没権威に提供される情報はほとんど「もの」に似ており，容易に商品化されて普遍的な市場に乗る。株情報，グルメ情報，政治ニュース，風俗ニュースといったかたちで需要の範疇化が容易であり，いいかえれば範疇ごとに需要をあらかじめ予測できる。娯楽が大衆の平均的な感情を類別し，それに合わせるかたちで需要予測を可能にしたのと同じである。また情報の原価はそれを収集し伝達する費用であり，相当程度に客観的に知ることができる。需要の大枠が決まり原価の積算法がわかっていれば，後は生産性と商品の細部の差別化だけが問題であり，情報産業はファッション産業などと同様に市場の競争に臨めるわけである。

　これにひきかえ，知識の生産は大部分が個人の内面の作業であり，マルクスの言う「労働力の再生産」という尺度のほかに，原価を決める基準がない。しかも（中略）知識の需要は平均化になじまず，一回ごとの供給によって逆に生みだされるという性質を持つ。いいかえれば，消費者は商品を買うまえに何を買いたいかを知らず，満足するまえに欲望を知らないということになる。この市場では消費にも供給にも賭けの要素が強くなるが，とりわけ供給者の困難は極大に近くなる。需要の方向を探るマーケティングも不可能であるし，生産性をあげる合理化ももっとも根本的な部分で意味

をなさないからである。

　さらに市場の価格決定は一種の大衆投票であるが，現実にはどの市場にも先導的消費者というものがいて，その誘導が大きな貢献をしている。ファッション市場にはお洒落に敏感な若者集団があり，株式市場にはいうまでもなく仲買人や職業的投資家がいる。知識市場で昔その役割を負っていたのが，あのインテリゲンチャと呼ばれる知識人であったが，それが消滅したことは知識の価格決定に問題を生んだ。彼らの第一の役割は啓蒙を叫んで知識の一般的需要を喚起したことであるが，これは歪みも含んでいたし，消えたのは歴史の趨勢としてやむをえない。しかし彼らは第二に個別の知識商品を選別し，一種のブランド商品すら選定する働きをしていたのであって，これが失われたのは大きな痛手であった。

（山崎正和著，『歴史の真実と政治の正義』中央公論新社 2000 年より抜粋。常用漢字表にない漢字には，一部ふりがなをつけた。）

（注）インテリゲンチャ：知識階級

　　　　学園紛争：大学闘争

［設問］

A　「大学での教育の目的は，知識を授けることである」という見解についてどのように考えますか。課題文に基づき，知識の特徴を知恵および情報と比較して述べた上で，300 字以内で書きなさい。

B　知識は人間だけによって創られていくのであろうか。あなたの考えを，それに至った理由を付して 300 字以内で書きなさい。

POINT　「知識とは何か？」を原理的に探究した文章。［設問］Aは例年内容説明だが，本問では課題文に基づく知識の特徴を述べた上で，「大学での教育の目的は，知識を授けることである」にコメントすることを求める。［設問］Bは「知識は人間だけによって創られていくのであろうか」に答える独立した小論文。解答では肯定か否定かを選び，次に根拠を述べる。否定の場合は「人間以外」で何を想定するか，が問題になる。もちろん，ここでも課題文の言う「知識」に則るべき。

課題文の解説

▶各段落の要点

知の分類と知識の特徴	❶情報と反対の極をめざすのが知恵

知の分類と知識の特徴

❶情報と反対の極をめざすのが知恵

　知恵＝時間を超えた真実を総合的にとらえるもの，○永遠・唯一，×新しさ・多様性・自己革新

　知識＝構造も機能も知恵と情報の中間にある

❷知識＝断片的な情報に脈絡を与える→知の統一性・永続性を希求

　内部に多様な情報を組みこむ＋分節性のある全体構造をつくる

　新しい情報により自己革新に努める＋古い知識との連続性を維持する

　情報・知恵に比べ，理解が大変で効用がわかりにくい

歴史と変遷

❸知識は18世紀に拡大，知恵より尊重されるように

　　⇕

　たえず情報に背後を脅かされ，体系的な統一性を試され，組み替えを求められる

❹20世紀の大衆社会の反権威主義

　古い特権的知識人・インテリゲンチャの消滅→「啓蒙」が時代遅れに

　教えられ指導されることへの嫌悪，知にたいする矛盾した感情

　教養的知識の自己拡張の匂いへの反感

知識と情報との比較

❺こうした感情をまえに情報は有利

　現実そのものの多面性に対応，自己拡張の匂いが薄く，教えられ指導されたという印象が少ない

　知識は「授ける」もの⇔情報は「伝える」もの

❻知識は権威主義的に見える

　情報を脈絡づけ，文脈のなかで意味づけようとする意志の力，説得しようとする情熱，自己を正しいと信じる信念に支えられる→気負いがち→20世紀の市場社会で大衆の冷淡な視線に迎えられるのは当然

❼実用的で没権威的な情報は商品化が容易

　需要予測可能，原価も客観的にわかる

　範疇ごとに生産性と商品細部の差別化をクリアすれば市場の競争に臨める

❽知識の生産は個人の内面の作業，原価の基準がない

　知識の需要は平均化になじまず予測不可能，供給によって逆に生みだされる

　消費も供給も賭け，マーケティングも合理化も不可能

価格決定の困難

❾知識市場で先導的消費者の役割を負っていたインテリゲンチャが消滅→価格決定が困難に

　知識商品を選別し，ブランド商品を選定する働きが失われたのは大きな痛手

▶着眼

　筆者の山崎正和（1934～2020年）は入試現代文でも頻出の劇作家・批評家。課題文は『歴史の真実と政治の正義』から。知恵・情報と対比しつつ知識を定義し，その本質が情報の分節化・体系化にあると言う。しかし，大衆社会の成立とともに，知識を伝える者の裏にある自己拡張の心理が嫌悪され，断片的で多様な情報が好まれるようになった。さらに問題なのは，知識の価格を決定するには，先導的消費者＝知識人が必要だが，それが消滅したため，価格の決定に困難が生じたことだ。体系的知識に断片的情報が取って代わり，大衆が「自分の信じたいものを信じる」という Post-Truth の世界を見据えた議論になっている。

▶キーワード

□**分節**　英語では articulation。つながった一続きの全体に幾つかのくぎりを入れて，互いに区別すること。

□**権威主義**　他人を威圧して自分に従わせる力や，万人が従わなければならないと認める力を使って服従させたり，そういう力に盲目的に従ったりするような態度や行動。

□**範疇化**　英語では categorization。ばらばらになっている全体を，それぞれの性質などに従って，いくつかの部類（カテゴリー）に分類して，思考の基本枠組みにすること。

□**趨勢**　英語では trend。物事が進んでいくありさまのこと。動向，なりゆき。

設問の解説

［設問］A　課題文の内容をふまえた意見論述

〔**要求**〕　「大学での教育の目的は，知識を授けることである」という見解についてどのように考えるか書く。

〔**条件**〕　課題文に基づき，知識の特徴を知恵・情報と比較して述べる。

知識の定義を確認する

　課題文の第❶・❷段落によれば，「知識」とは，知恵と情報の中間とされる。知恵は永続的・唯一的，情報は断片的・多様などと意味づけられるが，知識は断片的で多様な情報を分節化し，体系づけて，なるべく永続的なものにしようとする。つまり，情報を知恵に近づけようとするのだ。そのため，たえず多様性を含み込んで自己革新するとともに，それを秩序づけて，脈絡を持った統一を作ろうとする。

　したがって「知識」とは，断片的・多様な情報を分類したりつなげたりして全体と

一貫した関係で結びつけるだけでなく，過去の情報と連続させつつ，新情報を取り入れて自己革新するような知を指す。

　さらに，第❺・❻段落より，情報を脈絡づけ，統一性を求める意志が知識を生むが，それは権威主義的で「授ける」側面をもち，「伝える」ものである情報とは異なる。

知恵	永続的・唯一的
知識	分節化・体系化・自己革新・統一・「授ける」もの
情報	断片的・多様・「伝える」もの

大学での教育の目的を考える

　「知識を授ける」という，知識を持っている者から持っていない者へ伝える一方向的な印象は，教師と学生・生徒の関係をイメージすれば，たやすく了解されるだろう。つまり，これは，大学を含む「学校制度」の基本イメージである。学校である限り，こうした側面が存在するのは否定できない。だが，上記に述べたような，絶えず新情報を取り入れて自己革新していくという知識の性質を考えると，大学教育の目的は，単に知識を持った人間を育てることではなく，普遍的な価値観がない現代にあって新しい知識を生み出すこと，その力を発揮させることにあると考えられる。

　大学の起源は，学生たちの自由なグループ活動である。学びたい者たちが，そこに適切な指導者・講師を呼び，その講義をきっかけに研究・討論する，というのが大学の元々の活動であった。西洋中世の大学でも，教説の講義とともに，それを巡った討論が重視された。だから，中世13世紀の神学者・哲学者トマス・アクィナスの『神学大全』も，全体が教室における討論形式を模して書かれている。

　つまり，大学は「教える／教えられる」という関係だけでなく，学生と教師がともに考えて，討論しつつ知識に到達する，という場でもあったのである。これは，慶應大の「半学半教」の理念，すなわち，学生も教師もともに教えつつ学び続ける存在であるという考えにも相通じる。もちろん，日本の他の大学でも，教師が壇上から教える講義だけでなく，ゼミナール（ゼミ）やセミナーという形式が重視され，教師と学生が平等な立場から一つの問題を共有して，ともに考える，という時間が設けられている。

解答の構成

　解答では，まず「大学での教育の目的は，知識を授けることである」という見解に対する意見を示し，知恵や情報と比較した知識の特徴と関連づけながら，その根拠を述べる。そのうえで，自分の主張をサポートするような例を挙げるとよいだろう。

解答例

　この見解は正しくない。なぜなら，知識とは，断片的で多様な情報に脈絡を与えて統一し，時間を超えた真実を総合的にとらえる知恵に近づける営為だが，同時に，絶えず新情報を取り入れて自己革新していく性質も備えているからだ。つまり，大学での教育の目的は，知識を一方的に授けるのではなく，教師と学生の共同作業によって，大学という場において知識を創造する力を発生させることなのだ。そもそも大学の起源は，学生が集まって適切な教師を呼び，互いに討論する場であった。現在の大学でも，教師と学生が平等な立場から問題を考えるゼミが重視されているように，ともに考えて知識を創造することこそ，大学の理念なのだ。(300字以内)

[設問] B　意見論述

〔要求〕　知識は人間だけによって創られていくのであろうか。自分の考えを書く。
〔条件〕　考えに至った理由を付す。

奇妙な問いとその背景

　[設問] Bは独立した一行問題形式の小論文であり，人間だけによって創られる／人間だけによって創られるのではない（人間以外も創れる），のどちらかを選んで，その根拠を付け加える，という構成で書けるだろう。ただ，「知識」の定義については，課題文にある「断片的な情報を脈絡づけ，統一的に意味づける，分節化・体系化・自己革新」などの特徴を使わなければならない。

　とはいえ，聞かれている内容は「知識は人間だけによって創られていくのか？」と，かなり奇妙だ。このような問いが出てくる背景には，現代におけるAIやインターネット検索機能の急速な発達があろう。たとえば，Amazonなどでは，今まで購入した商品に合わせて「おすすめ商品」を提示してくる。こういう「おすすめ」をきっかけとして購入行動につながることは少なくない。

　つまり，直前に購入した商品と，今までの購入履歴から判断して「この人は，たぶん，こういう商品に興味を持つのではないか？」と分析・推測しているのだ。これは，ある意味で，「断片的な情報に脈絡をつけて，統一的なものにするだけでなく，新情報を取り入れて，それを革新していく」という「知識の構造」に近いように思える。

人工知能の可能性

　チェスや将棋では，無数の差し手を学習させておいて，現在の局面を入力して，「勝つ」という目的を設定すると，最適解を出してくれ，人間のプレイヤーに匹敵す

るような強さを持つプログラムが開発されている。数学の研究などでも，特定の性質を持つ数をコンピュータでシミュレーションして，全体的にどういう仕組みを持っているかの判断材料にする，ということはよく行われている。

　これらは，人間の判断材料にするという道具的な使い方である。しかし，解決の方向性さえ与えれば，それに合う「解答」の候補を勝手に考えてくれる，というところまでは，すでに到達している。「人間以外も知識を創れる」という結論を選んでもよさそうである。

知識を創る人間の役割は何か？

　とはいえ，[設問] Aでも触れたように，知識が人間の「意志の力（＝説得しようとする情熱，自己の作業を正しいと信じる信念）に支えられる」（第❻段落）とか，「知識の生産は大部分が個人の内面の作業であ」る（第❽段落），といった説明も看過できないだろう。実際，上に挙げた数学の例などでも，どういう方向でどんなふうにコンピュータで調べれば結果につながりそうか，数学者の着想に基づいて入力しなければ結果は得られない。さらに，結果をどのように意味づけ，統一的な知識にまとめあげるかは人間にかかっている。チェスや将棋などのゲームのように「勝利する」という結末があらかじめ与えられているわけではないからだ。とすれば，「人間と人間以外の人工知能が共同して知識を創る」という方向が妥当になるだろう。

　以上を論述する際には，最初に「人間だけによって知識が創られるのではない（人間以外でも知識は創れる）」と示し，しかし，よく考えると，そこには目的の設定や着想などという人間にしかできない要素がある。だから，最初を補足・修正して，「人間と人間以外の知能が共同して知識を創る」につなげるのである。

解答例

　　人間だけによって知識が創られるとは言えない。なぜなら，知識とは断片的な情報を脈絡づけ，統一的に意味づける活動だが，そこに人工知能が関与しつつあるからである。チェスや将棋では，今までの差し手を記憶させて今の局面を入力すると勝ちに向かう手を予測する AI が人間を打ち負かした。数学では，特定の性質を持つ数をコンピュータが探し出して，数学者を援助する例がある。これが発達すれば，理論構成自体も出力できるかもしれない。とはいえ，現在，人工知能はあくまで手助けにすぎず，目的の設定とそこへの着想は人間が考えて入力しなければならない。したがって，むしろ，人間と人間以外が共同して知識を創っていくと言えるだろう。（300字以内）

9　社会における「分かち合い」の意義

2020年度・目標**60**分

次の課題文1，2を読んで，設問A，Bに答えなさい。

[課題文1]

　北方地域において，狩猟対象動物となる獲物の大群の出現は季節的である。したがって，北方狩猟採集民の一年は夏と冬という規則的にくり返されるリズムにより特徴づけられる。夏，トナカイは出産のためツンドラへと北上する。そして，冬になると，越冬のためタイガへと南下する。繁殖活動は秋に行われ，トナカイは南下の途中，川や湖を泳いで渡り，ツンドラとタイガの境界にあたる森林限界周辺に集まる。そして，川や湖が結氷すると，群れは森林の中へと移動する。

　インディアン（注）は夏と冬のキャンプを設営する。夏のキャンプは漁撈活動の，冬のキャンプはトナカイ狩猟と罠猟のためである。秋には，インディアンは南下してくるトナカイを迎え撃つため北上する。したがって，インディアンとトナカイはそれぞれ夏と冬に，南と北という反対の方向に移動することになる。冬には両者の活動空間は重なり合い，ここでインディアンがトナカイを狩猟する。すなわち，インディアンとトナカイの生態的関係は，毎年の規則的な空間－時間リズムによって特徴づけられるのである。

　しかし，狩猟者と動物との間の生態的リズムは，永久に不変でもなければ保障されているものでもない。トナカイの移動路は年ごとに大きく変わる。また，群れの大きさや越冬地域は，積雪状況や森林火災の範囲に応じて変化する。インディアンは秋になるとトナカイを待つためにキャンプを設営するが，彼らが毎年，同じ場所でトナカイに出合える保証はない。もしトナカイが現れれば大量の肉が得られるが，もし現れなければ人びとは飢えることになる。北方狩猟採集民にとって飢餓は稀なできごとではない。

　狩猟活動そのものにおける不確定性も一般的に見られる。狩猟活動とは狩人による動物の探索，追跡，接近，あるいは待ち伏せ，屠殺，解体，運搬という一連の行動により構成される。狩人は動物の生態や行動に対応した狩猟活動の調整を行うが，それは必ずしも常に成功するとはかぎらない。狩猟の失敗，あるいは事故がその結果を不確定なものにしている。すなわち，北方狩猟採集民は動物に大きく依存しており，狩人と動物との生態的関係は規則的な時間－空間リズムを形成してはいるが，同時にそこには不確定性が見られるのである。

　もちろん，インディアンは人間と自然との関係の不確定性に対応する社会的，生態

的調整も行う。彼らは，森林限界の近くにキャンプを設営する。一つのキャンプと別のキャンプとの距離は時に100キロメートルも離れていることがある。もし，キャンプの設営地の近くで季節移動してくるトナカイが水を渡れば，インディアンは殺せる限りのトナカイを狩猟することができる。これらの肉は後に，トナカイの移動路にあたらなかった場所でキャンプしていた人びとにも分配される。人びとは肉がなければ，トナカイの狩猟に成功した者から肉を自由に得る。狩人たちはお互いのキャンプを訪れて，トナカイの現れた地点に関する情報を交換する。また，最初のトナカイが得られると，この情報は他の人びとにも伝えられる。

　私は，アンばあさんの夫で71歳になるジョンじいさんが，この冬における最初のトナカイを狩猟したことを人びとに伝えるためだけに，キャンプから75キロメートル離れた村まで犬橇で往復するのを見た。彼の養子である少年は，この老人が「そうすることが好きだから」行くのだと説明した。ジョンじいさんは若い時にはいつもたくさんの肉をキャンプにもたらした腕のよい狩人だと人びとにいわれていた。また，現在もそういわれるとジョンじいさんは笑って喜んでいるように思われた。したがって，ジョンじいさんの行動は，彼が腕のよい狩人だという威信を示すためと考えることもできる。

　しかし，同時に彼の行動は生態学的に見ると，生存のための戦略的行動としての役割をも持つ。すなわち，移動するトナカイの位置に関する情報の速やかな伝達は，すべてのインディアンの狩人によるトナカイの生産量を最大化する。またその結果，肉の分配を通して他のキャンプの人びとの飢餓を防止することにもなる。すなわち，情報と肉の分配機構は，空間的−時間的に不均一に分布している大量の資源の獲得における生存戦略となっている。

（煎本孝著，『こころの人類学─人間性の起源を探る』ちくま新書，2019年より抜粋。なお一部の漢字にふり仮名をつけた。（注）は出題者による。）

（注）　ここでインディアンとは，カナダ先住民であるカナダ・インディアンのうち，カナダ亜北極の北方アサパスカン語族に属する北方狩猟採集民のことを指している。

［課題文2］

　過去の成功や失敗に学びながら，目指すべき未来のヴィジョンを構想する時に，「分かち合い」の思想が重要となる。それは，既に紹介した私の大好きなスウェーデン語，つまり「社会サービス」を意味する「オムソーリ」の本来的意味である「悲しみの分かち合い」に学ぶことである。

　人間は悲しみや優しさを「分かち合い」ながら生きてきた動物である。つまり，人間は「分かち合う動物」である。人間に対するこの見方は，アリストテレス（Aristotelēs）の「人間は共同体的動物（zōon politikon）である」という至言にも

通じている。人間は孤独で生きることはできず，共同体を形成してこそ生存が可能となる。「分かち合い」によって，他者の生も可能となり，自己の生も可能となるのである。

「社会サービス」をオムソーリだと理解すると，社会の構成員は自己の「社会サービス」のために租税を負担するのではなく，社会全体のために租税を支払うということになる。しかも，「分かち合い」は他者の生を可能にすることが，自己の生の喜びでもあることを教えている。人間の生きがいは他者にとって自己の存在が必要不可欠だと実感できた時である。「悲しみの分かち合い」は，他者にとって自己が必要だという生きがいを付与することになる。

<中略>

生命を維持する活動である生活の「場」では，「分かち合い」の原理つまり協力原理にもとづかなければ成り立たない。そのため生命を維持する生活活動は，家族やコミュニティに抱かれて営まれる。つまり，「分かち合い」の原理にもとづく相互扶助や共同作業で営まれる。

したがって，市場社会で生産活動が競争原理にもとづく市場経済で営まれるといっても，生活活動は家族やコミュニティという協力原理にもとづく「分かち合い」の経済で営まれている。農業を基盤とした市場経済以前の社会では，生産活動も共同体の協力原理にもとづいて営まれていた。生きている自然に働きかける農業は，自然のリズムに合致する共同体の原理で営まれる必要があるからである。

ところが，農業の副業から誕生する工業が分離して自立的に営まれるようになると，生産活動が競争原理にもとづく市場経済に包摂されるようになる。工業は農家の副業としての家内工業から生まれてくる。それが都市に立地されるようになると，要素市場において土地，労働，資本という生産要素の生み出す要素サービスを取引することで，工業が自立してくる。

農業が生きている自然を原材料とするのに対して，工業では死んだ自然を原材料とする。綿工業であれば，農業が生産した綿花という死んだ自然を原材料として綿糸を生産する。しかも，工業では農業のように生命を育む大地という自然に働きかけるのではなく，人間が製造した機械に働きかけ，機械のリズムに合わせて生産活動が営まれる。

このように，人間を創造主とする対象に働きかける工業では，人為的行動として生産活動を完結できる。そのため工業では生産と生活を分離することが可能となり，競争原理にもとづく生産活動と協力原理にもとづく生活活動が分離していくことになる。

（神野直彦著，『「分かち合い」の経済学』岩波新書，2010年より抜粋。なお下線は出題者による。）

[設問]

A 「分かち合い」は，人間にとってなぜ必要であると考えられるか。二つの課題文に共通する必要性を 200 字以内で答えなさい。

B 課題文 2 の下線部に「社会サービス」とあるが，これからの社会において，本文の意味での「社会サービス」の重要性は増すべきか，減るべきか。また，なぜそのように考えるのか。筆者たちの考えにとらわれず，あなたの考えを 400 字以内で自由に述べなさい。

POINT 文化人類学者と経済学者による文章。[設問] Aでは，課題文 1・2 に共通する「分かち合い」の必要性を書く。両者における「分かち合い」の特徴をまず整理して，それらに共通する必要性のあり方を抽出するとよい。ただ，課題文 1 には「分かち合い」という言葉はなく，暗示されているだけなので注意が必要である。
一方，[設問] Bでは，これからの社会で「社会サービス」の重要性は増すべきか，減るべきか，理由も含めて答える。いずれの設問でも，与えられている条件をクリアするように書く。

課題文の解説

▶各段落の要点

課題文1 北方狩猟採集民の生存戦略

北方狩猟採集民の生活	❶北方地域では，獲物の大群の出現は季節的→北方狩猟採集民の一年は夏と冬という規則的リズムをもつ ❷インディアンと獲物のトナカイの生態的関係＝毎年の規則的な空間-時間リズムに特徴
不確定性	❸トナカイの移動路・群れの大きさ・越冬地域は変わる→同じ場所でトナカイに出合える保証はない→飢餓と隣り合わせ ❹狩猟活動そのものにも不確定性があり，成功／失敗がある
生態的調整	❺・❻社会的，生態的調整＝狩猟に成功した者による肉の分配＋情報の交換 **例示**ジョンじいさんが，この冬最初のトナカイ狩猟を遠くの村に伝えに行く→威信を示すため？
考察	❼ジョンじいさんの行動は，生態学的には生存のための戦略的行動とも読める 情報の速やかな伝達→インディアン全体でのトナカイ狩猟の生産量を最大化→肉の分配→飢餓の防止 情報と肉の分配機構＝不均一に分布する大量の資源の獲得に寄与

課題文2 「分かち合い」と「社会サービス」

「分かち合い」の思想	❶目指すべき未来のヴィジョンを構想する時，「分かち合い」の思想が重要 「オムソーリ（社会サービス）」＝「悲しみの分かち合い」 ❷人間は「分かち合う動物」＝共同体を形成してこそ生存が可能となり，「分かち合い」によって他者の生だけでなく自己の生も可能となる
人間の生きがい	❸×自己の「社会サービス」のために租税を負担する，○社会全体のために租税を支払う 他者の生を可能にすること＝自己の生の喜び 「悲しみの分かち合い」は，他者にとって自己が必要だという生きがいを付与
生活活動の原理	❹生活活動は，「分かち合い」の原理にもとづく相互扶助・共同作業で営まれる **例示**家族・コミュニティ ❺市場経済以前の社会では，生産活動（＝農業）も共同体の協力原理にもとづいて営まれていた
生産活動の自立	❻農業から工業が自立→生産活動が競争原理による市場経済に包摂される ❼・❽工業＝死んだ自然が原材料＋人間が製造した機械に働きかける→人為的行動として完結→競争原理にもとづく生産活動と協力原理にもとづく生活活動の分離

▶着眼

二つの課題文のテーマはいずれも「分かち合い」である。ただし，課題文1は，北方狩猟採集民の生存戦略の分析で，課題文2は，競争原理に基づく市場経済が主となった社会でも，生活場面では従来の農業社会におけるような共同作業が行われていると説明する。現代社会でも「分かち合い」の意義は薄れず，租税負担などを通じて相互扶助を行うことは，各人の生きがいにつながると主張する。課題文2は，大枠で福祉国家的政策を主張していることが読み取れよう。日本では，新自由主義的政策により，非正規雇用などが増大し，格差や貧困が広がったとも言われる。なぜ，今，筆者がそういう主張をするのか，考えたい。

設問の解説

［設問］A　共通する理由の説明

〔要求〕　「分かち合い」は，人間にとってなぜ必要であると考えられるか。
〔条件〕　二つの課題文に共通する必要性を答える。

「『分かち合い』は，人間にとってなぜ必要であるか？」の解答を，二つの課題文から探して，その共通性をまとめる。まず，課題文1では，第❶～❹段落は北方狩猟採集民の一年の生活リズムと，狩猟の不確定性の描写なので不要。第❺段落で「社会的，生態的調整」という言葉が出てきて，トナカイの移動路にあたらなかったキャンプの人々に肉が分配され，情報交換が図られると語られる。第❻・❼段落では，ジョンじいさんが遠くの村にまで喜んで情報を伝えに行くエピソードが取り上げられ，情報の速やかな伝達と資源（肉）の分配は，不均一に分布する資源の獲得を最大化する，生存のための戦略的行動として意味づけられる。

一方，課題文2では，第❶～❸段落で，社会における「分かち合い」の重要性が述べられる。人間は共同体を形成してこそ生存が可能になるのであり，租税負担などの「社会サービス」も「悲しみの分かち合い」によって理解するべきである。さらに，「分かち合い」は，他者にとって自己が必要だという生きがいをもたらすのだと言う。第❹～❽段落では，社会の歴史的展開と「分かち合い」との関わりが論じられる。かつては家庭やコミュニティにおける生活活動と，農業を主とする生産活動は分離しておらず，ともに協力原理で営まれていた。現代では工業化により両者が分離し，生産活動はもっぱら競争原理によって営まれることになったが，生活活動は変わらず協力原理によって営まれていると主張する。

共通性を見つける

　このように，二つの課題文は，狩猟社会・農業社会・工業社会と生産形態が違っても，一貫して「分かち合い」が存在することを明らかにしている。課題文1にあるように，自然との関係に不確定性がある以上，資源の分配や情報の共有は，自己と他者の生存を助ける。そこに見出される協力原理は，課題文2で説明される農業社会や，工業社会になってからの生活の「場」でも見られるものである。さらに，課題文1で描かれている，ジョンじいさんが遠くの村に情報を伝えに行くときのうれしそうな姿は，課題文2にある，「分かち合い」によって，他者にとって自己の存在が不可欠だという実感を得られることが生きがいになるという記述に対応する。これは，課題文2が指摘する通り，そもそも人間が共同体を形成してこそ生存が可能な動物だからであろう。

解答例

　　課題文1によれば，資源の分配や情報の共有は自己と他者の生き残りの戦略となり，他者の生存を助けることは喜びである。一方，課題文2でも，工業社会となっても家庭などの生活の「場」に協力原理が息づいており，相互扶助の行為は，他者にとって自己が不可欠であるという生きがいをもたらすと言う。このように「分かち合い」が人間に必要であるのは，課題文2にあるように，人間が共同体を形成してこそ生存可能な動物だからだ。（200字以内）

［設問］B　意見論述

　〔要求〕　①これからの社会において，課題文2の意味での「社会サービス」の重要性は増すべきか，減るべきか。
　　　　　　②なぜそのように考えるのか。
　〔条件〕　筆者たちの考えにとらわれず，自分の考えを自由に述べる。

　「社会サービス」という言葉は，課題文2第❶段落および第❸段落にある。筆者は，それを社会全体のために租税を負担することの例で述べる。租税を負担することで，自己と他者の生を可能にするというのなら，これは所得の再分配などにより国民生活の向上をはかる「福祉国家」のイメージそのものだ。とすれば，「『社会サービス』の重要性は増すべきか，減るべきか」という問いは「福祉政策を，これからの世界で増やすべきか，減らすべきか？」という問いに読み換えうる。この線に沿って考えてみよう。

新自由主義的政策がもたらしたもの

　これは，20・21世紀に何度も繰り返されたお馴染みの問いだ。「貧しい人，困った人を国家が助ける」という福祉国家の思想は，第二次世界大戦後には理想とされたが，1980年代にサッチャーやレーガンは新自由主義の影響を受けた経済政策を打ち出し，政府の福祉予算を削っていった。なぜなら，政府の役割が大きくなると非効率的になり，経済が停滞して，結局不公平になる。なるべく市場原理に任せるべきだ，と信じられたからだ。

　市場原理とは利己心にもとづくシステムであり，自己の利益の最大化を目指せば，全体にも利益がもたらされる。それなのに，政府が市場にいろいろ介入すると，無駄が多くなる。失業保険や年金，健康保険などの福祉政策は縮小して，民間の競争に任せる方が効率がよく，経済全体が上向くとされる。

　ただ，日本でも部分的にこの新自由主義的政策が進められた結果，その予言通りにはならないことも明らかになった。一部の富裕層の収入は上がったが，労働時間の延長，非正規雇用の増大，低賃金化という事態も引き起こした。税金でも，所得税の累進性が緩和されて富裕層の負担が軽くなる一方，消費税が設けられて，低所得者層に負担が重くなり，格差と分断が大きくなった。中間層が衰退したことで，国内需要が冷え込み，デフレーションの長期化に拍車をかけている。

　さらに，効率性も高まったとは言えない。たとえば，公共サービスであった郵便事業は民営化されたが，時間外窓口が廃止されたり，地方の簡易郵便局が一時閉鎖されるなどして，かえって不便になった。国鉄も民営化されて廃線が多くなり，地方では車社会に拍車がかかっている。

福祉国家を見直す

　このような新自由主義の教訓は，利己心にもとづくシステムだけでは，社会は上手くいかないということであろう。この状況を打開するために，福祉国家を見直して，所得の再分配により国民生活を安定させれば，消費も活発化すると思われる。実際，アメリカでは，法人税の引き上げが計画されている。政府が経済活動に介入して，相互扶助・共同作業の意義を見直していく方向が模索されているのだ。このような歴史的背景もあり，課題文2は「社会全体のために租税を支払う」と福祉国家の方向を主張しているのだと思われる。

　ただ，設問には「筆者たちの考えにとらわれず」と書いてあるのだから，解答で課題文と異なる主張を選択してももちろんかまわない。「社会サービス」の意味をより広くとれば，課題文2で言われるコミュニティといった「生活」の場で，「分かち合い」による「社会サービス」の構築を目指す方向も考えられる。いずれの場合でも，現代の社会がいかなる状況にあり，「これからの社会」がどうあるべきかという展望を示す形で，論を進めることが望ましい。

解答例

　　課題文2によれば，「社会サービス」とは「分かち合い」のことであり，租税負担によって，自己と他者の生を可能にする営みであって，その意味では，福祉国家的政策を示すと考えてよいだろう。とすれば，これからの社会で「社会サービス」，つまり福祉政策は増加させるべきだ。なぜなら，福祉政策を縮小する新自由主義的な経済政策が失敗したと思われるからである。新自由主義は，所得の再分配を緩和し，政府が介入をやめた方が，経済が効率化して社会全体が豊かになると主張した。しかしその結果，日本でも非正規雇用や低賃金化が広がり，経済格差や貧困も拡大した。とくに，消費の中心である中間層が没落したため，経済が停滞した。市場の競争原理だけでは社会は回らないのだ。これを変えるには，社会保障を手厚くして，個人の所得を上げ，経済的不安をなくすべきだ。このように，「社会サービス」の重要性はこれからの社会で増していくはずである。（400字以内）

10 非対称的な関係と両者の責任

2021 年度・目標 60 分

　次の課題文を読んで，設問A，Bに答えなさい。

［課題文］

　二十五年ぶりにローマを訪れました。そこで気付いたことが二つほどあります。一つはアメリカの存在の小ささ，もう一つはアメリカの存在の大きさです。

　ローマの町は観光客であふれています。耳を澄ますと，ドイツ語，日本語，中国語，フランス語，韓国語，英語 —— ありとあらゆる国の言葉が聞こえてきます。四半世紀前にはどこに行っても英語しか聞こえてこなかったのに，何と言う様変わりでしょう。

　ところが一歩，観光客相手の店に入るとどうでしょう。そこはアメリカが支配する世界です。どの国の観光客もなまりのある英語で店員と交渉しています。代金支払いもドルの小切手やアメリカのクレジットカードで済ませています。

　かくも存在の小さくなったアメリカがなぜかくも存在を大きくしているのか。これはローマの町を歩く一人のアジア人の頭だけをよぎった疑問ではないはずです。現代の世界について少しでも考えたことのある人間なら，だれもが抱く疑問であるはずです。

　アメリカの存在の大きさ —— それはアメリカの貨幣であるドル，アメリカの言語である英語がそれぞれ基軸通貨，基軸言語として使われていることにほかなりません。

　では，基軸通貨，そして基軸言語とはなんでしょうか。単に世界の多くの人々がアメリカ製品をドルで買ってもドルは基軸通貨ではなく，アメリカ人と英語で話しても英語は基軸言語ではありません。

　ドルが基軸通貨であるとは，日本人がイタリアでドルを使って買い物をし，チェコの商社とインドの商社がドル立てで取引をすることなのです。英語が基軸言語であるとは，日本人がイタリア人と英語で会話し，台湾の学者とチリの学者が英語で共同論文を書くことなのです。アメリカの貨幣と言語でしかないドルと英語が，アメリカを介在せずに世界中で流通しているということなのです。

　ローマの町で私が見いだしたのは，まさに非対称的な構造を持つ世界の縮図だったのです。一方には，自国の貨幣と言語が他のすべての国々で使われる唯一の基軸国アメリカがあり，他方には，そのアメリカの貨幣と言語を媒介として互いに交渉せざるをえない他のすべての非基軸国があるのです。

　もちろん，これは極端な図式です。現実には，非基軸国同士の直接的な接触も盛んですし，地域地域に小基軸国もありますし，欧州連合（EU）や東南アジア諸国連合（ASEAN）のような地域共同体への動きもあります。だが，認識の第一歩は図式化にあります。

　ソ連が崩壊したとき，冷戦時代の思考を引きずっていた人々は，世界が覇権国アメリカによって一元的に支配される図を大まじめに描いていました。だが，私が今見出した基軸国と非基軸国の関係は，支配と被支配の関係として理解すべきではありません。

　確かに，ドルが基軸通貨となるきっかけは，かつてのアメリカ経済の圧倒的な強さにあります。だが，今，世界中の人々がドルを持っているのは，必ずしもアメリカ製品を買うためではありません。それは世界中の人がそのドルを貨幣として受け入れるからであり，その世界中の人がドルを受け入れるのは，やはり世界中の人がドルを受け入れるからにすぎないのです。

　ここに働いているのは，貨幣が貨幣であるのは，それが貨幣として使われているからであるという貨幣の自己循環論法です。そして，この自己循環論法によって，アメリカ経済の地盤沈下にもかかわらず全世界でアメリカのドルが使われているのです。小さなアメリカと大きなアメリカとが共存しているのです。

　さて，基軸通貨であることには大きな利益が伴います。例えば日本の円が海外に持ち出されたとしても，それはいつかまた日本製品の購入のために戻ってきます。非基軸通貨国は自国の生産に見合った額の貨幣しか流通させることができないのです。

　ところがアメリカ政府の発行するドル札やアメリカの銀行の創造するドル預金の一部は，日本からイタリア，イタリアからドイツ，ドイツから台湾へ，と回遊しつづけ，アメリカには戻ってきません。アメリカは自国の生産に見合う以上のドルを流通させることができるのです。もちろん，アメリカはその分だけ他国の製品を余分に購買できますから，これは本当の丸もうけです。この丸もうけのことを，経済学ではシニョレッジ（君主特権）と呼んでいます。

　特権は乱用と背中合わせです。基軸通貨国は大いなる誘惑にさらされているのです。基軸通貨を過剰に発行する誘惑です。何しろドルを発行すればするほどもうかるのですから，これほど大きな誘惑はありません。だが，この誘惑に負けると大変です。それが引き起こす世界全体のインフレは基軸通貨の価値に対する信用を失墜させ，その行き着く先は世界貿易の混乱による大恐慌です。

　それゆえ次のことが言えます。基軸通貨国は普通の資本主義国として振る舞ってはならない，と。基軸通貨国が基軸通貨国であるかぎり，その行動には全世界的な責任が課されるのです。たとえ自国の貨幣であろうとも，基軸通貨は世界全体の利益を考慮して発行されねばならないのです。

　皮肉なことに，冷戦時代のアメリカは資本主義陣営の盟主として，ある種の自己規律をもって行動していました。だが，冷戦末期から，かつての盟友であった欧州や東アジアとの競争が激化し始めると，アメリカは内向きの姿勢を強めるようになりました。

　近年には自国の貿易赤字改善の方策として，ドル価値の意図的な引き下げを試み始めています。とくに純債務国に転落した一九八六年以降，その負担を軽減しうる切り下げの誘惑はますます強まっているはずです。

　基軸通貨国のアメリカが単なる一資本主義国として振る舞いつつあるのです。大きなアメリカと小さなアメリカとの間の対立――これが二十一世紀に向かう世界経済が抱える最大の難問の一つです。

　この難問にどう対処すればよいのでしょうか。理想論で済むならば，全世界的に管理される世界貨幣への移行を唱えておくだけでよいでしょう。だが，貨幣は生き物です。ドルは上からの強制によって流通しているわけではないのです。人工的な世界貨幣の導入の試みは，エスペラント語の普及と同様，ことごとく失敗してきました。

　世界は非対称的な構造を持っているのです。その構造の中で，基軸国と非基軸国とが運命共同体をなしていることを私たちは認識しなければなりません。

　当然のことながら，基軸国であるアメリカは基軸国としての責任を自覚した行動を取るべきです。だがより重要なのは，非基軸国でしかない日本のような国も自国のことだけを考えてはいられないことです。非基軸国は非基軸国として，基軸国アメリカが普通の国として行動しないよう，常に監視し，助言し，協力する共同責任を負っているのです。

　私たちは従来，国際関係を支配の関係か対等の関係か，という二者択一で考えてきましたが，冷戦後の世界に求められているのは，まさにそのいずれでもない非対称的な国際協調関係なのです。それはだれの支配欲もだれの対等意識も満足させないものです。だが，世界経済の歴史の中で一つの基軸通貨体制の崩壊は決まって世界危機をもたらしたことを思い起こせば，この非対称的な国際協調関係に賭けられた二十一世紀の賭け金は大変に大きなものであるはずです。

　さて次は基軸言語としての英語について語らねばなりません。だがここでは，今まで貨幣について述べたことは言語についても言えるはずだ，と述べるだけにとどめておきます。それについて詳しく論ずるには，今よりはるかに大きな紙幅を必要とするからです。なにしろ歴史によれば，一つの基軸通貨体制の寿命はせいぜい百年，二百年であったのに対し，あのラテン語はローマ帝国滅亡の後，千年にもわたって欧州の基軸言語としての地位を保っていたのですから。

（岩井克人『二十一世紀の資本主義論』筑摩書房，2000 年より抜粋）

[設問]

A　筆者が25年ぶりにローマを訪れた際に気づいた「大きなアメリカ」を成立させている条件のなかで，通貨が果たしている役割を課題文に則して200字以内で説明しなさい。

B　課題文は1997年に書かれたものであるが，その指摘は現在も生きていると思われる。一方，課題文で述べられている，支配関係は存在しないが，非対称的な関係にある事例は，ドルや英語における国家や個人の例に限らず，他にも存在すると考えられる。あなたが今後も続くと考える，支配関係は存在しないが，非対称的な関係にある具体例を挙げ，そこでの両者の責任についてあなたの意見を400字以内で書きなさい。具体例は，個人，組織，国家などは問わない。

POINT　基軸通貨という概念を使って，世界経済の仕組みを論じた文章。［設問］Aは，「大きなアメリカ」を成立させている条件のうち，「通貨が果たしている役割」についての内容説明。主に，基軸通貨について述べられた第2部分と第3部分の前半を参照する。［設問］Bは，問われているような二者の関係を挙げるだけでなく，そこで生じている問題を分析し，両者それぞれの責任について考察を深められるかがポイントである。

課題文の解説

▶各段落の要点

話題提示	❶～❸ローマで感じたアメリカの存在の小ささと大きさ 小ささ＝ありとあらゆる国からの観光客・言語であふれている 大きさ＝店内では英語・ドル・アメリカのクレジットカードが使われる ❹存在の小さくなったアメリカが存在を大きくしているのはなぜか？ ❺理由ドル・英語が基軸通貨・基軸言語として使われているから
説明1	❻基軸通貨・基軸言語とは何か？ ❼アメリカの貨幣・言語であるドル・英語がアメリカを介在せず世界中で流通しているということ ❽ローマの光景＝非対称的な構造を持つ世界の縮図 基軸国＝自国の貨幣・言語が他のすべての国々で使われる ⇕ 非基軸国＝アメリカの貨幣・言語を媒介に互いに交渉せざるをえない ❾極端な図式だが，認識の第一歩 ❿基軸国・非基軸国の関係≠支配・被支配の関係 ⓫・⓬貨幣の自己循環論法＝世界中の人がドルを受け入れるのは，世界中の人がドルを受け入れるから
説明2	⓭・⓮基軸通貨には大きな利益が伴う 例示日本円は結局，日本製品購入のために使われる→非基軸通貨国は自国の生産に見合った額の貨幣しか流通させられない ⇕ ドルは他国間を回遊しつづけアメリカに戻ってこない→自国の生産に見合う以上のドルを流通させられる＝他国製品を余分に購買できる（シニョレッジ） ⓯基軸通貨を過剰に発行する→世界全体でインフレが発生→基軸通貨の価値への信用が失墜→世界貿易の混乱による大恐慌 ⓰基軸通貨国の行動には全世界的な責任がある＝自国の貨幣でも世界全体の利益を考慮して発行すべき ⓱～⓳冷戦時代のアメリカは自己規律をもって行動 ⇕ 冷戦末期から競争激化で内向きの姿勢に→貿易赤字改善のためドル価値を意図的に引き下げ→単なる一資本主義国として振る舞うように
提案	⓴～㉒全世界的に管理される世界貨幣への移行は理想論，貨幣は生き物 非対称的な構造を持つ世界で，基軸国と非基軸国は運命共同体 ↓ 基軸国は責任を自覚して行動すべき＋非基軸国は基軸国に対し監視・助言・協力する共同責任を負う ㉓支配でも対等でもない非対称的な国際協調関係を維持すべき←基軸通貨体制の崩壊は世界危機をもたらす
補足	㉔基軸言語にも基軸貨幣と同じことが言える

▶着眼

　筆者の岩井克人（1947 年〜）は理論経済学者。経済成長論・貨幣論などで有名。
基軸通貨ドルは，筆者の言うとおり，支配関係から生まれたのではなく，アメリカ以
外の国の人がドルを国際間の通貨として受け入れたことから成立した。「皆が受け入
れているから私も受け入れる」という形なのがポイントだろう。それは英語でも同じ
だ。個人が主体的に「英語をやろう」としたわけではなく，他国の人とコミュニケー
ションするのに英語が便利だったり，英語で発信した方が全世界に伝わりやすかった
りするから「英語を勉強せざるを得ない」のである。

▶キーワード

□**循環論法**　論証されるべきことが論証の根拠とされる論法。論理学では虚偽とされ
　るが，経済ではそうでもない。たとえば，お金が通用するのは，他人が受け取るは
　ずだと予想できるからだ。皆が，他人が受け取ってくれないのではと疑うようにな
　れば，お金は通用しなくなるが，そういうことはめったに起こらない。

□**基軸言語**　共通言語のこと。リンガ・フランカとも言う。文末にラテン語の例が出
　ているが，実は基軸言語としてはいろいろな言語が使われてきた。英語のほかには，
　サンスクリット，漢文，ギリシア語，アラビア語などもあった。

設問の解説

[設問] A　内容説明

〔要求〕　「大きなアメリカ」を成立させている条件のなかで，通貨が果たしてい
　　　　　る役割。
〔条件〕　課題文に則して説明する。

どこに書いてあるか？

　第❺段落に，アメリカの存在の大きさは「アメリカの貨幣であるドル…が…基軸通
貨…として使われていることにほかなりません」とあるので，設問で要求されている
ことは，要するに「基軸通貨としてのドルが果たしている役割」を説明せよ，という
こと。

　第❻段落に「基軸通貨…とはなんでしょうか」と問題提起があり，そこから第⓬段
落までが，基軸通貨の基本的な説明なので，まずはここをまとめればよい。対比や例
示をカットすると，下記のようになる。

- ドルが基軸通貨であるとは，アメリカの貨幣であるドルがアメリカを介在せずに世界中で流通しているということ（第❼段落）
- 世界中の人がドルを受け入れるから，世界中の人がドルを受け入れ，基軸通貨となっている（貨幣の自己循環論法）（第⓫・⓬段落）

　一方，第⓭段落に「さて」と話題転換の接続詞があり，ここから基軸通貨国のメリットと責任が書かれている。書いてあるのは，アメリカだけ自国の生産に見合う以上の通貨を流通させることができ，その分だけ，他国の製品を余分に購買できる（シニョレッジ）という原理である。第⓰段落にあるように，これには背中合わせに責任が課されているため，ここまでを役割としてまとめたい。

解答例

　「大きなアメリカ」の成立条件は，アメリカの貨幣であるドルが基軸通貨だということだ。これは，ドルがアメリカを介在せずに世界中で流通している現象であり，世界中で受け入れられているから，皆が受け入れるという自己循環論法によって起こる。基軸通貨国であるアメリカは自国の生産に見合う以上の通貨を流通させ，その分他国の製品を余分に購買できるシニョレッジを持つが，一方でその行動には全世界的な責任が課されている。（200字以内）

［設問］B　具体例を挙げての意見論述

〔要求〕　支配関係は存在しないが，非対称的な関係にある両者の責任について自分の考えを述べる。

〔条件〕　具体例を挙げる。

条件をふまえ，例示を考える

　この問いは，課題文とは直接の関係はない独立の設問だ。ただ，文中に出てくる「支配関係は存在しないが，非対称的な関係にある」の意味を理解して，そういう関係に当たる具体例を考え，そこで「両者の責任」を考えよ，というのである。

　支配とは，ある者が，相手の行為やあり方を自分の意志・命令でもって規定・束縛することを意味する。支配関係がなければそうした強制力がないということだが，その関係は非対称であるので，対等ではない，優位なものとそうでないものの関係であると言える。そうした構造は世の中の関係の多くに見られるだろう。

　したがって，例はいろいろな分野から考えることができる。たとえば，経済のグローバル化で，途上国に工場を建設する先進国の企業と途上国の関係はどうだろう？こうした企業は，自国よりも人件費の安価な途上国で製品を生産でき，現地での販路

の拡大も期待できる。一方で，収入の不安定な第一次産業就業者の多い途上国の人々
は，安定した給料を稼げる働き口が得られ，知識・技術も習得できる。そこには，直
接的な支配の関係はない。

両者の責任とは

　しかし，先進国の企業が自社の利益を最優先に事業をすすめ，現地の環境や労働者
への配慮を怠れば，工場による深刻な環境汚染や，女性や未成年者を不当な待遇で雇
用する等の搾取が起きる可能性もある。したがって，先進国の企業側には，途上国へ
の社会的責任を念頭において環境問題や労働問題に対応する責任がある。また，途上
国の側では，NGO などを通じてこうした問題に対する監視や圧力を強化することが
求められるだろう。

　これ以外にも，「支配関係は存在しないが，非対称的な関係にある事例」はいくつ
も考えられる。たとえば，商品の売り手である企業と買い手である客，医師と患者，
科学者と一般市民といった専門家と非専門家の関係も，支配関係ではないが，保有す
る知識・情報の量において明らかに非対称である。ほかに，GAFA（Google,
Amazon, Facebook, Apple）のような巨大プラットフォーマーがビッグデータを独
占することでユーザーに及ぼす影響を挙げることもできる。いずれの場合も，関係の
非対称性から生じる問題点と両者の責任を，制限字数内でコンパクトに論じることが
重要である。

解答例

　　例として，先進国の企業が途上国に工場を建設する動きが考えられる。先
進国の企業は，人件費の安価な途上国で価格競争力のある製品を生産でき，
現地での販路の拡大も見込める。一方，収入の不安定な第一次産業就業者の
多い途上国の人々は，工場で働くことで安定した給料を得られ，知識・技術
を獲得していく。両者の間に直接的な支配の関係はなく，非対称的な関係の
例と言える。

　　しかし，先進国の企業が自社の利益を最優先することで，工場が環境汚染
を引き起こしたり，現地の企業を競争によって倒産させたりすることも考え
られる。また，女性や未成年者を不当な待遇で雇用する搾取が起きる可能性
もある。したがって，先進国の企業側は，途上国への社会的責任を念頭にお
き，環境問題や労働問題に対応しなければならない。また，途上国の側には，
政府のモニタリングや，NGO などを通じてこうした問題に対する監視や圧
力を強化する責任がある。（400字以内）

11　自由についての対立する考え—共和主義とリベラリズム

2016 年度・目標 60 分

次の課題文を読んで，設問A，Bに答えなさい。

［課題文］

　われわれの生活を律する公共哲学の中心思想は，自由とはみずからの目的をみずから選ぶ能力にあるというものだ。政治が国民の人格を形成したり，美徳を涵養（かんよう）したりしようとするのは間違っている。そんなことをすれば，「道徳を法制化する」ことになりかねないからだ。政府は，政策や法律を通じて，善き生に関する特定の考えを支持してはならない。そうではなく，中立的な権利の枠組みを定め，その内部で人びとが自分自身の価値観や目的を選べるようにすべきなのだ。（中略）

　自由についてのこうした見方は実になじみ深いため，アメリカの政治的伝統における不変の特徴のように思えるかもしれない。だが，支配的な公共哲学として，こうした見方が登場したのは最近のことであり，この半世紀ばかりのあいだに広まってきたのだ。その著しい特徴は，対立する公共哲学，つまりこの見方に徐々に取って代わられた公共哲学と比較すると最もわかりやすい。その哲学とは，ある種の共和主義的政治理論である。

　共和主義的理論の中核をなすのは，自由は自己統治の分かち合いに支えられているという考え方だ。この考え方自体は，リベラルな自由と矛盾するわけではない。政治への参加は，人びとが個人的目的を追求するために選ぶ手段の一つともいえる。だが，共和主義的政治理論によれば，自己統治を分かち合うことにはそれ以上の意味がある。つまり，共通善について同胞市民と議論し，政治共同体の運命を左右するということだ。ところが，共通善について深く議論するには，みずから目的を選択し，他人にもそうする権利を認めるだけでは不十分である。公的な事柄に関する知識はもちろん，帰属意識，全体への関心，運命を左右されるコミュニティとの道徳的つながりも必要なのだ。したがって，自己統治を分かち合うには国民が一定の市民道徳を持たなければ，あるいは獲得しなければならない。だとすれば，共和主義的な政治は，国民が信奉する価値観や目的に中立ではありえないことになる。共和主義的な自由の概念は，リベラルなそれとは異なり，形成的政治，つまり自己統治に必要な特性を国民のなかに培う政治を要求するのである。

　リベラルな自由の理解と共和主義的な自由の理解はともに，われわれの政治的経験のなかにずっと存在してきた。だが，そのあり方や相対的な重要性は変化している。この数十年で，アメリカ政治の市民的あるいは形成的な側面は，手続き的共和国に取

って代わられた。手続き的共和国とは，美徳を育むことよりも，人がみずからの価値観を選べるようにすることに心を砕くものだ。こうした変化を考えれば，現在われわれが抱いている不満も理解できる。というのも，リベラルな自由観がいかに魅力的であろうと，そこには自己統治を支えるための市民的資源が欠けているからだ。われわれが生きる指針としている公共哲学は，それが約束する自由をもたらしてはくれない。なぜなら，自由に必要な連帯感や市民参加の感覚を呼び起こすことができないからだ。

　アメリカの政治が市民の声を取り戻そうとするなら，われわれが問い方を忘れてしまった問題を論じる手だてを見つけねばならない。現在われわれが経済について考えたり論じたりする方法を考察し，アメリカ人が歴史の大半を通じて経済政策を論じてきた方法と比較してみよう。近年，われわれの経済的議論のほとんどは，考慮すべき二つの焦点のまわりを回っている。つまり，繁栄と公正である。どんな税制，予算案，規制方針を支持しようと，人びとがそれを擁護する根拠は，経済のパイを大きくするか，パイの配分をより公正にするか，さもなくばその両方か，という点にあるのだ。

　経済政策を正当化するこうしたやり方はあまりにもなじみ深いため，ほかの方法はありえないように思えるかもしれない。だが経済政策に関するわれわれの議論の焦点は，必ずしも国民生産の規模と配分だけにあるわけではない。アメリカの歴史の大半を通じて，われわれは別のある問題にも取り組んできたのだ。つまり，自己統治に最も適しているのはどんな経済の仕組みか，という問題である。

　トマス・ジェファソンは，経済論議の市民的な要素に古典的な表現を与えた。『ヴァージニア覚書』（一七八七年）において，ジェファソンは国内で大規模な製造業を育成することに反対した。農村の生活様式は国民の美徳を養い，自己統治に適しているというのがその理由だった。「大地で働く者は神の選民である」と彼は書いた——「真の美徳」の化身だというのだ。ヨーロッパの政治経済学者は，あらゆる国家がみずから物をつくるべきだと説いたが，ジェファソンは大規模な製造業が無産階級を生み出すことを懸念した。無産階級は，共和主義的市民に必要な自立性を欠いているからだ。「依存は従属と金銭的無節操を生み，美徳の芽を窒息させ，野心を満たすたくらみを準備させやすくする」。ジェファソンは「わが国の工場はヨーロッパに残しておいて」，工場がもたらす道徳的腐敗を避けるほうがいいし，工場で物をつくることに伴う風俗習慣ではなく工業製品を輸入するほうがいいと考えた。「大都市の群集が純粋な政府の支援にほとんど貢献しないのは，体の痛む箇所が体力を高めないのと同じだ」と彼は書いた。「共和国の活力を維持するのは人びとの習慣と精神だ。習慣と精神の堕落は悪の元凶であり，法と憲法の核心をあっというまに蝕んでしまう」

　国内の製造業を育成するか，わが国の農村的性格を維持するかという問題は，建国以来数十年にわたって激論の的となった。結局，農村の意義を重視するジェファソンの考え方は主流とはならなかった。だが，彼の経済学の土台をなす共和主義的な前提，つまり，公共政策は自己統治に必要な品格を育むべきであるという前提は，幅広い支

持を受け，長く影響力を保った。独立戦争から南北戦争にいたるまで，この「市民性
の政治経済学」はアメリカの国民的な議論において重要な役割を演じた。実のところ，
経済論議における市民的な要素は二〇世紀に入っても存在していた。

（マイケル・サンデル著，鬼澤忍訳『公共哲学——政治における道徳を考える』筑摩書房，
2011 年より抜粋。常用漢字表にない漢字には，一部ふりがなをつけた）

（注）　トマス・ジェファソン：アメリカ合衆国の政治家。第 3 代大統領（1801 年から
1809 年まで在任）。

[設問]

A　共和主義的政治理論の自由とは何か。リベラルな自由と対比しながら，300 字以
　　内で説明しなさい。

B　たとえば地球温暖化防止対策のように，次世代のために現在のわれわれがコスト
　　を払うことは，われわれの自由と矛盾しないのだろうか。課題文の考え方を参考に
　　して，自己統治，道徳などに触れながら，あなたの考えを 300 字以内で論じなさい。

POINT　内容説明と意見論述という，よくあるタイプの出題なのだが，[設問] Aの
　内容説明では対比の形式で書くことが要求され，[設問] Bの意見論述では特定の
　具体例に即して論述することが指定されている。だから，前者では「*A* は〜であ
　る。それに対して，*B* は…である」という書き方になるし，後者では，適切な具
　体例を提示しつつ書かねばならない。経済学部の問題は，こんな風に，自由に書か
　せるのではなく，さまざまな条件が設定されることが多いので，その要求に応える
　ことが，評価を得る第一歩となる。

課題文の解説

▶各段落の要点

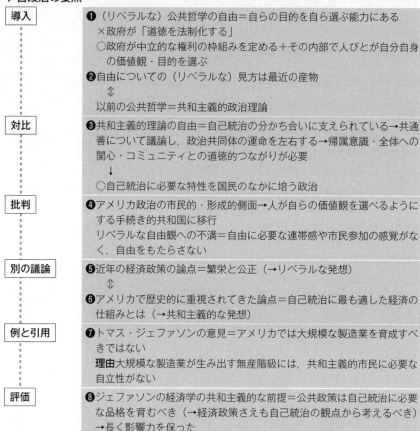

導入	❶（リベラルな）公共哲学の自由＝自らの目的を自ら選ぶ能力にある ×政府が「道徳を法制化する」 ○政府が中立的な権利の枠組みを定める＋その内部で人びとが自分自身の価値観・目的を選ぶ ❷自由についての（リベラルな）見方は最近の産物 ⇕ 以前の公共哲学＝共和主義的政治理論
対比	❸共和主義的理論の自由＝自己統治の分かち合いに支えられている→共通善について議論し，政治共同体の運命を左右する→帰属意識・全体への関心・コミュニティとの道徳的つながりが必要 ↓ ○自己統治に必要な特性を国民のなかに培う政治
批判	❹アメリカ政治の市民的・形成的側面→人が自らの価値観を選べるようにする手続き的共和国に移行 リベラルな自由観への不満＝自由に必要な連帯感や市民参加の感覚がなく，自由をもたらさない
別の議論	❺近年の経済政策の論点＝繁栄と公正（→リベラルな発想） ⇕ ❻アメリカで歴史的に重視されてきた論点＝自己統治に最も適した経済の仕組みとは（→共和主義的な発想）
例と引用	❼トマス・ジェファソンの意見＝アメリカでは大規模な製造業を育成すべきではない **理由**大規模な製造業が生み出す無産階級には，共和主義的市民に必要な自立性がない
評価	❽ジェファソンの経済学の共和主義的な前提＝公共政策は自己統治に必要な品格を育むべき（→経済政策さえも自己統治の観点から考えるべき）→長く影響力を保った

▶着眼

　課題文は「政治的決定は，リベラリズム（自由主義）で行われるべきか，それとも，共和主義で行われるべきか」という，英米流の政治哲学でよく言及される問題意識で書かれている。

　筆者マイケル・サンデル（1953 年〜）は，アメリカのコミュニタリアニズム（共同体主義）と呼ばれる流派の政治哲学者で，共同体への帰属やそこでの政治的決定を行うための「共通善」などの概念を重要視する。したがって，この文章でも，彼の立場は中立ではなく，共和主義的であり，アメリカの現在の主流の考え方であるリベラリズムに対しては「自由に必要な連帯感や市民参加の感覚を呼び起こすことができな

い」（第❹段落）と批判的である。

▶**キーワード**

□**リベラル**　個人の自由を実現するのが政治の目的だ，というリベラリズム（自由主義）の立場であること。政府は，個人の活動にできるだけ干渉しないが，放任するだけでは不平等や格差が拡大し，かえって自由と公平が実現しないので，必要な規制をする。これに対して，政府は防衛・治安だけに関わり，それ以外は市場に任せるべきだという立場がリバタリアニズム（自由至上主義）である。さらに，ネオ・リベラリズム（新自由主義）は，福祉や社会保障を縮小し，政府の規制をなくして自由競争に任せる政策で，結果の不平等は，人間の努力の差として甘受すべきだという。イギリスのサッチャー元首相などの立場である。

□**共和主義**　君主制などの一人支配体制に対して，共同体（＝国家）に属する多数の市民が協力して共同体を統治していくべきだとする政治思想。古くは，古代ギリシアのポリスや共和政ローマを手本とし，市民は積極的に政治に参加して，公共の利益を自ら追求することが求められた。「〜共和国」という名前の国は，こういう思想を背景とする政治体制を持っているわけだ。

設問の解説

〔設問〕A　対比による概念の明確化

〔要求〕　共和主義的政治理論の自由とは何か説明する。

〔条件〕　リベラルな自由と対比する。

> **解答ルール　対比の説明**
>
> 　対比を説明するには，次のような並置を使うとよい。
> - Aは〜である。それに対して，Bは…である。
> - Aは〜であるのに対して，Bは…である。
>
> 「〜」と「…」のところには，対義的な表現を使うと対比が明確になる。なお，説明の比重は，普通AとBで異なる。より重点をおいて説明したいものをBにおくことが多い。

　この設問では「共和主義的政治理論の自由とは何か」というところに主眼がおかれているので，Bに「共和主義的政治理論の自由」，Aに「リベラルな自由」が入る。

　両者の対比は主に第❸段落にあるが，他の段落にも分散している。それらをまとめあげて明確な対比の形にする。とくに，「リベラルな自由」は，第❷・❸段落と読み進めてから，第❶段落で言及されていたことがようやく明確にわかるので，なかなか

了解しにくい。共和主義とリベラリズムの論点の基本理解が試されている。

　両者の対比表を作れば，以下のようになろう。

	リベラルな自由	共和主義的政治理論の自由
自由とは何か？	自らの目的を自ら選ぶ＋他人にもそうする権利を認める	自己統治の分かち合いに支えられている
政治参加の意味	個人的目的を追求するために選ぶ手段の一つ	共通善について議論し，政治共同体の運命を左右する→帰属意識・全体への関心・コミュニティとの道徳的つながりが必要
政府はどうあるべきか？	国民の信奉する価値観や目的について中立的＝手続き的共和国	一定の市民道徳・特性を国民の中に培う＝形成的政治

　「リベラルな自由」とは，いわゆる「リベラリズム」の政治理論における「自由」であり，そこでは，個人が自分の目的を自分で選び取れる状態にあることが政治における最大の目標となる。価値観や目的は，個人が選択すべきもので，政府や他人が干渉してはならない。だから，政府には，そういう個人の選択をなるべく妨げないことが要請される。政府は国民の「価値観や目的に中立」であり，「こういう生活がよい」とか「こういう態度を持つべきだ」と国民に命令したり，教化したりできない。

　それに対して，共和主義的政治理論の最大原理は「自己統治の分かち合い」である。つまり，市民が協力して，よりよき政治・国家を実現していこう，という考えである。このためには，市民は政治に積極的に参加しなければならないし，その前に「そもそも何を実現すべきか？」「何が善いのか？」について，他の市民たちとも議論しなければならず，いったん全体で決定したら，その実現に協力すべきだ。

　これら二つの内容を「それに対して」でつなげば，解答ができあがる。

　なお，リベラリズムは，古くはJ.S.ミル『自由論』にも見られる考え方である。その中で，ミルは「愚行権」も主張している。つまり，他人に危害を加えないかぎり，他人から見てどんなに不合理な選択であっても，それを禁止・妨害してはならない，と言うのである。たとえば，日本では輸血を禁ずる宗教の信者が，医者から無断で輸血をされたことに対して，損害賠償を請求し，最高裁でも認められた。この判断はリベラリズムの原理に基づいている。それに対して，共和主義は，価値観や目的に対して中立ではなく，ある一定の立場を「善きもの」とするのだ。

解答例

　リベラルな自由とは，自分の目的を自らの意志で選ぶことであり，他人にもそうする権利を認めるという考え方である。ここでは，政治への参加も，個人的目的追求のための手段にとどまる一方，政府は国民の価値観や目的に対し中立的な立場に徹して，個人の選択の自由を保障すべきとされる。それに対して，共和主義的政治理論は，自由は自己統治の分かち合いに支えられているとする。それは，他の市民と共通善を議論し，共同体の決定に参加することであり，帰属意識や全体への関心，共同体との道徳的つながりが要請される。したがって，政府は，一定の市民道徳を国民の中に培おうとするなど，国民の価値観や目的にも介入するのである。（300字以内）

［設問］B　具体例への適用と意見論述

〔要求〕　たとえば地球温暖化防止対策のように，次世代のために現在のわれわれがコストを払うことは，われわれの自由と矛盾しないのか，自分の考えを述べる。

〔条件〕　①課題文の考え方を参考にする。
　　　　②自己統治，道徳などに触れる。

　「次世代のために現在のわれわれがコストを払う」という行為に対して，「自由と矛盾するか，しないか」の判断が求められている。基本的にはYesかNoかのどちらかで答えればよい。後は「なぜ，そう言えるか」という理由を付け加えればよいので，構造自体は難しくない。だが，そもそも「自由をどう捉えるか」によって，どちらの答えを選ぶかが変わってくることに注意しなければならない。「共和主義的政治理論の自由」の立場に立てば，「矛盾しない」ことになるし，「リベラルな自由」の立場に立てば，「矛盾する」ことになる。

	リベラルな自由	共和主義的政治理論の自由
自己統治の分かち合い	積極的な意味を持たない	自由の基礎
道徳	個人が自分自身の価値観・目的を選べるようにすべき	共同体・国家に望ましい道徳を政府が形成しようとする
次世代の評価	自分とは別の存在	共同体・国家の未来を担う存在
コストを払う	コストを払うべきとすると自由に反する	コストを払うことが自由

　つまり，もし，「自己統治」の分かち合いは自由にとって積極的な意味を持たず，「道徳」は個人の選択する価値観・目的だというリベラリズムの立場をとるのであれば，「次世代」に対しても，自分とは個人として別である。ましてや，自分の死後を

生きる不特定多数の存在に，われわれが特別な顧慮をする必要はない。だから，「次世代のために現在のわれわれがコストを払う」こと自体は個人の自由の範疇だが，それを強制してしまうと，個人の「自由に反する」ことになる。

　逆に，共同体での「自己統治」の分かち合いは自由の基礎にあるとか，「道徳」は構成員が協力してよりよい共同体を形成していくことにあるという共和主義的政治理論の立場をとるのであれば，「次世代のために現在のわれわれがコストを払う」ことは，共同体の永続という「共通善」にかなうのだから，むしろ積極的な「自由の実現」になるはずだ。

　もちろん，どちらの立場をとっても，根拠がきちんと書かれてあり，それが主張と整合していれば，採点上は同じ評価になるだろう。

解答例

　　共和主義的政治理論に基づけば，次世代のために現在のわれわれがコストを払うことは，自由と矛盾しない。なぜなら，温暖化を放置するなど，市民社会を危機に陥れる選択をすることは，道徳的に正しくないからである。共同体の善き状態を実現するためには，市民同士が共通善を協力して追求する必要がある。ところが，温暖化を放置すれば，地球環境が変化して，そのような市民社会の存立自体が危うくなる。たとえ，われわれが将来生きていなくても，自己統治の分かち合いを実現するための基盤である市民社会を破壊するのは，自らの自由を否定することになろう。次世代のためにコストを負担するのは，むしろわれわれの自由を増進することなのだ。（300字以内）

　別解　リベラルな自由から見ると，次世代のために現在のわれわれがコストを払うこと自体に問題はないが，それを強制することは，われわれの自由と矛盾する。なぜなら，個人の価値観・目的はそれぞれ相違してよいからだ。たしかに，地球温暖化を防止すれば，共同体の存続に寄与できるので，それに関心を持つ人々は，自己の目的によってコストを払えばよい。しかし，自分の死後を生きる不特定多数の人々を，自分や実在する他人と同様に，自らの目的を選択する権利を保障すべき存在と考えるかどうかは，個人の道徳的な価値判断による。したがって，次世代のために現在のわれわれがコストを払うことを強制するなら，自由には当然矛盾するだろう。

経済的繁栄と政治的理想のどちらが大切か？－トマス・ジェファソンの主張

　設問を解くには，ほぼ無関係だが，後半のトマス・ジェファソンの主張は内容的に面白い。経済について，現在では考えもつかないような判断をしているからである。製造業（＝工業）をアメリカに入れてはならない。なぜなら，それはアメリカ人の自立心を破壊する結果になるから，と言うのだ。製造業がどれだけ国民経済を豊かにするかを知っているわれわれからすれば，これはほとんど荒唐無稽である。

　しかし，その論理はすっきりとしていて，民主主義の理想という視点から言えば，説得的でもある。製造業が発達すると，人間は二つの種類に分けられる。つまり，財産を持って工業を所有・経営する有産者（資本家）と，身体と時間以外には何も財産を持たない無産者（労働者）の二つである。後者は，前者に依存して金を得て生活するほかないので，その意向に従わざるを得ず，自立した判断ができない。これでは，市民の政治参加の前提が脅かされる。だから，製造業はヨーロッパにまかせて，アメリカは農業の国で行こう，というのである。

　たしかに，農業者は自分の土地さえ確保すれば，それで食べていけるので，他人の言うことを聞く必要はなく，自立した判断ができる。しかし，工業の労働者は，賃金で生活しているので，解雇をちらつかせられれば，他人の言いなりになるしかない。これでは，自分たちの未来を見据えた，ちゃんとした政治的判断などできっこない。製造業の育成により得られるはずの富を捨ててでも，健全な判断ができる社会の方がいいと言い切っているのである。

　トマス・ジェファソンは，アメリカの「建国の父」として尊敬を集めている。サンデルは，その権威を利用することで，経済より政治の理想を優先する主張が，現代でも真面目に検討すべき主張であると示しているのだ。実際，普通選挙制度の広がりとともに「大衆民主主義」がもたらされたが，現在は政治の劣化が進み，民主主義からはずれた状態であるとも批判されている。それを考えれば，このような主張にも一理あることがわかるだろう。

12 経済実験
―市場型社会におけるフェアな分配規範とは？

2018年度・目標**60**分

次の課題文を読んで，設問A，Bに答えなさい。

[課題文]

　次のような実験場面をイメージしてください。互いに未知のAさん，Bさんがペアにされ，2人の間で1万円を分ける経済実験に参加します。実験は2つのステップで進みます。最初にAさんが実験者から1万円を渡され，「分け手」として1万円の分配方法について，Bさんに提案するように言われます。次にBが「受け手」として，Aの提案を受け入れるか拒否するかを決定します。もしBがAの分配提案を受け入れるなら双方の取り分はそのまま確定しますが，納得せず拒否した場合には，双方の取り分とも0円になってしまいます。

　BはAの提案内容をいっさい変更できず，受け入れるか否かを決めるだけなので，この実験ゲームは，最後通告ゲーム（ultimatum game）と呼ばれます。実験では，このゲームをただ1回だけ，分け手，受け手の役割を交換せず，コミュニケーションなしで行います。さて，どのような分配のパターンが見られるでしょうか。

　この極めて単純な実験ゲームは，経済学者や心理学者を中心に，世界各地のラボでこれまで何千回と実施されてきました。結果もまた単純明快です。日本，アメリカ，ヨーロッパなどでこの実験を行うと，Bに金額の40～50％を渡す，ほぼ平等の分配がもっとも頻繁に提案され，受け手もその提案をほぼ確実に受け入れます。20％を下回るような少額の提案はまれであり，また行われたとしても多くの場合に拒否されます。

　読者の皆さんは，この結果を聞いてアタリマエと思われるでしょう。「常識的」に考えれば，そこにはなんの驚きもありません。しかし，この結果は，経済学の伝統的な「ホモエコノミクス（経済人）モデル」からすれば驚きと言えます。なぜでしょうか。

　人は，他人の受け取る利得には一切関心なく，自分の利得を最大化することにしか注意を払わない「ホモエコノミクス」だと仮定しましょう。この場合，受け手Bは提案を拒否してしまえば元も子もなくす以上，1円以上のいかなる金額も受け入れるはずです。また，このゲームは匿名で，しかもただ1回しか行われない分け手にとって後顧の憂いのない状況です（後で文句を言われたり，評判が下がったりする可能性もありません）。したがって，そのことを「読み切った」同じくホモエコノミクスであるAは，「自分に9999円，相手に1円」という分配を提案するはずです。

　もちろん，私たちはこうした「アンフェア」な分配が決して起こらないことを直感的に理解できます。また実験の結果も，その直感と一致しています。その意味で，皆さんは「こんな実験はやってみるまでもない」と思うかもしれません。しかし本当にそうでしょうか。

　人類学者のヘンリックを中心とする研究チームは，これまでの実験ゲーム研究のほとんどがアメリカ，ヨーロッパ，日本などの大規模産業社会でしか行われていないことを問題だと考え，世界各地の15の小規模社会（多くても人口数百名程度の部族や村落）において，最後通告ゲーム実験を実施しました。

　これらの社会は，南アメリカやアフリカ，東南アジア島嶼部などを居住地とする，いずれも小規模な部族・村落で，主たる生業のかたちも狩猟採集，園芸農業，遊牧などさまざまでした。実験の参加者は，それぞれの社会での約1～2日分の収入に当たる金額を分配する最後通告ゲームを，同じ村落の「匿名の相手」（誰だか分からない相手）とペアにされて，ただ1回だけ行いました。（中略）

　興味深いことに，分配提案額の違いは，その社会がどのくらい市場経済に統合されているか，日常場面でどのくらい協力が行われているかといった，「社会全体のマクロな特徴」の違いによって統計的によく説明できました。たとえば，狩猟採集を主とするハッツァ族の社会では，マーケットでの交換がほとんど行われないのに対して，遊牧に携わるオルマの社会では，家畜の売買や賃金労働が頻繁に行われています。市場統合がなされているオルマの社会の方がハッツァの社会より，平等に近い「フェア」な分配提案が行われています。その一方で，年齢，性別，教育を受けた期間，同じ社会の中で比べた時の富（家畜・現金・土地）のレベルなど，一人一人の「個人としてのマイクロな特徴」の違いは，個人間での分配提案のばらつきを統計的にほとんど説明できませんでした。

　このような比較文化実験は，私たちがふだん当然だと考えている分配の原理が，社会・文化レベルの要因によって規定されているという重要な事実に気づかせてくれます。「どのように分けるのが適切か」に関する分配規範は，生業のかたちを始めとする社会の生態学的な構造に依存するのです。

　私たちが住んでいる産業社会ではどこで実験しても平等分配がもっとも観察されるという結果は，マーケットという特殊な文化的文脈のもとで理解できます。市場経済化が進んでいる社会ほど「フェア」な取引が文化規範となっているということです。未知の相手との取引が日常的に行われる「市場型の社会」では，誰に対しても分け隔てなく「フェア」に振る舞う個人は，信頼できる取引対象として，良い評判を獲得することができます。その一方，「アンフェア」な個人は，直近では得をしても，長い目で見ると取引相手としてほとんど選ばれなくなるでしょう。

　最後通告ゲーム実験の状況を考えてみましょう。参加者は，作業量や貢献量に違いがあったわけではなく，ただランダムに受け手と分け手の立場に割り振られただけで

す。そのような場面で分配を行うとき，「等しきものは等しく」という「市場の倫理」が，産業社会で生きている私たちにとって，ごくアタリマエの文化規範として自然に作用します。分配の受け手も，分け手がその規範を共有していることを，「ごくふつう」に期待しています。したがって，期待に反する「アンフェア」な提案を受けたら，当然，頭に来て感情に流され，相手からの「最後通告」を断固として拒否することになります。分け手も，受け手のこうした感情の動きを予測できるので，自分の首を絞める結果に繋がる「アンフェア」な提案は行いません。(中略)

　しかし市場での取引とは無縁の伝統的な社会では，血縁や特定の相手を重視する（大事にする）行動こそがむしろ「正義」であり，誰に対しても等しく振る舞う普遍主義者は，かえって「許しがたい不道徳」な存在（集団に対する裏切り者，恩知らず）と見なされるのかもしれません。

（亀田達也『モラルの起源—実験社会科学からの問い』岩波書店，2017年より抜粋。漢数字を算用数字に直し，常用漢字でない漢字には読み仮名を付した。また，図表及び図表の参照にかかる記述を省略した）

［設問］

A　課題文と同じ最後通告ゲームをAさんとBさんがするとしましょう。AさんはBさんがホモエコノミクスかどうか知らないと仮定します。AさんがBさんに「自分に8千円，相手に2千円」という提案をしたところ，Bさんは拒否して，2人とも取り分が0円になりました。Bさんがホモエコノミクスかどうか論理的に説明しなさい。また，Aさんがホモエコノミクスかどうかは，この結果からは分かりません。なぜ分からないかを論理的に説明しなさい。300字以内で記述しなさい。

B　市場型社会におけるフェアな分配規範とはどのようなものか，また，なぜそのような規範が発生するのか，課題文に沿って説明しなさい。さらに，フェアな分配規範が定着するためには，社会の仕組みとして何が必要だと思いますか。論理的に300字以内で述べなさい。

POINT　課題文における「ホモエコノミクス」の定義から，それがある具体的状況に当てはまるか否かを判断し，論理的に説明させる問題（［設問］A）と，市場型社会におけるフェアな分配規範とは何であるかを答えさせる問題（［設問］B）。［設問］Aは課題文の理解を問うものなので，自ずと論述の方針は決まってくる。一方，［設問］Bは前半が理解を問う問題だが，後半は意見論述になっており，こうした条件を見落とさないこと。

課題文の解説

▶各段落の要点

例示と説明	❶経済実験：未知の２人がペアにされ２人の間で１万円を分ける 　Aが分配方法を提案，Bが受け入れるか否かを決める→Bが受け入れる 　ならそのまま確定，拒否するなら双方の取り分とも０円 ❷BはAの提案内容を変更できず，受け入れるか否かを決めるだけ＝最後 　通告ゲーム 　どのような分配のパターンが見られるか
結果	❸日本・アメリカ・ヨーロッパなどでは，ほぼ平等の分配 　20％を下回る提案はまれ，拒否されることが多い
問題提起	❹結果＝経済学の「ホモエコノミクス（経済人）モデル」からすれば驚き ❺理由ホモエコノミクス＝自分の利得の最大化にしか注意を払わない→ 　「自分に9999円，相手に１円」という分配を提案するはず ❻こうした「アンフェア」な分配は起こらないとわかるし，結果も一致 　しかし，本当に「こんな実験はやってみるまでもない」のか？
対比	❼世界各地の小規模社会で最後通告ゲーム実験を行う ❽主たる生業は狩猟採集・園芸農業・遊牧など ❾結果分配提案額の違いに関わるのは，どのくらい市場経済に統合されて 　いるかなど「社会全体のマクロな特徴」の違い⇔年齢・性別など「個人 　としてのマイクロな特徴」では説明できず
結論	❿分配規範は社会の生態学的な構造に依存する ⓫市場経済化が進んだ社会ほど「フェア」な取引が文化規範になっている 　理由誰に対しても「フェア」に振る舞う個人＝信頼できる取引対象⇔ 　「アンフェア」な個人＝取引相手として選ばれない
対比による さらなる説明	⓬産業社会＝「等しきものは等しく」という「市場の倫理」が文化規範と 　して作用→「アンフェア」な提案は拒否されるので提案しない 　　　⇕ ⓭伝統的社会＝血縁や特定の相手を重視する行動が「正義」で，誰に対し 　ても等しく振る舞う者は「許しがたい不道徳」な存在

▶着眼

　ふつう「どんな他人に対してもフェアな態度を取る」ことは，当然とされている。しかし，課題文では，「最後通告ゲーム」という経済実験を行うと，産業社会と小規模な伝統的社会で差が出ることから，社会・文化によって「フェアな行動」への評価が違うことを示している。

　筆者の亀田達也（1960年〜）は社会心理学者であり，このようなアプローチは行動経済学に近い。実際の経済行動を調べることで，従来の経済理論ではとらえられない，非合理的とも言える経済現象を説明しようとする学問だ。課題文では，小規模な伝統的社会では，産業社会における「フェアな態度」は，むしろ「不道徳な行為」と

見なされうるなど，社会・文化による違いを指摘することで，「フェア」に振る舞うことは普遍的行動ではなく，特定の文化規範であると主張している。

設問の解説

〔設問〕A　定義を具体例に適用する

> 〔要求〕　最後通告ゲームをする。AはBがホモエコノミクスかどうか知らないと仮定する。AがBに「自分に8千円，相手に2千円」という提案をしたところ，Bは拒否して，2人とも取り分が0円になった。
> ①Bがホモエコノミクスかどうか。
> ②Aがホモエコノミクスかどうかは，この結果からは分からない。なぜ分からないか。
> 〔条件〕　論理的に説明する。

　本問では，①・②の2つの問いが含まれていることに注意したい。

　まず，ホモエコノミクスのあり方と比較することで，この状況を理解しよう。ホモエコノミクスの定義は，第❺段落にあるように，「他人の受け取る利得には一切関心なく，自分の利得を最大化することにしか注意を払わない」人である。経済学では，このような人間行動に対する仮定を置くことで，理論体系を構築しているのだ。仮に，分け手と受け手の双方がホモエコノミクスだとしたら，分け手は「自分に9999円，相手に1円」という提案をするはずだ，とも書いてある。受け手が「利得を最大化する」という行動原理を取っているなら，たとえ1円という提案でも受け入れるはずだからだ。

　ここでは，AはBに対して「自分に8千円，相手に2千円」という提案をしている。Bがホモエコノミクスなら，1円でも受け入れるのだから，2千円が得られる機会を逃すはずがない。しかし，Bは提案を拒否して，自分が確実に利得を得られる機会を放棄している。Bはホモエコノミクスの行動原理に従っておらず，ホモエコノミクスとは言えない。

Aの行動を考える

　②については，設問文に「Aさんがホモエコノミクスかどうかは，この結果からは分か」らないとあり，なぜそう言えるのかを説明しなければならない。これは，Aの提案が「自分に有利，相手に不利」なものではあるものの，課題文にある「自分に9999円，相手に1円」ではないことをどう解釈するか，で決まるだろう。

　場合分けして考えていく。もし，Aがホモエコノミクスでないなら，「自分に8千円，相手に2千円」という提案をすることは考えられる。なぜなら，AはBの取り分

に配慮してか，自分の利得を最大化しない行動をとっているからだ。Aがホモエコノミクスであり，かつBのこともホモエコノミクスだと判断している場合は，「自分に9999円，相手に1円」という提案をするはずである。

　一方，Aがホモエコノミクスでも，Bがホモエコノミクスでないと判断している場合には，どのくらいの金額ならBが拒否せずに承諾するか予想して，その最低限の金額を相手に提案するなら，自分の利得の最大化を図っていることになる。つまり，Aがホモエコノミクスであっても，「自分に8千円，相手に2千円」と提案することがあり得る。結局，Aがホモエコノミクスかどうかは決まらないのである。

　全体の解答は，前半と後半を「〜。他方…」「まず〜。次に…」などでつなげばよいだろう。

解答例

　　Bはホモエコノミクスではない。なぜなら，ホモエコノミクスは自己の利得の最大化にしか注意を払わないため，1円の提案でも受け入れるはずなのに，2千円の利得が得られる機会を放棄しているからである。これでは，ホモエコノミクスの定義を満たさない。他方，Aがホモエコノミクスかどうかはわからない。「自分に8千円，相手に2千円」という提案が，Bの取り分に配慮した結果なら，ホモエコノミクスではない。しかし，Bがホモエコノミクスではないと考え，受け入れられそうな最低限の金額を予想して提案したのなら，自己の利得の最大化を図っているのでホモエコノミクスだ。行動を見るだけだと，どちらの可能性もあるので判断できない。（300字以内）

〔設問〕B　論旨をふまえた意見論述

〔要求〕①市場型社会におけるフェアな分配規範とはどのようなものか，なぜそのような規範が発生するのか。
②フェアな分配規範が定着するためには，社会の仕組みとして何が必要だと思うか。

〔条件〕①課題文に沿って説明する。
②論理的に述べる。

　要求は大きく①・②の2つに分けられるが，①には2つの疑問文があるので，全体としては，聞かれている内容が3つあることに注意する。

　まず，フェアな分配規範についてだが，第⓫段落に「『市場型の社会』では，誰に対しても分け隔てなく『フェア』に振る舞う」，第⓬段落に「等しきものは等しく」とある。つまり，市場型社会では，状況・条件が等しいならば，誰にでも等しい扱いをすることが基本原則となる。「分配規範」に限った内容にすると，「状況・条件が等

しいならば，誰にでも等しい分配をすべきとすること」となりそうだ。

　他方，そのような規範が発生する理由についても，第❶段落の内容が参考になる。市場型社会では，「誰に対しても分け隔てなく『フェア』に振る舞う個人は，信頼できる取引対象として，良い評判を獲得することができ」る。逆に言えば，「『アンフェア』な個人は…長い目で見ると取引相手としてほとんど選ばれなくなる」，つまり，市場における信頼をなくして，生き延びられなくなるのである。

経済知識を応用する

　さらに，②では，フェアな分配規範が定着するために，社会の仕組みとして必要なものに関する考えが問われる。市場型社会では，フェアに振る舞うことが文化規範となっているのだが，そのためには市場経済が徹底している必要がある。

　市場経済では，自由な経済活動と自由競争を通じて市場メカニズムが機能することが必要であるが，これは，財・サービスについて，完全な情報を売り手が提供し，それを買い手が共有しているときに成り立つ。そうすると，たとえば，価格が安い財・サービスほど買い手が付き，価格が高い財・サービスを買う人は少なくなる。こうしたメカニズムが働くとき，資源の適切な配分がなされ，効率的な経済となる。

　ただ，そのためには，十分な数の売り手と買い手がいなくてはならない。売り手が少ないときには寡占状態・独占状態となり，価格が高くなりがちだし，買い手が少ないときには投げ売り状態になる。売り手も買い手も競争相手が十分いることが，市場経済が成立する上で大切なのだ。また，売り手が十分な情報を提供せず，買い手が共有していないときにも，市場は正常に働かない。必要な情報が広く行き渡る仕組みが必要になる。さらに，政府などの政治権力による市場への介入も問題となる。こういう市場の歪みを除去すれば，市場経済は発展するだろう。こうした方策のうちの一つか二つを盛り込めればよいだろう。

解答例

　　市場型社会におけるフェアな分配基準とは，等しい条件を持つ人に対しては，誰にでも等しい分配をすべきとすることである。このような規範が発生する理由は，フェアに振る舞う個人は，信頼できる取引相手として良い評判を得られる一方，アンフェアな個人は，市場における信頼をなくして，生き延びられなくなるからだ。

　　フェアな分配規範が定着するためには，市場経済が徹底していなければならない。たとえば，財・サービスの価格や内容が秘匿されることなく，広く行き渡る情報システムにより，買い手が自らの選好基準で財・サービスを選択できることが必要だ。また，政治権力などが市場に介入して，状況を歪めないようにすることも大切だろう。（300字以内）

市場経済では，情報がいかに大切か―モロッコでの買い物体験

　市場経済では，情報の共有がいかに大切か，日本にいると当たり前すぎて，なかなか実感できない。しかし，市場経済が十分発達していない社会に行くと，市場経済の特殊性がありありと実感できる。たとえば，私は，20数年前にアフリカのモロッコを旅した。古いイスラムの建物が残る興味深い地域だったが，驚いたのが「定価」という考え方がないことだった。すべての物の値段は交渉で決まるのだ。

　たとえば，私が絨毯を買いに行ったとき，店で値段を聞くと高いので諦めた。店を出て50メートルぐらい行くと，ひたひたと後ろから足音がする。店の人が追っかけてきて「ムッシュー，安くするから店に戻ってくれ」と言うのだ。戻ってみると，値段がいきなり半分になった。面白いので，試しに1/4の値段を言ってみると，それでもOKだと言う。「やった！」と嬉しかった。

　購入後，店の主人は「私の所には，日本からもたくさん客が来るんだ」とノートを出してきた。見ると日本語で感想が書いてある。「ハサンの言うことを信用するな。言い値の1/2で買え」とある。次のページには「バカだな。オレは1/10にまけさせた」というコメントを見つけた。価格はすべて漢数字で書いてある。私も，安く買ったつもりで，どうやら高値で掴まされたらしい。

　このような経済は「バザール経済」と言う。値段は，売り手と買い手の直接交渉で行われる。買うのは事情に疎い観光客。もう二度と来ないので，悪評など気にしない。目一杯ふっかけてくるので，とりあえず1/10の値段からスタートする。相手の反応を見つつ長々と交渉する。ほとんどギャンブルの世界だ。しかも，英語は通じない。フランス語で行うので，非常に疲れる。

　もっとも，私も，2週間ほどいると慣れてきて平気になった。サハラ砂漠に行こうとランドローバーを借りたとき，2時間の交渉にもへこたれないで頑張った。「お前はタフ・ネゴシエイターだな」と言われて，さすがに嬉しかった。モロッコで自分が成長した，と感じた瞬間だった。

法学部

13　〈公共空間〉における責任と自由

2009 年度・目標 90 分

法学部の論述力について

　この試験では，広い意味での社会科学・人文科学の領域から読解資料が与えられ，問いに対して論述形式の解答が求められる。試験時間は 90 分，字数は 1,000 字以内とする。その目的は受験生の理解，構成，発想，表現などの能力を評価することにある。そこでは，読解資料をどの程度理解しているか（理解力），理解に基づく自己の所見をどのように論理的に構成するか（構成力），論述の中にどのように個性的・独創的発想が盛り込まれているか（発想力），表現がどの程度正確かつ豊かであるか（表現力）が評価の対象となる。

[問題]

　以下の文章を読み，「政治的空間としての〈公共空間〉」における責任と自由に関する著者の主張を 400 字程度でまとめなさい。そのうえで，「セキュリティー社会」についての著者の見解に対して，その是非も含めて，あなたの考えを述べなさい。

　犯罪者にもっと罰を加えるべきだとか，惨い事件を起こした人間は「死刑にすべきである」ということは，社会という保護された空間，つまり責任が免除されている空間にいるからこそ言えるのである。この場合，もし保護された空間の外に投げ出されたとすれば，一挙に自分の発言への責任が重くのしかかることになり，死刑にすべきだというような政治的な事柄に関する発言は慎むべきものになる。ではその空間とはどのようなものなのか。

　政治的空間に属しつつ発言するという場面を想像するために，死刑に賛成する日本の八割をなすと言われている世論を覆すために提案された，作家，森巣博によるアイデアを参考にすることができる。「アムネスティ」のホームページに載せられたそのアイデアとは次のようなものである。電気椅子のスイッチを押す等の，死刑を実際に執行する任務を拘置所の刑務官ではなく，無作為抽出によって選ばれた選挙民にさせればいいのだ，と。「一回の死刑執行につき，一〇〇人くらいを選挙人名簿から無差

別に抽出して，死刑執行官とする。もちろんこれは，死刑制度を容認する「日本国民」の義務である。拒否はできない」。こうすれば，誰も死刑すべきだというような発言を簡単に口にしなくなるだろう，と。

　この単純だが，想像力を掻き立ててくれるアイデアが切り開くのは，自分が死刑執行人になるかもしれないという居心地の悪い空間の出現であり，自分がその空間の住人になるという事態である。ここに，政治的空間としての〈公共空間〉の出現を見出したいのである。

　このアイデアが主張する論理とは，現代においてはこうした意味での〈公共空間〉に属することは誰もが避けたがるがゆえに，市民は死刑を廃止したがるに違いないというものである。（中略）しかしここでは死刑廃止か賛成かについての議論を措くことにして，現代人が属すことを嫌がるようなこの空間こそ，古代人たちが属していた〈公共空間〉の現代的なモデルになりうるというところに照準を定め，〈公共空間〉とは何かについて考えてみたい。

　死刑廃止という極端な例ではなくても，公共機関によって提供されているあらゆる公共サービスが，われわれ市民に代わって政治的活動を代行してくれている。先のアイデアを別の例で考え直すなら，例えば，きちんと分別しない者は罰としてゴミ回収の労働を報酬なしでやらされるということがもし実現されるなら，人は自分が免除されていた政治的領域へと連れ戻されることになる。しかし現代においては，政治的領域（〈公共空間〉）に連れ戻されることは嫌われることなのであって，あくまでも社会に保護され，政治的な活動を免除されることを望み，また，そのことが社会的に保証されているのである。

　こうして近代以降の時代に属すわれわれは，〈公共空間〉でも私的空間でもない保護された雑種の空間の中で，遠い外野のような場所から，野次を飛ばすようにして政治的事柄について発言することが当たり前のように許されている。

　これとは逆に，先の例に戻って言えば，古代人は優れて公共的な空間だった当時の空間の中で，誰かを「死刑にすべきだ」と発言しようものなら，すぐさま，「ではおまえの手で執行しろ」とその発言の責任をすぐにとらされるような空間に自ら姿を現して発言していたのである。ここにある近現代の人間と古代人とを隔てている差異は何なのか。（中略）

　アレント［出題者注——ハンナ・アレント（一九〇六〜一九七五），ドイツ出身の政治思想家］の議論をここでの例に沿いながら説明すると，古代人がこのような場面に出くわす場合，現代人のように嫌がることは決してない。そのように振る舞うことは死ぬほど愚かなことだからである。ここで死刑執行を何らかの理由で正当化しうるものと想定すると，彼らは誰もがやりたがらない死刑執行をみんなと同じように嫌だと拒否することはしない。むしろ誰もがやりたがらないというまさにそのことゆえに自分が

やろうとするだろう。自分の責任においてやろうとするだろう。他者にはできず，自分だけができる活動において，彼らは〈個性〉を示そうとするのである。そして誰にもなされないことを自分だけが行なうことができるということにおいて彼らは本物の〈自由 freedom〉を享受するのである。

アレントは古代ギリシアの〈公共空間〉であるポリスにおいて彼らがいかに〈個性〉を自分のものとすることに熱心であったかについて次のように述べている。

> 公的領域そのものにほかならないポリスは，激しい競技精神で満たされていて，どんな人でも，自分を常に他人と区別しなければならず，ユニークな偉業や成績によって，自分が万人の中の最良の者であることを示さなければならなかった。いいかえると公的領域は個性のために保持されていた。それは人びとが，他人と取り換えることのできない真実の自分を示しうる唯一の場所であった。各人が，司法や防衛や公的問題の管理などの重荷を多かれ少なかれ進んで引き受けていたのは，真実の自分を示すというこのチャンスのためであり，政治体にたいする愛のためであった。（強調は引用者による）

（中略）

しかし，現代においては，社会という保護空間は，われわれの日常生活のすべてを覆っているように思われている。（中略）

そしてわれわれは自分の生活がそのすべてに渡ってそれによって保護されることを望んでいる。さらには保護されなければ訴えようとさえし，訴える権利，保護される権利を法的に主張することさえ認められている。

しかし，政治的な事柄が免除され，この保護された空間に留まり続けることは，本当に居心地の良いものなのだろうか考え直す必要がある。この空間では人は無責任な発言をすることが許され，また，他者を気遣ったりすることからも免除される。隣に住んでいる老未亡人が困っているとしても，町が，市が，しかるべき公共機関が面倒を見るべきであって，自分はその義務はないと主張できる。

裏返せば，この空間に居れば，人は他者を気遣うことをしないようになり，そのことによって他者を信用しないようになる（中略）。さらにその裏返しとして，人は互いを通報しあったり，陰口を言い合ったりする。その結果，自分を疑い深い視線で見てくる他者たち（世間）の視線に怯えながら生きていかなければならなくなるのである。

今日，到来しつつあるセキュリティー社会とは，このような他者への不信，他者への嫌悪，他者への恐怖，不安を，監視技術などによって技術的に解決しようとする社会である。そこで関心が向けられることになるのは，不安をなくすことである。しか

し，不安はそもそも〈覚悟〉を持たずに世界に属していることから生じているのである。そして，〈覚悟〉を持たないまま，不安を軽減させてくれるものとして監視技術のような技術が要請されている（「お茶の間」，〈個室〉への〈撤退〉を可能にしたテレビ，インターネットの画面の技術は，〈覚悟〉を持たないまま，世界に属しても不安を感じずに居られることに貢献した）。そうすると，ここで技術の進歩は，人間が〈覚悟〉を持たずに世界に《存在する》ことを増長させる手段でしかないという側面が表立ってくる。

　以上の議論からすれば，問題は，〈覚悟〉を持たずに世界に属そうとすることを止めることが先であって，不安を技術によって軽減することではない。先に，アレントが古代ギリシア人に依拠しながら述べたように，〈覚悟〉を持たず世界に属すこと，あるいは〈公共空間〉に現れずに済ますことは，愚かなことであり，恥ずかしいことなのである。この恥の感覚，そして喜びの感覚，これが根源的な倫理の基礎をなしてくれるのではないだろうか。

　他者によって見られ，聞かれる〈公共空間〉に自ら現れ，活動し，発言することを尊いと感じ，そうした空間から退きこもって，画面に向かって文句を言ったり，ネット上に他人を中傷することを書き込んだりすることを愚かに感じるという極めて当たり前のように思われるこれらの単純な感覚こそが逆に，混沌とした倫理的状況の中で自分を見失わないための重要な指標になってくるのではないだろうか。

　（和田伸一郎『メディアと倫理—画面は慈悲なき世界を救済できるか』NTT出版，2006年。表記は原文どおりであるが，本文中の見出しや出典は割愛してある）

POINT　課題文の主張を要約してから自分の考えを書くという，法学部では定番の問題。「『政治的空間としての〈公共空間〉』における責任と自由」に関する要約が要求され，さらにその後に「セキュリティー社会」に関する著者の見解をまとめたうえで，自分の考えを論述するため，例年の法学部の出題と比べても，要約の分量が多い。こうした設問の要求との対応が明確になるように解答を構成しよう。

課題文の解説

▶各段落の要点

| 問題提起 | ❶犯罪者にもっと罰を加えるべき，「死刑にすべきである」ということは，責任が免除されている空間にいるからこそ言える |

❶犯罪者にもっと罰を加えるべき，「死刑にすべきである」ということは，責任が免除されている空間にいるからこそ言える

⇕

保護された空間の外では自分の発言への責任がのしかかる

❷**例示**森巣のアイデア：死刑執行を無作為抽出した選挙民にさせると，誰も死刑にすべきだというような発言を簡単に口にしなくなる

❸政治的空間としての〈公共空間〉の出現

❹現代人が属すことを嫌がるこの空間こそ，古代人たちが属していた〈公共空間〉の現代的なモデルになりうる

↓

〈公共空間〉とは何か？

古代ギリシア との対比

❺あらゆる公共サービスが，市民に代わって政治的活動を代行してくれている

現代では，社会からの保護・政治的な活動の免除を望み，それが社会的に保証されている

❻〈公共空間〉でも私的空間でもない保護された雑種の空間の中で，政治的事柄について発言することが当たり前

⇕

❼古代人は，発言の責任をすぐにとられるような空間に自ら姿を現して発言していた

❽古代人が死刑執行を現代人のように嫌がることは決してない

誰もがやりたがらないゆえに，自分の責任においてやろうとする

〈個性〉＝他者にはできず，自分だけができる活動で示される

本物の〈自由〉＝誰にもなされないことを自分だけが行うことができるということにおいて享受される

❾**引用**公的領域は人びとが他人と取り換えることのできない真実の自分を示しうる唯一の場所

⇕

❿現代では，社会という保護空間は，日常生活のすべてを覆っているように思われている

⓫保護されることを望み，保護される権利を法的に主張することさえ認められている

セキュリティー 社会への展開

⓬政治的な事柄が免除され，保護された空間に留まり続けることは，本当に居心地の良いものなのか？

無責任な発言が許され，他者を気遣うことからも免除される

⓭他者を気遣うことをしない→他者を信用しない

結果他者たち（世間）の視線に怯えながら生きていくことになる

⓮セキュリティー社会＝他者への不信・嫌悪・恐怖・不安を技術的に解決しようとする社会←**目的**不安をなくす

⇕

不安はそもそも〈覚悟〉を持たずに世界に属していることから生じている

技術の進歩は，人間が〈覚悟〉を持たずに世界に《存在する》ことを増長させる手段でしかない

❺○〈覚悟〉を持たずに世界に属そうとすることを止める

×不安を技術によって軽減する

〈覚悟〉を持たずに世界に属す／〈公共空間〉に現れずに済ます＝愚か，恥ずかしい→この恥の感覚，喜びの感覚が，根源的な倫理の基礎

❻他者によって見られ，聞かれる〈公共空間〉に自ら現れ，活動し，発言することを尊いと感じ，そうした空間から退きこもることを愚かに感じる単純な感覚＝混沌とした倫理的状況の中の重要な指標

▶着眼

　著者の和田伸一郎（1969年〜）はデジタル・メディア論，情報社会論が専門分野。課題文では，民主政のモデルの一つである古代ギリシアのあり方と対比することで，現代人の生き方を批判し，政治的な責任意識をよみがえらせる必要があると主張している。その例示は死刑問題に典型的に表される。たとえば，死刑賛成論は責任の自覚ではなく，むしろ責任から免除されていることの表れだ。その証拠に「自分で執行する」制度にすれば，これらの主張は影を潜めるはずだ，と言うのである。

▶キーワード

□ **ハンナ・アレント（アーレント）**　1906〜1975年。ドイツ生まれの政治哲学者。哲学者ハイデガーの弟子だったが，アメリカに亡命し，『全体主義の起源』『イエルサレムのアイヒマン―悪の陳腐さについての報告』などでナチズムや全体主義を分析・批判するとともに，『人間の条件』では，古代ギリシアを民主政のモデルにして近代の国民国家・大衆社会を批判した。

□ **ポリス**　古代ギリシアの都市国家。最盛期のアテネは直接民主政をとっており，現代の民主主義のモデルとして言及される。哲学者のソクラテス・プラトン・アリストテレスもアテネで活躍した。

設問の解説

問題　論旨をふまえた意見論述

〔要求〕　①「政治的空間としての〈公共空間〉」における責任と自由に関する著者の主張をまとめる。
②「セキュリティー社会」についての著者の見解に対して，自分の考えを述べる。

〔条件〕　②著者の見解への是非も含める。

> **解答ルール**　要約と自分の主張を区別する
>
> 　小論文では，自分の考えを書くときに「〜と思う／考える」などと書く必要はない。そもそも自分の考えを書くのが基本だからだ。逆に，他人の考えを書くときは，課題文の内容と自分の主張が混ざらないように，「…によれば」などと明記する必要がある。要約＋意見論述の基本パターンは次のとおり。
>
> ・著者／課題文によれば〜である。
>
> 　それに対して，自分の主張が完全に反対の場合は，要約後に「しかし…」と続け，賛成のときでも，著者に完全同意だと自分の独自性を出せないので，部分的に賛成して補足や修正を書く。
>
> ・反対：しかし，…である。
>
> ・部分的に賛成：たしかに〜と言えよう。しかし／ただし…である。

要約の範囲はどこまでか？

　「『政治的空間としての〈公共空間〉』における責任と自由」に関する著者の主張をまとめよとあり，第⓮段落以降は「セキュリティー社会」の説明なので，第⓭段落までの内容をまとめればよい。第❶・❷段落では，死刑制度について述べられているが，これはもちろん例示にすぎない。著者が取り上げたいテーマは，第❸段落で出てくる「政治的空間としての〈公共空間〉」であり，第❹段落には現代人はこの空間に「属すことを嫌がる」とある。

　以降の第❺〜⓫段落で，著者は古代ギリシアの〈公共空間〉との対比において「『政治的空間としての〈公共空間〉』における責任と自由」とは何かを説明している。

現　　代	・現代においては…社会に保護され，政治的な活動を免除されることを望み…そのことが社会的に保証されている（第❺段落） ・〈公共空間〉でも私的空間でもない保護された雑種の空間の中で…政治的事柄について発言することが当たり前のように許されている（第❻段落） ・現代においては，社会という保護空間は，われわれの日常生活のすべてを覆っている（第❿段落） ・われわれは自分の生活が…保護されることを望んでいる（第⓫段落）
古代ギリシア	・古代人は…発言の責任をすぐにとらされるような空間に自ら姿を現して発言していた（第❼段落） ・（古代人は）死刑執行を…嫌だと拒否することはしない。…自分の責任においてやろうとする（第❽段落） ・他者にはできず，自分だけができる活動において…〈個性〉を示そうとする…誰にもなされないことを自分だけが行うことができるということにおいて…本物の〈自由 freedom〉を享受する（第❽段落） ・司法や防衛や公的問題の管理などの重荷を…進んで引き受けていた（第❾段落）

　つまり，古代ギリシアでは，人々は発言の責任をすぐにとらされるような〈公共空間〉に自ら参与し，司法・防衛・公的問題の管理といった政治的な活動を積極的に引き受けていた。自分の責任のもとで，他者にはできず，自分だけができる活動を行うというところに，本物の〈自由〉が存在した。

　それに対して，現代の状況は，司法・防衛・公的問題の管理などの重荷は，社会が担当すべきである，と考えられており，〈公共空間〉とは異なる保護された雑種の空間の中で，政治的な活動は免除され，人々の責任は回避されている。そこには，古代ギリシアにおけるような，自らの責任において行動する〈自由〉はない。

　さらに，第⓬・⓭段落では，このような保護された空間は「本当に居心地の良いものなのだろうか」と問題が立てられているので，保護された空間のもたらす結果が述べられているとわかる。無責任な発言が許され，他者への気遣いが免除されるとともに，他者への信用もなくなった結果，人々は他者たち（世間）の視線に怯えながら生きることになるのだ。この〈公共空間〉の放棄と他者への不信の帰結が，第⓮段落に描かれている「セキュリティー社会」の到来である。

　古代ギリシアと現代との対比を大枠に用いつつ，以上をまとめればよい。

「セキュリティー社会」に対する是非

　②に関して，著者の言う「セキュリティー社会」の内容を第⓮段落以降から確認しよう。ここでは，セキュリティー社会が「他者への不信，他者への嫌悪，他者への恐怖，不安を，監視技術などによって技術的に解決しようとする社会」と定義されている。こうした社会では，人々の関心は不安の解消へと向かう。

　不安の原因は,「〈覚悟〉を持たずに世界に属している」ことである。著者は, 現代人のこの姿勢を批判し,「不安を技術によって軽減する」のではなく, 社会的な〈覚悟〉のもと, 他者によって見られ, 聞かれる〈公共空間〉に自ら現れ, 活動し, 発言することに価値を置くべきだとする。〈公共空間〉から退きこもることを愚かに感じる単純な感覚こそが, 現代における倫理的な指標になると言う。

　こうした著者の立論には説得力があるため,〈公共空間〉からの逃避が最終的には「セキュリティー社会」の到来を招いたとの著者の考え自体には, 賛成する方向で書くことがまず考えられる。しかし, ハンナ・アレントの議論に依拠した著者の主張に, 全面的に賛同できるだろうか。違和感を覚えるとすれば, それはどの部分だろうか。

　アレントの論じる古代ギリシアのポリスにおける〈個性〉の発揮と〈自由〉の享受の構造については, 一読して, 納得することはできるだろう。しかし,「では, 同じようにやってみよう」と考えることはいささか難しい。古代ギリシアの都市国家であるポリスと現代ではそもそも社会のあり方が異なり, 実行にあたってはさまざまな留保を要するからだ。

　古代ギリシアのポリスでは, 経済的な営みはオイコノミア（家政）として女性や奴隷が担うものとされ,〈公共空間〉に現れ, 言論や政治に参加するような「市民」は成年男性に限られていた。だからこそ, アレントの言うように, 公的領域は「人びとが, 他人と取り換えることのできない真実の自分を示しうる唯一の場所」であり, そこでの〈個性〉の発揮が重視されたのである。

　さらに, 人々が政治的な活動という「重荷」を進んで引き受けていたのは,「政治体にたいする愛のため」でもあったとアレントは言うが, 限定された身分であった当時の「市民」が共有していたポリスへの「愛」を, 現代のわれわれが同じようにいまの政治体に抱くことは不可能である。

　経済学部［10］の問題でも見たように, いまの社会には自由主義が浸透しており, 市民の行動や価値観に関して, 国家は干渉しないのが原則である。たとえば, 日本国憲法が保障する基本的人権の中には,「思想・良心の自由」「信教の自由」「集会・結社・表現の自由」などがあるが, これは, どれも国家が侵害してはならない個人の権利である。それほど, 現代では「個人の自由」が大切にされているのだ。ただ, こうした個人の自由が衝突・対立して摩擦が起こったときには, 国家が介入して調整しなければ事態の収拾がつかない。そこで, 法律というルールを適用して, 混乱を収めようとする。その意味で究極的に死刑が存在する国があるのであり, 死刑執行は古代ギリシアのように「名誉」でも「美徳」でもない。

　このように考えると, 課題文における責任を伴う〈自由〉を受け入れることは, こうした社会のあり方を根本的に変えることにつながり, 容易ではない。したがって, 現代における〈公共空間〉の実現が現実的には難しい以上,「セキュリティー社会」そのものは現状では是認せざるを得ないことになる。

以上の内容を，設問の要求との対応が一目でわかるように構成したい。

解答例

- -

　古代ギリシアでは，人々は発言の責任をすぐにとらされるような〈公共空間〉に自ら参与し，政治的な活動を積極的に引き受けていた。自分の責任のもとで，他者にはできず，自分だけができる活動を行うところに，自由が存在していたのである。それに対して，現代では，このような〈公共空間〉に属することは忌避される。人々は保護された空間におり，政治的な活動は社会が担当すべきものとして免除され，責任を放棄している。もちろん，自らの責任で行動する自由はない。保護された空間の中では，無責任な発言が許され，他者を気遣う義務からも免除される。結果として，人々は他者を信用しなくなり，自らも他者からの視線に怯えながら生きることになる。こうした〈公共空間〉からの逃避と他者への不信の帰結が，「セキュリティー社会」の到来である。

　「セキュリティー社会」とは，このような他者への不信・不安を，技術的に解決しようとする社会である。しかし，不安の原因が，自分が世界に責任を持って関わる覚悟を持たないことだとしたら，根本的な解決は，覚悟を持たずに世界に属することを止め，他者によって見られ，聞かれる〈公共空間〉に自ら現れ，活動することにあるはずだ，と著者は主張する。

　たしかに，著者の批判にはうなずける。最近のネット空間には，当事者性を欠く無責任な発言があふれており，こうした〈公共空間〉から逃避した人々の振る舞いが，互いの不信をつのらせる結果となり，「セキュリティー社会」の存在意義を強化していると考えられるからだ。ただ，「セキュリティー社会」を完全に否定し，古代ギリシアを範とする〈公共空間〉を現代において実現することは，社会のあり方の相違を考えると，難しいだろう。なぜなら，著者の言うような責任と自由は必ずしもいまの社会には当てはまらないと考えられるからだ。

　現代では，市民の行動に対して，国家はむやみに介入しないのが原則であり，犯罪のように社会が危害を受けるときだけ，やむを得ず介入して，傷つけられた社会関係を修復する。その意味で究極的に死刑が存在するのであって，国家の理想を実現する名誉ある行為にはなり得ない。もし，〈公共空間〉での責任と自由を回復しようというのなら，このような個人と社会，国家の関係をすべてひっくり返さねばならない。著者の言うような覚悟の問題ではすまされないのである。いまの社会のあり方を破棄してよいのかが問われている。（1000字以内）

14　立憲主義とは何か？―「公と私」を区分する政治

2017 年度・目標 **90** 分

法学部の論述力試験について

　この試験では，広い意味での社会科学・人文科学の領域から読解資料が与えられ，問いに対して論述形式の解答が求められる。試験時間は 90 分，字数は 1,000 字以内とする。その目的は受験生の理解，構成，発想，表現などの能力を評価することにある。そこでは，読解資料をどの程度理解しているか（理解力），理解に基づく自己の所見をどのように論理的に構成するか（構成力），論述の中にどのように個性的・独創的発想が盛り込まれているか（発想力），表現がどの程度正確かつ豊かであるか（表現力）が評価の対象となる。

［問題］

　次の文章を読み，著者が立憲主義をどのような原則として理解しているかを明らかにしつつ，それに対するあなたの考えを述べなさい。

　公と私の区分は，決して人間の本性にもとづいた自然なものではない。人間の本性からすれば，自分が心から大切だと思う価値観は，それを社会全体に押し及ぼしたいと思うものである。しかし，そうした人間の本性を放置すれば，究極の価値観をめぐって「敵」と「友」に分かれる血みどろの争いが発生する。それを防いで，社会全体の利益にかかわる冷静な討議と判断の場を設けようとすれば，人為的に公と私とを区分することが必要となる。

　立憲主義的な憲法典で保障されている「人権」のかなりの部分は，比較不能な価値観を奉ずる人々が公平に社会生活を送る枠組みを構築するために，公と私の人為的な区分を線引きし，警備するためのものである。プライバシーの権利，思想・良心の自由，信教の自由は，その典型である。

　たとえば，社会の多数派が支持する宗教の信者が，自分たちの宗教を支援するために，税金の一部を使うというかたちで政治権力を利用することがありうる。そうした制度は，その宗教を支持しない人間にとっては，自分たちの財産を強制的に自分の支持しない宗教のために没収されることを意味するだろう。その制度が，当該宗教が正しい宗教であることを根拠としないで，公の場で根拠づけられることは，想像しがたい。

　そうした制度を提案する人々は，別の論拠を公の場で持ち出すかもしれない。たと

えば，宗教施設が文化財としての意義を持つとか，宗教団体が学校教育に関して重要な役割を果たしているとか。しかし，そうした根拠を持ち出すからには，同じように文化財としての意義を持つ他の宗教施設にも財政支援をすべきだろうし，学校教育にかかわっているからには，他の宗教団体にも財政支援を行うべきことになるだろう。

したがって，文化の保護や教育への助成といった別のもっともらしい根拠を持ち出して，外形上，特定の宗教を支援する財政措置がとられるときは，実際にとられている措置が，持ち出されている根拠と厳密に見合っているか否かを審査しなければならない。目的と手段とが厳密に見合っていなければ，やはり，当該措置の裏側には，特定の宗教を支援しようとする社会の多数派の意図があるといわざるをえない。そして，そうした措置は，当該宗教を支持しない人々を，その宗教上の信念のゆえに，社会のなかの二級市民として位置づけていることになる。それは，信教の自由を明らかに侵害する。

憲法学のジャーゴン（専門語）で，違憲審査の場面において「厳格な審査基準」が適用されるべきだとされる一群の問題がある。思想・信条や表現活動に対する政府の規制が行われることがあるが，そうした規制が，思想・信条や表現の「内容にもとづく規制」，つまりどんな思想や表現が提示され，標榜されているかに即して規制をする場合には，裁判所は厳格な審査基準をあてはめて，そうした規制を行うべき真にやむをえない理由があるかを審査すると同時に，そうした理由づけと，実際に採用されている規制手段とが厳密に見合っているか否かをも審査すべきだとされている。

そうした「内容にもとづく規制」は，表向きはもっともらしい理由によって正当化されていても，実際には，特定の思想や表現を抑圧したり，あるいは助長したりするために行われている危険性が高いという想定にもとづく審査手法である。表向きのもっともらしい理由と，実際に採用されている規制手段とが充分に見合っていない場合には，実は，そうした規制を設けた政治的多数派は，別の隠された意図をもってその規制を設けていると推定されることになる。

究極的な価値観のせめぎ合いが社会生活の枠組みを破壊することのないよう，裁判所が公と私の境界線を警備する活動の一環である。

個人が私的な領域でいかに生きるかに干渉しようとする政策も，やはり，公と私の区分を損なうおそれが強い。二〇〇三年六月に，アメリカ連邦最高裁判所は，同性同士の合意にもとづく性的交渉を犯罪として罰するテキサス州法を，プライバシーの権利を侵す違憲の法律と判断した（Lawrence v. Texas）。

合意した大人の人間の性行動を，それが性道徳に関する社会の多数派の観念に反するからといって，国家権力をもって禁止しようとすることは，人生をいかに生きるべきかは一人ひとりが判断すべきことがらだという，公私区分論の大前提に反する。それは，個々人の生き方を自律的に判断する点であらゆる人の平等を認める立憲主義の前提と衝突する。

　こうした論点を，憲法が明文で認めていない権利 —— 同性同士の性的交渉の自由 —— を裁判所が新たに創設し，保護することができるか否かという問題として設定し，議論しようとする人々がいる。しかしながら，問題は，同性同士の性的交渉の自由が憲法上保障されているか否かという矮小化されたレベルのものではない。具体的なあれこれの自由が憲法によって保障されているか否かは，二次的な問題であり，核心的な問題を解決した結果を後から振り返ったとき，たまたま現れる帰結である。

　立憲主義から見たときの本当の問題は，人生はいかに生きるべきか，何がそれぞれの人生に意味を与える価値なのかを自ら判断する能力を特定の人間に対して否定することが，許されるか否かである。そうした能力を特定の人々についてのみ否定することは，彼らを社会生活を共に送る，同等の存在としてみなさないと宣言していることになる。そしてその理由は，彼らが心の底から大切にしている生き方が，社会の他のメンバーにとっては「気持ちの悪い」，あるいは既存の「社会道徳」に反するものと思われるからというものである。立憲主義はそうした扱いを許さない。

　二〇〇三年の三月，文部科学大臣の諮問機関である中央教育審議会は，教育基本法の見直しを提言し，その中で「国を愛する心」の涵養を，法改正にあたって原則の一つとして掲げている。この提言が論争を呼ぶのは，それが政党間の対立協調関係と複雑にからみあっているというだけの理由からではない。一つの問題は，「国を愛する心」つまり「愛国心」の内容がはなはだ不分明であるという点にある。

　漢字の読み方や算数の九九の計算法を教える，あるいは世界の主要国の首都の名前を教えるというのは，わかりやすい。テストをして答えを見れば，生徒が理解したか否かを見分けることは容易である。これに対して，「国を愛する心」が身についたか否かは，どうすれば見分けることができるだろうか。

　危ぶまれるのは，国旗や国歌といったシンボルを通して，「国を愛する心」が目に見える態度として現れているか否かが，見分ける方法として用いられるという事態である。「君が代」をココロを込めて歌ったり，「日の丸」の掲揚を見て，ジーンときたりするココロが育つことで「国を愛する心」が身についたのだとすると，単に訓練された犬と同様の反射的態度が身についたというだけのことである。シンボルに対して犬のように反応する生徒と，そうしない生徒とが現れたとき，両者で成績を異ならせることは何を意味することになるだろうか。

　「国を愛する心」という標語で，中央教育審議会が真に目指しているのが，社会公共の利益の実現に力を合わせようとする心なのだとすれば，それを育てるのは，たとえば，身近な環境問題や差別問題がどうすれば解決できるかを，理性的に分析する指導であろう。過去の歴史のゆえに，それへの反感をも含めてさまざまな反応を呼び起こしがちなシンボルを正面に掲げて，それへ示された態度いかんで成績を定めることは，むしろ，社会公共の問題に対するそうした冷静な分析をさまたげ，かえって，学校のなかに，正体のはっきりしないモヤモヤした感情をめぐる亀裂をもたらしかねな

い。

　シンボルはあくまでシンボルであり，実体の代用品である。日本という社会が，各自の生き方や価値観をそれぞれ大切にし，その反面，社会公共の問題については，各人の人生観や世界観が直接に露出しないような，つまり，異なる人生観や世界観を抱く人にも受け入れられるような議論を通じて，何がみんなのためになるかについて合意を得ようとする冷静な社会であれば，自然と人々は，その社会のシンボルにも敬意を示すようになるであろう。

　国旗や国歌に対する人々の態度は，実際の日本社会に対する人々の態度を鏡のように示しているだけのことである。鏡に映る自分の姿が気に入らないからといって，鏡の像を無理やり加工しようとしても，得られるものは多くないだろう。

　公教育の場における「愛国心」教育は，思想・良心の自由を侵害するがゆえに問題だといわれる。もっとも，問題なのは，憲法典の文言と教育基本法の文言とが矛盾するか否かという法令同士の関係にはとどまらない。そこで問われているのは，日本という社会のあり方である。

　長谷部恭男『憲法と平和を問いなおす』（ちくま新書，2004 年）。試験問題として使用するために，文章を一部省略・変更した。

POINT　立憲主義の原則について，著者の理解の説明と意見論述が問われている。説明部分は，例年は要約の場合も含め字数指定があることを鑑みて，300〜400 字程度を目安にするとよい。立憲主義という言葉が使用されている箇所は限られており，説明ではその前後の箇所から要点を的確に抽出する必要がある。意見論述では，具体的な事例に関する著者の主張が考察のヒントになるだろう。

課題文の解説

▶各段落の要点

問題提起	❶公と私の区分≠自然なもの 人間の本性を放置→究極の価値観をめぐって血みどろの争いが発生 ↓ それを防ぎ，社会全体の利益にかかわる討議と判断の場を設けるためには，人為的に公と私とを区分することが必要
意味づけ	❷立憲主義的な憲法典で保障される「人権」＝比較不能な価値観を持つ人々が公平に社会生活を送る枠組みを構築するため，公と私を人為的に線引きし，警備するためのもの **例示**プライバシーの権利，思想・良心の自由，信教の自由
例示1	❸・❹多数派が自分たちの支持する宗教を支援するために税金を使用→その宗教を支持しない人間にとっては財産の没収を意味する ❺もっともらしい根拠により特定の宗教を支援する財政措置がとられるときは，根拠と措置が見合っているか審査すべき ↓ 厳密に見合っていなければ，特定の宗教を支援しようとする多数派の意図がある→支持しない人々の信教の自由を侵害
例示2	❻・❼違憲審査では「厳格な審査基準」が適用されるべき問題がある 政府による思想・信条や表現の「内容にもとづく規制」→真にやむをえない理由があるか＋理由づけと規制手段が見合っているか審査すべき ↓ 充分に見合っていない→多数派は隠された意図をもって規制を設けたと推定される ❽究極的な価値観のせめぎ合いが社会生活の枠組みを破壊しないよう，裁判所が公と私の境界線を警備する活動の一環
例示3	❾個人の私的領域での生き方に干渉する政策も，公と私の区分を損なう 同性同士の合意にもとづく性的交渉を犯罪として罰する法律に違憲判決 ❿合意した大人の人間の性行動を，多数派の性道徳に反するからといって禁止→個々人の生き方を自律的に判断するという点におけるあらゆる人の平等を認める立憲主義の前提と衝突 ⓫具体的な自由が憲法で保障されているかは二次的な問題 ⓬立憲主義は，何がそれぞれの人生に意味を与える価値なのか自ら判断する能力を特定の人間に対して否定することを許さない
例示4	⓭〜⓰教育基本法見直し提言における「国を愛する心」の涵養→「愛国心」の内容が不分明→身についたか否かを国旗・国歌などのシンボルへの態度により見分けようとするのは危険 ⓱・⓲各自の生き方・価値観を重んじる反面，社会公共の問題については異なる人生観・世界観を抱く人にも受け入れられる議論を通じて，合意を得ようとする社会→自然とシンボルにも敬意を抱くはず ⓳「愛国心」教育で問われるのは，思想・良心の自由が侵害される問題だけでなく，日本という社会のあり方

▶着眼

　著者の長谷部恭男（1956年〜）は憲法学者。ここでは立憲主義の原則について著者の解釈を説明している。立憲主義は，一般的に，憲法に従って統治が行われることだが，ここではとくに公と私の区分を厳格に定め，多数派の利益のために公権力が濫用されるのを防ごうとするもの，と説明される。立憲主義が成立した背景には，宗教戦争のような究極の価値観をめぐる「血みどろの争い」の経験がある。このような争いを避けるためには，特定の価値観が国家権力と結びつかないような仕組みを作る必要がある。それが「憲法」constitution である。憲法では，信教の自由，思想・信条の自由などの人権が保障され，国家がそれを侵害してはならない，と規定される。

▶キーワード

□**ジャーゴン**　仲間内だけで通じる言葉。ここでは法学者・法曹の間でだけ通じる専門用語。しばしば普通の意味とずれる。たとえば，普通「厳格な審査基準」は「審査するときに厳しい基準を使う」以上の意味はないが，ここでは「理由と手段の整合性がとれていること」という内容まで規定されている。

□**自律**　英語で self-control。自分が立てた規律に従って行動すること。根底には「自分の良いと思う生き方を自分で決定できる」という自由主義の思想がある。他に依存しない「自立」independence と区別して理解すること。

設問の解説

問題　論旨をふまえた意見論述

〔要求〕　①立憲主義の原則についての著者の理解を明らかにする。
　　　　　②著者の理解に対する自分の考えを述べる。

　要約してから自分の主張をする，というよくあるパターンと異なり，この問いでは立憲主義の原則についての著者の理解を明らかにすることが問われている。課題文では，説明と例示が複雑に絡み合っているが，まずは例示をカットして定義・説明にあたる部分を抽出する必要がある。

　「著者が立憲主義をどのような原則として理解しているか」の大筋は，原則についての具体例を除いた以下の理論的説明の部分に絞り込める。

- 人間の本性を放置すれば，究極の価値観をめぐって血みどろの争いが発生する。それを防いで，社会全体の利益にかかわる冷静な討議と判断の場を設けるためには，人為的に公と私を区分することが必要となる（第❶段落）
- 立憲主義的な憲法典で保障されている「人権」とは，比較不能な価値観を持つ人々が公平に社会生活を送る枠組みを構築するために，公と私の人為的な区分を線引きし，

> 警備するためのものである（第❷段落）
> ・人生をいかに生きるべきかは一人ひとりが判断すべきことがらであり，公私区分論の大前提である（第❿段落）
> ・個々人の生き方を自律的に判断する点であらゆる人は平等であり，それを認めることが立憲主義の前提となる（第❿段落）
> ・立憲主義は，人生はいかに生きるべきか，何がそれぞれの人生に意味を与える価値なのかを自ら判断する能力を特定の人間に対して否定することを許さない（第⓬段落）

　ここで，究極の価値観をめぐる「血みどろの争い」について，補足しておこう。馴染みがない表現かもしれないが，ヨーロッパにおける宗教戦争を思い出せばよい。

　16・17世紀のヨーロッパでは，キリスト教世界において，カトリックとプロテスタントの間で宗教上の価値観をめぐる争いが起こり，凄惨な戦争へと発展した。その結果，互いに多くの犠牲が出て，社会は混乱に陥った。

　これは，近代以前の特殊状況ではない。宗教に限らず，相手の価値観を認めずに自分の価値観を押しつけようとすれば，このような結果になりうる。たとえば，20世紀後半でも，中国の文化大革命，カンボジアのクメール・ルージュによる大虐殺などで，たくさんの犠牲者が出ている。憲法が保障する「人権」は，こうした歴史から得られた，言わば「人類の知恵」であり，それを無視すると，言論弾圧や恐怖政治が引き起こされ，独裁も許容されうるのである。

　さらに，これだけではわかりにくければ，下記のように，例示の部分を抽象化して，説明に補うとよい。

> ・（憲法の目的は）多数派などによって特定の価値観が強制され，信教などの自由を侵害しないようにすることである（第❸〜❺段落）
> ・特定の思想や表現を抑圧または助長するのは許されない（第❻〜❽段落）
> ・公共の場では，各人の生き方や価値観が尊重されるべきであり，そうすることで，社会全体について冷静に議論し合意を目指すことが可能になる（第⓭〜⓳段落）

　内容をまとめる上で核になるのは，著者が立憲主義の原則を「『公と私』を厳密に区分する考え方」だと規定していることだ。それから，これらの記述を引用して細部を説明しつつ，300〜400字程度にまとめる。

後半部の書き方は？

　さて，後半部は，著者の理解に対する自分なりの考えを示した上で，なぜ，その判断に至ったか，根拠を述べることになる。その際，著者の主張を肯定して，具体的な問題と照らし合わせて，自己の意見を述べる。あるいは，著者の主張を批判して，その理由を説明する，という戦略になろうが，立憲主義の原則として「公と私の区分」がある，という著者の主張自体を否定するのはなかなか難しい。したがって，基本的な線は，著者の主張を肯定して，具体的な問題に適用して，その中で補足・修正を加えて，オリジナリティを出すという方向になろう。

　課題文の最後の部分に書いてある「愛国心」教育への著者の批判は，議論の材料として使えそうだ。もちろん，他の例を出してもいい。〔解答例〕では，2012 年に提出された自民党の「日本国憲法改正草案」を例にとり，家族に関する条文を取り上げて，それが立憲主義の原則と相容れないことを示した。その上で，著者の重視する「公と私の区分」の要となる「人権」について，上で確認したような歴史をふまえつつ，その不可侵性を再確認した。

解答例

　著者によれば，立憲主義は「公と私」を厳密に区分する考え方だと言う。人間の本性からすれば，自分が大切にしている価値観は，それを社会全体に押し及ぼしたいと思うものである。しかし，それを放置すれば，究極の価値観をめぐって血みどろの争いが発生する。このような事態を防ぐために，憲法は「人権」を保障して，比較不能な価値観を奉ずる人々が公平に社会生活を送れるよう，公と私を人為的に線引きし，警備する。この公私区分論の大前提は，人生をいかに生きるべきかは個々人が判断すべきであり，そこに公権力をもって立ち入ってはならない，ということだ。公共の場では各人の生き方や価値観が尊重されるべきであり，それでこそ，社会全体についての冷静な議論と合意が可能になると言う。

　このように中立的な「公」を設定し，特定の思想や表現，価値観が抑圧されたり助長されたりしてはならないという考え方は，現代ではとくに強調する必要があろう。なぜなら，最近の日本では，経済的な停滞が続くとともに国家への期待が高まり，公と私の区分が軽視される傾向が目立っているからだ。たとえば，改憲に関する議論のなかで提出された自民党日本国憲法改正草案第 24 条では，婚姻についての規定の前に，家族に関する条項が新たに設けられている。そこで，家族は社会の自然かつ基礎的な単位として尊重すべきものとされ，家族は互いに助け合わなければならないとされる。しかし，現代では家族の形は多様であり，婚姻を伴わない家族関係や，家庭内暴力から離婚する方が幸福な場合もある。個人が幸福を追求する権利を差し置いて，「家族は助け合うべき」という道徳観を社会全体に押しつけると，このような多様な動きに逆行して抑圧と緊張を社会にもたらす危険がある。

　そもそも，憲法が保障する「人権」という概念は，価値観の強制によって社会を壊さないように，人類が歴史から学びとった普遍的な原理である。それを無視するような改正を許せば，多数派の価値観を国民に強制する動きが強まり，かつてのヨーロッパの宗教戦争のように，社会が争いで疲弊する可能性が大きくなったり，全体主義国家のように，意に沿わない者を逮捕・監禁して最悪の場合には殺害したり，という事態が起こりうる。憲法をめぐる

> 議論は，人権を侵害して，公と私の区分をあいまいにする方向であってはならず，著者の言う立憲主義の原則を前提としてなされるべきなのである。
> （1000字以内）

保守主義とは何か？―基本原理から考え直す

　意外かもしれないが，この課題文の著者長谷部氏は，かつては「保守主義」的立場である，と言われてきたし，自称もしてきた。実際，彼がかつて国会の憲法審査会に参考人招致されたときは，自由民主党などの推薦を受けていた。いわゆる「保守層」に有利な意見を述べてくれると目されたのだろう。

　政治学では，保守主義とは，たんなる「伝統を墨守する」という考え方ではない。保守主義とは，人間の理性に全幅の信頼を置かず，間違いを犯すことを考慮に入れて，政治を行わなければならない，という考え方である。この思想の主唱者エドマンド・バークは，フランス革命の混乱を見て，この思想を発展させた。

　フランス革命では，かつての啓蒙主義が「理性」に全幅の信頼を置いたことが思想的な土台となり，王権をはじめとするすべての権威に異を唱え，改革を進めた。しかし，その結果，多数の人がギロチンで処刑され，結局は，ナポレオンが皇帝となる，という皮肉な結末を迎えた。「理性」に基づいて，人間が善いと思ったことを推し進めたために，意図とは異なる結果を招いたのである。実際，フランスは1789年の「大革命」以後，約100年にわたって政治的混乱が続いた。この経験が，バークの「理性ですべてを決めてはならない」という立場の基礎にあるのである。

　とすれば，現代の「保守主義者」は，現在の体制を変えよ，と唱える点で，もはや保守主義者ではないのかもしれない。なぜなら，憲法の下で，戦後70年曲がりなりにもやってきたのなら，それはすでに伝統と化しているからだ。そういえば，政治学者中島岳志は「私は保守主義者なので，共産党に一番共感する」と書いていた。戦後の平和主義の原則に忠実なのが，かつて，もっとも急進的に革命を唱えた政党であるところが，なんとも皮肉である。

15 現代社会のリスクとどうつきあうか

2018 年度・目標 **90** 分

法学部の論述力試験について

　この試験では，広い意味での社会科学・人文科学の領域から読解資料が与えられ，問いに対して論述形式の解答が求められる。試験時間は 90 分，字数は 1,000 字以内とする。その目的は受験生の理解，構成，発想，表現などの能力を評価することにある。そこでは，読解資料をどの程度理解しているか（理解力），理解に基づく自己の所見をどのように論理的に構成するか（構成力），論述の中にどのように個性的・独創的発想が盛り込まれているか（発想力），表現がどの程度正確かつ豊かであるか（表現力）が評価の対象となる。

[問題]

　次の文章は，現代社会のリスクに我々がどのように対処すべきかを記したものである。著者の議論を 400 字程度でまとめた上で，それに対するあなたの考えを，具体例にふれつつ論じなさい。

　第一に，リスクを取ってでも事業をおこなおうとする決定者とそれにより損害を被る被影響者とのあいだでのコミュニケーションのあり方を詳細に検討すべきである。この点については，ニクラス・ルーマンがシーラ・ジャサノフのいう「完全に同化されることのない対話」に着想を得て提案している「了解」のあり方が参考になる。

　ルーマンによれば，了解（あるいは「説得されないままに進捗する了解」という言い方もしているが）とは，「了解しあわなければならない者を，その信念から引き離したり，改心させたり，あるいはどんなかたちであれ変えさせようと試みたりはしない」かたちでのコミュニケーション様式をあらわす。これは以下のような特徴をもつ。

　(1)リスキーとされる事象についての評価を含めて，一般にある出来事や状態についての記述は，客観性を装って「他人を強制的に同意させるだけの十分な，唯一正しい知」を駆使しようと振る舞ってはならない。というのも，こんにち観察や記述そのものが，誰によってどのような利害関心にもとづいておこなわれているのかという，第三者からの観察にさらされざるをえないからである。またその際，上記のような態度を相対主義だと批判してはならない。なぜならこの場合，相対主義ではない何かを望むことはできないからである。

　要するに了解の過程は，同調圧力から解放されなくてはならない。決定者と被影響

者のあいだでなされるコミュニケーションは不安定で揺らぐことを宿命づけられている。ある時点でひとつの解決案が受け入れられたとしても，その場その場での取り決めでしかなく，あくまでも暫定的なものであり，つねに問い直しに関して開かれている必要がある。

　(2)了解の過程では「道徳」を持ち出すことは慎まねばならない。了解の基本原則は，みずからの道徳と合致しない者の「排除」ではなく，道徳を禁欲することによって得られる「包摂」でなくてはならない。つまり，対話への参加者を制限する動きは，可能な限り制止されるべきである。さらにいえば，参加者は「賢い市民」である必要もない。参加は強制されないのであり，対話の機会ごとに関心のある者が参加でき，しかも参加できるときに参加すればよい。逆に体制／反体制という図式を持ち出し，教条主義的に決定者（体制側）に対して非難することも慎むべきである。

　現在，「参加」や「審議」に軸を置いた民主制のあり方が模索され，その具体的な姿として，調査に協力する人々が討論を通じて問題点や論点を把握した上でアンケートに答えるデリベラティブ・ポリング，あるいはデンマークや日本でのコンセンサス会議が注目されているが，そうした場における討議のあり方を考えるうえでも，この「了解」のあり方は示唆に富む提言である。

　第二に，専門知への不信や不安という問題への対処も視野に入れておかねばならない。近年の高度な科学技術のもたらす多様なリスクは，科学への信頼を問題化するきっかけとなっている。専門知や科学への信頼の問題に対して，どういった対処法を展望すればよいのか。

　この点については，人間と自然の関係性の様態から環境問題を分析する「社会的リンク論」の議論が傾聴に値する。鬼頭秀一によれば，今日の高度な技術は，我々の経験によって飼い慣らすことも，また経験にもとづいて信頼を付与することもできなくなっている。そこで，特定の地域や文化に歴史的に蓄積されている固有の知識（ローカル・ナレッジ）や生活知を援用したり活用したりする必要があるとする。つまりこの知識や生活知によって技術を飼い慣らし，経験にもとづく信頼を獲得して，科学技術の不確実性に由来する不信を補ってゆくべきだというのである。それは，見えない技術を見えるものへと転換することである。さらにそれは，自分たちの手に負えなくなったリスクを再び自己責任で利用できるものへと差し戻すことでもある。自分たちで技術を制御する術を身につけることで，皆でリスクを分かち合い，相互の支え合いにもとづいた社会の構築へと向かうことができるのである。

　信頼は自分が「あえてする，リスキーな」行為の選択に深く関わっている。そこでは，自分たちの行為とその結果との関わりが可視的になることが必要である。

　たとえば水害についていうと，かつて日本には地域住民の自治によって水害への対応をはかる「水害予防組合」が各地に多数存在し，これが水防活動の主力をなしていた。この組合は，受益者負担の原則にしたがって，住民がその土地所有面積や建物の

固定資産税額，水害頻度等に応じて組合費を拠出し，これをもとに河川環境の整備や堤防の改修等をおこなった。しかし，一九五八（昭和三三）年の水防法の改正をきっかけにして次々と解散し，市町村の予算で行政によって運営される「水防事務組合」へと編成替えされていった。現在残存する「水害予防組合」は全国でわずか十前後であり，これらの組合も，活動内容が形骸化しているケースが多く，該当する地域内住民がその存在すら知らない場合もある。

　そうなってしまった原因として，都市化の進展や組合費の負担に関わる住民間の紛争の深刻化などがあるが，主たるそれはダムや堤防に代表される治水技術の著しい進展である。水害防御のための専門知に依存することにより，人々は水害のリスクをあまり心配せずに日常生活を送ることができるようになった。他方，あたかもそのリスクが存在しないかのようにさえ認識された結果，川への関心が薄れ，水害に備えるための伝統的な知恵も失われ，いったん水害が起こると甚大な被害がもたらされるようになってしまった。水防と治水の分離として語られる事態も同様である。

　水害を完全になくすことは不可能である。必要なことは，ふだんから水害とつきあい，水害リスクを地域で分かち合ってゆくことである。これが水害への対応の基本となる。高度な治水技術を駆使して大洪水が発生しないようにすることは重要であるが，大きな被害が出ない程度の水害ならば適度に氾濫・遊水させて，ふだんから水害の体験やその被害を軽減する方法を訓練することが必要である。こうした考え方は，現代の高度な技術の効率性を生かすだけでなく，「住民のための技術」から「住民による技術」に重点をおいて，住民にとって可視的かつ参加可能な「コミュニティ技術」として地域社会に組み込んでゆくことであり，リスク管理のために重要な考え方である。

　かつてウルリッヒ・ベックは，リスク社会における「危害の貧困化」という表現を用いて，リスクや危険の定義が専門家に独占され，被害を被りうる当事者の直接的な経験の意義が低下し，当事者がいわば「管轄外」になってしまう事態を指摘した。同様のことをルーマンも，リスクが過剰に，あるいは過小に評価されることで，リスク言説が先鋭化したり日常生活の不安が煽られたりする傾向を，システム分化・役割分化の進展および経験の抽象化によって説明している。上述の「住民による技術」の議論は，こうした「危害の貧困化」を緩和する術として評価できるだろう。

　第三に，新しいリスクとのつきあい方について信頼を軸に考えていく際には，信頼についてのより詳細かつ緻密な理論を展開する必要がある。

　たとえば，「信頼」と「不信」を先鋭に対立させる思考方法から一定の距離を保たなくてはならない。確かに，信頼と不信は対照的な関係にある。地域住民間の信頼関係の意義を力説する議論にしばしば見られるように，信頼は倫理的・道徳的に「善」であり不信は「悪」，あるいは信頼が「原則」で不信は「例外」といった想定が，暗黙裡に入り込んでいることが多い。より多くの信頼を獲得し，不信を極力避けようとする議論の背景には，不信が非効率であり逆機能的であるという仮定が存在する。し

かし，信頼社会かさもなければ相互不信社会かといった二者択一しか用意されていないと考えるのは，単純にすぎる。むしろ信頼と不信は，（とりわけ近代的な条件のもとでは）相互に強化しあう関係にあるものとして捉えられるべきである。不信の概念にも，信頼の概念と同程度の目配りが必要である。

　まず，信頼するということの「観点」が分化していることへの冷静なまなざしが必要である。どの観点で人や集団を信頼し，どの観点では信頼しないのか，という観点の特定化を組み込んだかたちでの議論が必要である。

　また，政治や科学への信頼とか不信とはいっても，どのレベルでの信頼であり不信なのかを正確に区別する必要がある。たとえば政治システムについていえば，それを多くの層からなるひとつの「玉葱」のようなものとして考えるなら，その一番深いところにある政治的コミュニティや民主制そのものへの信頼や不信と，そのひとつ表側にある現行の諸制度に対する信頼や不信，さらには，もう少し表面に近いところの，ある特定の政策や政党や政治家に対する信頼や不信などを一括して議論することはできない。ロジャー・カスパーソンらが指摘するとおり，より「深い層」での（たとえば民主制への）信頼が確保できていれば，「表層」での不信はむしろ有益なものであるかもしれない。

　（中略）

　社会が，全体として信頼社会になったり不信社会になったりすることはありえない。社会が複雑化してゆけば，不信と信頼が相互に強化されてゆく。ある一定レベルの「不信」であれば，将来的損害の可能性を早期に発見するうえで機能的に作用することもありうる。問題は，信頼をいかに最大化するかよりもむしろ，信頼と不信とが社会のなかでどのように絡み合っているかを見極めることである。

　過度の不安に煽られて「監視社会」の到来に手を貸すのではなく，また，専門知や政治に身を委ねて安心に浸りきり，リスクがないかのような生活を送るのでもなく，現代型リスクといかにつきあい，皆でいかに分かち合ってゆくのかを考えることこそ，リスク社会に生きる我々の課題である。

小松丈晃「リスク社会と信頼」（今田高俊編『社会生活からみたリスク』岩波書店，2013年）。試験問題として使用するために，文章を一部省略・変更した。

POINT 何らかの事業をなす場合には，その影響を受けて，人々が何らかの損害を被る可能性がある。それらのリスクにどう対処していくべきか，を論じた社会学的な文章である。論点は大きく分けて3つで，それらが並記されているので，要約ではそれぞれを簡潔にまとめればよい。また，抽象度の高い議論が展開されているため，具体的な事例について，その論理枠組みですべてを説明しつくせるのかを考えることが，意見論述の端緒になる。

課題文の解説

▶各段落の要点

論点1

❶事業をおこなう際，（リスク・）コミュニケーションのあり方を詳細に検討すべき

❷ルーマンの提案する「了解」＝相手を変えさせようと試みないコミュニケーション様式

❸・❹**特徴**(1)×客観性を装って「唯一正しい知」を駆使しようとする
　○同調圧力から解放，問い直しに関して開かれている

❺**特徴**(2)基本原則は道徳の合致しない者の「排除」でなく「包摂」
　×参加者を制限する，「賢い市民」である必要，強制参加，教条主義的に決定者を非難する

❻「参加」や「審議」を軸に置く民主制のあり方を模索する動き
　討議のあり方を考えるうえでも「了解」の提言は示唆に富む

論点2

❼専門知や科学への不信・不安への対処法は？

❽人間と自然の関係性から環境問題を分析する「社会的リンク論」
　今日の高度な技術は経験によって飼い慣らすこと・信頼を付与することができない
　　↓
　地域や文化に固有の知識や生活知によって技術を飼い慣らし，経験にもとづく信頼を獲得→科学技術の不確実性に由来する不信を補う→リスクの分かち合い，相互の支え合いにもとづいた社会を構築できる

❾信頼に必要なのはリスクの可視化

❿**例示**地域住民の自治によって水害への対応をはかる水害予防組合が，市町村の予算で行政によって運営される水防事務組合へと編成替え
　現存する組合も活動内容が形骸化，存在すら知られない

⓫**原因**治水技術の著しい進展により，専門知に依存してリスクを心配せずに生活→関心が薄れ，伝統的な知恵も失われ，水害が起こると甚大な被害がもたらされるようになる

⓬**対策**ふだんから水害とつきあい，リスクを地域で分かち合う→高度な技術を生かす＋住民にとって可視的・参加可能な「コミュニティ技術」を地域社会に組み込む

⓭「住民による技術」の議論＝「危害の貧困化」を緩和する術として評価できる

論点3

⓮信頼についての詳細かつ緻密な理論を展開する必要

⓯「信頼」と「不信」を対立させない
　信頼と不信は相互に強化しあう→不信の概念にも目配りすべき

⓰信頼の観点の特定化を組み込んだ議論が必要

⓱どのレベルでの信頼・不信なのかを正確に区別する必要
　「深い層」での信頼があれば，「表層」での不信はむしろ有益

⓲信頼と不信の社会における絡み合いを見極めるべき

結論

⓳現代型リスクといかにつきあい，皆でいかに分かち合っていくかを考えることこそが課題

▶着眼

　著者の小松丈晃（1968年〜）は社会学者。問題文に示された「現代社会のリスクに我々がどのように対処すべきか」という問題に対して，課題文冒頭ですぐ「…すべき」と解決が提示されるので，いささか面食らうかもしれない。初読では，とにかく「リスクへの対処」という話題を意識したまま読み進めればよい。また，「リスク」という言葉で何が想定されているか，は途中の「水害」の例などを見れば，だいたい見当がつく。たとえば，第一の論点では，何らかの大きなプロジェクトを行政や企業などが行うとき，周辺住民に何らかの影響が懸念される。そこで，住民たちが行政・企業などに説明会などを要求する，などという事態を想像すればよいだろう。

▶キーワード

□**リスク**　risk。何かをすることで，将来のどこかの時点において何らかの悪いことが起こる可能性。だから，その危険に対して，何らかの対処ができる意味が含まれる。それに対して danger は，災害，天変地異など，自分では対処できない悪いことが起こる可能性。

□**相対主義**　あらゆる認識や価値は，個人や社会・文化と結びついており，絶対的な真理や客観的な正しさは存在しない，という立場。多様な価値を認める寛容な態度につながる反面，社会規範や常識，科学における真理探究を否定するとして，批判される場合もある。

□**教条主義**　その場の状況を無視して，既存の権威ある教説や，絶対的とされる原理・原則に固執し，創造的・批判的態度を欠いたまま議論したり行動したりするあり方。

□**デリベラティブ・ポリング**　deliberative は「熟議の，審議機能をもつ」，polling は「投票」の意。討論型世論調査とも訳される。ある事柄について，対象者に十分な情報を与え，さまざまな方向から検討・議論する機会を設けた上で，意見がどう変化したかを見ること。

設問の解説

問題　論旨をまとめた上での意見論述

〔要求〕　①現代社会のリスクへの対処法を記した文章について，著者の議論をまとめる。
　　　　　② ①に対する自分の考えを論じる。
〔条件〕　②で具体例にふれる。

全体をどう構成するか？

　設問で要求されているのは，① 400 字程度の要約，②それに対する意見論述の 2 つである。②で意見論述する際には，必ず具体例を出す。これらの要求と条件は，ほぼ毎年出されているので，きちんと守りたい。ただ，小論文の構成・内容に反映するのは，それなりに大変である。

　とくに，この文章は，ニクラス・ルーマンやウルリッヒ・ベックといった，社会学の大家の理論を援用し，論理的に充実した破綻のない内容を述べているので，直接的な反対意見は出しにくい。逆に，賛成意見を出すと，著者の主張をなぞるだけになりかねないので，どう書くべきか悩むところだ。

　書きやすい方向としては，課題文の主張の大筋を認めつつも，その細部で疑問が残るところを指摘して，著者の主張を補足・修正するというやり方がある。こういう指摘は「揚げ足取り」のように思われるかもしれないが，実は，そうではない。文章を批判的に読むことで，著者が述べる内容について，さらに深く考えていくきっかけになるのである。とくに，課題文のように抽象度の高い議論に対しては，示された論理枠組みを，個別具体的な事例や場面に当てはめてみることが有効だ。大部分はうまく説明がついたとしても，どこかに抽象論では拾いきれない問題が残されるだろう。それらを手がかりに，課題文の示す枠組みの可能性と限界を論じることができる。

第一の論点―リスク・コミュニケーションのあり方

　要約するには，まず話題，つまり「何について」書いてある文章か，を示す言葉を見つけることから始める。本問では，問題文に「次の文章は…を記したものである」とあり，「現代社会のリスクに我々がどのように対処すべきか」という問題は明らかである。その上で，第❶・❼・⓮段落の冒頭に，それぞれ「第一に…」「第二に…」「第三に…」とあるので，列挙された 3 つの論点を順番に整理していけばよいと見当がつくだろう。

　第一の論点は，決定者と被影響者とのあいだでのコミュニケーションのあり方だが，これを検討する際に参考になるとされるのが，「了解」というコミュニケーション様式である。その特徴は以下の 2 つ。

(1)	×「客観性」や「正しさ」で説得しようとする ○同調圧力から解放されている，取り決めは暫定的でつねに問い直しができる
(2)	×「道徳」を持ち出して他者を排除する，「賢い市民」であることを求める，参加を強制する ○他者の包摂を目指す

　著者はかなり抽象的な言葉遣いをしているが，その背後には，具体的な場があることが想起できるだろう。たとえば，ゴミ焼却場や工場などの建設，堤防工事，道路の拡張工事などは，住民の生活に直接影響するプロジェクトであり，プロジェクト主体

と住民とのコミュニケーションの場として，住民説明会や記者会見などの機会が用意されることが多い。そこでの対話や議論のあり方，あるいは，そもそも説明会や会見という形式が適切なのかといったことが，問い直されているのである。

第二の論点－リスクの分かち合い

　第二の論点は，専門知への不信や不安という問題への対処である。専門知や科学に対する住民・市民からの不信・不安という現象は，日常でもよく見られる。現代の高度な科学技術は，もはや非専門家がすべてを理解できるようなものではない。そのために，技術がはらむ不確実性はすぐに科学技術全体への否定につながりやすいからである。

　これに対しては，ローカル・ナレッジや生活知を利用して，技術を飼い慣らし，経験に基づく信頼を獲得して，不信を補ってゆくべきだと著者は主張する。リスクとのつきあいを，科学技術やそれを有する専門家に丸投げし，専門知に依存してしまえば，あらゆるリスクが自分たちの手に負えなくなる。それより，地域や文化，生活の中で培われてきた知恵を用いて専門知を再編し，自分たちで扱えるコミュニティ技術として，科学技術を地域社会に組み込んでゆく。そうすれば，皆でリスクを分かち合い，自己責任でリスクを利用できるようになる，と言うのだ。

第三の論点－信頼と不信の相互関係

　第三の論点は，「信頼」についての理論展開のあり方である。著者はとくに，信頼と不信を対立構造で捉えることを批判している。信頼と不信は反対物ではなく，社会の複雑化に伴って互いに強化しあうのであり，たんに信頼の最大化を求めるのではなく，不信にも信頼と同程度の目配りをすべきだと言う。この信頼と不信の相互関係は，信頼しているから疑問や不満も率直に言い表せたり，不信への対応しだいでかえって信頼が深まったり，といった日常的に見られる現象に似ているかもしれない。

　さて，そのための方法は2つ示されている。ひとつは，信頼や不信の「観点」に注目することである。ある人ないし集団を信頼するかしないかということには，その人ないし集団について，ある観点からは信頼できるが，別な観点からは信頼できないという分化が含まれるからである。もうひとつは，信頼や不信の「レベル」に注目することである。あるものの根本的なところに対する信頼／不信と，表層的な部分に対する信頼／不信は正確に区別する必要がある。信頼と不信は，このように複合的な構造をしている。だから，根本的なところが信頼できれば，表層的に不信が表出されるのは，将来の損害可能性を早期に発見するきっかけにもなるので，むしろ有益かもしれない。

自分の意見を考える－補足を探す

　課題文は，3つのポイントでリスク対処のあり方を提案している。すでに述べたように，これらの抽象的な論点と解決策に基づいて，具体的な場面を見直してみると，それまで見えていなかった要素や問題が浮かび上がったり，逆に，理論でカバーしきれない部分が明らかになったりすることが期待できる。

　たとえば，日本では，第一の論点における「了解」からはほど遠いコミュニケーションが行われている状況をしばしば目にする。実際，新型コロナウイルスのワクチンは，感染や重症化を防ぐ有効な手立てとして国民に接種が推奨されたが，そのリスクについては一方的に情報提供が行われるだけで，十分な説明があったとは言いにくい。その結果，ワクチンへの疑念や不安がなくならず，接種を拒む人も出ている。これは，自ら積極的に情報にアクセスし，どのような行動をとるべきかを合理的に判断できる「賢明な市民」が想定されているからかもしれないが，そういう想定はしてはならない，と著者は言う。

　第二の論点で主張されている，生活知，コミュニティ技術の活用は理想だが，現実に実行するとなると，課題がある。とくに，生活知と専門知との橋渡しは難しい。たとえば，出産は，かつては地域の産婆が介助を担当して自宅で行われていた。現在では，多くの人が病院で出産するようになり，母体の死亡率は著しく低下している。一方で，病院で行われる画一的な処置に不信や不安を抱き，自宅などで「自然な出産」をしたいと望む人も少なくない。助産師らのサポートのもと，妊婦が自らの希望に沿った形で出産に臨むことには意味があり，その選択は尊重されるべきだが，分娩には様々な状況が発生し得る。正常分娩は助産師が担当すればよい，と言っても，実際に行ってみなければ，その難易度はわからないことも少なくない。不測の事態が起こった際に，対応が遅れるリスクを自己責任で引き受けられるのだろうか。

　第三の論点は理論的考察で異論は少ないが，やはり現実的に成り立つのかどうか，疑問なところがある。根本のところで信頼できていれば，表層の不信はむしろ有益である，という指摘はもっともだが，そもそもプロジェクトの担当者や専門家は，何度もその意義や実行可能性を検討してきたので，自分の考えに一定以上の自負があるはずだ。そういう人々が，事前の計画通りに事業を進めることこそ最も重要な仕事だと考えれば，知識を持たない一般人の疑問や不信を軽視し，ともすればプロジェクトの実現を阻む「敵」と見なしかねない。これは，第一の論点であるリスク・コミュニケーションのあり方にも直結する問題であろう。

自分の意見の構成

　このように考えれば，自分の意見としては，具体例を挙げた上で，それを課題文の示す論点に従って分析し，場合によっては現実的な懸念を表明することができそうだ。もちろん，意見論述に割ける字数が少ないので，3つの論点全部に触れる必要はない。

そのうちのいくつかについて論じられれば十分である。今回は補足を述べるのであるから，要約に続ける際は，冒頭に「ただ」などと補足の接続詞を置くとよいだろう。

解答例

　課題文によると，現代社会のリスクに我々がどのように対処すべきかについては3つの論点がある。まず，事業者と被影響者とのコミュニケーションでは，説得より了解を目指す。つまり，客観性を振りかざすことを控え，相手が同調圧力を感じないようにすべきであり，道徳を持ち出して他者を排除してはならない。次に，専門知に対する不信や不安が強いので，歴史的に蓄積された生活知によって技術を飼い慣らす方策を探るべきだ。そうすることで，リスクを可視化し，自分たちで制御できる範囲を広げて，リスクの共有化を図れ，と言う。最後に，不信の念を表明されても，否定的に捉えない。むしろ，信頼と不信は相互に強化しあう関係にあり，根本で信頼があれば，表層での不信は，将来の望ましくない事態に早期に気づくきっかけとして有益に働くと著者は述べる。

　ただ，この方向が正しいとしても，実行は容易ではない。なぜなら，日本では，実行者が被影響者とのコミュニケーションを重視しない場合があるからだ。たとえば，新型コロナウイルスのワクチンに関して，政府は接種を国民に推奨しながらも，そのリスクについては情報を一方的に流すだけで，十分に説明していない。様々な生活環境の人がいるにもかかわらず，正確な情報にアクセスし自ら判断できる「賢明な市民」が想定されているのだろう。ワクチンへの疑念が晴れず，接種を拒む人もいるが，その不信に真摯に応え，信頼に変える努力もなされていない。この状況を改善しない限り，その都度の了解を目指す持続的なコミュニケーションなど望むべくもない。

　他方で，専門知を生活知で飼い慣らすという提案も，具体的にどうするのかが難しい。たとえば，出産は，かつては自宅出産が大半であり，地域の助産師が介助を担当していた。現在ではほとんどの人が病院で出産するようになり，母体の死亡率は著しく低下したが，画一的な処置への不信や不安も生じており，自宅や助産所で自然な出産をしたいという声もある。たしかに，助産師や周囲のサポートを受けながら，妊婦が主体的に出産に臨むことには，大いに意味があろう。しかし，たとえ病院との連携体制がとられていても，緊急時に対応が遅れる可能性は払しょくできず，そうしたリスクを自己責任で引き受けることになってしまうかもしれない。したがって，著者の述べるルールは妥当でも，その実行にあたっては未だ検討の余地がある，と言えそうだ。（1000字以内）

16　戦争の善悪を問うことはできるか

2022 年度・目標 90 分

> **法学部の論述力試験について**
>
> 　この試験では，広い意味での社会科学・人文科学の領域から読解資料が与えられ，問いに対して論述形式の解答が求められる。試験時間は 90 分，字数は 1,000 字以内とする。その目的は受験生の理解，構成，発想，表現などの能力を評価することにある。そこでは，読解資料をどの程度理解しているか（理解力），理解に基づく自己の所見をどのように論理的に構成するか（構成力），論述の中にどのように個性的・独創的発想が盛り込まれているか（発想力），表現がどの程度正確かつ豊かであるか（表現力）が評価の対象となる。

［問題］

　次の文章は，「戦争と平和」の問題について論じている。著者の議論を 400 字程度に要約した上で，著者の立論に連関して考察を深めてください。なお，論述に際しては，論旨を補強するために，あるいは思考を深めるために的確と考えられる具体的事例への言及を行ってください。

　今日の日本人を表むき支配している道徳的な思想としては，戦争を悪とする考えがまず第一にあげられるだろう。これは当り前のことで，いまさら問題にするまでもないとも考えられる。しかしながら，この思想は見かけほど単純ではない。戦争が悪であるというのは，病気や貧乏，失敗，あるいは死が悪であると言われるのと，ほぼ同じであろう。苦痛や苦労，悲惨，損失と喪失，破壊など，われわれが不幸と呼ぶところのものが，それに結びついて考えられるからである。

　　　　［中略］

　しかしながら，戦争が害悪であり，不幸であるということと，戦争について加害者と被害者を区別し，罪を定めることは，まったく別のことである。戦争が不幸であり，悪であるということは，比較的単純なことであると言える。そしてその不幸をもたらすものとして，戦争を罪悪とすることも，また比較的単純だと言えるかもしれない。しかしこの二つの考え，この二つの言い方はすでに同じではない。前者は戦争を直接その悲惨と破壊，損失と苦痛のままに捉えているわけであるが，後者は戦争をそのような不幸をもたらす原因として，因果に分けて考えているからである。

　ところが，このように戦争を，それがもたらす不幸や悪から区別して考えることが

可能になると，戦争と悪という，この二つのものの間に，また別の関係を考える可能性も出てくるわけである。つまり戦争の結果が，いつも必ず悪でなければならないかどうかということも疑問になりうるわけだ。つまり戦争にも他の面があるということである。具体的に言えば，勝利者にとっては，戦争は栄光であり，利得であるという一面があるとも考えられるだろう。また部分的には，戦争は堂々たる行進や勇敢な行為，あるいは敵陣をおとしいれて，勝どきをあげるよろこびなどとともに，思い浮かべられることもあるだろう。戦争が損失と悲惨と苦痛のみであるというのは，正確な考えではないかもしれない。

　　　［中略］

　戦争は勝利者に栄光と利得をもたらし，一般参加者にもおもしろい体験をさせる一面があるにしても，それは他の多くの人びとに悲しみと不幸をもたらし，多数の人を殺し，また傷つけるのであるから，断じて容認することはできないと，怒りをこめてわたしたちは答えることになるだろう。われわれのこの感情から言えば，戦争がこれらの不幸を含み，これらの不幸の原因となるかぎり，他にどのような面があろうとも，これを罪悪として告発しなければならないのである。

　そしてこれはなにがなんでもという形の絶対主張なのであるから，もうこれ以上は議論の余地がないということになりそうである。しかしながら，もしわれわれがこれらの問題について，単なる感情論を固執するのではなくて，もっとよく考えられた思想をもちたいというのであれば，戦争を告発し断罪するこの主張を，われわれは思想法廷にうつして，そこで反対の弁論とも対質させなければならないだろう。

　　　［中略］

　若干の現象を指摘すると，例えば，ベトナム —— あるいは他のどこかでもいいのであるが，そこ —— に「平和を！」というようなことを言いさえすれば，他にどんな悪事をはたらいていても，わたしたちはだれでもひとかどの道徳家になれるし，なにか高尚な気持ちになることもできるのであって，それは念仏をとなえることが，あらゆる罪からわれわれを救うのにも似ていると言えるかもしれない。しかもわれわれの場合は，自分自身の罪の意識におののくというようなことは無用なのであって，ただ他を告発し，断罪すればいいのだから，なんとも気楽な話だと言わなければならない。しかしただ怒りをこめて，他を非難すれば，だれでも道徳的に高揚された気分になることができるというのは，いったいどういう道徳なのであろうか。

　多くの場合，道徳は自分だけのアリバイ証明と自己弁護，そしてただ他を非難するための手段として利用されるにすぎないのである。そしてもっとも多く他を断罪する者が，最大の道徳家ということになりかねないのである。逆に法廷弁論の派手な演出によって，悪徳弁護士にすぎないような者が，正義を代表するかのように見られることもあるだろう。たしかに，道徳と法律とは大部分において重なるところがあると言わなければならない。しかしすべての道徳論が法廷弁論に還元されてしまうものでは

ないだろう。わたしたちの道徳意識は，このような狭さから解放され，このような低さを脱しなければならない。わが国の政治論も，多くは法廷弁論の域を脱しないものばかりであるが，われわれは機会あるごとに，その考え不足を指摘し批判して，政治論や道徳論の本来性を回復するよう努力しなければならないのではないか。

　　　　［中略］

　ヘロドトスの『歴史』に，アテナイがイオニアの叛乱を助けるために二十隻の船を派遣したということが記されているが，それについて，「しかしこれらの船がギリシア人にとっても，またペルシア方の人たちにとっても，もろもろの不幸（悪）のはじめとなったのである」という短い言葉がつけ加えられている。［中略］ペルシア戦争へと発展し，ギリシアとペルシアの両方に多数の死傷者を出すことになったのである。

　　　　［中略］しかしこれによってヘロドトスは，ペルシア戦争を罪悪であるとして否定したわけではない。もし否定していたのなら，この戦争で「ギリシア人やギリシア人以外の人たちによって行われた驚異すべき大事業が，その栄光を失ってしまうことのないように」これを書き留めておくという，かれの『歴史』も書かれえなかったはずである。

　　　　［中略］

　「もしアテナイ人が迫り来る危険に恐れをなして，自分の国をすてて逃げ出すか，あるいはすて去らずに，自国にとどまるにしても，ペルシア王クセルクセスに降参するとしたら，海上においてペルシア王に敵対しようとする国は一つもなかったろう。

　　　　［中略］しかし現実には，アテナイがギリシアを救ったのであると言っても，真相を間違えたことにはならないだろう。なぜなら，事態はかれらアテナイ人の向背によって，どちらへでも傾く形勢になっていたからである。しかしかれらはギリシアが自由の国として残るほうを選んだのであり，まだペルシアの勢力下に入っていない残余のギリシア人すべてを奮起させ，神明の加護によって，ペルシア王を撃退したのは，まさにかれらだったのである。」

　　　　［中略］

　トロイア戦争にしてもペルシア戦争にしても，戦争は不幸なことであり，悪である。これを避けるためには，アテナイは水と土をペルシア王に献じて，すぐに降参すればよかったかも知れない。しかしかれらはギリシアの自由を死守することを選んだのである。それはかれらの罪であろうか。戦争は悪であり，不幸である。これはかれらの認識でもあった。しかしかれらは侵略者と戦い，自由のために戦うことを不正であり，罪であるとは信じなかったであろう。むしろその戦争を正義であると信じたであろう。つまり戦争において，善悪の区別と正邪の区別とは一致せず，むしろ分裂しなければならないのである。

　　　　［中略］

　われわれは，戦争が悪であるというところから出発した。それは病気や貧困が悪と

言われる意味において悪なのである。しかし戦争が悪であるということは，それだけでは道徳や倫理の問題とはならないのである。われわれが苦を避けて，快を求めるように，われわれは戦争をきらう。これは自然の傾向である。しかしそれが直ちに正邪の問題になるわけではない。わたしたちは戦後の「あまったれ民主主義」のなかで，戦争はいやだ，戦争に巻き込まれたくないというような悲鳴をあげれば，それが正義の叫びとなり，誰もがわれわれを救うために馳せつけて来なければならないと，簡単に考えてしまう傾向にある。

　しかし正邪を空名にすぎないとする立場の人たちは，われわれの悲鳴を聞いても，これを全く無視するか，あるいは意地悪くこれをからかって，そのなかへ原子爆弾でも投げこみたくなる誘惑にかられるかも知れない。われわれが無事でいるのは，かれらがそういう気まぐれを起こさないためか，あるいはもっと別の計算や深慮遠謀があるためか，あるいはひょっとして正邪の考えが独立の拘束力をもっているためであろうと考えなければならなくなる。そしてこの最後の場合において，はじめて道徳が意味をもってくる。それは正邪を空名とのみ考える一元説の立場がゆらいだ結果なのである。しかしその道徳は，かれらの意識，かれらの思考のうちにあることであって，悲鳴をあげるわれわれが道徳の立場にあることを意味するものではない。それは乳を求めて泣く赤児が，たまたま侵入して来た強盗を道徳の世界に引き入れるにしても，赤児自身が道徳的行為をしているのではないというのと同じであろう。われわれは戦争を罪悪とし，平和を主張しようと思うなら，われわれ自身がはっきりとした正邪の意識をもち，まず自分自身を道徳の立場におかなければならない。

　しかしながら，すでに見られたように，われわれの道徳論は他を非難し，他に罪をなすりつけるためのもの，法廷弁論の手段たるにとどまるのであって，それ以上は道徳について何も知ろうとは思わないものなのである。それは肝心の自分自身を抜きにした道徳論なのである。そしてこのようなことが可能なのは，心の奥底において道徳は無であり，単なる美名であると信じられているからなのであろう。正義はただ利用されるためにある。〔中略〕正義を無視して，ただ利益だけを追求するというようなことがすぐに見破られてしまうような者は，きわめて幼稚な愚かしい悪漢である。不正の極は，むしろ正義の仮面の下に不正を行なうことであると，プラトンは規定した。正義とは戦いにおける最後の勝利にほかならないと信ずる者は，戦争のために平和を利用し，他人の正義を自己の不正のために利用するだろう。

　　　〔中略〕

　もう一度はじめに帰っていえば，戦争は悪であり，不幸なのである。それは病気や貧困が悪である意味において悪なのである。しかしもしそうだとすれば，病気や貧困と同じように処理する道があるわけである。という意味は，われわれは病気や貧困を罪悪や不正であるとして，法律論や道徳論をもち出すようなことは，今日もはやしていないのである。この不幸と悪を取りのぞくために，われわれは罪人を探すよりも，

薬や治療法を求め，施設をととのえ経済政策を研究するだろう。戦争の不幸について
も同じことで，それの原因となるものを研究し，これを防ぐための積極的な方策をた
てなければならぬ。そうすると，法的秩序というようなものも，罪人をつくるための
組織ではなくて，戦争を防ぐための規定となり，問題も法廷から行政，あるいは立法
の場にうつされることになるだろう。

　本来の政治というのは，司法よりも立法にあるわけで，これは平和で幸福な社会と
いうようなものを目ざして，その必要条件を法的に規定し，法的秩序を築いていく仕
事なのである。議会は，告発したり，裁判したりする場所ではなくて，建議し，立案
し，提案する場所なのである。そしてそれが政治の本領なのである。そしてここにお
いて，法というものは人間の幸福，社会の善に奉仕する地位を得，正義と善との結合
が，法廷弁論とは逆の積極的な意味をもつことになるのではないか。われわれは政治
が，このような政治の本来性を回復することに協力しなければならない。それが恐ら
く世界平和への最も有効な努力になるだろう。

　田中美知太郎『直言，そして考察―今日の政治的関心』（講談社，昭和四六年）所収。試
　験問題として使用するために，文章を一部省略・変更している。本文の初出は，「道徳問
　題としての戦争と平和」（『中央公論』，昭和四一年一月号）である。著者は，「悪」の事例
　として，貧困と病気を比喩として提示している。今日の価値観からすれば付合しないとい
　う考えもあるだろうが，論旨の展開を生かす観点からも原文のままにしている。

POINT　出題傾向は法学部の例年のスタイルを踏襲している。2000年前後の文章が
　　出題されることが多いが，福田恒存・田中美知太郎など，戦後・昭和の保守的知識
　　人の時事的な文章が出題されることもある。これらの文章は文体も硬質で，内容も
　　わかりにくいが，時代背景を読み込みながら，現代と比較して理解すると興味深い
　　内容になっている。

課題文の解説

▶各段落の要点

問題提起	❶・❷日本人の道徳的思想＝戦争を悪とする考え＝戦争は不幸（と同義） **問題提起**戦争は害悪・不幸である≠戦争の加害者と被害者を区別し罪を定める 　　前者＝悲惨と破壊，損失と苦痛 　　後者＝不幸をもたらす因果
戦争と悪の区別	❸～❺戦争を不幸・悪から区別する 　　　　↓ 戦争はつねに悪か？ **例示**栄光，利得，勇敢，よろこび **反論**他の人に悲しみと不幸をもたらす→罪悪とすべし 　　　　↓ 思想法廷で反対の弁論とも対質させねばならない
非難と道徳	❻・❼**例示**「ベトナムに平和を！」→告発・断罪すればよいのか，どういう道徳なのか もっとも多く他を断罪するのが最大の道徳家？　**比喩**悪徳弁護士 政治論・道徳論の本来性を回復するように努力
アテナイの例示	❽・❾**引用**ヘロドトス『歴史』：ペルシア戦争→不幸だが，罪悪として否定したわけではない，（むしろ）栄光 　　　　‖ アテナイがギリシアを救った
正邪の意識の必要性	❿～⓬戦争＝不幸＋自由を守る正義→善悪の区別と正邪の区別は分裂する **例示**「戦争はいやだ」という悲鳴＝正義？→正邪を無意味とする人々は悲鳴を無視する 　　　　↓ 正邪の考えが拘束力をもつ，悲鳴は正義ではない **比喩**赤児の泣き声≠道徳的行為 **主張**戦争を悪とし，平和を主張するには，正邪の意識・道徳の立場が必要
正義のあやうさ	⓭**対比**われわれ（現代の主流）の道徳論＝非難・罪のなすりつけ・法廷弁論→正義は利用されるだけ **引用**プラトン「正義の仮面の下に不正を行なう」正義とは勝利と信ずる者→戦争のために平和を利用する
病気・貧困との類似	⓮**結論**戦争は悪・不幸だが，病気や貧困と同じ→病気・貧困と同様に処理すべき→戦争の不幸の原因を研究＋防ぐための方策→行政・立法へ **比喩**病気や貧困は薬や治療で対処する
本来の政治	⓯政治＝司法より立法＝建議・立案・提案 →人間の幸福・社会の善に奉仕する＝政治の本来性

▶着眼

　著者の田中美知太郎（1902〜85年）は哲学者・西洋古典学者。政治的関心も強く，著作には政治論もある。ここでは，戦争の悪と不幸を認めながら，戦争の善悪と正邪を区別して考え，平和に向けての法的役割，政治の本来性について述べている。設問では「著者の立論に連関して考察を深め」「具体的事例への言及」とあるので，具体的事例に著者の論理的枠組みを当てはめて分析していくことになろう。著者の立論に対して賛成・反対・どちらでもない，などの関係を明確にして，その根拠を述べるという方向で書くとよい。具体的事例への言及については，現代史や現代社会についての多少の基礎的な知識も必要になるかもしれない。

▶キーワード

□**ベトナム**　第二次世界大戦後ベトナムはフランスから独立を宣言した。しかし，フランスが再植民地化を狙って戦争になり，1954年にフランスが敗北した。ところが，この経緯を，アメリカが社会主義との代理戦争とみなして軍事介入。全土への枯葉剤散布など強引な作戦が世界的に強い非難を浴び，1975年に撤退した。

□**ベトナムに平和を！（市民連合）**　ベトナム戦争に反対して，当時日本全国で盛り上がった市民による反戦運動。作家小田実らが中心となり，アメリカ人脱走兵の支援や街頭デモ，言論などで活発に運動を展開した。「ベ平連」と称された。

□**アリバイ**　被疑者・被告人が犯罪に関わっていないことを推認させる間接的な事実。たとえば「もし，私がAを殺したのなら，その時，現場にいたはずです。しかし，私は当時30km離れた△△にいました」というのが証明されれば，アリバイとなる。

□**ペルシア戦争**　紀元前492年から紀元前449年まで，アケメネス朝ペルシアとギリシアの諸都市の間で行われた戦争。ヘロドトス『歴史』の記述では「自由への戦い」と意義づけられているが，内情はそう単純ではなく，後にギリシア諸都市の間で起こったペロポネソス戦争の原因になったとも言われる。

設問の解説

問題　論旨をふまえた意見論述

〔要求〕　①「戦争と平和」の問題を論じた文章について，著者の議論を要約する。
　　　　　②①に連関して考察を深める。
〔条件〕　②で具体的事例に言及する。

　冒頭で課題文をまとめて，その後に自分の主張を展開する。要約では，つねにトピック（話題）を確認して，その話題に対してどんな命題が述べられているか，をまず調べる。その後が自分の主張，つまり，本来の意味の小論文。その命題に対して賛

成・反対または第三の立場を取って，自分の意見を主張し，その根拠を述べる。この問題では，とくに具体例を出すことが要求されている。

対話の中で明らかになる真理

　課題文は，時事的政治評論の典型的なスタイルを取っている。著者の立場は明快で，第❶段落の「戦後の『あまったれ民主主義』」という表現からも明らかなように，戦後民主主義に対する，いわゆる「保守主義」からの批判だ。ただ，それは単純な戦前回帰やナショナリズム・愛国的態度礼賛の立場とは言えない。あるいは，しばしば言われてきた「近代理性への懐疑」（エドマンド・バーク）でもない。むしろ，著者は，普遍的な理性の立場から，戦後民主主義の「戦争反対」の議論がおかしいと批判する。

　このような議論の方向は，著者田中美知太郎が古代ギリシア哲学の碩学であったこととも関係しているだろう。古代ギリシア哲学，とくにソクラテスとその弟子プラトンは哲学的な対話を重視し，対話の中で次第に現れてくる正しい知識や判断（エピステーメー）を重視した。とくに，ソクラテスは「自分は何でも知っている」と自称するソフィスト（知者）と対話して，実は，彼が何も知っていないことを対話の中で明らかにするとともに，自身は「自分は何も知らない」と自覚しているだけソフィストたちより知に近づいている，と主張した。このようなソクラテスの方法はエイロネイア（アイロニー：irony）とも言われ，高校「倫理」で習う基礎知識にもなっている。

引用と比喩から考える

　ただ，このような著者の立論は，冒頭で，その時代特有の事情に対する批判が繰り返されるため，現代の読者にはややわかりにくい。それでも，ソクラテスの方法に従っている，と考えれば，著者が論敵と見なしている「戦後の『あまったれ民主主義』」あるいは「ベトナムに平和を！」という市民運動（キーワード参照）に対する攻撃は，君たちの主張は「理性的でない」あるいは「感情的である」「思い違いがある」「十分吟味されていない」と非難する方向になるだろう。このような姿勢は，著者が使っている比喩にも明確に現れている。

> ● 戦争はいやだ，戦争に巻き込まれたくないというような悲鳴をあげれば，それが正義の叫びとなり…われわれが道徳の立場にあることを意味するものではない。それは乳を求めて泣く赤児が…道徳的行為をしているのではないというのと同じであろう。
> （第❶・❷段落）

　つまり，「戦争反対」の立場は「悲鳴」にたとえられる「感情的」な反応にすぎず，理性的な議論とは言えない，というのだ。それに対して，自分の立場は一段高く，理性的な，あるいは道徳的な議論である，と言うのである。では「戦争」に対しては，どのような立場が，一段高い「理性的」立場であるのか？　それは第❽〜❿段落の「ペルシア戦争」についてのヘロドトス『歴史』の引用と要約に現れている。

> ● 戦争は不幸なことであり，悪である。これを避けるためには，アテナイは…すぐに降
>   参すればよかったかも知れない。…しかしかれらは侵略者と戦い，自由のために戦う
>   …戦争を正義であると信じた（第❿段落）

　このような古代ギリシア人の信念を紹介するからには，著者はヘロドトスの「侵略
者に対しては戦争すべき」という叙述を典拠にして，「正義の戦争も存在するはず
だ」と主張していることになろう。だからこそ「戦争が害悪であり，不幸である」と
いう自明の前提から，「戦争は正義に反する」と結論づけるのは誤りである，と言う
のである。いかにも西洋古典学者らしい，教養と知識に溢れた議論と言えよう。

　| 「戦争反対」の立場は理性的・道徳的な議論ではない |

　　　↓なぜなら

　| 正義の戦争も存在するからだ |

　　　↓説明

　| 悲惨と不幸をもたらす害悪であることと道徳的に悪という倫理的判断は別である |

　　　↓典拠

　| ペルシア戦争におけるギリシア人の自由を守る戦い |

揶揄と提案

　実は，この第❿段落までで証明の骨子は尽きている。その後の第⓫〜⓭段落は，論
敵である「戦後民主主義」に対する揶揄と批判で占められ，彼らのような感情的反応
をしても戦争は止められず，無駄である，と述べられる。以下の引用における「われ
われ」とは，著者を含む人々ではなく当時の社会風潮に沿った論敵のことであろう。

> ● われわれが苦を避けて，快を求めるように，われわれは戦争をきらう。これは自然の
>   傾向である。しかしそれが直ちに正邪の問題になるわけではない。わたしたちは…戦
>   争はいやだ…巻き込まれたくないと…悲鳴をあげれば…誰もがわれわれを救うために
>   馳せつけて来なければならないと，簡単に考えてしまう（第⓫段落）

「簡単に考えてしまう」と言うのだから，こういう「悲鳴をあげる人々」の考えは
足りないのである。ではどうすれば，ちゃんと考えたことになるのか？　第⓮・⓯段
落には著者の提案が述べられている。

> ● 戦争は…病気や貧困が悪である意味において悪なのである…とすれば，病気や貧困と
>   同じように処理する道がある…法律論や道徳論をもち出すようなことは…していない
>   …戦争の不幸…の原因となるものを研究し，これを防ぐための積極的な方策をたてな
>   ければならぬ。…問題も法廷から行政，あるいは立法の場にうつされる（第⓮段落）

> ● 本来の政治というのは，…平和で幸福な社会というようなものを目ざして，その必要
>   条件を法的に規定し，法的秩序を築いていく仕事…われわれは政治が，このような政
>   治の本来性を回復することに協力しなければならない。それが恐らく世界平和への最
>   も有効な努力になるだろう。（第⓯段落）

つまり，戦争の「不幸」「悪」は「病気や貧困」の悪と同じであり，それらと同様に技術的に軽減すべきだし，そのための方法を考えるのが「建議し，立案し，提案する」議会だと言うのである。逆に言えば，戦争については「誰に罪があったのか？」などと法廷で罪人を裁くような告発をすべきではなく，「人間の幸福，社会の善に奉仕」すべく，未来に向けた行動を取るべきだ，というのである。

「戦争反対」の立場は感情的な反応にすぎない

　↓なぜなら

正義の戦争も存在するからだ

　↓説明

悲惨と不幸をもたらす害悪であることと道徳的に悪という倫理的判断は別である

　↓典拠

ペルシア戦争におけるギリシア人の自由を守る戦い

　↓批判

戦争を嫌う・巻き込まれたくないという感情と道徳の立場を区別すべき

　↓提案

戦争は病気や貧困と同種類の悪→法的な告発は無意味→悪を防ぐための行政・立法

つまり，戦争のもたらす害悪については「誰が悪いのか？」と告発するのではなく，行政・立法などの手段を使って，その害を軽減するように工夫すべきだ，と結論づけるのである。以上の分析を 400 字にまとめれば，要約になるだろう。

どのように自分の意見を言うか？

後半は「著者の立論に連関」させて「戦争と平和」に対する自分の主張を述べる部分で，本来の小論文の形になっている。「著者の立論に連関」させるのだから，
①著者の意見に賛成　②著者の意見に反対　③そのどちらでもない第三の立場
のいずれかを取ることになる。通常なら，①を取るのが無難だろう。著者は専門家なのだから，それに受験生が対抗して反論するのは大変である。だから，一応，著者の意見の概略に賛成した上で，著者が触れていなかったり見逃していたりする諸点についての補足や修正を付け加える。ただし，著者の主張に全面的に反対する議論も立てられなくはないので，練習では，全面反対の議論も試みてほしい。

そこで，〔解答例〕では，あえて著者の議論に反対する議論を立ててみた。つまり，真っ向から著者の主張に反対し，その根拠を，著者の議論に即して順次提示する，というやり方である。

客観的状況と問題のありか

　そもそも，この文章が書かれたのは1970年代初めで，1945年の日本の無条件降伏から四半世紀しか経過していない。したがって，戦争体験を鮮明に記憶した人が多数生存していたはずである。太平洋戦争の死者は310万人で，そのうち軍人・軍属が230万人，民間人が80万人と言われている。当時の人口が8000万人だったことを考えれば，全人口の5％もの膨大な数の人々が犠牲になったのだ。

　しかし，これほど大きな犠牲を払ったのに，日本は完膚なきまでに敗れ，他国に占領された。その悲惨な記憶が鮮明な時期に，「戦争には正義の戦いもあるから，簡単に戦争反対と言うな！」という主張が説得的であったとは考えにくい。あまりにも甚大だった戦争被害の総括も済んでいないのに「正しい戦争もあるから，とりあえず戦争を肯定せよ」と迫ることには，時代背景を考えると違和感がある。

　しかも，その犠牲は，政府・軍部の指導の失敗による部分も大きい。たとえば，軍人・軍属の死亡は，大部分が戦死ではなく，食糧配給・調達の失敗による餓死・戦病死とされる。また，特攻など，勝ち目の薄い無謀な作戦を立て，前途有為な若者を消尽した罪も軽くはない。たとえ「正義のための戦争も存在する」ことが正しいとしても，実際は「正義のために戦って死んだ人」より，拙劣な戦争指導に「巻き込まれて死んだ人」が圧倒的に多かった。そういう犠牲を経験した人々に向かって，「悲鳴をあげている赤児」だと揶揄するのは，不当な非難ではないのか，と考えられる。

文章が書かれたのは敗戦後間もない時代

↓

戦争体験の悲惨な記憶も強く残存＋犠牲の原因は政府・軍部の拙劣な指導

↓

巻き込まれて死んだ人が多い

↓

「悲鳴をあげている赤児」だと批判するのは不当

技術で解決すべきなのか

　加えて，著者は第**⓮**・**⓯**段落で，戦争を「病気や貧困がもたらす悪や不幸」にたとえて，そんな害悪は技術的に軽減すべきだし，それをするのは「法廷」ではなく，「建議し，立案し，提案する」議会であると主張する。だが，そもそも，もし「戦死者」の大部分が政府・軍部の指導の失敗による餓死・戦病死であったとすれば，これらは，むしろ，技術的な失敗，著者の表現によれば「行政」によって引き起こされた，と考えられる。当然，その担当者は責任を問われるべきであろう。そうでなければ，今までの失敗は検討されないまま，同じことを繰り返すばかりか，過去の担当者が失敗の隠蔽と正当化にいそしむことすら考えられる。とすれば，著者の言うように，問

題は「立法の場」や「議会」に安易に移されてはならず，むしろ「司法」に戻って，「なぜ，そういうことを起こしたのか？」と責任を究明すべきだ，という主張も可能になろう。

　近代的な政治理論では，「政治は結果責任だ」と言われる（マキャベリ『君主論』）。つまり，どんなに支配者や政治家の意図や性格がよくても，その判断の結果，国民を隷属と不幸に追い込んだなら，最悪の選択と言わなければならない。政治的価値としては，どんな嘘つきでも卑劣漢でも，国を繁栄させて人々を安全で幸福にする政治家の方がましであろう。どんなナショナリストでも「戦争で数百万人を死亡させ，あまつさえ，他国への属国化を招いた責任は重大だし，追及されるべき」と言われれば，認めざるを得まい。著者は，そういう結果責任を不問に付して，未来に向けて議論すべきというが，過去の清算を不十分なままにして，果たして未来への展望が開けるのだろうか？　……こんな風に，著者の議論は批判的観点からも考えることができる。

戦争の悪≒病気や貧困がもたらす悪や不幸

　　↓

技術的に軽減すべき＋犠牲の大半は軍指導部や政府の技術的な失敗

　　↓問題提起

政治は結果責任なので，失敗は責任を問われる

　　↓展開

過去の清算が不十分では，未来への展望は開けない

藁人形論法の恐れ

　他方で著者の「戦争反対」論者に対する批判の仕方を批判することもできよう。自分が「正しい知識」の立場に立って，「戦争反対」論者を「子どもっぽい」とする上下関係に立つだけでなく，「藁人形論法」による批判をしている，とも言えるだろう。これは，議論の中で相手の主張を歪めて引用し，本来の趣旨とは異なる主張に捻じ曲げて，簡単に論難しようとする論法で，議論としては誠実とは言えない。

　たとえば，著者が批判する「ベトナムに平和を！市民連合」も，その名に反して，「絶対平和主義」の主張を展開して，とにかく戦争を止めたいとしたわけではない。むしろ，アメリカが，フランスの植民地支配を引き継いで，アジアの「共産主義のドミノ」現象を阻止しようとしたのに対して，「大義がない」と正邪・倫理の判断から批判した市民集団と捉えることもできる。それに対して「ひとかどの道徳家」「赤児」と批判していることを，論敵の主張を矮小化して，その不十分さを非難している不当な主張と見なすこともできるだろう。

「ベトナムに平和を！市民連合」は絶対平和主義ではない

　　↓

アメリカの軍事介入に対して「大義がない」と判断した＋民族自決を主張

↓

正邪・倫理の判断なのに，絶対平和主義のように印象づけて批判する

↓

藁人形論法で不誠実な議論

解答例

　課題文によれば，「戦争反対」の議論は，甘ったれた戦後民主主義による感情的反応にすぎない。なぜなら，戦争が悲惨と不幸をもたらす害悪であるとしても，直ちに「戦争が不正だ」とは断定できないからだ。むしろ，正義に基づいた戦争も存在するのである。だから，悲惨と不幸をもたらす害悪と，道徳的・倫理的に悪であることは，区別して判断されねばならない。たとえば，古代ギリシア人たちは，ペルシア戦争において，ギリシアの自由を守るという正義のために，侵略者と戦った。たしかに，人間には苦を避け，快をもとめる自然の傾向があるが，それを正邪の判断と同一視してはならない。戦争のもたらす悲惨と不幸は病気などと同様なので，むしろ技術的に解決すべきである。だから，政治も法廷的な議論に陥らず，立法によって平和で幸福な社会の条件を規定する，という本来のあり方に戻るべきだ，と言うのだ。

　しかし，このような主張はややアンフェアだろう。なぜなら，戦争反対の主張が「嫌だ，巻き込まれたくない」という感情的反応だとは断言できないからである。この文章が書かれたのは敗戦から四半世紀後で，戦争の直接の記憶を持った人が多数生存していた。太平洋戦争による死者は 310 万人だが，その多くは政府・軍部が原因になっているとも言われる。たとえば，軍人・軍属の死亡は大部分が餓死・戦病死で，軍指導部の配給の拙劣さによって引き起こされた。とすれば，その担当者は責任を問われてしかるべきだし，そうしなければ同じ失敗を繰り返す。したがって，むしろ「司法」で因果関係を徹底的に究明すべきだろう。マキャベリが述べたように，政治は結果責任であり，意図がどんなによくても，結果として国民を隷属と不幸に追い込むのは最悪の政治だ。戦争で数百万人を死亡させ，占領を招いた責任はウヤムヤにすべきではない。

　そもそも，戦争反対論者も何でもいいから戦争を止めろと主張したわけではない。むしろ，民族自決を支持し，アメリカの軍事介入に「大義がない」と感じた上での行動でもある。その倫理的な立場を無視し，「赤児の悲鳴」だと揶揄して非難するのは藁人形論法にすぎない。たしかに，市民運動の参加者は著者のような高い教養も知識もなかったかもしれないが，大半は身内

が戦死したり空襲で死んだり，戦争の悲惨さを直に体験している。その苦しみに思いを致し，徒に尊大にならないことこそ道徳的態度と言えよう。
（1000字以内）

藁人形論法とは

　藁人形論法とは，議論をする中で相手の主張を歪めて引用し，本来の趣旨とは異なる内容に捻じ曲げて反論する論法である。ストローマン論法，かかし論法とも言われる。例えば，「子供を道路で遊ばせるのは危険だからやめよう」という主張に対し，「子供を家に閉じ込めておくのは，人権を無視している」と反論する。「道路で遊ばせるな」という主張を，「外で遊ばせるな」と拡大解釈して批判しているので，不当な反論だろう。ただ，こういう反論は SNS などでしばしば見られる。

　ここでは，著者田中美知太郎が「ベトナムに平和を！市民連合」（以下，ベ平連）の主張を「戦争は嫌だ，巻き込まれたくない」という反応だと解釈して批判しているところが，藁人形論法にあたる可能性がある。「戦争は嫌だ。何が何でも平和がいい」という絶対平和主義を反駁することは簡単だ。なぜなら，平和でありさえすれば，明らかな不正でも容認する態度と考えられ，「お前は不正を容認するのか？」と論難できるからだ。現代で言えば，ロシアのウクライナ侵攻に対して，ウクライナが戦争をしないで領土を割譲すれば，とりあえず戦争は止まるだろう。しかしこれでは平和であっても正義が行われたことにはならない。同様に「正義を守る」も正しい態度と考えられるのに，ベ平連の活動家は「平和を実現するために不正を容認する輩だ」と論難できるわけだ。

　しかしながら，彼らの主張が絶対的平和主義である，という判断は，田中が述べているだけで「ベ平連の主張は絶対平和主義である」という命題が，課題文中で根拠とともに証明されているわけではない。むしろ，自明の前提として議論が展開されている。もしかしたら［中略］の部分で証明があるのかもしれないが，課題文からはわからない。

　たとえば，市民団体が「ベトナムに平和を！」と言ったとしても，それは，むしろ民族自決を支持し，大国の軍事介入を「正義に反する」と批判する行動とも考えられる。それなのに，著者は，その可能性を考慮せず，戦争を忌避する「赤児」の感情的行動だと決めつける。このように，論敵の主張を矮小化して非難するのは，本来やってはならない議論であろう。まさか，尊敬すべき碩学が，このような論法を用いているとは考えたくないが，出題された部分を読む限りでは議論展開の不備という可能性は捨てきれない。

17　個人と社会の対立関係に何ができるか？

2021 年度・目標 90 分

法学部の論述力試験について

　この試験では，広い意味での社会科学・人文科学の領域から読解資料が与えられ，問いに対して論述形式の解答が求められる。試験時間は 90 分，字数は 1,000 字以内とする。その目的は受験生の理解，構成，発想，表現などの能力を評価することにある。そこでは，読解資料をどの程度理解しているか（理解力），理解に基づく自己の所見をどのように論理的に構成するか（構成力），論述の中にどのように個性的・独創的発想が盛り込まれているか（発想力），表現がどの程度正確かつ豊かであるか（表現力）が評価の対象となる。

[問題]

　次の文章は，評論家・福田恒存が一九四七年に発表した「一匹と九十九匹と」と題する作品からの抜粋である。著者の議論を 400 字程度に要約した上で，個人と社会の緊張と対立について，あなたの考えを具体的に論じなさい。

　ぼくはぼく自身の内部において政治と文学とを截然と区別するやうにつとめてきた。その十年あまりのあひだ，かうしたぼくの心をつねに領してゐたひとつのことばがある。「なんぢらのうちたれか，百匹の羊をもたんに，もしその一匹を失はば，九十九匹を野におき，失せたるものを見いだすまではたづねざらんや。」（ルカ伝第十五章）はじめてこのイエスのことばにぶつかつたとき，ぼくはその比喩の意味を正当に解釈しえずして，しかもその深さを直観した。もちろん正統派の解釈は蕩児の帰宅と同様に，一度も罪を犯したことのないものよりも罪を犯してふたたび神のもとにもどつてきたものに，より大きな愛情をもつて対するクリスト者の態度を説いたものとしてゐる。たしかにルカ伝第十五章はなほそのあとにかう綴つてゐる——「つひに見いださば，喜びてこれをおのが肩にかけ，家に帰りてその友と隣人とを呼びあつめていはん，『われとともに喜べ，失せたるわが羊を見いだせり』われなんぢらに告ぐ，かくのごとく，悔い改むるひとりの罪人のためには，悔い改めの必要なき九十九人の正しきものにもまさりて天に喜びあるべし。」

　が，天の存在を信じることのできぬぼくはこの比喩をぼくなりに現代ふうに解釈してゐたのである。このことばこそ政治と文学との差異をおそらく人類最初に感取した精神のそれであると，ぼくはさうおもひこんでしまつたのだ。かれは政治の意図が

「九十九人の正しきもの」のうへにあることを知つてゐたのに相違ない。かれはそこに政治の力を信ずるとともにその限界をも見てゐた。なぜならかれの眼は執拗に「ひとりの罪人」のうへに注がれてゐたからにほかならぬ。九十九匹を救へても，残りの一匹においてその無力を暴露するならば，政治とはいつたいなにものであるか——イエスはさう反問してゐる。かれの比喩をとほして，ぼくはぼく自身のおもひのどこにあるか，やうやくにしてその所在をたしかめえたのである。ぼくもまた「九十九匹を野におき，失せたるもの」にかかづらはざるをえない人間のひとりである。もし文学も——いや，文学にしてなほこの失せたる一匹を無視するとしたならば，その一匹はいつたいなにによつて救はれようか。

　善き政治はおのれの限界を意識して，失せたる一匹の救ひを文学に期待する。が，悪しき政治は文学を動員しておのれにつかへしめ，文学者にもまた一匹の無視を強要する。しかもこの犠牲は大多数と進歩との名分のもとにおこなはれるのである。くりかへしていふが，ぼくは文学の名において政治の罪悪を摘発しようとするものではない。ぼくは政治の限界を承知のうへでその意図をみとめる。現実が政治を必要としてゐるのである。が，それはあくまで必要とする範囲内で必要としてゐるにすぎない。革命を意図する政治はそのかぎりにおいて正しい。また国民を戦争にかりやる政治も，ときにそのかぎりにおいて正しい。しかし善き政治であれ悪しき政治であれ，それが政治である以上，そこにはかならず失せたる一匹が残存する。文学者たるものはおのれ自身のうちにこの一匹の失意と疑惑と苦痛と迷ひとを体感してゐなければならない。

　この一匹の救ひにかれは一切か無かを賭けてゐるのである。なぜなら政治の見のがした一匹を救ひとることができたならば，かれはすべてを救ふことができるのである。ここに「ひとりの罪人」はかれにとつてたんなるひとりではない。かれはこのひとりをとほして全人間をみつめてゐる。善き文学と悪しき文学との別は，この一匹をどこに見いだすかによつてきまるのである。一流の文学はつねにそれを九十九匹のそとに見てきた。が，二流の文学はこの一匹をたづねて九十九匹のあひだをうろついてゐる。なるほど政治の頽廃期においては，その悪しき政治によつて救はれるのは十匹か二十匹の少数にすぎない。それゆゑに迷へる最後の一匹もまた残余の八十匹か九十匹のうちにまぎれてゐる。ひとびとは悪しき政治に見すてられた九十匹に目くらみ，真に迷へる一匹の所在を見うしなふ。これをよく識別しうるものはすぐれた精神のみである。なぜなら，かれは自分自身のうちにその一匹の所在を感じてゐるがゆゑに，これを他のもののうちに見うしなふはずがない。

　（中略）

　ぼくの知りうるかぎり，ぼくたちの文学の薄弱さは，失せたる一匹を自己のうちの最後のぎりぎりのところで見てゐなかつた——いや，そこまで純粋におひこまれることを知らなかつた国民の悲しさであつた。しかもぼくたちの作家のひとりびとりはそれぞれ自己の最後の地点でたたかつてゐたのである。その意味において近代日本の

文学は世界のどこに出しても恥しくない一流の作家の手によつてなつた。が，かれらの下降しえた自己のうちの最後の地点は，彼等に関するかぎり最後のものでありながら，なほよく人間性の底をついてはゐなかつた。なぜであるか──いふまでもない，悪しき政治がそれ自身の負ふべき負荷を文学に負はせてゐたからである。政治が十匹の責任しか負ひえぬとすれば，文学は残りの九十匹を背負ひこまねばならず，しかもぼくたちの先達はこれを最後の一匹としてあつかはざるをえなかつた。その一匹が不純なものたらざるをえず，この意味においてぼくたちの近代はそのほとんどことごとくを抹殺しても惜しくはない五流の文学しかもちえなかつたのである。

　（中略）

　ぼくがいままで述べてきた文学と政治との対立の底には，じつは個人と社会との対立がひそんでゐるのである。ここでもひとびとはものごとを一元的に考へたがり，個人の側にか社会の側にか軍配をあげようとこころみてきた。そして現代の風潮は，その左翼と右翼とのいづれを問はず，社会の名において個人を抹殺しようともくろんでゐる。ゆゑに個人の名において社会に抗議するものは，反動か時代錯誤のレッテルをはられる。ここにぼくの反時代的考察がなりたつ。が，それは反時代的，反語的ではあつても，けつして反動ではありえない。もし反動といふことばのそのやうな使ひかたが許されるならば，むしろそれは反対の立場にかぶせられるべきものであらう。ぼくは相手を否定せんと企ててゐるのではなく，ただおのれの扼殺される危険を感じてゐるのにすぎない。

　失せたる一匹の無視せられることはなにも現代にかぎつたことではない。が，それはつねにやむをえざる悪としてみとめられてきたのであつて，今日のごとく大義名分をもつてその抹殺を正当化した時代は他になかつた。それは一時の便法ではなく，永遠の真理として肯定されようとしてゐる。いや，現代はその一匹の失はれることすらみとめようとはしない。社会はその框（かまち）のそとに一匹の残余すらもつはずのないものとして規定せられる。個人は社会的なものをとほして以外に，それ自身の価値を，それ自身の世界をもつことを許されない。社会は個人をその残余としてみとめず，矛盾対立するものとして拒否するのである。だが，矛盾対立するものはなぜ存在してはいけないのか。いや，そのことよりも，個人はこのみづからの危機に際会してなぜ抗議しないのか。

　（中略）

　ひとびとはあらゆる個人的価値の底にエゴイズムを見，それゆゑに個人は社会のまへに差恥する。が，現実を見るがいい──社会正義といふ観念の流行にもかかはらず，現実は醜悪な自我の赤裸々な闘争の場となつてゐるではないか，いや，なほ悪いことに，あらゆる社会正義の裏口からエゴイズムがそつとひとしれずしのびこんでゐる。当然である──いかに抑圧しようとしてもけつして消滅しきれぬ自我であり，それゆゑに大通りの通行禁止にあつてみれば，裏口にまはるよりほかに手はなかつたとい

ふわけである。ぼくがもつともおそれるのはそのことにほかならない。社会正義の名によりひとびとが蛇蝎のごとく忌み恨んだエゴイズムとは，かくして社会正義それ自身の専横のもちたらした当然の帰結にほかならぬのである。現代のオプティミズムは政治意識と社会意識とを強調してゐるが――それはそのかぎりにおいて正当な主張であるとしても――このさいひとびとの脳裡にある図式は，いささかの私心も野望もなき個人といふものの集合のうへに成りたつてゐる。たしかにかれらの世界観は知性の科学によつて空想的ユートピアに堕することをまぬかれてはゐよう。が，個人の秘密を看過したことにおいて，個人が小宇宙であるといふ古めかしい箴言を一片の反故として葬りさつたことにおいて，さらに社会意識といふものによつて個人を完全に包摂しうると考へたことにおいて，まさに空想的，観念的なユートピアの域をいでぬものであらう。

　（中略）

　ふたたび誤解をさけるためにことわつておくが，ぼくは文学者が政治意識をもたなくてはならぬとかなんとか，さういふ場でものをいつてゐるのではない。政治と文化との一致，社会と個人との融合といふことがぼくたちの理想であること――そのことはあたかも水を得るために水素と酸素との化合を必要とするといふことほど，すでに懐疑の余地のない厳然たる事実である。問題はその方法である。その理想を招来するための政治や文学の在りかた，社会や個人の在りかたが問題なのである。ぼくは両者の完全な一致を夢見るがゆゑに，その截然たる区別を主張する。乖離でもなく，相互否定でもない。両者がそれぞれ他の存在と方法とを是認し尊重してのうへで，それぞれの場にゐることをねがふのである。それをぼくはただ文学者として，文学の立場からいつたにすぎず，また今日のさかんな政治季節を考慮にいれていつたのにすぎない。

　（中略）

　政治のその目的達成をまへにして――そしてぼくはそれがますます九十九匹のためにその善意を働かさんことを祈つてやまず，ぼくの日常生活においてもその夢をわすれたくないものであるが――それがさうであればあるほど，ぼくたちは見うしなはれたる一匹のゆくへをたづねて歩かねばならぬであらう。いや，その一匹はどこにでもゐる――永遠に支配されることしか知らぬ民衆がそれである。さらにもつと身近に――あらゆる人間の心のうちに。そしてみづからがその一匹であり，みづからのうちにその一匹を所有するもののみが，文学者の名にあたひするのである。

福田恒存「一匹と九十九匹と－ひとつの反時代的考察」『福田恒存全集』第一巻（文藝春秋，1987年）。試験問題として使用するために，文章を一部省略・変更し，漢字を新字体に改めた。

POINT 課題文は旧仮名遣いで比喩表現が多用され，書かれた時代背景も現代と大きく異なるので，著者の「言いたいこと」を正確に理解するのがやや難しい。とくに「今日のさかんな政治季節」などの表現は「何のことか？」と違和感を覚えるかもしれない。戦後の混乱期に政治の役割が強調される中，著者はあえて個人と社会を対立させることで，文学の意義を明確化しようとする。この基本線を読み取れば，現代にも適用できるだろう。

課題文の解説

▶各段落の要点

問題	❶政治と文学は截然と区別すべき **引用**ルカ伝のイエスのことば→その深さを直観 ❷このことばには政治と文学の差異を人類最初に感取した精神が現れている 政治の意図は「九十九人の正しきもの」の上にあり，そこに政治の力と限界がある ⇕ 文学は失せたる一匹を救うためにある
説明	❸善き政治＝おのれの限界を意識して，一匹の救いを文学に期待する ⇕ 悪しき政治＝文学を政治に奉仕させ，文学者にも一匹の無視を強要する 政治にはかならず失せたる一匹が残存する→文学者は一匹の失意・疑惑・苦痛・迷いを体感すべき ❹文学者は政治が見のがした一匹を救いとる→すべてを救える 文学者は一人をとおして全人間をみつめる→一匹をどこに見いだすかが問題 一流の文学＝（一匹を）九十九匹のそとに見る ⇕ 二流の文学＝一匹をたずねて九十九匹のあいだをうろつく→悪しき政治に見すてられた九十匹に目くらみ，真に迷える一匹を見うしなう 一匹を識別しうるもの＝自分自身のうちにその一匹の所在を感じているため，一匹を見うしなうことがない ❺ぼくたちの（日本）文学は失せたる一匹を見ておらず，人間性の底をついてはいない←**理由**悪しき政治が文学に負荷を負わせていた ぼくたちの近代には五流の文学しかなかった
問題の背景	❻文学と政治との対立の底にあるのは，個人と社会との対立 現代の風潮＝社会の名において個人を抹殺しようとする→個人の名において社会に抗議するものは反動と見なされる
説明	❼現代では，一匹の抹殺を正当化し，社会は個人をその残余としてみとめず矛盾対立するものとして拒否 ❽現実には社会正義の裏口からエゴイズムがしのびこむ 私心も野望もない個人を包摂したものとしての社会意識＝空想的・観念的なユートピア
主張	❾政治と文化の一致，社会と個人の融合が理想 （政治と文学の）完全な一致を夢見るがゆえに，両者の截然たる区別を主張する 互いを是認・尊重したうえで，それぞれの場にいることをねがう **背景**今日のさかんな政治季節
補足	❿ぼくたちは見うしなわれたる一匹のゆくえをたずね歩かねばならぬ 一匹は民衆であり，あらゆる人間の心のうちにいる 文学者＝みずからのうちにその一匹を所有するもの

▶着眼

著者の福田恒存（1912～94年）は評論家，劇作家。「政治と文学」「社会と個人」という主題については，J. P. サルトルの「アフリカで子どもが飢えているとき，文学に何ができるか？」という有名な問いがある。彼の答えは「文学者も政治に参加せよ」だったが，福田の答えは「政治で救えない者を救うのが文学である」である。文学部でも過去に類似の内容の出題があった。著者は，政治と文学の対立の底には個人と社会との対立がひそんでいるとする。どちらか一方を重んじて他方をないがしろにするのではなく，政治と文化の一致，社会と個人との融合が理想であるが，そのためにも両者にはそれぞれ固有の場があることを認識すべきだと主張している。

▶キーワード

□**截然**　区別がはっきりしていること。

□**反動**　歴史の流れに逆らって進歩をはばみ，旧体制の維持をはかろうとする，保守的な傾向（を持つ人）。

□**オプティミズム**　楽観主義。くよくよ心配しないで，人生はすべてよい方向に向かうと考えること。悪い意味では，現実に存在する悪を直視せず，問題から目を背ける精神態度。ここでは悪い意味で使われている。

設問の解説

問題　論旨をまとめた上での意見論述

〔要求〕　①著者の議論を要約する。

　　　　　②個人と社会の緊張と対立について，自分の考えを述べる。

〔条件〕　②で具体的に論じる（＝具体例を挙げる）。

問題を見つける

要約するには，まず話題 topic を見つけることから始める。つまり「何について」書いてある文章か，を探す。話題は，最初と最後の段落に繰り返されているのが普通だ。とすると，第❶段落で「政治と文学とを截然と区別する」とあり，最後の段落でも政治と文学者のあり方について述べられているので，「政治と文学の区別」が話題の中心だと見当がつくはず。

話題がわかったら，次に，それを問題つまり疑問文の形に整理すると，さらにわかりやすい。本問なら，話題は「政治と文学の区別」なのだから，問題は「政治と文学はどう区別されるのか？　なぜ区別が必要なのか？」であり，要約は，それに対する解決を中心にまとめればよい。

要約 ＝ 話題を見つける → 問題・疑問文の形に整理する → 問題に対する解決を示す

比喩をどう解釈するか？

　手がかりになるのが，冒頭にある「一匹と九十九匹」の羊についての新約聖書の言葉だろう。「百匹の羊」は，社会や国家の中にいる人々全体を指す比喩だ。とすれば，「九十九匹」を扱う政治は，政策を通じて社会の多数派を救おうとする営み。逆に，「一匹」を探し求める文学は，いかに政治がうまく行われたとしても，それでも救えない少数派，あるいは個人を救う営みと位置づけられる。ただし，第❹段落で言うように，文学は一人の個人を扱いながら，そこに全人間に共通する問題を見ている。

問題の背景

　第❻段落では，文学と政治との対立の底に「個人と社会との対立」がひそんでいると述べられる。この文章が書かれた 1947 年という時代は，第❾段落にあるように「政治（的）季節」にあった。敗戦後 2 年しかたっておらず，日本社会が，これからどこに向かうべきか，様々な混乱と対立があった時代なのである。問題を抱えて苦しむ人々が，社会の中に多数存在していたので，政治的解決に大きな期待が寄せられたのも無理はない。そのような状況下で，社会は「失せたる一匹の無視」をするだけでなく「その抹殺を正当化」するに至るのである。ここに問題にある「個人と社会の緊張と対立」のありようが述べられている。

　これに対して，著者は，エゴイズムなき個人を捨象した社会など空想であると論じ，第❾段落にあるように，政治と文化との一致，社会と個人との融合を理想とみる。そのために，両者が「それぞれの場にゐる」，すなわち，政治と文学が各々にふさわしい役割を担うべきだとする。

　さらに，第❿段落では，一匹はどこにでもおり，また自らの心の中にも一匹を持ち，それを救おうとするのが文学の役割だと言うのである。

　以上の内容をまとめる。なお，要約では，なるべくポイント・ファーストで書くべきである。まず，課題文の問題を出して，それに端的に答える。ここなら，「政治と文学は明確に区別するべきである」を冒頭において，それから，その根拠を述べるという構成がよいだろう。

自分の意見を言うには？

　解答の後半では，「個人と社会の緊張と対立について，あなたの考えを具体的に論じ」る。ポイントは三つで，まず，話題が「個人と社会の緊張と対立について」であること。また，「具体的に論じなさい」というのだから，例示も必要になる。さらに，「個人と社会の緊張と対立」についての著者の考えや主張に対して，前半で要約した議論全体との関連も考慮しつつ，自分の意見を述べていけばよいのである。

意見の書き方としては，著者の論に沿った具体例を挙げる以上，著者の考えに正面から反対して，自分の主張につなげるのは難しい。著者の考えを受け入れて，具体例をもとに検討し，そこに自分なりの補足・修正を付け加えるという書き方をとるのがよいだろう。

著者の論に従って例示する

個人と社会の緊張と対立の例は，容易に見出せる。世界では，人種や宗教，性別，セクシャリティなどからマイノリティが差別を受けて苦しんでいる。実際，2020年からのコロナ禍においては，感染拡大防止が優先され，人々の生活や経済活動が制限されただけでなく，ルールに沿わない行動を非難する"自粛警察"が現れたり，医療従事者や感染者を差別する言動が見られたりした。

生活保護受給者に対して，彼らが貧困状態にあるのは自己責任であり，努力が足りないのだ，という非難もよく行われる。それは，受給者が生活保護受給に至るまでの背景や，人は健康で文化的な最低限度の生活を営む権利を有するという生存権を無視しており，格差・貧困を生み出すような雇用政策や社会構造の問題を見過ごしている。

あるいは，犯罪者に対する刑罰の是非を考えてみよう。社会の治安を維持するためには，刑罰の存在によって犯罪を抑止するとともに，懲役・禁固刑が科された場合に犯罪者を刑務所に収監して社会から隔離することは，当然だと考えられている。また，日本では死刑制度があり，重大かつ残虐な犯行に及んだ者に対しては命をもって罪を償わせている。しかし，死刑があっても，残虐な犯行がなくなることはなく，その抑止効果には疑問の声もある。もちろん，刑罰そのものが不要だとは言えないし，残酷な犯罪が簡単に許されるべきではないが，犯罪には経済的事情や養育環境などの社会的要因もからんでおり，それらを軽視して，死刑を執行することで問題が解決されたかのように捉えるのはおかしい，という意見にも一理あるだろう。

具体例を分析して意見を入れる

こうした「個人と社会の緊張と対立」に対して，どのような解決策を示せるだろうか。著者は，個人と社会の関係の理想は対立を認めながらの融合であると述べながら，その理想を招来するためには，やはり政治と文学を截然と区別すべきであり，一匹を探し歩くことや，自らのうちに一匹を認めることは，あくまで文学の領域だとする。

しかし，たとえばF.ドストエフスキーの『罪と罰』では，殺人を犯した主人公の心理が微に入り細に入り描写される。読者に主人公に思い入れしつつ，刑罰や犯罪について様々に考え込ませるような構造になっているのだ。読んでいるうちに，犯罪者を罰しさえすれば，それで一件落着とは，とても思えなくなり，その社会的背景まで考えさせられるなど，犯罪や刑罰のとらえ方が変わってくる。一匹はどこにでもおり，自分でもありうると感じられるようになるのだ。文学を通じてこうした感じ方が社会

に広がれば，政治も変わってくるかもしれない。著者が「五流の文学」と批判するような，政治に奉仕するのではない形で，優れた文学は政治を動かす力を持つのである。

　その意味で，政治と文学は著者の言うように対立関係にあるのでは必ずしもなく，互いに交流しうるものであり，こうした政治と文学の連携が，個人と社会の融合という理想の実現に資するのではないかと考えられる。このように，大枠は著者の主張に賛成しつつも，具体例をもとに著者の論を再検討することで，補足できる部分が見えてくるのである。

解答例

　　課題文によれば，政治と文学は明確に区別する必要がある。なぜなら，政治は「九十九匹」つまり社会の多数派を扱うのに対し，文学は「一匹」つまり個人を救うものだからだ。政治はいかに善く行われても，そこから取り残される人々が出てくる。だから，善い政治は自らの限界を知り，個人の救済を文学に期待するが，悪い政治は文学にも個人の無視を強要し，多数派の救済に向かわせる。こうした政治と文学の対立の底には，社会と個人との対立がひそんでいる。現代は，個人を抹殺して社会を優先しようとする風潮が強いが，本来両者は対立し，一方をとって他方を切り捨てることはできない。理想は両者の融合であるが，そのためには政治と文学がそれぞれの役割を担うべきだ。文学は，迷える個人はすべての人々の心の中にあるとして，それを救おうとする営為だと言うのだ。

　　このような個人と社会の緊張と対立は，刑罰制度にも見ることができる。社会の治安維持のために刑罰は必要とされ，懲役・禁固刑が科された犯罪者を社会から隔離する。刑罰で犯罪は抑止されると考え，安心を得ようとするのだ。とくに日本では死刑制度があるので，重大で残虐な犯行をした者に命をもって罪を償わせる。だが，死刑があっても，残虐な犯行はなくならず，抑止効果には疑問の声も根強い。経済的事情や養育環境など社会的要因を軽視して，個人に死刑を執行することで問題が解決されたと考えるのは無理がある，という意見にも一理あろう。

　　社会と個人の融合が理想であるとすれば，著者の言う通り，政治とは別に，迷える個人を訪ね歩くように弱者に目を向ける姿勢が必要であろう。しかし，その役割を，文学のみに負わせようとする著者の主張は，やや極端すぎる。たとえば，ドストエフスキーの『罪と罰』では，殺人者の心理が事細かに描かれ，その犯罪の持つ社会的背景まで考えさせられる仕組みになっている。読み進めるうちに，罪を犯したのは自分だったかもしれず，罰しさえすればよいとは感じられなくなるのだ。もし，文学を通じて人々の認識が変われば，政治が考慮する範囲が広がる可能性がある。これは政治に直接奉仕す

る「五流の文学」ではない。むしろ，政治の根底にある民衆の倫理意識に影響を与えるのだ。このように，政治と文学は必ずしも対立関係にあるのではなく，互いに交流しうるものであり，それこそが，社会と個人の融合という理想に近づく一歩をもたらすのだ。（1000 字以内）

政治と文学は区別できるか？

　福田恒存はすぐれた批評家だが，この課題文での政治と文学を対立させる書き方は，やや極端に走っているかもしれない。〔解答例〕では文学が政治に及ぼしうる力を取り上げたが，反対に，すぐれた政治に関わる言説が，文学の一部として扱われてきたという伝統もあるからだ。

　たとえば，西洋では，古典ローマ時代に活躍したキケローの演説や法廷弁論が有名だ。『カティリーナ弾劾』は，国家転覆を企んだ無法者カティリーナを非難する激しい言葉が，そのまま文学作品としても高い価値を持っていると評価されている。あるいは J. カエサル『ガリア戦記』は，戦争における自分の戦闘の記録がそのまま文学として昇華されている。小説や詩歌ばかりが文学ではないのだ。

　現代でも，政治の中で文学が生まれた例は少なくない。たとえば，M. L. キング牧師の黒人差別撤廃運動での演説 "I Have a Dream" は英語の教科書に出てくるほどの名文だし，マルコムXの演説 "The Government is responsible …" の表現も過激で音楽的な名文だと評されている。日本でも，吉田満『戦艦大和ノ最期』は，戦艦大和の特攻の顛末を記録したもので，軍国主義を助長する作品として GHQ により発禁処分となったが，その中身はすぐれた文学になっている，と文芸批評家・小林秀雄が評価している。

　こうした歴史を見れば，福田の言うように「政治と文学とを截然と区別する」のは，むしろ時代状況が生んだ考えだと理解することもできる。20 世紀にはマルクス主義や全体主義が伸張し，文学のあり方に大きな影響を与えた。福田が文学にしか担えない役割を強調したのも，文学が政治に服従することへの危機感を抱いていたからだろう。実際には，政治と文学の境界はそれほど明確ではないにしても，政治が専制を強め，文学を変質させることは今日でもあり得る。その意味では，福田の主張も傾聴に値すると言えよう。

18　実定法を超えた抵抗権の意義

2011年度・目標90分

法学部の論述力について

　この試験では，広い意味での社会科学・人文科学の領域から読解資料が与えられ，問いに対して論述形式の解答が求められる。試験時間は90分，字数は1,000字以内とする。その目的は受験生の理解，構成，発想，表現などの能力を評価することにある。そこでは，読解資料をどの程度理解しているか（理解力），理解に基づく自己の所見をどのように論理的に構成するか（構成力），論述の中にどのように個性的・独創的発想が盛り込まれているか（発想力），表現がどの程度正確かつ豊かであるか（表現力）が評価の対象となる。

[問題]

　次の文章を読み，筆者の抵抗権についての捉え方を整理したうえで，実定法を超えた抵抗権について，具体例を交えて論じなさい。

　歴史的に考えると，人びとの考え方と学者の思想が変化してきていることはすぐ分かるが，そのような変化の原因を究明し，明らかにすることは難しい。現在は法律と良心は非常に異なるものとされている。憲法で国民の良心の自由が保障されても，また裁判官は自分の良心に従うべきと規定されても，日本の法的な制度では，「法に従うべき」ということに例外はないから，法の効力を考えると，個人の良心は実は法律とは異質で，かつ無関係のものになる。つまり，法的に禁じられていない，また命じられていないこと，すなわち法律の入らないところだけに良心の自由があり，この領域だけで良心は働いているようである。

　ところが，この点についての中世法思想の発想は，それとはほとんど逆のものであった。今の言葉遣いで言えば，法（律）の果たす機能（当時の言葉遣いで「法の結果」effectus legis）は臣民を良心的に義務づけることとされていた。したがってこの発想では，法律に背くことは何よりも良心の問題になり，道徳的かつ宗教的に考えると，違法行為になるだけではなく，「罪」（peccatum）でもあるとされた。そういうわけで，良心を無視すれば，法の効力（当時の言葉遣いで「法の力」vis legis）もあり得ないことになる。

　これは，むろん正しい法律についてのことである。しかしもし悪法であるとすれば，このような法律は良心的に義務づけることができないから，「不正な法律は法律では

ない」（lex iniusta non est lex）とされた。これは言うまでもなく，法実証主義の「悪法も法である」の否定であるから，このような思想が自然法（論）に立脚するのは明らかである。そしてこのように考えると，悪法や権力者の不当な命に対して，抵抗するのが権利と義務になるのも当然である（自然法は実定法を破るからである）。

　この程度の説明だけでも，あの時代の法思想では良心の考慮は不可欠であったことが明らかになろうが，良心の重要性は思想のことだけではなかった。スペインの新大陸侵略について，問題にされたのはこの戦争の正当性だけではなかった。実は軍人によってインド人が鉱山などで奴隷的な仕事をさせられたり，その他の残虐行為も数多くあった。それを目撃した現地の宣教師のなかでもっとも知られている一人はドミニコ会のバルトロメ・デ・ラス・カサス（1474〜1566）である。スペイン国王カール五世に送った覚え書きや書簡を今読むと，もっとも注目されるのは，行なわれた不正の詳しい報告よりも，国王の良心に対する訴えがいつも出てくる点である。

　現在の法理論では法的な権利・義務は，正当にも重要な課題とされているが，その際，良心は一切考慮されていない。同じように権力者（政府）または立法者の良心に訴えるということももうない（良心の声はもう聞こえなくなっているようである）。それでも，次に課題にする良心による抵抗の問題は，けっして無意味でも単なる過去のことでもない。

　さて，抵抗権とは何だろうか。答えは，「抵抗」する「権利」である。抵抗とは，言葉だけではなく，行ないによって（作為または不作為という方法で）「反対する」ことである。難しいのは，それをする「権利」があるか，あるとすれば，その権利はどういう性質のものであるか，また一歩進んで，その権利には義務も含まれているのかということである。これらの問題について，歴史的に考えてみよう。

　現在においても，例えば争議権を労働者に保障していない国がまだある。その場合，労働者が労働条件改善その他の事由によりストライキをした場合，それは一つの抵抗権行使の形態になるであろう。しかし，争議権を労働者に保障している国において，争議権を行使することは，抵抗権の行使といえるであろうか。いずれにせよ，抵抗が行われるということは共通するであろうが，相違点として，次のことが挙げられよう。

　第一の場合は，抵抗権とは，超実定的なものであり，実定法があるにもかかわらず，その実定法に抵抗するために行動をする権利であると解釈されるが，第二の場合には，抵抗権とは，超実定的なものではなく，実定的なものである。本来の意味での抵抗権とはいえないが（近代まではなかったから），抵抗の要素を含んでいるものであると言えよう。

　両者は根本的に異なっていることに留意していただきたい。というのは，法実証主義は前者の抵抗権（以下「超実定的抵抗権」とする）は認めないが，後者（以下「合法的抵抗権」とする）に関しては全面的にこれを認めるからである。

　合法的抵抗権というのは一見自己矛盾のように思われるかもしれない。というのは，一応法律的に定められた事柄または定められた権利に対して，法律的に（＝実定法によって）抵抗するのは，法律の自己否定のようであるからである。しかし法制度の現代的な理解から——これは特にメルケル（Adolph Merkl, 1890～1970）とケルゼンが示したことであるが——合法的抵抗権は容易に説明され得る。つまり，法制度の構造自体には，種々の段階があり，したがって法規定はさまざまであるが，相互関係をもち，二つが対立または矛盾する場合は，どちらが優先するのかがすでに実定法によって定められているわけである。例えば，殺人罪の規定（原則）と正当防衛の規定（例外）があるが，正当防衛によって，人を殺してしまうという行為は合法的であるが，これは例外的なことなのである。つまり，法律的に両者は別の次元にある。制度化され，実定化された抵抗権の行使は合法的なものであるが，それは原則ではなく，例外というカテゴリーに入る。同様に，法的訴訟は裁判所の判決・決定によって黒白を決することが原則である。しかし，第一審の判決に不満な場合，被告（被告人）には，訴訟法所定の期間内に控訴する可能性が与えられているが，これは例外という本質をもつ。つまり，条件づきで「定められたこと」の範囲内で抵抗する可能性が残されているのであり，その権利を正当に行使することができるのであるから，「抵抗権」の行使として位置づけることもできる。しかし，このような抵抗権は，無制限のものではなくて，実定法という枠の中でしか行なわれ得ない。したがって，例えば最高裁の判決に対しては，再審というごく特別の場合を除いて，合法的抵抗権はあり得ない。もちろん，この場合でも従来のいわゆる超実定的抵抗権の可能性は残されているのである。以上のように，この二つの意味における抵抗権は根本的に異なるのは言うまでもない。法律によって保障されている抵抗権は，現代実定法学の問題であるが，超実定的抵抗権は，依然として法哲学の問題である。

　歴史的に考えると，抵抗権が自然法と全く同じように幅広く実定化されるようになったことは，高く評価すべきである。昔は暴君に対して抵抗する方法は，暴君殺（tyranicidium）の他に革命やクーデターを起こすしかなかった。しかし現在の民主制では，例えば総理大臣を殺さずに"首にする"ことが制度的に可能である。これで国の安定性と秩序が保障されることにもなる。昔から国民の不満が高まった時，支配者が権力を行使しても，溜った不満はいつか"爆発する"ことは，歴史が教えるところである。この意味で，抵抗権の実定化によって大きな進歩があった，また民主制とは抵抗権が幅広く実定化された政体であるとも言えよう。（中略）

　不当な国家権力に対して，抵抗する権利が認められるかどうかということは，法哲学の問題である。法実証主義は，実定法に対して抵抗する権利を認めていない。例えば，ザウワァ（Wilhelm Sauer, 1879～1961）によれば，「国家権力に対する抵抗権は，実は矛盾である。なぜならば国家にとっては，法的実定性および法的平和の保持が最

高の原則だからである」としている。結局，法実証主義の立場からすれば，法と権利は，イコール「力」であり，権利と義務の問題は，その力によって定められる。勝てば権利が生じ，敗けると義務が生じる。（中略）

　合法的抵抗権を行使する動機は，必ずしも良心の問題ではない。例えばすでに挙げた例を参考にすれば，国民が今，政権を握っている政党が嫌いであるならば，次の選挙で合法的に抵抗することができる。ところが，実定法と国家権力に対して，強制されていることが明らかに不正であるとすれば，これは，どうしてもその人の良心の問題になる。その人は自分の良心に従って抵抗すべき義務さえ感じることもあろう。そして義務があれば，権利もあるはずである。（中略）

　合法的抵抗権を行使する動機は必ずしも良心の問題ではないと言ったが，普通の場合はやはり良心の問題でもある。この種の抵抗権を行使する時は，勝つことも負けることもあるのに対して，現在の法的な制度では，超実定的抵抗権の場合には負けてしまうのが普通であろう。国家権力は依然として強いものであるからだ。抵抗した人は負けるだけではなく，処罰されることによってより大きな被害を受けることもあろう。しかしこのことについては，二つの考えるべきことがある。

　一つは，いかなる民主政体でも，どんなに抵抗権の実定化が進んでいても，超実定的抵抗権の可能性とその意義は失われることがないということである。というのは，完全な政体と完全な法的制度はあり得ないからである。国家は法治国家であると思っても，"地上の神"のようなものではない。そしてもう一つ考えるべきことは，この種の抵抗権の一つの副産物のようなものである。すなわち，この抵抗の結果として，行なわれている不正が公になり，それによって立法者または権力を握っている者（政府または行政機関）は，もうそれ以上知らん顔をすることができなくなり，法律が改正されたり，行政の不当な慣習が改められることになる。これは言うまでもなく，評価すべきことである。

（ホセ・ヨンパルト『法哲学で学んだこと――法学者の回顧録』成文堂，2008 年。試験問題として使用するために，便宜的に一部表現を修正した）

POINT　課題文の主張を要約してから自分の考えを書く問題。要約は字数に制限がないが，例年は「400 字程度」と指定があることが多いので，350～400 字程度を目指すとよいと思われる。課題文のトピックは「抵抗権」で，その背景に「自然法と実定法」の対比がある，という構造になっている。法についての入門的知識があった方が取り組みやすい内容だ。ここでは，実定法の側に立つのが「法実証主義」であり，自然法を重視するのが「法哲学」，という組み合わせになっている。

課題文の解説

▶各段落の要点

序論

❶現在は法律と良心は非常に異なるものとされている＝法律の入らないところだけに良心の自由があり，この領域だけで良心は働いている
⇕
❷中世法思想：法律の果たす機能＝臣民を良心的に義務づけること→法律に背くことは良心の問題であり，良心を無視すれば，法の効力もあり得ない
❸悪法は（臣民を）良心的に義務づけられない→「不正な法律は法律ではない」⇔法実証主義「悪法も法である」
このような思想は自然法に立脚→悪法や権力者の不当な命に抵抗するのが権利と義務になるのも当然
❹良心の重要性は思想のことだけではなかった
例示スペインの新大陸侵略について，現地の宣教師がスペイン国王に送った覚え書きには，国王の良心への訴えがいつも出てくる
❺現在の法理論では，良心は一切考慮されていない
⇕
良心による抵抗の問題は，無意味でも過去のことでもない

問題提起

❻**定義**抵抗権＝「抵抗」する「権利」
「抵抗」＝言葉だけではなく，行いによって「反対する」こと
それをする「権利」があるか？　その権利はどういう性質のものであるか？　義務も含まれているのか？

対比

❼**例示**(1)争議権を労働者に保障していない国で労働者がストライキ→一つの抵抗権行使の形態
(2)争議権を労働者に保障している国で争議権を行使する→抵抗権の行使といえるか？
❽(1)抵抗権＝超実定的なもの，実定法に抵抗するために行動する権利
(2)抵抗権＝実定的なもの，本来の意味での抵抗権とはいえないが，抵抗の要素を含んでいるもの
❾両者は根本的に異なる
法実証主義は(1)の抵抗権＝「超実定的抵抗権」は認めないが，(2)の抵抗権＝「合法的抵抗権」は全面的に認める
❿合法的抵抗権とは一見自己矛盾のようだが，説明可能
二つ（の法規定）が対立または矛盾する場合は，どちらが優先するのかが実定法によって定められている
例示殺人罪（原則）と正当防衛（例外）
実定化された抵抗権の行使は例外というカテゴリーに入る→合法的抵抗権は，実定法という枠の中でしか行われ得ない

評価

⓫抵抗権が幅広く実定化されるようになったことは評価すべき
例示総理大臣を殺さずに"首にする"ことが制度的に可能→国の安定性と秩序が保障される
⓬不当な国家権力に抵抗する権利が認められるか？＝法哲学の問題

　　　⇕
　　法実証主義＝実定法に対して抵抗する権利を認めていない
　　法と権利＝「力」→勝てば権利が生じ，敗けると義務が生じる
　❸合法的抵抗権を行使する動機は，必ずしも良心の問題ではない⇔実定法
　　と国家権力に強制されていることが不正であれば，どうしても良心の問
　　題になる
　　良心に従って抵抗すべき義務→義務があれば，権利もある

【結論】

　❹抵抗権を行使する動機は，普通の場合はやはり良心の問題
　　合法的抵抗権を行使する時は，勝つことも負けることもある⇔超実定的
　　抵抗権の場合には負けてしまうのが普通→二つの考えるべきこと
　❺(1)超実定的抵抗権の可能性と意義は失われることがない←**理由**完全な
　　政体と完全な法的制度はあり得ないから
　　(2)超実定的抵抗の結果として，不正が公になり，法律が改正されたり，
　　行政の不当な慣習が改められる→評価すべき

▶着眼

　法律は正しい，だから遵守すべきである，ということは常識に属するようだが，現実はそう簡単ではない。国家権力が，もし不当な法律を施行した場合，これに対して，国民は実力で抵抗してもよいか，という問題が出てくるからだ。もちろん，そうした抵抗はたいてい警察などによって排除されるが，そのような権力の行使は，そもそも正しいのか？　不正が明らかであるならば，非合法であっても，良心に従って抵抗する権利があるはずだ，というのが，ここでのメイン・テーマ「超実定的抵抗権」である。課題文は，時として，既存の法律を否定することが正しい場合があると指摘する。

▶キーワード

□**実定法**　立法府や裁判所の判例などで，実際に制定・適用された人為的な法で，ある時代・地域において効力をもつ。それに対して，自然法は，法を，道徳や人間の本性，宗教的権威などから説明し，あらゆる時代において普遍的に効力をもつとする。当然，自然法の立場では，自然法は，実定法の上位にあると主張する。

□**法実証主義**　法を実定法という社会的事実のみによって理解すべきだとする立場。当然，実定法の上位にある自然法の存在を否定する。これは，しばしば「悪法も法である」という主張として非難され，課題文の筆者もそう述べるが，現代の法実証主義では，自然法の道徳や価値としての意義は必ずしも否定していない。

設問の解説

問題　論旨をふまえた意見論述

〔要求〕　①筆者の抵抗権についての捉え方を整理する。
　　　　　②実定法を超えた抵抗権について論じる。
〔条件〕　②具体例を交える。

課題文の文章構成

　まず，課題文筆者の「抵抗権」についての捉え方を要約する。

　本題の「抵抗権」についての問いに入る前に，第❶～❺段落にかけて，課題文には長大な序論が付されていることに注意したい。内容は「良心と法律の関係」についてであり，とくに中世法思想との対比によって，現在の法理論では，「良心は一切考慮されていない」（第❺段落）と説明している。

　「抵抗権」については，「さて」という話題転換の接続詞が冒頭にある第❻段落以降に述べられている。ここで，「抵抗権とは何だろうか」と問題提起がなされていることに着目しよう。論理的な文章では，疑問や矛盾，対立などの形で「問題」が提示されることを考えれば，課題文の中心的な内容はここから始まると判断できる。序論の部分は，抵抗権を考えるための前提としての役割を果たしている。したがって，第❶～❺段落の内容については，要約の軸にはならないが，第❻段落以降の論旨に深く関係しているので，要約の中に適宜組み込んだり，自分の意見を論じるときに利用したりするとよい。

抵抗権とは何か？

　第❻段落では，まず「抵抗権」の定義が示される。すなわち，抵抗権とは「『抵抗』する『権利』」であり，抵抗とは「行ないによって…『反対する』こと」である。これだけでは具体性に欠けるので，続く第❼～❿段落を見ると，労働者の「争議権」を例に出しつつ，「超実定的抵抗権」と「合法的抵抗権」という二つの意味における抵抗権が対比的に説明されている。

　賃金や労働時間といった労働条件をめぐって労働者と経営者が対立したときに，労働者が自らの要求を通すため，就労を拒否するのがストライキである。こうした抵抗を行う権利（争議権）を労働者に保障していない国と保障している国とでは，ストライキが行われた場合に，それが権利だと言える根拠が変わってくる（第❼段落）。

　前者における場合，その根拠は自らの良心であり，ストライキは実定法（実際に制定された法）の範囲を超えて実定法に抵抗する「超実定的抵抗権」の行使に該当する。それに対して，後者では，その根拠は実定法そのものにあるので，ストライキは実定

法の枠内で行われる「合法的抵抗権」の行使に該当する。したがって，実定法のみを法と考え，「悪法も法である」とするような法実証主義からすれば，超実定的抵抗権は認められないが，合法的抵抗権は全面的に認められる。

法哲学の立場は？

　二つの抵抗権に対する筆者の考えは，第⓫段落以降に示されている。筆者は，抵抗権が実定化されるようになったことで，国家権力への抵抗が制度的に可能になり，国の安定性と秩序が保障されるようになったことを評価する。だがその一方で，良心の問題を重視する法哲学の立場から，超実定的抵抗権が認められるべきだと主張する。その根拠は，まず，いかなる民主政体においても，どれほど抵抗権の実定化が進んでも，完全な政体や法制度はあり得ないからである。さらに，抵抗の結果として不正が公になり，法律が改正されたり，行政の不当な慣習が改められたりして，よりよい方向に変わる可能性があるからである。

　以上のような論展開を理解した上で，「抵抗権」とは何かを確認しつつ，「超実定的抵抗権」と「合法的抵抗権」との対比を主軸に説明する。その際，法実証主義の立場から唯一認められるのは合法的抵抗権であるのに対し，法哲学の立場から超実定的抵抗権の意義を説く筆者の主張につなげる。

論じるための問題を見つける

　次いで，「実定法を超えた抵抗権」（＝超実定的抵抗権）について，自分の意見を述べることになる。課題文が超実定的抵抗権をどう評価しているかに基づき，その主張に賛成するか，反対するか，というところから，考えをまとめていけばよい。

　課題文は，先にも見たように，自然法（論）に立脚し，超実定的抵抗権は認められるべきと主張している。限られた字数でこれに真っ向から反対するのは，至難と言わざるを得ないので，課題文の主張に大筋では賛成しつつも，課題文が言及していない観点から自分の考えを入れ込む，いわば部分賛成の方針が書きやすいだろう。

　また，自分の意見を述べる際に用いる具体例には，課題文の論理枠組みに沿いつつも，自分自身の考えに繋げやすい，明確な論拠にできるものを選ぶことが肝要である。ここでは，超実定的抵抗権の行使と位置づけられる事例について考えてみるとよい。悪法や権力者の不当な命令に対して，良心に従って抵抗する義務があり，権利もあるということは，理念の上では当然かもしれないが，実際にその権利を行使するとなると，さまざまな問題が浮上してくるはずである。

具体例を出す

　超実定的抵抗権の行使の典型は，アメリカの公民権運動であろう。公民権運動とは，1950 年代に始まった黒人（アフリカ系アメリカ人）差別撤廃運動だ。

　1863年のリンカン大統領による奴隷解放宣言，1865年の憲法修正を経て，奴隷制度は廃止された。しかし，連邦最高裁判所は，1883年の判決で憲法修正条項は私人による差別には適用されないとし，1896年の判決では「分離しても平等」であれば人種隔離政策は合憲としたため，黒人差別はなくならず，南部諸州ではジム・クロウ法と総称される人種隔離のための法律が次々に成立した。たとえば，アラバマ州モンゴメリーでは，公営バスで白人席と黒人席が区別され，黒人は黒人席に原則として座り，すいているときは中央の白人優先席にも座れたが，白人が乗ってきたら，席を譲らなければならない，とされていた。

　しかし，これに公然と反抗したのが，ローザ・パークスという黒人女性だ。彼女は白人優先席に座り，白人が乗ってきても席を譲らなかった。そこで，規則に違反したということで，彼女は逮捕されてしまった。ところが，このことを知ったキング牧師らの呼びかけによって，黒人たちが「ローザに続け」と次々とバス・ボイコット運動を開始した。その結果として，連邦最高裁判所により違憲判決が下され，人種隔離政策は撤廃されたのだ。

　さて，このローザの規則破りの行動を，あなたはどう見るだろうか？　自分の欲望を優先して法律や規則を破った許されない行動なのか？　それとも，黒人差別撤廃のきっかけとなったよき行動なのだろうか？

　あるいは，公民権運動に端を発した黒人差別撤廃運動では，キング牧師と同時にマルコムＸという指導者も生んだ。彼は，キング牧師の非暴力主義で事態がなかなか進展しないのに業を煮やし，白人支配を打ち破るためには，積極的に暴力行使すべきだと説いて，圧倒的な支持を得た。さらに，急進団体「ブラック・パンサー党」は「黒人は銃を持ち，武装蜂起せよ！」と説いた。こういう「抵抗」もよしとすべきなのか？

　あるいは，現代で言えば，イスラム原理主義組織による自爆攻撃はどうだろうか？たしかに，イスラーム諸国には先進諸国中心の経済体制への不満や，宗教的対立が存在する。その状況を打ち破ろうと，世界各地でテロリズムによる攻撃が行われた。彼らにとっての正義を守るためには，殺人も正当化されると考えたのかもしれない。

　もし，非合法な行動で反対することを肯定したら，このようなテロリズムまでも肯定することにならないか？　逆に，テロリズムを否定するためには，超実定的抵抗権も否定すべきなのか？　そういう二律背反にも直面することになる。

非暴力・不服従の思想

　一つの解決策は，マハトマ・ガンジーなどが提唱・実践したいわゆる「非暴力・不服従」の運動だろう。ガンジーは，イギリスの植民地支配という「不正」に対して，「塩の行進」などの直接行動により反対したが，暴力をふるうことは容認しなかった。なぜなら，現実の「不正」に立ち向かうには，より強力な倫理性が必要だと考えたか

らだ。

　もし「正義のためには殺人も許される」と主張すると，相手も自分のことを正義だと考えているのだから，当然，殺人が許されると主張するだろう。それだけでなく，実際に「正義のための殺人」が許されるなら，相手をできるだけ多く殺す，という競争に勝った方が「正義」だということにもなりかねない。モーセの十戒には「汝殺すなかれ」と記されている。このようなシンプルな倫理に「正義」が優先するとしたら，その正義はいったい何を目指そうというのだろう？

不正にどのように立ち向かうか？

　「不正」な法に対抗するには，現行の法を守る以上の倫理的な正当性を示さなければ「非合法」は支持されない。もし「正義のためには殺人も許される」と主張したら，相手の立場と同じ「目的のために手段を選ばない」レベルに立つことになりかねない。

　超実定的抵抗権を正当な権利だと言うには，「どっちもどっち」と思えるような理屈ではいけない。抵抗する側が，明らかに抵抗される側より倫理的に高い立場であることを知らしめる。そうしてこそ，相手の「不正」も際立つのである。

解答例

　課題文によれば，抵抗権は行動を用いて反対する権利であり，超実定的抵抗権と合法的抵抗権とに大別される。前者は，自らの良心を根拠とし，実定法の範囲を超えて実定法に抵抗する権利である。それに対して後者は，実定法を根拠とし，その枠内で抵抗を行う権利である。現在の法思想の主流である法実証主義は，実定法のみを法とする立場だから，抵抗権として認めるのは合法的抵抗権のみである。

　筆者は，抵抗権が実定化されたことで，国の安定性と秩序が保障されるようになったことを評価する一方で，法哲学の立場から，超実定的抵抗権の意義を主張する。なぜなら，いかなる民主政体においても，どれほど抵抗権の実定化が進んでも，完全な国家や法律はあり得ないからである。また，抵抗の結果として，現実に行われている不正が暴露され，法律が改正されたり，行政の不当な慣習が改められたりする可能性があるからである。

　たしかに，近代以降，超実定的抵抗権は国家のあり方を大きく変え，権利の獲得と民主的制度とを実現してきた。たとえば，ガンジーの「塩の行進」は，法で定められたイギリスによる塩の専売制に違反することで，その法の不正を明らかにするものであった。また，アメリカの公民権運動は，黒人差別を合法化したジム・クロウ法に違反したローザ・パークスの逮捕をきっかけとして，アメリカ社会に根付いた人種差別の不正を告発するための運動だった。これらの運動は，実定法に実力で抵抗することで，現に存在する不正

を明らかにして国民を動かし，不完全な法律と国家権力を改善した。

　ただ，非合法な抵抗には，テロリズムのように暴力を伴うものも考えられる。テロリズムの実行者にも政治上・宗教上の正義があるのかもしれないが，その行動によって市民を無差別に殺傷し，社会を混乱と恐怖に陥れることは許されない。それどころか，新たな憎悪を生んで，国家権力による暴力の行使を招くことにもなりかねない。その意味で，超実定的抵抗権の意義は認められても，実定法をどの程度まで無視してよいかは，難しい問題である。結局，超実定的抵抗権は実定法の範囲を超えるだけに，その抵抗をなす者には，単に法律を守るという以上の倫理観が求められる。むしろ，ガンジーの「非暴力・不服従」の精神のように，その倫理を守ろうとする高潔な良心が人々を引きつけるから，実定法さえも変える力を持つのである。(1000字以内)

商学部

19　ジェンダー規範の形成

2022 年度〔1〕・目標 **30** 分

以下の文章を読んで，次の問 1 ～問 6 に答えなさい。

　制度上は平等な権利を与えられていても，異なる二者の間に権力関係が生まれ，一方が他方に対して優位に立つということがある。このような権力関係は男女の間の関係にも見られ，それは法律を中心とする公式の制度とは別に，社会の中に目には見えないルールが存在することに由来する。「男性は男らしく，女性は女らしくなければならない」というそのルールを，一般にジェンダー規範と呼ぶ。ジェンダー規範は社会規範の一種であり，人間を男性と女性の二種類に分けた上で，それぞれの人に自らの性別に合わせて一定の仕方で振る舞うように命じる。ジェンダー規範は常に対になっており，男性に何らかの行動を求める規範は，同時に女性には別の行動を求める。ある行動が法律では許されていても，ジェンダー規範によっては許されていない場合，人はその行動を選択しづらい。服装は男女に関わりなく自由であるはずだが，男性がスカートをはいたり女性が坊主刈りにしたりすることは滅多にない。悲しい時は涙を見せても良いはずだが，男性が人前で泣くことは珍しい。

　こうしたジェンダー規範はどこから来るのか。一般に本質主義と呼ばれる立場に従えば，男らしさや女らしさは，男性と女性の　(1)　(2)　な違いを反映して，自然に生じてくるとされる。身長，筋肉量，脳の構造，男性ホルモンのひとつであるテストステロンの値など，男性と女性は遺伝的に違いがあるのだから，両者に向いている生き方も異なると考えるのである。

　しかし，この考え方には重大な欠点がある。確かに，平均的に見れば男性と女性には様々な違いがあるかもしれないが，個々の男性の間の違いと個々の女性の間の違いは，男女の平均値の差に比べてあまりにも大きい。それぞれに個性あふれる人々の行動が，ジェンダー規範の命じるような形で，男性と女性で明確に二つに分かれるとは考えにくい。だとすれば，ジェンダー規範は決して人間の　(1)　(2)　な本性を踏まえたものではなく，何らかの形で　(3)　(4)　に作られたものだろう。こうした考え方を，(a)構築主義と呼ぶ。人がジェンダー規範を身につける過程には様々な側面があり，家庭や学校などで親や友人と交わす会話だけでなく，メディアとの接触など

を通じて，人は男らしい，女らしい振る舞いを学んでいく。

　ジェンダー規範は，男性と女性に異なる　(3)　　(4)　な役割を与える。こうした社会規範が作用するメカニズムを考える上では，法的なルールとの対比が有効だろう。誰かが法律に違反した場合，警察に逮捕されたり損害賠償を求められたりすることで，何らかの物理的・経済的な制裁が加えられる。そうした制裁を避けたいと考えるからこそ，人々は法的なルールに従う。社会規範も，それに違反した人が制裁を受ける点では法的なルールと似ている。だが，社会規範と法律とでは，違反によって生じる帰結が大きく異なる。法律の場合，違反に対する制裁は国家権力に裏付けられている。（　A　），社会規範の場合には国家権力の裏付けは必要ない。社会規範に違反している人を目撃した人は，その違反者を避け，冷たい態度を取るといった形で，自発的に制裁を加える。

　そうした個人による社会規範の執行には，感情の働きが伴う。例えば，女性に対して男性が抱く女性蔑視の感情や，女性が自分自身に抱く自己嫌悪の感情を指して，ミソジニーという言葉が使われることがあるが，ミソジニーに直面しやすいのは，女性の中でもとりわけ「女らしく」生きることを　(5)　　(6)　する女性である。逆に男性も，「男らしく」振る舞うことができない場合には，「（　あ　）」などと言われ，生きづらさを感じることになる。

　今日の日本では，「男は仕事，女は家庭」といった規範を正面から肯定する人は減ってきている。　(7)　　(8)　な男女差別を行えば，たちまちマスメディアなどの批判の対象となるだろう。（　B　），企業や官庁の人事採用担当者は，自らの組織に必要な資質を持つ人を採用していると述べるだろうし，政治家の役職を決める政党の幹部は，性別に関係なく　(9)　　(10)　で人材を起用していると述べるに違いない。こうした事情もあってか，男性の多くは自分が　(11)　　(12)　な地位を享受している感覚を持っていない。

　（　C　），やはり世の中は男性優位である。家庭の外で政治活動や経済活動に携わる時，人は企業，官庁，政党など，何らかの組織に所属することが多い。例えば，経営者には男性が多く，秘書には女性が多い。パイロットには男性が多く，キャビンアテンダントには女性が多い。医師には男性が多く，看護師には女性が多い。どの組み合わせも，男性を女性が　(13)　　(14)　する形になっている。この現象を説明する上では，組織の規範が大きな役割を果たす。その規範は「この組織の構成員はXでなければならない」という形で定式化される。通常，このXの内容は　(15)　　(16)　によって定義されるわけではない。そこには「冷静沈着」「質実剛健」「競争的」「積極的」「　(17)　　(18)　」といった単語が入る。市場競争で勝ち抜いたり権力を掌握したりする上ではこれらの資質が必要である，という考え方は，一見するともっともらしい。

　だが，ここでXに含まれる資質は，多くの場合，「男らしい」と言われる性質と重

なっている。たとえ組織規範が男性と女性を差別していなかったとしても，社会の中では「（　ア　）は（　イ　）でなければならない，（　ウ　）はYでなければならない」というジェンダー規範が作用している以上，⑺⑻に男性を優遇しているわけではない組織規範も，「男らしさ」を優遇している可能性があるのだ。このような視点から見れば，資本主義という経済システムそのものが，激しい市場競争を伴うという意味で，「男らしさ」と結びついている。これまで多くの日本の会社員は，会社のために深夜まで働き，上司と夜の街に繰り出し，辞令に従って転勤し，部下を叱咤激励して売り上げ目標を達成することを求められてきた。そのような組織の規範は，社員が会社に献身する陰で，誰かが家庭において家事や育児を担っていることを前提にしている。それが女性よりも男性に有利な規範であることは，言うまでもない。

　その結果，女性は「(b)ダブル・バインド」に直面する。ダブル・バインドとは，二つの矛盾する要求で板挟みになることを意味する。一方には，積極的で「男らしい」行動を求める（　エ　）があり，他方には優しく「女らしい」行動を求めるジェンダー規範がある。そこで女性が「男らしい」行動をとれば，「女らしくない」と言われてしまう。男性であれば「（　い　）」と評価される行為は，女性であれば「（　う　）」とみなされる。つまり，組織の構成員が直面する規範は，実際には二重構造になっているのだ。その基底には男性と女性に異なる振る舞いを命じるジェンダー規範があり，それを補う形で，組織の構成員に一定の振る舞いを命じる組織規範がある。この組織規範が表面上はジェンダー⑲⑳であるからこそ，それ自体は批判の対象になりにくい。組織の構成員も，自分は男女差別をしているつもりはなくても，無意識のバイアスの働きによって男性と女性に対して異なる基準を当てはめてしまう。こうして，男女を差別しないはずの組織において，大きな男女の不平等が生まれることになる。

　このようなバイアスは政治制度とも無縁ではない。ジェンダー規範からの逸脱に対する制裁が繰り返されることは，女性が自発的に政治の世界から退場するという結果をもたらす。「女性は女性らしく，他人と表立って競争するのではなく協調するべきだ」という規範を身につけた女性は，選挙活動に常に伴うような激しい競争を避けるようになるだろう。女性に競争を回避させるジェンダー規範がある限り，自由な競争に開かれた選挙制度は，必然的に男性に有利な仕組みになってしまうのである。

（前田健太郎『女性のいない民主主義』岩波新書，2019 年，第 1 章を改変して作成した。）

問1　本文中の空欄⑴⑵〜⑲⑳にあてはまる最も適切な語を次の選択肢から選び，その番号を解答用紙Ａ（マークシート）の解答欄⑴〜⑳にマークしなさい。なお，同じ選択肢は 2 回以上使えません。

11　懐疑的　　　12　間接的　　　13　強制的　　　14　強調
15　協調的　　　16　拒否　　　　17　肯定　　　　18　指導

19	社会的	20	心理学的	21	生物学的	22	性別
23	妥協的	24	中立的	25	適材適所	26	特権的
27	脳科学的	28	不偏不党	29	法学的	30	法律
31	補佐	32	明示的	33	野心的	34	理屈

問2　本文中の空欄（　Ａ　）〜（　Ｃ　）にあてはまる最も適切な語句を次の選択肢から選び，その番号を解答用紙Ａ（マークシート）の解答欄にマークしなさい。ただし，（　Ａ　）⑳，（　Ｂ　）㉒，（　Ｃ　）㉓である。なお，同じ選択肢は2回以上使いません。

1　それに加えて　　2　それに対して　　3　それにもかかわらず　　4　それゆえ

問3　本文中の空欄（　あ　）〜（　う　）にあてはまる最も適切な語句を次の選択肢から選び，その番号を解答用紙Ａ（マークシート）の解答欄にマークしなさい。ただし，（　あ　）㉔，（　い　）㉕，（　う　）㉖である。なお，同じ選択肢は2回以上使いません。

1　偉そうだ　　　　　　　　2　情けない
3　包容力がある　　　　　　4　リーダーシップがある

問4　本文中の空欄（　ア　）〜（　エ　）にあてはまる最も適切な語を本文中からそれぞれ抜き出し，解答用紙Ｂの所定の欄に記入しなさい。

問5　本文中の下線部(a)の立場によれば，人が特定の社会規範を身につけるのはなぜか。本文の論旨から見て最も適切な理由を，「制裁」という語を用いて，解答用紙Ｂの所定の欄に20字以内で記入しなさい。

問6　本文中の下線部(b)について，なぜ女性だけが「ダブル・バインド」に直面するのか。その理由を説明するとき，次の空欄に入る最も適切な語句を考え，解答用紙Ｂの所定の欄に20字以内で記入しなさい。

> 男性の場合とは異なり，女性の場合は（　　　　　　　　　　）から。

POINT　課題文では，社会において暗黙裡に存在しているジェンダー規範が，女性の政治からの自発的な退場を生み，結果として，男性に有利な政治制度が形成されている，と分析する。問1・問3は空欄補充の選択問題，問2は接続表現の選択問題，問4は空欄補充の語を課題文中から探す問題，問5・問6は下線部の理由の記述問題で，この問題に関しては，論文テストとは名付けられているが，現代文の一種と考えてよい。

課題文の解説

▶各段落の要点

ジェンダー規範	❶一方が他方に対して優位に立つ＝社会の中に目に見えないルールが存在する ジェンダー規範＝男女の性別に合わせて一定の仕方で振る舞うように命ずる **説明**法律では許されていても，規範によっては許されていない行動→選択しづらい **例示**男性がスカートをはく，女性が坊主頭にする，男性が人前で泣く
本質主義の立場	❷違いは自然に生じてくるとされる **例示**男性と女性は遺伝的に違う→生き方も違う
本質主義の欠点と構築主義の立場	❸それぞれの性の中での違い＞男女の平均値の差 個性あふれる行動が，男女間で明確に二つで分かれるか？ ↓ ジェンダー規範は作られたもの **例示**家庭・学校・親・友人との会話，メディアとの接触→男らしい／女らしい振る舞いを学ぶ
法的ルールとの対比	❹法律・社会規範に違反→物理的・経済的制裁は共通＋帰結が違う 法律＝国家権力によって裏付け 社会規範＝自発的制裁 **例示**避ける，冷たい態度
感情の働き	❺社会規範の執行には，感情の働きが伴う **例示**「女らしく」振る舞うのを拒否する女性→ミソジニーに直面，「男らしく」振る舞えない男性→生きづらさを感じる
現状と分析	❻～❽男女差別は批判の対象なので，男性の多くが優位だとは感じない→男性優位は変わらない **例示**医師は男性，看護師は女性が多いなど，女性は補佐の役割 **原因**組織の規範，資質の規定≒「男らしい」 男性を優遇しないが，「男らしさ」を優遇する ＝ 組織の規範＝社員が会社に献身＋家事や育児を担う人を前提にしている→男性に有利な規範
女性が直面するダブル・バインド	❾二つの矛盾する要求で板挟みになる＝積極的で「男らしい」（組織規範）vs. 優しく「女らしい」（ジェンダー規範） 二重構造＝ジェンダー規範＋組織規範（表面上はジェンダー中立的）→無意識のバイアス＝男女差別をしないはずの組織で，男女の不平等が生まれる
政治制度との関係	❿選挙運動など，ジェンダー規範からの逸脱→制裁 ↓ 女性が自発的に政治から退場，協調すべきという規範を身につける→競争を避ける→男性に有利な政治制度

▶着眼

　商学部の問題は「論文テスト」と名付けられているが，実際は計算問題やグラフの読み取り，現代文読解の組み合わせになっている。現代文読解に近い本問では，最後の二つの設問が 20 字で書かせる問題だが，これも記述問題のレベルなので，現代文の訓練をしておけば対処できるだろう。ただ，2 桁の番号は各欄に 1 桁ずつマークしなければならないなど，解答の仕方が独特で，答え方に戸惑うことがある。過去問を解いて，商学部の設問形式に慣れておきたい。

▶キーワード

□**ジェンダー規範**　人間を，男／女という二つの性別に明確に区分して，それぞれ別な仕方で社会的な振る舞いをするように命ずる暗黙のルールのこと。

□**本質主義／構築主義**　本質主義では，男女の振る舞いの違いは生物学的・遺伝的に決まっていると考える。「女の子は小さい頃から人形で遊びたがる」など。それに対して，構築主義では，振る舞いの違いは社会の中で後天的に作られてきた，と考える。

□**ミソジニー**　「ミソ」は嫌悪，「ジニー」は女性という意味のギリシア語に由来する。女性や女性らしさに対する嫌悪や蔑視のこと。

設問の解説

問1　熟語の空欄補充

　それぞれの空欄の言葉が，その前後の文脈で同義語・類義表現を使って言い換えられていることに注目して，それらと同様な意味の言葉を選ぶ。

空欄の吟味

(1)(2)　これらを含む文の次文の例示から考える。「身長，筋肉量，脳の構造，男性ホルモン」などいずれも身体的要素であることに注意する。21「生物学的」が入る。

(3)(4)　「生物学的」の反対語。(3)(4)を含む文から 2 文目の例示では「家庭や学校などで親や友人と交わす会話」とあるので，人間関係が思い浮かぶ。19「社会的」が入る。

(5)(6)　少しわかりにくいが，(5)(6)を含む文の次文の「逆に…『男らしく』振る舞うことができない場合」に注目する。この表現と対応すると考えるなら，ここは「『女らしく』振る舞うことができない場合」となりそうだ。16「拒否」が入る。

(7)(8)　「(7)(8)な男女差別を行えば…マスメディアなどの批判の対象となる」と，その次文の「性別に関係なく…起用していると述べる」を見れば，「表面からわかる」という意味だと見当がつく。32「明示的」が「ハッキリとした」という意味なので

適当。

(9)(10) 直前の表現「組織に必要な資質を持つ人を採用」と類似の内容を持つものを選ぶ。25「適材適所」がその意味になる。

(11)(12) 直後の段落の冒頭「やはり世の中は男性優位である」に注目。「やはり」は再確認の表現なので，(11)(12)を含む文の「自分が…な地位を享受」の繰り返しとなっていると考えられる。優位な地位を享受しているのだから，26「特権的」が入る。

(13)(14) 直前の例「パイロットには男性が多く，キャビンアテンダントには女性が多い。医師には男性が多く，看護師には女性が多い」から考える。どちらも前者が主導し，後者がそれを助ける形になっている。31「補佐」が適当。

(15)(16) 次の段落の冒頭が「だが」という逆接で始まっていることに注目する。「だが，ここ…に含まれる資質は…『男らしい』と言われる性質と重なっている」となっているから，ここではそれと反対の「性別と無関係」という内容になると判断できる。22「性別」が適当。

(17)(18) 「冷静沈着」「質実剛健」「積極的」などが並んでいるので，どれも「男らしい」とイメージされそうな言葉だろう。33「野心的」つまり「望みが身分不相応に大きいさま」「試みや計画が新しく，大胆なさま」という語が「男らしい」と結びつけられそう。

(19)(20) 直後の「批判の対象になりにくい」「男女差別をしているつもりはなく」から考える。つまり，男女差別しているように見えないのだ。24「中立的」を入れるとよいだろう。

解答

(1)(2)―21　(3)(4)―19　(5)(6)―16　(7)(8)―32　(9)(10)―25　(11)(12)―26
(13)(14)―31　(15)(16)―22　(17)(18)―33　(19)(20)―24

問2　接続詞の空欄補充

接続詞の空欄補充では，空欄の前後の内容・表現を比較対照して，接続の種類を決めるのが常套手段。

（Ａ）　空欄の前が「法律…裏付けられている」，後が「社会規範…裏付けは必要ない」と，「ある／ない」の対比の形になっている。したがって，2「それに対して」が入る。

（Ｂ）　空欄の前が「批判の対象となるだろう」，後が「組織に必要な資質を持つ人を採用」「性別に関係なく…人材を起用していると述べるに違いない」となっている。前の内容から，後の内容が，類推できる関係になっている。因果関係を表す4「それゆえ」が入る。

（Ｃ）　空欄の前が「男性の多くは…特権的な地位を享受している感覚を持っていな

い」，空欄の後が「世の中は男性優位である」となっている。対比とも言えそうな内容だが，男性の特権について，前は感覚を，後は現実を表しているので，特権が存在していることには変わりはない。感覚と現実を対比しているので逆接の関係を表す3「それにもかかわらず」が入る。

	前の内容・表現	後の内容・表現	関係	接続詞
（A）	法律…裏付けられている	社会規範…裏付けは必要ない	対比	それに対して
（B）	批判の対象となるだろう	組織に必要な資質を持つ人を採用 性別に関係なく…人材を起用	前の内容から後の内容が類推できる	それゆえ
（C）	地位を享受している感覚を持っていない	世の中は男性優位である	感覚と現実の対比	それにもかかわらず

解答
⑵１— 2 ㉒— 4 ㉓— 3

問3 述語の選択

空欄の前の内容・表現がどんな結果につながっているか，から判断すれば容易だろう。

（あ）空欄の前に「『男らしく』振る舞うことができない」，後に「生きづらさを感じる」とあり，「男らしく」ないことへの周囲からの感想とわかるので，「男らしく」ないことに否定的な評価を表す言葉が入る。2「情けない」が適当。

（い）（い）（う）を含む文は，前の文と接続詞なしでつなげられている。つまり，前文とこの文はほぼ同じ内容とみなせる。空欄の前に「『男らしい』行動をとれば…男性であれば」とあり，後に「…と評価される」とあるので，矛盾なく肯定的な評価を表す言葉が入ると想定できる。3「包容力がある」か4「リーダーシップがある」のどちらかだが，（う）と対になって，同じ行為に対する正反対の肯定的な評価になると考えれば，4「リーダーシップがある」がベター。

（う）（い）「リーダーシップがある」と同様の行為が，女性ゆえに否定的に見られる表現を探す。1「偉そうだ」が適当。

	前の内容・表現	後の内容・表現	判断	接続
（あ）	男性…「男らしく」振る舞うことができない	生きづらさ	「男らしく」ないことへの感想	情けない
（い）	「男らしい」行動をとれば…男性であれば	と評価される	肯定的評価	リーダーシップがある

| （う） | 男性であれば…評価される行為は，女性であれば | とみなされる | 否定的評価 | 偉そうだ |

問4　空欄補充の語を課題文から探す

　解法は問1・問3と同じだが，選択肢がないので，課題文の中から探さねばならない。（ア）～（ウ）を含む第❽段落は，直前の第❼段落の「一見するともっともらしい」をひっくり返す内容になっていることに気がつけば，第❼段落に書いてあるのと共通の言葉を使えそうだ，と見当がつく。

> 第❼段落　通常…Xの内容は性別によって定義されるわけではない
> 　　↓逆接：だが
> 第❽段落　Xに含まれる資質は…「男らしい」と言われる性質と重なっている
> 社会の中では「（ア）は（イ）でなければならない，（ウ）はYでなければならない」というジェンダー規範が作用している

　ジェンダー規範は「男女の性別によって社会的振る舞いが区別されていること」なので，（ア）と（ウ）には「男性／女性」のどちらかがそれぞれ主語として入りそうだ。一方，第❽段落によれば，X（に含まれる資質）は男性に結びつけられるとある。Yという記号はXとは対比できるので，（ウ）が女性，（ア）を男性，（イ）をXとすれば，それまでの叙述とつじつまが合う。

　一方，（エ）は「ダブル・バインド」という言葉と結びつけられている。ダブル・バインドとは「二つの矛盾する要求で板挟みになる」ことを意味し，次文「一方には…他方には…ジェンダー規範」とあるので，その「二つ」が説明されている，と考えられる。「ジェンダー規範」と対になる「規範」を考えればよいが，「つまり」で始まる文に「組織の構成員が直面する規範」，さらに，その先に「組織規範」があるので，この言葉でよいと考えられる。

問5　下線部の言葉の内容説明

　下線部(a)は「構築主義」。つまり，ジェンダー規範は，生物学的な本性ではなく，社会的に作られた，と捉える立場である。指定された「制裁」という言葉は，「どのようにして作られたのか？」を考える中で使えばよいだろう。

　「制裁」という言葉は第❹段落に出てきて，法律と社会規範が対比されて述べられ

ている。つまり，法律も社会規範も違反すると，物理的・経済的に制裁されるが，そのあり方が違う。法律は制裁が国家権力によって裏付けされているのに対して，社会規範では，避ける，冷たい態度を取る，などの人々の自発的制裁を受ける，というのである。だから「どのように作られたのか？」の答えは「違反に気づかれると，人々によって自発的に制裁されるから」となる。20字以内と制限字数が少ないので，注意したい。

	共通性	相違
法律	物理的・経済的に制裁される	国家権力によって裏付けられる（制裁）
社会規範	同上	人々の自発的な制裁を受ける 例示：避ける，冷たい態度

解答例

違反すると人々が自発的に制裁するから。（20字以内）

問6　理由の説明

　女性がダブル・バインドに直面する様子は，第❾段落に書いてあるので，そこから理由をまとめれば，解答は容易である。

> 女性は「ダブル・バインド」に直面する。…二つの矛盾する要求で板挟みになる…一方には…「男らしい」行動を求める組織規範があり，他方には…「女らしい」行動を求めるジェンダー規範がある。

「一方には…，他方には…」の文は，末尾に「…から」を付けられるので，「理由文」と考えられる。後は，前文から多少言葉を補って，20字以内にまとめればよい。たとえば「組織規範とジェンダー規範という矛盾した要求の板挟みになる」で内容的にはよいのだが，28字になってしまうので，もう少し短くする必要があろう。

解答例

組織規範とジェンダー規範の要求が矛盾する（20字以内）

20 確率と論理による合理的判断

2009 年度〔3〕・目標 20 分

以下の文章を読み，次の問 1 ～問 6 に答えなさい。

あなたはある種類のガンの検査を受けた。このガンは 1000 人に 1 人しか，かからない珍しい種類のものである。この種のガンにかかっていれば，95％の割合で陽性反応をもたらし，かかっていなくても，5％の割合で陽性反応をもたらす。不幸なことに，あなたの検査結果は，陽性であった。あなたがこのガンにかかっている可能性は，どれくらいだと判断するか。

この問題では，直観的に 95％と判断されやすい。これは，「　(1)　」という情報のみに依拠する直観解である。多くの人は「　(2)　」という事前確率情報を活用できていない。しかし，正しくは　(3)　＝　(4)　÷（　(4)　＋　(5)　）×100 ＝　(6)　(7)　.　(8)　(9)　％である。

合法則的判断の場合には，基本的な論理や統計の知識が役に立つ。たとえば，前提情報から　(10)　的に結論を導いたり，個別情報から　(11)　的に一般化したりするためには，論理的な知識が必要である。また，数値情報を解釈するためには，統計的な知識が必要である。これらを正しく判断に用いるためには，情報の処理過程にどのような落とし穴が潜んでいるか，そしてどのような点に注意を払えばよいかを知っておくことが非常に役立つ。例えば，以下のような落とし穴の例が挙げられる。

- 　(10)　における誤り
  ① 後件肯定の誤り（　(12)　を真と見なす誤り）：「後半戦で気をゆるめなければ我々はこの試合に勝つだろう。我々が勝つことは明らかだ。だから，我々は後半戦で気をゆるめないだろう。」
  ② 前件否定の誤り（　(13)　を真と見なす誤り）：「彼が進んで証言を行えば，彼は潔白だ。彼は進んで証言を行わない。だから，彼は潔白ではない。」
- 　(11)　における誤り
  ① 権威に基づく論証：「大臣がこう言っている。だから，それは正しい。」
  ② 非本質的類推に基づく論証：「A 氏と B 氏は誕生日が同じだ。だから，性格も似ているに違いない。」

推論などの論理的な判断方法は論理学から，また統計的な判断方法は統計学から，人間の判断にどのようなバイアスがかかりやすいかについては心理学から学ぶことができる。しかしながら，論理学や統計学，心理学を教育する目的は，必ずしも現実場面での判断スキルを高めることに焦点化されているわけではない。むしろ，学習者の

日常的判断スキルの向上は，これらの学問を学ぶことの副産物といったとらえ方の方が一般的だろう。論理学や統計学，心理学で学んだ知識や判断スキルは，少なくともそれだけでは，現実場面での判断には十分に転移しないようである。(ア)これは，なぜだろうか。

(イ)転移（正の転移）とは一般的に，ある状況で獲得された知識やスキルが，さらに学習を必要とする別の状況での新しい課題の遂行において活用されることを意味する。そこから，先に経験した問題（ベース）の構造を新しい問題（ターゲット）の構造と適切に対応づけることにより，ターゲット問題の解決が促進されるプロセスを明らかにする研究が進んできた。ただし，表面的には異なる2つの問題の間に共通構造を見出すことが転移を起こさせるとしても，サポートもなしに共通構造を発見することはそれほど期待できない。そこで，多数の問題を学習者に経験させ，そこから共通構造を能動的に抽出させることの効果や，ある問題の解法が別の問題のヒントになることを明確に告げることの効果を紹介している研究者もいる。

論理学や統計学，心理学の知見の実生活への転移を目指すならば，知見をそのまま教えるだけでは明らかに不十分であり，これらと現実の問題の間を仲介させるためのサポートとなる教育が必要なのである。

（三宮真智子「情報に対する合理的判断力を育てる教育実践研究の必要性」日本教育工学会論文誌．26，235-243，2002年から随意抜粋し，文章や表記に適宜修正を加えた。）

問1　(1) と (2) に入る最も適当な文章を下記から選び，その選択肢の番号を解答用紙A（マークシート）の解答欄 (1) と (2) にそれぞれマークしなさい。

1　あなたはある種類のガンの検査を受けた。

2　このガンは1000人に1人しかかからない珍しい種類のものである。

3　この種のガンにかかっていれば，95％の割合で陽性反応をもたらす。

4　かかっていなくても，5％の割合で陽性反応をもたらす。

5　不幸なことに，あなたの検査結果は，陽性であった。

問2　[(3)]～[(5)]に入る最も適当な記述を以下から選び，その選択肢の番号を解答用紙A（マークシート）の解答欄[(3)]～[(5)]にそれぞれマークしなさい。

1　ガンにかかっていて陰性と出る確率

2　ガンにかかっていて陽性と出る確率

3　ガンにかかっていなくて陰性と出る確率

4　ガンにかかっていなくて陽性と出る確率

5　検査の結果，陽性と出て実際に陽性である確率

6　検査の結果，陽性と出たが，実は陰性である確率

問3　[(6)][(7)].[(8)][(9)]にあてはまる数字を解答用紙A（マークシート）の解答欄[(6)]～[(9)]にそれぞれマークしなさい。なお，小数点以下第3位を四捨五入して小数点以下第2位までを求め，解答欄の桁数よりも小さな桁数になる場合は，必要に応じて十の位，一の位に0（ゼロ）をマークしなさい。

問4　[(10)]～[(13)]に入る最も適当な用語を以下から選び，その選択肢の番号を解答用紙A（マークシート）の解答欄[(10)]～[(13)]にそれぞれマークしなさい。

1　対偶命題　　　　2　逆命題　　　　3　裏命題

4　帰納　　　　5　演繹

問5　下線部(ア)の答えを解答用紙Bの所定の欄に25字以内で記しなさい。

問6　下線部(イ)の具体例を1つ自分で考えて，解答用紙Bの所定の欄に80字以内で記しなさい。ただし，ベース問題，ターゲット問題，共通構造を明確にすること。

POINT　確率と論理の問題。前半はガン検査を題材にして，確率の正しい理解と計算力を問う。後半では論理的な判断の誤りを題材に，論理学の基本知識を試す。問6は，知識やスキルが日常判断で活かされるには，正の転移のサポートとなる教育が必要である，という課題文の主張から，正の転移の例示を求める。転移とはどういうものか，課題文の内容から十分に理解していなければならない。

課題文の解説

▶各段落の要点

確率に関する誤解	❶1000人に1人がかかる珍しいガン，かかっていれば95％の割合で陽性反応 検査結果が陽性→ガンにかかっている可能性はどれくらいか？ ❷95％とする直観的判断は間違い←事前確率情報を活用していない
論理と統計の有用性	❸合法則的判断には，論理と統計の知識が役立つ 正しく判断に用いるには，情報の処理過程にどのような落とし穴があるか，どこに注意すべきかを知ることが有効
日常的判断との関係	❹論理学・統計学・心理学の知識は，現実場面での判断スキルを高めるとは限らない，学んだだけでは十分に転移しない ❺転移＝ある状況で獲得された知識・スキルが別の状況での新しい課題で活用されること ベース問題の構造とターゲット問題の構造を適切に対応づければ，後者の解決が促進される ⇕ サポートなしで2つの問題の共通構造を発見するのは難しい ❻×知見をそのまま教える，○現実の問題との間を仲介させるためのサポートとしての教育

▶着眼

　まず，確率についての直観的な見方を紹介して，その解釈が誤っていることを示す。最初の直観と計算した結果との差には，ほとんどの人が唖然とするだろう。それによって，基本的な論理や統計の知識が大事であることを説く。しかしながら，後半は，これらの知識やスキルの応用・活用が難しいことを述べている。日常や現実の判断に応用できる，つまり転移するのは，適切な教育サポートがないと困難であると言うのだ。設問は，丁寧に読めば解けるレベルなのだが，その時間が十分にあるかどうかが問題である。

▶キーワード

□**バイアス**　偏りという意味。思い込みや先入観などによる判断の歪み。企業の採用活動において，「体育会系の部活動を経験した人ならば，厳しい環境でも我慢して働くはずだ」という人事部のバイアスが働く，など。

設問の解説

問1 空欄補充―直観的判断の根拠

空欄補充問題では，前後の言葉・表現との対応を見る。ここでは，空欄の前後と，その前の段落を参照して解いていく。

情報をすべて利用する

該当部分を文ごとに分けて書くと次のようになる。

> この問題では，直観的に95％と判断されやすい。
> これは「 (1) 」という情報のみに依拠する直観解である。
> 多くの人は「 (2) 」という事前確率情報を活用できていない。

空欄(1)の直前に「95％と判断されやすい」とあるので，「95％という判断」は誤りである，とわかる。もちろん，この「95％」という数字は，「ガンにかかっている場合に，検査の結果が陽性になる割合」からきている。しかし，この判断には，このガンは1000人に1人しかかからない，という情報は活かされていない。だから，空欄(1)には「ガンにかかっている場合に，検査の結果が陽性になる割合」に関わる3が入り，空欄(2)には，活かされなかった情報「1000人に1人しかかからない珍しいガン」に関わる2が入る。

解答

(1)― **3** (2)― **2**

問2 空欄補充―式の立て方

ガンにかかっていてかつ検査で陽性反応が出る場合の数を，全体の中で陽性反応が出る場合の数で割れば，検査で陽性反応が出る条件下で実際にガンにかかっている確率を出すことができる。

ここで，全体の中で陽性反応が出る場合の数は，ガンにかかっていてかつ検査で陽性反応が出る場合の数と，ガンにかかっていないのに陽性反応が出る場合の数を足したものとなるはずだ。つまり，以下のようになる。

> 検査で陽性反応が出る条件下で実際にガンにかかっている確率
> ＝ ガンにかかっていてかつ検査で陽性反応が出る場合の数 ÷
> （ ガンにかかっていてかつ検査で陽性反応が出る場合の数
> ＋ ガンにかかっていないのに陽性反応が出る場合の数 ）

空欄を含む式は，次のようになっている。

$$\boxed{(3)} = \boxed{(4)} \div (\boxed{(4)} + \boxed{(5)}) \times 100$$

「あなたの検査結果は，陽性であった。あなたがこのガンにかかっている可能性は，どれくらいだと判断するか」という問いに対する正答を紹介する部分なので，(3)は「検査で陽性反応が出る条件下で，実際にガンにかかっている（陽性である）確率」である。よって正答は5。

上の叙述によれば，（　(4)　+　(5)　）は，全体の中で陽性反応が出る確率である。前の式と見比べれば，(4)は2「ガンにかかっていて陽性と出る確率」であり，(5)は4「ガンにかかっていなくて陽性と出る確率」である。

参考：確率の記号で書く

これを確率の記号で書くと次のようになる。ある事象Aが起こる確率を$P(A)$としよう。別の事象Bが起きる条件下で，事象Aも起きる確率を$P(A|B)$と書く。これを「条件付き確率」と言う。「条件付き確率」については，一般に以下のような式が成り立つ。

$$P(A|B) = \frac{P(B \cap A)}{P(B)} = \frac{P(B|A)P(A)}{P(B)}$$

これを「ベイズの定理」と呼ぶが，高校では扱われないため，知らない人もいるだろう。この記号式で，Aをガンにかかっているという事象，Bを検査で陽性反応が出るという事象とする。すると，$P(A|B)$は，陽性反応が出る条件下で実際にガンにかかっている確率になる。一方，$P(B|A)$はガンにかかっている条件下で検査で陽性反応が出る確率である。

解答

(3)— 5　　(4)— 2　　(5)— 4

問3　空欄補充—計算問題

理屈がわかっていれば，後は数値を入れるだけだから，容易である。

まず（　(4)　+　(5)　）を考えると，「ガンにかかっていて陽性と出る確率」は0.001×0.95で，「ガンにかかっていなくて陽性と出る確率」は0.999×0.05である。他方，(4)は「ガンにかかっていて陽性と出る確率」だから，これらを式に代入すれば，以下のようになる。

$$\frac{0.001 \times 0.95}{0.001 \times 0.95 + 0.999 \times 0.05} \times 100 = \frac{0.00095}{0.0509} \times 100 = 1.866\cdots$$

小数点以下第2位までが要求されているから，最後の数値を四捨五入すると「1.87％」で，95％と比べると意外なほど小さい値になる。つまり，検査で陽性になっても，圧倒的に「ガンでない」確率が高いのである。よって解答は，(6)は十の位だから「0」，(7)は一の位だから「1」，(8)は小数点以下第1位だから「8」，(9)は小数点以下第2位だから「7」である。

問4　空欄補充―知識問題

それぞれの文脈を考え，それと対応する用語を選べばよい。論理は命題を対象にする。命題とは，真偽が決められうる文や式のことを言い，「A ならば B である」という形の命題であれば，A を前件または前提，B を後件または結論と言う。

命題「A ならば B である」に対して，「B ならば A である」を逆命題，「A でないなら B でない」を裏命題，「B でないなら A でない」を対偶命題と言う。命題が真であればその対偶命題も真であるが，逆命題と裏命題は真であるとは限らない。

また，演繹とは，ある一般的命題から個別の命題を導き出すことである。たとえば有名な三段論法の例，「人は皆死ぬ。ソクラテスは人間である。したがってソクラテスは死ぬ」などである。これに対して，帰納とは，いくつかの具体的な事柄から一般的命題を導き出すことを言う。たとえば「昨日までの毎日，太陽は東から昇った。だから，太陽は東から昇る」など。

ここから，空欄を判断すると以下の通り。

(10) 「前提情報から…結論を導（く）」…前提から出発するのは5の「演繹」である。

(11) 「個別情報から…一般化したりする」…一般化の作業は4の「帰納」である。

(12) 「後件肯定の誤り」…前件は前提で後件は結論。つまり，結論を初めから肯定し，前提を導こうとする誤りである。2の「逆命題」を選ぶ。

(13) 「前件否定の誤り」…前件の否定から後件の否定を導こうとするのは3の「裏命題」である。

問5　理由の説明

下線部の次の段落に理由の説明があるが，そこに辿り着くまでの情報量が多いので，見分けるのが難しい。各文の要点と機能を表にすると，第3文の「問題」が「十分に転移しない」理由になっていることがわかる。

定義	転移とは，ある状況で獲得された知識やスキルが，別の状況での新しい課題の遂行に活用されることである。
例示1	経験した問題（ベース）の構造を新しい問題（ターゲット）の構造に対応させることで，ターゲット問題の解決が促進されるプロセスの研究が進んだ。
問題	サポートもなしに共通構造を発見するのは期待できない。
例示2	共通構造を抽出させることの効果などの研究がある。

　解答を作るには，何と何との「共通構造」なのか，を補充して字数を調整し，最後に「から」をつけるとよいだろう。

> **解答例**
> 　経験した問題と新課題の共通構造の発見が難しいから。（25字以内）

問6　下線部の具体例

> 〔要求〕　下線部(イ)の具体例を1つ自分で考える。
> 〔条件〕　ベース問題，ターゲット問題，共通構造を明確にする。

　まず定義を正確に押さえて，それから具体的な事例に当てはめたい。問5でも見た通り，転移の定義は第❺段落第1文にある。

> ある状況で獲得された知識やスキルが，さらに学習を必要とする別の状況での新しい課題の遂行において活用されること

　要するに，過去に獲得した知識やスキルが，新しい状況における課題で活用・応用されることを考えればよい。いろいろな例が考えられようが，別に，課題文で取り上げられている論理・統計・心理学の知識に関わるものに限定しなくてもよい。二つの別々の課題が，学習に役立ちそうな共通構造を備えていれば，何でもよいはずである。
　着想しやすいのは外国語であろう。これまで学んできた英語の文法や発音規則の知識は，他の外国語を学ぶ上でも役に立つはずである。芸術のようなスキルも書きやすい。また，三角関数などの数学の知識を現実に活かすことを考えてもよい解答が書けそうだが，確率を取り上げると本文と同じような話になりかねないので注意しよう。
　〔解答例〕は楽器の演奏とダンスという設定で書いている。

> **解答例**
> 　ベース問題としてギターの演奏を学ぶことで身につけたリズムの感覚は，ターゲット問題としてダンスの練習をする際に，共通構造としての役割を果たし，習得を容易にする。（80字以内）

21 フリー・イノベーションの重要性

2018 年度〔2〕・目標 30 分

以下の文章を読んで，次の問 1 〜問 6 に答えなさい。

　経済発展にはイノベーションが重要だとされ，その担い手として企業での研究開発をいかに効率的に行うかが議論される。しかし，イノベーションの源泉は企業のみではない。マサチューセッツ工科大学のヒッペル教授は，科学測定機器では，そのユーザーである大学教員が発明することが多いことを示した。これは高度な技術を要する製品だが，その後の研究によって，スノーボード，マウンテン・バイクなどのスポーツ用品は消費者によって開発されたことが示されている。また，リナックス（Linux）と呼ばれるソフトウエアも，元々はフィンランドの大学生が自分のパソコンでユニックス（Unix）という基本ソフトウエアを使うために開発を始め，他の消費者の協力を得て開発された。このように企業だけでなく，ユーザー，一般の消費者によるイノベーションが活発化している。

　ヒッペル教授は最近の著作『Free Innovation』で，一般の消費者によるイノベーションを「フリー・イノベーション（free innovation)」と呼び，次のように定義している。(1)消費者によって自費，無報酬で開発され，かつ(2)開発した人は知的所有権を主張せず，必要な人が無料・自由（free）で利用できる，新しい製品・サービスもしくはプロセス。

　ここでは 3 種類のイノベーションに注目する。一人でフリー・イノベーションに取り組む「単独フリー・イノベーション（single free innovation)」，複数の消費者で協力して取り組む「オープン・フリー・イノベーション（open free innovation)」，そして，企業によるイノベーションである。それぞれのイノベーション創造活動が可能となる条件を分析してみよう。まず，イノベーションが実現したときに得られる価値を v とする。フリー・イノベーターにとってのイノベーションの価値は，自己への見返り・報酬が中心となる。つまり，開発したイノベーションを使うことによって得られる便益，開発プロセスで感じた楽しさや，得られた知識からの学習などである。これに対して，企業が得るイノベーションの価値は，イノベーションを販売して得られる売上となる。一方，イノベーション創造活動や成功したイノベーションを提供・販売するには，以下の費用がかかる。

- 設計費用（d)：イノベーションの創造，設計段階で必要になる材料費，人件費など。
- コミュニケーション費用（c)：イノベーションの創造，設計段階で他のメンバ

ーとコミュニケーションするための費用と，イノベーションが実現した場合に，それを普及させるための広告費用。

- 生産費用（m）：実現したイノベーションを生産するために必要な原材料費，人件費，光熱費など。
- 取引費用（t）：実現したイノベーションに関する特許を取得，販売するために必要な費用。

フリー・イノベーターや企業がイノベーション創造活動をするのは，イノベーションの価値 v が総費用を上回る場合であり，（　式1　）で表される。

以下では，ソフトウエアのように生産費用が無視でき，特許の取得も行わない場合を考える。すると，（　式1　）は（　式2　）となる。

設計費用を横軸，コミュニケーション費用を縦軸にとって，イノベーション創造活動を行う領域がどのようになるかをみてみよう（グラフ参照）。まず，単独フリー・イノベーションの場合，他者とコミュニケーションする必要もなく，イノベーション開発に成功しても，広告費用をかける必要もない。よって，（　式2　）は，（　式3　）となる。

単独フリー・イノベーターの設計費用を d_s とすると，イノベーション創造活動の可能領域は，グラフの（領域a）となる。便益が大きい場合には，この領域は右に広がり，より設計費用が高い領域でも行われることになる。

オープン・フリー・イノベーションの場合，メンバー間でコミュニケーションするための費用が必要となる。インターネットがない時代，電話でメンバー全員が一対一でコミュニケーションするには，メンバー数の（　X　）乗に比例した回数だけ通話しなければならなかった。しかし，現在はインターネットのメーリング・リストなどによって，複数のメンバーと同時にコミュニケーションできるようになった。これによって，参加者が増えてもコミュニケーションにかかる費用を c_{max} 以下に抑えることが可能となった。設計費用は，メンバーいずれも等しく d_s であるとする。例えば5名が参加すれば $5d_s$ だけの費用をかけることができるようになる。この場合の，イノベーション創造活動の可能領域はグラフの（領域b）の部分となり，単独フリーイノベーターの場合と比べて，より設計費用がかかる領域でもイノベーション創造活動を行えることになる。

企業は，イノベーション創造活動によって実現した製品・サービスもしくはプロセスからの売上を得る。その価格を p，売上数量を q とすると売上金額は（　式4　）で表される。よって，メーカーのイノベーション創造活動の可能領域は（　式5　）で表される。これは，グラフの（領域c）となる。

3種類のイノベーションによってイノベーション創造活動の可能領域が異なることが分かる。まず3種類のイノベーションともに可能領域となっているのはグラフの（領域d）である。単独フリーイノベーターでは不可能だが，企業では可能な領域は

グラフの（領域 e ）である。さらに，単独フリーイノベーター，企業とも不可能だが，オープン・フリー・イノベーターでは可能な領域はグラフの（領域 f ）である。

　これまでの経営学やマーケティングは企業によるイノベーションに注目してきたが，オープン・フリー・イノベーションはより重要になっていくだろう。

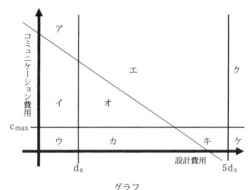

グラフ

（本問は，Von Hippel, Eric（2016），*Free Innovation*, The MIT Press に基づいて作成した。）

問1　以下のそれぞれの文について「フリー・イノベーション」である場合には1，そうでない場合には0を解答用紙A（マークシート）の所定の欄にマークしなさい。

　　(1)　企業が発明し，特許を取得した製品

　　(2)　大学教員が発明し，特許を取得した科学測定機器

　　(3)　大学生が友人と共同で開発し，無料公開したソフトウエア

　　(4)　主婦が企業の資金的援助を受けて開発した製品

　　(5)　高校生が作詞作曲し，動画サイトで自由に改変してよいと公開した歌

　　(6)　企業が発明したが，無料で公開した電子材料の製造方法

問2　4種類の費用 d, c, m, t, イノベーションの価格 p について，単独フリー・イノベーションについては s，オープン・フリー・イノベーションについては o，企業については f という添え字をつけて表す。例えば，単独フリー・イノベーション，企業の生産費用は，それぞれ m_s, m_f と表記する。文中のソフトウエアの例について，以下の数式がそれぞれ正しい場合には1，誤っている場合には0を解答用紙A（マークシート）の所定の欄にマークしなさい。

(7)	$c_s > c_o$	(8)	$t_f = 0$	(9)	$p_s = p_o = 0$
(10)	$c_s < c_f$	(11)	$t_s = 0$	(12)	$p_s = 0$, $p_f > 0$
(13)	$m_s > m_o$	(14)	$m_s = m_o = m_f$	(15)	$d_s = d_o = d_f$

問3 文章中の数式（式1）〜（式5）について，最もよくあてはまる式を下記の選択肢から，それぞれ選び，解答用紙A（マークシート）の所定の欄にマークしなさい。ただし，主体を表す添え字は省略してある。

（式1） ⑯ ⑰　　（式2） ⑱ ⑲

（式3） ⑳ ㉑　　（式4） ㉒ ㉓

（式5） ㉔ ㉕

選択肢

11 $v>d$	12 $v>d \times c \times m$	13 $v>d \times c \times m \times t$
14 $v>d \times c$	15 $v<d$	16 $v<d \times c \times m$
17 $v<d \times c \times m \times t$	18 $v<d \times c$	19 $p/q-d-c>0$
20 $v>d+c+m$	21 $v>d+c+m+t$	22 $v>d+c$
23 $p \times q-d-c>0$	24 $v<d+c+m$	25 $v<d+c+m+t$
26 $v<d+c$	27 $p-q-d-c>0$	28 p/q
29 $p+q$	30 $p-q$	31 $p+q-d-c>0$
32 $p \times q$		

問4 文章で言及されているグラフの（領域a）〜（領域f）として最も適切なものを下記の選択肢から選び，解答用紙A（マークシート）の所定の欄にマークしなさい。ただし，ア〜ケはグラフに示されている部分領域を意味する。

（領域a） ㉖ ㉗　　（領域b） ㉘ ㉙

（領域c） ㉚ ㉛　　（領域d） ㉜ ㉝

（領域e） ㉞ ㉟　　（領域f） ㊱ ㊲

選択肢

11 ア	12 イ	13 ウ	14 エ
15 オ	16 カ	17 キ	18 ク
19 ケ	20 カ，キ	21 ウ，カ	22 オ，カ
23 エ，キ	24 エ，オ	25 ア，イ，ウ	
26 ウ，カ，キ	27 ア，エ，キ	28 イ，ウ，カ	
29 イ，ウ，オ，カ		30 エ，オ，カ，キ	
31 ア，イ，エ，オ		32 ア，イ，ウ，エ，オ	
33 ア，イ，ウ，オ，カ		34 ア，イ，エ，オ，カ，キ	

問5 文章中の空欄（　X　）にあてはまる数字（一桁）を解答用紙A（マークシート）の欄にマークしなさい。

問6　インターネットの発展によって，特にオープン・フリー・イノベーション創造
　　　活動が活発化した理由を，本文に則して解答用紙Bの所定の欄に75文字以内で記
　　　入しなさい。なお添え字付きの記号を用いる場合は，添え字を含めて1文字とする。

POINT　課題文は，イノベーションを3種類に分け，費用の面からイノベーション創
　　　造活動が可能となる条件を比較する。そのうえで，複数の消費者で取り組むオープ
　　　ン・フリー・イノベーションの方が，企業が担うよりもイノベーション創造活動の
　　　可能領域を広げられる場合があることを明らかにして，オープン・フリー・イノベー
　　　ションはより重要になっていく，と結論づけている。問4のグラフの領域選択は
　　　少し特殊なので，注意する必要があろう。

課題文の解説

▶各段落の要点

| 導入 | ❶ユーザー・一般の消費者によるイノベーションの活発化 |

❶ユーザー・一般の消費者によるイノベーションの活発化
例示スノーボードなどのスポーツ用品，Linux
❷一般の消費者によるイノベーション＝「フリー・イノベーション」
定義(1)無報酬で開発＋(2)知的所有権がなく，無料・自由に利用可能

イノベーション
の分類と費用
❸3種類のイノベーション：「単独フリー・イノベーション」，「（複数の消費者による）オープン・フリー・イノベーション」，「企業によるイノベーション」
イノベーションの価値（v）：フリー・イノベーターにとっては自己への見返り・報酬，企業にとっては売上
創造・提供・販売にかかる費用：
- 設計費用（d）＝創造・設計に必要な材料費・人件費
- コミュニケーション費用（c）＝創造・設計に必要なコミュニケーション費用，広告費用
- 生産費用（m）＝生産に必要な原材料費・人件費・光熱費
- 取引費用（t）＝特許の取得・販売費用

創造活動の可
能領域
❹イノベーション創造活動の前提：イノベーションの価値 v＞総費用
❺ソフトウエア（$m=0$，$t=0$）の場合を考える
❻・❼単独フリー・イノベーションでは，他者とのコミュニケーション・広告費用（c）が不要
イノベーション創造活動の可能領域は設計費用 d_s により限定されるが，便益が大きいほど領域は広がる
❽オープン・フリー・イノベーションでは，メンバー間でのコミュニケーション費用が必要
現在はインターネットによりコミュニケーション費用が c_{max} 以下に
設計費用は d_s×メンバー数のため，単独フリー・イノベーションよりイノベーション創造活動の可能領域が広くなる
❾企業によるイノベーションでは，売上から費用を差し引いた利益が出るかどうかによりイノベーション創造活動の可能領域が決まる
❿3種類のイノベーションにより創造活動の可能領域は異なり，重なる部分と重ならない部分がある

結論
⓫オープン・フリー・イノベーションの重要さは増していく

▶着眼

商学部の問題ではよくあるのだが，論文テストとは言っても，実際は計算とグラフの読み取りが主体の問題。課題文を正確に読んで，説明を数式に当てはめる抽象的な思考力が必要になる。解答用紙の各欄に数字一字しか書けないので，答え方に戸惑うことがあろう。過去問をいくつか解いて，商学部独特の形式に慣れておこう。最後の**問6**だけが，75字以内で書かせる問題だが，小論文というより，記述問題として対処できる。

▶キーワード

□**イノベーション** モノや仕組み，サービス，組織などに新たな考え方や技術を取り入れて新しい価値を生み出し，社会に対してインパクトのある革新や刷新，変革をもたらすこと。スマートフォンなどが代表例。

□**Linux** コンピュータの OS の一種。Mac OS や Windows などと同様に，ソフトウエアとハードウエアをつなぐとともに，ユーザーの操作をコンピュータへ伝える役割を担うオペレーティングシステムだが，Linux はソースコードが公開されていて無料で使えるのが特徴。

設問の解説

問1 具体例の正誤判定

それぞれの文が，課題文におけるフリー・イノベーションの定義に合っているかどうかを吟味する。定義は第**❷**段落にあって，次の条件を満たす。

> (1) 消費者によって自費・無報酬で開発される
> (2) ①開発した人は知的所有権を主張しない，②必要な人が無料・自由に使用できる

選択肢の吟味

×(1) 企業が発明し，特許を取得した製品…「企業」が条件(1)に，「特許を取得」が条件(2)①に合わない。

×(2) 大学教員が発明し，特許を取得した科学測定機器…「特許を取得」が条件(2)①に合わない。

○(3) 大学生が友人と共同で開発し，無料公開したソフトウエア…「大学生」が条件(1)に，「無料公開」が条件(2)①・②に合っている。

×(4) 主婦が企業の資金的援助を受けて開発した製品…「企業の資金的援助」が，条件(1)に合わない。

○(5) 高校生が作詞作曲し，動画サイトで自由に改変してよいと公開した歌…「高校生が作詞作曲」が条件(1)に，「自由に改変してよいと公開」が条件(2)①・②に合

っている。

×(6)　企業が発明したが，無料で公開した電子材料の製造方法…「企業が発明」が条件(1)に合わない。

解答
- -
(1)— 0　(2)— 0　(3)— 1　(4)— 0　(5)— 1　(6)— 0

問2　数式の正誤判定

添え字も含めて記号がたくさん出てくるため，それぞれの意味を正確に押さえ，数式の解釈を間違えないこと。文中のソフトウエアの例で考えるので，開発者にかかわらず，生産費用 $m=0$，取引費用 $t=0$ である。

選択肢の吟味

×(7)　$c_s > c_o$ …単独では他者とコミュニケーションする必要がない（第**❻**段落）ためコミュニケーション費用はかからないが，オープンの方は複数のメンバー同士のコミュニケーション費用が c_{max} 以下とあり（第**❽**段落）費用は発生する。

○(8)・(11)　$t_f = 0/t_s = 0$ …一般には特許取得費用がかかるが，文中のソフトウエアの例では特許の取得を行わない（第**❺**段落）のでいずれの場合も取引費用はかからない。

○(9)　$p_s = p_o = 0$ …いずれもフリー・イノベーションなので，価格は無料である。

○(10)　$c_s < c_f$ …単独では他者とコミュニケーションする必要がなく（第**❻**段落）コミュニケーション費用はかからないのに対し，企業では多くの人が関わるのでコミュニケーション費用はその分発生する。

○(12)　$p_s = 0$, $p_f > 0$ …単独フリー・イノベーションでは価格が無料だが，企業は売上を上げる必要があるため無料にできない。

×(13)　$m_s > m_o$ …文中のソフトウエアの例では生産費用が無視できる（第**❺**段落）ので，いずれもゼロである。

○(14)　$m_s = m_o = m_f$ …文中のソフトウエアの例では生産費用が無視できる（第**❺**段落）ので，すべてのイノベーションでゼロである。

×(15)　$d_s = d_o = d_f$ …単独の場合の設計費用 d_s に対し，オープンの設計費用 $d_o = d_s \times$ メンバー数（第**❽**段落）であり，企業も関わる人数が多い分人件費や光熱費が多くなる。

解答
- -
(7)— 0　(8)— 1　(9)— 1　(10)— 1　(11)— 1

(12)— 1　(13)— 0　(14)— 1　(15)— 0

問3　数式の空欄補充

課題文中では空欄の前に必ず説明があるので，それを忠実に数式化する。

（式1）　一般的なイノベーション創造活動の可能領域

v が総費用 $(d+c+m+t)$ を上回る→$v>d+c+m+t$　→(16)(17)

（式2）　ソフトウエアにおけるイノベーション創造活動の可能領域

生産費用 m が無視でき，特許取得も行わないので取引費用 t もなし→$v>d+c$

→(18)(19)

（式3）　単独フリー・イノベーションによるソフトウエア開発のイノベーション創造活動の可能領域

（式2）からコミュニケーション費用 c を除外できる→$v>d$　→(20)(21)

（式4）　企業における売上金額

価格 p×売上数量 q　→(22)(23)

（式5）　企業によるソフトウエア開発のイノベーション創造活動の可能領域

企業においてはイノベーションの価値 $v=p×q$ であり，それが総費用を上回る必要があるので，$p×q>d+c$→変形して $p×q-d-c>0$ となる。これは利益を表す。

→(24)(25)

解答

(16)(17)—**21**　(18)(19)—**22**　(20)(21)—**11**　(22)(23)—**32**　(24)(25)—**23**

問4　グラフの領域選択

（領域a）　単独フリー・イノベーターは，コミュニケーション費用 $c=0$ であり，イノベーション創造活動の可能領域は設計費用 d_s のみによって制限される。これは $d<d_s$ の領域をすべて含む。つまり，ア，イ，ウである。　→(26)(27)

（領域b）　5名が参加するオープン・フリー・イノベーションの場合，設計費用 d はグラフの $5d_s$ まで広がる。一方，コミュニケーション費用 c はかかっても c_{max} が最大である。したがって，該当する領域は $d<5d_s$ と $c≦c_{max}$ で囲まれたウ，カ，キである。　→(28)(29)

（領域c）　問3の（式5）から，企業の場合のイノベーション創造活動の可能領域は $p×q>d+c$ であり，$p×q=d+c$ を表すのがグラフの右下がりの直線なので，該当する領域は，イ，ウ，オ，カである。　→(30)(31)

（領域d）　3種類のイノベーションともに可能な領域だから，（領域a）～（領域c）が重なるところで，ウである。　→(32)(33)

（領域e）　単独フリー・イノベーターでは不可能だが，企業に可能なのは，（領域c）のうち（領域a）が重ならないところであり，オ，カである。　→(34)(35)

（領域f）　単独フリー・イノベーターにも企業にも不可能だが，オープン・フリー・

イノベーターに可能なのは，（領域 b ）のうち（領域 a ）と（領域 c ）が重ならないところであり，キである。　→(36)(37)

解答

(26)(27)—25　(28)(29)—26　(30)(31)—29　(32)(33)—13　(34)(35)—22　(36)(37)—17

問5　数字の空欄補充

　本来は，数学の組合せの応用問題。ここでは一対一のコミュニケーションを想定している。n 人の人が二人ずつコミュニケーションするための通話の回数は，一般に，n 個の中から 2 個を選ぶ組合せの数 $_nC_2$ に等しい。

$$_nC_2 = \frac{n!}{2!\,(n-2)!} = \frac{n(n-1)}{2} = \frac{n^2}{2} - \frac{n}{2}$$

　これが正しい解なのだが，設問では「メンバー数の（　X　）乗に比例した回数」とあり，X に数字を入れねばならない。X に 2 を入れても，$\frac{n}{2}$ だけ誤差が生じてしまう。ただ，n が十分大きければ，$\frac{n^2}{2}$ が $\frac{n}{2}$ よりもはるかに大きくなるので，だいたい $\frac{n^2}{2}$ になることから，X を 2 としてもよいだろう，と考えられる。

解答

2

問6　理由の説明

〔要求〕　インターネットの発展によって，特にオープン・フリー・イノベーション創造活動が活発化した理由。

〔条件〕　本文に則して答える。

字数と形式

　日本文で一つの内容を書こうとすると，だいたい 30 字は必要になる。75 字という制限字数なので，二つの内容を書くのが精一杯であろう。インターネットの発展によって，特にオープン・フリー・イノベーション創造活動が活発化した理由を書くので，「インターネットが発展した」を冒頭に置いて，「オープン・フリー・イノベーション創造活動が活発化した」が述部にくるような論理のチェーンを考える。

課題文の内容

参考になるのは第**❽**段落である。**問4**のグラフの領域を見てもわかるように，オープン・フリー・イノベーションでは，インターネットの発展によりコミュニケーション費用を c_{max} 以下に抑えられるので，問題になるのは設計費用だけとなる。そして，設計費用は，何人かが集まれば一人がかけられる費用の人数分だけ拡大できるので，高い設計費用をかけてイノベーション創造活動の可能領域を広げられ，開発がしやすくなる。

したがって，論理のチェーンは以下のようになる。

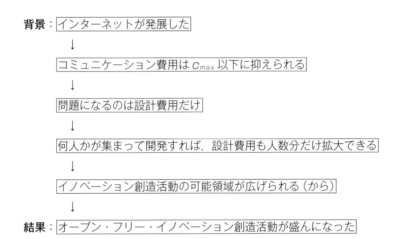

背景：インターネットが発展した
↓
コミュニケーション費用は c_{max} 以下に抑えられる
↓
問題になるのは設計費用だけ
↓
何人かが集まって開発すれば，設計費用も人数分だけ拡大できる
↓
イノベーション創造活動の可能領域が広げられる（から）
↓
結果：オープン・フリー・イノベーション創造活動が盛んになった

解答例

インターネットの発展でコミュニケーション費用は一定以下に収まり，設計費用も何人かが集まれば人数分だけ拡大でき，イノベーション創造活動が広げられるから。（75字以内）

22　仮説検定の理論―統計で得られたデータの信頼性

2016 年度〔2〕・目標 30 分

以下の文章を読んで，次の問1～問5に答えなさい。

　Aさんは大学の課題レポートの研究テーマとして，ネット広告を出すことが売上に及ぼす効果に興味を持ち，ある業種の企業を対象にアンケート調査を行った。ランダムに選んだ企業に質問紙を送付し，150 社から回答を得た。その結果を表1の「実測値」の行に示す（以下，本文中のデータは全て仮想のものである）。表1の通り，企業は4つに分類され得る。すなわち，「（最近1年以内に）広告を出して，そののち売上が増えた企業」，「広告を出して売上が増えなかった企業」，「広告を出さず売上が増えた企業」，「広告を出さず売上が増えなかった企業」である。これらをそれぞれカテゴリー1～4と呼ぶことにする。表1を見ると，売上が増えた企業の割合は，ネット広告を出した企業では 30 社中 21 社であり，広告を出さなかった企業（120 社中 54 社）より高い。(a)この結果に基づき，Aさんは「ネット広告を出すことで，売上が増えた」と考えた。しかし，友人Bさんは「この割合の違いは，サンプリングの偶然によるものではないか？」と指摘した。仮に「ネット広告を出したか否か」（要因1）と「売上が増えたか否か」（要因2）の間に関係がなくとも，質問紙を送る企業を選ぶ際などの偶然によって，「たまたまカテゴリー1の企業が多めにサンプリングされる」ということが起こり得る。しかし，サイコロの同じ目が何度も出続けることが稀にあるように，非常に偏った調査結果も偶然で得られる可能性がある。「偶然だ」，「偶然ではない」という不毛な水掛け論を避け，2つの要因の間の関係の有無を判断するにはどうしたらよいのだろうか。

表1．Aさんのアンケート調査の結果

ネット広告を	出した		出さない		合計
売上が	増えた（カテゴリー1）	増えない（カテゴリー2）	増えた（カテゴリー3）	増えない（カテゴリー4）	
実測値（O）	21	9	54	66	150
期待値（E）	15	(1) ┊ (2)	(3) ┊ (4)	(5) ┊ (6)	150

　データを使用する多くの研究で生じる同様の問題を，統計的仮説検定は解決してくれる。どのような調査結果も偶然で起こり得るのであれば，単なる偶然でそのような結果が得られる確率を実際に計算するのである。その確率があらかじめ定めた基準

（通常，0.05）よりも低ければ，偶然の結果とみなさず，何か意味のある（＝有意な）結果が得られたと考える。例えば「店舗の改装の有無により，売上が異なる」と解釈できるデータを得たとしよう。この解釈を統計学的に検証するためには，「店舗の改装の有無によらず，売上には差がない」と，まずは仮定する。そう仮定することで，実際に観察された売上の差が単なる偶然によって生じる確率を計算できる。この例のように，「観察された差は単なる偶然の産物であり，意味のある差ではない」と仮定する考えは帰無仮説と呼ばれる。一般的に，帰無仮説に基づいて計算された確率 P が 0.05 を下回る時にのみ，すなわち「単なる偶然では 20 回に 1 度あるいはそれ以下の確率でしか生じない事象が起こった時」のみ，帰無仮説を捨て去る。このようにして，観察された差は有意なものであると判断するのである。

　まずは簡単な例で考えよう。ある新商品を購入した人の 8 人中 7 人が女性だった場合，企業は「この製品は女性好みかも知れない」と感じるだろう。この際，帰無仮説は「この商品への好みに男女差はない」となる。ヒトの男女比はほぼ 1：1 であるので，帰無仮説のもとでは，ある一人の購入客が女性である確率は $q = 0.5$ である。この時，全 n 人の顧客のうち k 人が女性である確率は，$[n!/\{k!(n-k)!\}]q^n$ という式で表される。従って，8 人中 7 人が女性となる確率は 1 / ⌈_(7)_⌉⌈_(8)_⌉ であり，0.05 を下回る。しかし，例えば帰無仮説のもとで最も起こりやすい「500 人中ちょうど半数が女性」である確率でさえ，同式で計算すると約 0.04（< 0.05）となるように，この数字だけで判断するのは誤りである。より極端なパターンである「8 人の購入客全員が女性」である確率約 0.0039 を加える。さらに，「男性が女性よりもこの商品を好むはずがない」というよほど明確な理由がない限り，逆に男性に偏ったケース（8 人中 7 または 8 人が男性）の確率も足し合わせることになる。このように計算された P 値は約 0.⌈_(9)_⌉⌈_(10)_⌉ となり，0.05 を超えるので，帰無仮説を捨て去ることはできない。すなわち，「この商品は女性好みである」という主張には科学的な裏付けが与えられない。このように統計学的仮説検定とは，「観察された差と同等の結果，またはより極端な結果が偶然によって得られる確率を評価する作業」と考えれば良い。

　A さんの研究に戻ろう。帰無仮説は「（　ア　）」となる。この帰無仮説を，表 1 のようなデータに対して検討する際，ピアソンのカイ 2 乗検定という手法がよく用いられる。全体としてネットに広告を出した企業の割合（R）は 30/150 で 0.2 となり，同様に，全体のうち売上が増えた企業の割合（S）は 0.⌈_(11)_⌉⌈_(12)_⌉ となる。サンプル全数（$N=150$）に R と S をかけて求められる 15 が，帰無仮説のもと，R と S が無関係だとした時に期待されるカテゴリー 1 の企業数である。これを期待値（E）と呼ぶ。同様にカテゴリー 3 の期待値は $N \times (1-R) \times S$ として計算できる。各カテゴリー 1 ～ 4 の期待値（E）と実測値（O）との差をそれぞれ求める。この差を 2 乗した値を，それぞれの期待値で割った値（$[O-E]^2/E$）は，カテゴリー 1 ～ 4 についてそれぞれ 2.4, ⌈_(13)_⌉⌈_(14)_⌉.⌈_(15)_⌉, ⌈_(16)_⌉⌈_(17)_⌉.⌈_(18)_⌉, ⌈_(19)_⌉⌈_(20)_⌉.

　⬚(21)⬚となる。この4つの値を総計した値はカイ2乗値と呼ばれる。このカイ2乗値の性質はよく調べられているので、統計学の教科書を参照すれば、P値を知ることができる。OがEと異なっているほど、カイ2乗値は大きく、P値は小さい。今回の場合、**カイ2乗値が3.84を越えれば、$P<0.05$で有意、すなわち帰無仮説を捨て去ることができる。**実際に表1のデータについてカイ2乗値を求めると、⬚(22)⬚:⬚(23)⬚.⬚(24)⬚となり、この値を上回るので、ネット広告を出した企業の方が売上が増えていると判断できる。しかし、(b)この検定結果は「ネット上に広告を出したか否か」と「売上が増えたか否か」という2つの要因の間に関係があることを示しているが、両者の間の因果については明らかにしていないことに注意が必要である。また、もしもAさんが1/3の企業数しか調査せず、カテゴリー1〜4のOが全て1/3となった場合、カイ2乗値は⬚(25)⬚:⬚(26)⬚.⬚(27)⬚となる。たとえ傾向は同じでも、不十分なサンプル数では明確な結論を得ることが難しいことは直感的にも理解できよう。

　Aさんの研究に興味を持ったCさんは、似たような調査をおこない、表2に示す結果を得た。この時、カイ2乗値は約5.1となり、結果はやはり有意である。しかもカテゴリー1および4においてO（それぞれ272, 22）がE（それぞれ266、⬚(28)⬚:⬚(29)⬚）を上回るという傾向も一致している。この2人の研究から得られる結論は同じであるので、データを足し合わせてみよう（表2）。データを統合した結果、カイ2乗値は約2.7となり、3.84に満たないという一見不思議な結果が得られてしまう。(c)これは統計学上の有名なパラドックスの1つである。

表2．Cさんのアンケート調査の結果およびAさんの結果と統合したデータ（実測値）

	カテゴリー1	カテゴリー2	カテゴリー3	カテゴリー4	合計
Cさんの結果	272	298	8	22	600
Aさん＋Cさんの結果	293	307	62	88	750

問1 本文および表1の空欄 [(1)] ～ [(29)] に適切な数字を解答用紙A（マークシート）の解答欄にそれぞれマークしなさい。ただし，必要に応じて，空欄の桁数に適合するよう，空欄部直下の桁で四捨五入すること。また，解答欄より少ない桁数になるときは，上位または下位（小数点以下）の桁に0（ゼロ）を必ずマークしなさい。例えば，空欄 [(1)] [(2)] . [(3)] の答えの計算結果が8.02なら，四捨五入により8.0とし，[(1)]，[(2)]，[(3)] にそれぞれ0，8，0とマークすること。（なお，$n!$ は1から n までの整数をかけ合わせた値を示す。ただし，$0!=1$である。）

問2 本文中の空欄（ ア ）に入る最も適切な帰無仮説を次の選択肢から選び，その番号を解答用紙A（マークシート）の解答欄にマークしなさい。

1　アンケート調査票（質問紙）を送付する企業に偏りが生じた。

2　アンケート調査票（質問紙）を送付する企業はランダム（無作為）に選択された。

3　企業の売上が増えるか否かは確率0.5に従う。

4　企業の売上が増えるか否かと，ネット広告の有無の間には関係がない。

5　ネットに広告を出さなくとも，企業の売上は増える。

6　ネットに広告を出した企業の半数で売上は増える。

問3 本文の末尾，下線部(c)に続く最も適切な一文を次の選択肢から選び，その番号を解答用紙A（マークシート）の解答欄にマークしなさい。

1　昨今，ITを活用したビッグデータが注目されている最大の理由はここにあるのである。

2　サンプル数が多くなり過ぎると，統計学に基づく判断も間違うことがあるので注意を要する。

3　条件の異なる調査結果を安易に統合するべきではないということを示している。

4　データを客観的に取捨選択し，期待される結果を統計的に探る必要がある。

5　データを統合した際は，帰無仮説も統合しない限り矛盾が生じるのである。

6　二人の調査結果のいずれか一方に誤りがあったことを，この解析結果は示している。

問4 表1の結果については，下線部(a)に示されたAさん・Bさんの双方の意見と異なる解釈も可能である。可能性のある解釈の1つを解答用紙Bの所定の欄に60字以内で答えなさい。その際，本文中の下線部(b)の記述に注意を払い，解答の中に「因果」（もしくは「因果関係」）という語句を必ず用いなさい。また，その語句に下線を引くこと。

問5　下線部(c)について，なぜ「パラドックス」と呼ばれるのか，解答用紙Bの所定
の欄に70字以内で答えなさい。ただし，「傾向」，「サンプル数」および「有意」と
いう語句を必ず用いなさい。また，その語句に下線を引くこと。

POINT　統計的仮説検定，つまり，統計で得られた結果が本当に有意なものであるの
かを検証するための理論を説明した問題。商学部では，統計に関わる問題が頻出し
ているので，考え方にはある程度慣れておいた方がよい。問1は課題文に従って慎
重に計算すれば，解けるようになっている。問2以降の選択問題・論述問題では，
論理的思考力が問われる。集まったデータから「何が言えるか」だけでなく，「何
を言ったら言い過ぎになるか」という，統計学にはつきものの厳密な判断が必要だ。

課題文の解説

▶各段落の要点

データを使う研究で生じる問題	**❶**Aさんの調査：「ネット広告を出すことが売上に及ぼす効果」→**結果**ネット広告を出した企業の方が，出さなかった企業より売上が増えた企業の割合が高い→**結論**「ネット広告を出すと売上は増える」 ⇕ Bさんの指摘：「この割合の違いは，サンプリングの偶然によるものでは」 どう判断したらよいか？ **❷**解決方法＝単なる偶然でそのような結果が得られる確率を計算する 観察された差は単なる偶然の産物で意味がないと仮定＝帰無仮説 帰無仮説に基づく確率 P が 0.05 を下回る時にのみ，帰無仮説を捨て去り，観察された差は有意なものと判断する
簡単な例	**❸**ある新商品を購入した 8 人中 7 人が女性→この製品は女性好み？ この際の帰無仮説＝「この商品への好みに男女差はない」 帰無仮説に基づいて確率を計算すると 0.05 を超える→帰無仮説は捨て去れず，「この商品は女性好み」とは科学的に言えない 統計学的仮説検定＝観察された差と同等の結果，またはより極端な結果が偶然によって得られる確率を評価する作業
最初の研究への適用	**❹**Aさんの調査の帰無仮説＝「（　ア　）」 ピアソンのカイ 2 乗検定を用い，値が 3.84 を越えれば，$P<0.05$ で有意となり，帰無仮説を捨て去れる→ネット広告を出した企業の方が売上が増えていると判断できる ⇕ 「ネット上に広告を出したか否か」「売上が増えたか否か」の間の因果は明らかにしていない
新たな調査	**❺**Cさんの調査でも結果はやはり有意で，傾向もAさんの調査と一致 2 人のデータを足し合わせてカイ 2 乗検定にかけると，3.84 に満たない＝統計学上の有名なパラドックスの 1 つ

▶着眼

　統計学における仮説検定を扱った文章を用いて，実際に計算を試みさせる問題。統計の専門的な知識は必要なく，与えられた定義や計算式に従って具体的な数値を入れて計算していけば答えは出る。また，帰無仮説などの見慣れない用語も，定義さえきちんと理解できれば，解答に困ることはないだろう。

▶キーワード

□**カテゴリー**　同じ性質をもつものが属する部類のこと。範疇。プードルやコリーは「犬」というカテゴリーに属し、犬は猫とともに「哺乳類」というカテゴリーに属し、さらには鳥や蛇とともに「脊椎動物」というカテゴリーに属する。これらは階層構造になっている。

□**サンプリング**　統計調査の中で、対象となる母集団の中から、調べる標本を取り出すこと。たとえば、全国の高校生から何百人かを無作為に抜き出して、その人たちに質問したり、アンケートをとったりするなど。

設問の解説

問1　空欄補充—計算問題

課題文の第❸・❹段落に考え方や数式が示されているので、それに従って計算していく。

新商品の事例

「ある新商品を購入した人の8人中7人が女性だった」確率は、第❸段落にある

$$[n!/\{k!(n-k)!\}]\, q^n$$

という式の通りに計算すればよい。$n=8$、$k=7$、$q=0.5$ だから

$$(8!/7!1!)\,0.5^8 = \{8 \times 7 \times \cdots \times 1/(7 \times 6 \times \cdots \times 1) \times 1\}(1/2)^8$$
$$= 8 \times (1/2)^8 = 2^3/2^8 = 1/32 \quad \rightarrow (7)(8)$$
$$= 0.03125$$

8人の購入客全員が女性である確率は0.0039で、さらに8人の購入客全員が男性である確率と購入者8人のうち7人が男性である確率（いずれも女性と同値）を加える。

$$(0.03125 + 0.0039) \times 2 = 0.0703 \quad \rightarrow (9)(10)$$

空欄(9)(10)の前に小数点が打たれていることに注意し、空欄直下の桁で四捨五入すると0.07となる。ここを間違えると、計算が合っていても解答を間違える。

Aさんの調査の場合

まず、計算に必要な、それぞれの値を確認しよう。(1)〜(6)は期待値だが、それを出すには、第❹段落のネットに広告を出した企業の割合 R と、全体のうち売上が増えた企業の割合 S が必要なので、それらを先に計算する。

ネットに広告を出した企業の割合 R は文中に示されており、0.2である。

一方、全体のうち売上が増えた企業の割合 S は

$$S = (21 + 54)/150 = 75/150 = 0.50 \quad \rightarrow (11)(12)$$

カテゴリー1の期待値は、サンプル全数 $N \times R \times S$ より15であり、同様にカテゴリ

－2～4の期待値も出すと

カテゴリー2：$N \times R \times (1-S) = 150 \times 0.2 \times (1-0.5) = 15$　→(1)(2)

カテゴリー3：$N \times (1-R) \times S = 150 \times (1-0.2) \times 0.5 = 60$　→(3)(4)

カテゴリー4：$N \times (1-R) \times (1-S) = 150 \times (1-0.2) \times (1-0.5) = 60$　→(5)(6)

カイ2乗値を求めるために，カテゴリー2～4について $[O-E]^2/E$ を計算すると

カテゴリー2：$(9-15)^2/15 = (-6)^2/15 = 36/15 = 2.4$　→(13)(14). (15)

カテゴリー3：$(54-60)^2/60 = (-6)^2/60 = 36/60 = 0.6$　→(16)(17). (18)

カテゴリー4：$(66-60)^2/60 = 6^2/60 = 36/60 = 0.6$　→(19)(20). (21)

ここでも位取りを間違えないように。空欄(13)は十の位なので，2.4なら0が入る。(16)(17)も0.6なら00と入る。

カイ2乗値は，カテゴリー1～4について計算した値 $[O-E]^2/E$ の総計であるから

$(2.4+0.6) \times 2 = 3 \times 2 = 6$　→(22)(23). (24)

カテゴリー1～4の O が全て1/3になった場合，R と S の値が同じであるので，変更後の期待値は元の期待値の1/3であるから，カテゴリー1～4について $[O-E]^2/E$ の値は

カテゴリー1：$(7-5)^2/5 = 2^2/5 = 4/5 = 0.8$

カテゴリー2：$(3-5)^2/5 = (-2)^2/5 = 4/5 = 0.8$

カテゴリー3：$(18-20)^2/20 = (-2)^2/20 = 4/20 = 0.2$

カテゴリー4：$(22-20)^2/20 = 2^2/20 = 4/20 = 0.2$

よって，カイ2乗値は

$(0.8+0.2) \times 2 = 2$　→(25)(26). (27)

サンプル数を4倍にしたCさんの調査

カテゴリー4の期待値だけを計算すればよい。これも手順通りに計算していく。まず，R, S の値から計算する。

$R = (272+298)/600 = 570/600 = 19/20$

$S = (272+8)/600 = 280/600 = 7/15$

カテゴリー4の期待値は，$N \times (1-R) \times (1-S)$ より

$600 \times (1-19/20) \times (1-7/15) = 600 \times 1/20 \times 8/15 = 16$　→(28)(29)

解答

(1)(2) **15**	(3)(4) **60**	(5)(6) **60**
(7)(8) **32**	(9)(10) **07**	(11)(12) **50**
(13)(14)(15) **024**	(16)(17)(18) **006**	(19)(20)(21) **006**
(22)(23)(24) **060**	(25)(26)(27) **020**	(28)(29) **16**

問2　空欄補充—論と例の一致

　帰無仮説とは,「観察された差は単なる偶然の産物であり, 意味のある差ではない」と仮定する考えである。ここで「観察された差」とは,「ネット広告を出した企業の方が, 広告を出さなかった企業より, 売上が増えた企業の割合が高い」であり, Aさんの結論は「ネット広告を出すことで, 売上が増えた」, つまり, ネット広告を出すことが売上に影響するとの考えなので, これを否定すればよい。

　ここで, 帰無仮説は「ネットに広告を出すことで, 売上が減った」ではないことに注意する。「売上が増えた」ように見える結果は既に出ているので, 否定できない。ネット広告を出すことと売上とが無関係であればよいのであって, もし「売上が減った」のなら, 広告を出すことで売上に影響があったということになる。

選択肢の吟味

×1・2　サンプリングの結果や手法は, ここでの帰無仮説とは関係がない。

×3　「確率0.5」は無関係な内容である。

○4　「企業の売上が増えるか否か」と「ネット広告の有無」が無関係であるとする
　　内容は, 上記の説明に合致する。

×5　統計上このような場合があることは, 表1に示されている。

×6　「半数」という情報が余計であるし, ネット広告を出すことが売上に影響する
　　ことになる。

解答

4

問3　脱文補充

　サンプル数150のAさんの調査結果も, サンプル数600のCさんの調査結果も, それぞれ統計的に有意であり, 加えて同じ傾向の結果を示している。単純に考えると, 有意でかつ同じ傾向の2つの調査結果を足し合わせれば, より高い精度の結果を導き出せそうなものだが, しかしながら, この2つのデータを足し合わせてしまうと, カイ2乗検定で帰無仮説を捨て去ることができなくなる。

　この問題は「シンプソンのパラドックス」と言われる現象で, 集団を2つに分けた場合にある仮説が成立しても, 集団全体ではその仮説が成立しない場合があることを言う。

　医療の例で考えてみよう。たとえば, 病院Aと病院Bである病気（ガン, 糖尿病など）の治療成績を比べるとする。この病気には軽症と重症がある。病院Aでは, 100人の軽症患者のうち60人を治療でき, 10人の重症患者のうち1人を治療できたとする。それに対して, 病院Bでは, 10人の軽症患者のうち9人が治療でき, 100人の重

症患者のうち30人を治療できたとする。

　軽症・重症の2つのグループに分けると，いずれの場合も病院Bの治療成績がよかった。しかし，軽症・重症を統合すると，病院Aは61/110，病院Bは39/110の治療率で，病院Aの治療成績の方がよくなった。

	軽症の治療率	重症の治療率	軽症＋重症の治療率
病院A	60/100＝60％	1/10＝10％	61/110≒55.5％
病院B	9/10＝90％	30/100＝30％	39/110≒35.5％

　ある健康雑誌では，この病気の治療率を比較して「ランキング」を作り，病院Aの方が「病気が治る確率が高い」として順位を上にした。さて，この「治療ランキング」は信用できるだろうか？

　これは，明らかにサンプルの偏りを無視したことから出てきている結果だろう。つまり，病院Aには比較的軽症患者が集まり，病院Bには比較的重症患者が集まる。その違いを無視して，ただ足し合わせたから，おかしな結果になったのである。AさんとCさんの調査結果にも，そういう可能性がある。

選択肢の吟味

×1　ビッグデータのように多様かつ複雑なデータを活用することで，この問題が解決できるわけではないので不適。

×2　「サンプル数が多く」なると，より正確なデータが得られるので，多くなって悪いことは何もない。集団の分割の問題なのである。

○3　サンプルに偏りがある可能性のある，別な調査結果を統合する際に生じる問題から導ける結論が述べられている。

×4　一見もっともらしいが，期待される結果を出すためにデータを取捨選択してしまっては，科学的な統計とは言えない。

×5　AさんもCさんも帰無仮説は「企業の売上が増えるか否かと，ネット広告の有無は関係がない」で，同じである。

×6　データの統合の問題に触れられていない。そもそも，「誤りがあった」と言える根拠がない。

解答

3

問4　異なる解釈の提示

〔要求〕　表1の結果については，下線部(a)に示されたAさん・Bさんの双方の意見と異なる解釈も可能である。可能性のある解釈の1つを答える。

〔条件〕　①下線部(b)の記述に注意を払う。

　②解答の中に「因果」（もしくは「因果関係」）という語句を必ず用い，その語句に下線を引く。

相関関係と因果関係を区別する

　統計データで確認できるのは，ある量 X と別な量 Y の間に何らかの関係がある，という相関関係だけである。たとえば，「眼鏡をかけている人は学校の成績がよい」という傾向を表すデータがあったとしよう。このとき，「眼鏡をかけたら，学校の成績がよくなる」と言えるだろうか？

　むしろ，考えられる解釈は「勉強をしたから，成績が上がった」「勉強を一生懸命にしたから，近視になった」ので，眼鏡をかけていることと成績に相関があるように見えた，という捉え方だろう。「勉強した」という原因が，「眼鏡をかける」という結果1と「成績が上がった」という結果2を生み出したのである。

　あるいは，「交番の数が多い地域ほど，犯罪が多い」ことを表すデータがあったとする。ここで，交番の数の多さは，犯罪を引き起こすだろうか？　もちろん，これは因果関係が逆で，犯罪が多く起きる地域だから，警察はその地域を厳重に警戒するために，交番の数を増やしたわけである。正しくは「犯罪が多く起きる地域ほど，交番の数が多くなる」であろう。

　このように，相関関係があっても，そこに因果関係が認められるとは限らない。

因果関係が逆である可能性

　課題文の調査例なら，「ネット広告を出すことで，売上が増えた」という因果関係が証明されていない以上，その反対の因果関係も考えられる。つまり，「売上が増えたから，ネットに広告を出した」という関係である。売上が増えれば，広告費にかけられる金額も増えるだろう。だから，ネットに広告を出すことにした，と考えられる。これはAさんの考えと，原因と結果が逆になっている。

解答例

　売上が増えた企業は広告にかけられる金額も増え，ネット広告を出すようになるという，Aの解釈とは逆の因果関係も考えられる。（60字以内）

問5　逆説の説明

〔要求〕　下線部(c)について，なぜ「パラドックス」と呼ばれるのか答える。
〔条件〕　「傾向」,「サンプル数」および「有意」という語句を必ず用い，その語
句に下線を引く。

　パラドックスは，ギリシア語のパラ（逆の，反対の）＋ドクサ（考え）に由来し，
日本語では「逆説」と訳される。ここでは，「妥当な推論から導かれた，一般的には
受け入れがたい命題」のことである。
　課題文の事情を述べれば，「同じテーマの2つの調査結果に同じ傾向が見られ，い
ずれも統計的に有意であるのに，それらを統合したら有意でなくなる」ということに
なる。これで指定語句のうち「傾向」「有意」は使えたことになるが，「サンプル数」
の使い方がやや難しい。AさんとCさんの調査では，双方とも結果が有意であったこ
とから，「サンプル数」は十分であったと言える。この点をうまく解答に盛り込もう。

解答例

　サンプル数も十分で有意であるという状況で，共通の傾向が見られる2つの
統計データを足し合わせれば，同様に有意であるはずだが，そうならないか
ら。（70字以内）

23　「他人の痛み」は理解できるか？　—分析的に思考する

2011 年度〔3〕・目標 20 分

以下の文章を読み，次の問1〜問7に答えなさい。

「他人の痛みはまったく分からない」と言われるとき，見逃してはならないのは，ここで「他人の痛み」の意味についてのある(a)予断が働いている，ということである。つまり，「他人の痛み」という表現は，「他人の感じているその感覚」を指し示すものである，そう普通は考える。これが，常識的な(a)予断である。では，この(a)予断の帰結，それは何か。

まず第一に，そのとき，「他人の感じているその感覚」を私が感じることは(b)論理的に不可能となるだろう。私が感じたならば，それは私の感覚になってしまうからである。そして，私がじかに見てとれるのは他人の表情，ふるまい，発言といったことでしかないのであれば，わたしは「他人の感じているその感覚」という意味での「他人の痛み」について，その人の表情，ふるまい，発言から推測するしかないことになる。

だが，これは不思議な推測なのだ。 (1) 。ところが， (2) 。そうだとすると， (3) 。外面的なデータから内面的なことがらへとつなげるルートが完全に遮断されているところで，私は何を推測すればいいのか。

一般にあることがらが推測されるとき，例えば今日の夕焼けから明日の晴天を推測するとき，その推測を可能にしてくれるのは，夕焼けの翌日に実際晴れたことが多かったというこれまでの経験である。この場合には，過去において夕焼けと晴天とをともに経験し，比較し，法則的なつながりを確認している。そして，それを背景にして，今日の夕焼けから明日の晴天を推測する。しかし，いま問題にしている他人の心の場合には，そうした法則的な確認がまったくない。ありえない。そこには，証拠しかない。

とすると，「他人の痛み」という表現の意味を，「他人の内面に秘められた感覚」のように理解すると，完全な懐疑，グロテスクな懐疑が避けられないということになる。

だが，本当にそうだろうか。本当にそうなるしかないのだろうか。

もう少し考えてみよう。

——こういうのはどうか。

内面と外面とのつながりについて，私は私自身の場合にはそれを知っている。私が机の角に足の指をぶつけたとき，私は痛みを感じ，声をあげ，ぶつけた足を浮かせる。だから，私は私自身の場合に基づいて，内面と外面の法則的つながりを知ることがで

きる。だったら，この「内-外法則」を他人に対しても適用すればいいじゃないか。他人が角に足をぶつけ，声をあげ，ぶつけた足を浮かせているとき，この「内-外法則」を適用して，あの人も私が感じるような感覚を感じているのだろうと推測するのである。

　確かに，こうした考え方が表明されたこともあった。そしてそれにたいしては「　(4)　説」という名前がつけられている。私の場合から他人の場合を「　(4)　」する」というわけである。しかし，　(4)　説は実は答えになっていない。

　私が私の場合に経験したことに基づいて「内-外法則」を作るのはよい。しかし，それと同じ法則が他人にも適用できる，と考えてよいかどうかこそが，まさに問題なのである。他人の内面に対して完全な懐疑が表明されているときに，他人に対しても私の場合と同じ内面と外面の間の法則的つながりが保たれているということを前提にして答えるのは，たんなる論点先取でしかない。懐疑に陥った者は，「他人に私と同じような秩序を期待してよいかどうか，その点が分からなくなっているんじゃないか！」そう追及するだろう。他人は私とまったく異なる「内-外法則」に従っているかもしれない。

　——では，こう考えたらどうか。

　「他人の痛み」という表現は，「他人が感じているその感覚」を意味するものではないのだ。それは，単に「他人の痛そうな表情，ふるまい，呻き声」ないしはその一定のパターンでしかない。実際，「他人の痛み」ということで私が想像できるものは，そうした「外面的」なことがらでしかないのだから。

　この考え方は「行動主義」と呼ばれる。そしてなるほど，これならばグロテスクな懐疑は単純に回避できる。この場合には，外面的な観察がすなわち他人の痛みの観察にほかならないからである。

　確かに行動主義ならば懐疑を単純に回避することができる。しかしそれは，懐疑をたんに回避したというにすぎない。「他人の痛みはまったく分からない」という不平に対して，「いや君は分かっているじゃないか。だって，(c)『他人の痛み』というのは他人のふるまいを意味しているのだから」と答えて，一体行動主義者以外の誰が満足するだろう。行動主義は，けっきょくのところ，他人はみんな(d)木偶人形だと宣言しているのである。そういう(e)おまえはどうなんだ，と問うと，(f)私は違うさ，と答える。ならば(g)私にも言わせてもらおう。私だって違うさ。

　だが翻って，「他人の痛み」が「他人のふるまいそのもの」ではなく，「他人が感じているその感覚」を意味するとしたならば，そのときわれわれは，「他人の痛みは文字通りまったくわからない」というあのグロテスクな懐疑を避けられなくなるのである。

（野矢茂樹『哲学・航海日誌』春秋社，1999 年に基づき問題文を作成した）

問1　(a)予断が文中でもつ意味に最も近い言葉を次の中から選び，その番号を解答用紙A（マークシート）の解答欄にマークしなさい。

1　期待　　　2　条件　　　3　前提　　　4　断定　　　5　予期

問2　(b)論理的に不可能とあるが，著者の意図に準じて次の諸命題を(ア)論理的に不可能なもの，(イ)それ以外（倫理的・事実的不可能性に関わるもの）の2つのカテゴリーに分けるとき，(ア)に属する命題として最も適切なものを選び，その番号を解答用紙A（マークシート）の解答欄にマークしなさい。

1　私には父がいない。　　　　　　2　私の父はいない。

3　私の父は私の父ではない。　　　4　私の父の妻は私の母ではない。

5　私の父の母は私の妻である。　　6　私の母は私の妻である。

問3　(1)～(3)には次の文章のいずれかが入る。最も適切な選択肢を選び，その番号を解答用紙A（マークシート）の解答欄にマークしなさい。

1　私が直接知りうることはただ外面的なことだけであり，他人の外面と内面のつながりについて，私はいっさい無知だということになる

2　私はここで証拠しか手にしえない。他人の外面と内面について，「私はその外面を通して内面について間接的に推測するしかない」と考えるとき，他人の内面は絶対に直接知ることのできないものと考えられている

3　証拠は外面的なこと，つまり，状況やふるまいや発言であり，そこから推測される結論は内面的なこと，つまり，他人の心のありよう，例えばいまは他人の痛みである

問4　(4)にあてはまる最も適切な語句を次の選択肢から選び，その番号を解答用紙A（マークシート）の解答欄にマークしなさい。

1　演繹　　　2　帰納　　　3　選別　　　4　類推　　　5　例証

問5　(e)おまえ　(f)私　(g)私　はそれぞれ誰を指しているか。次の中から最も適切な選択肢を選び，解答用紙A（マークシート）の解答欄にその番号をマークしなさい。同じ選択肢を何度用いてもよい。

1　懐疑主義者　　　2　行動主義者　　　3　他人

4　著者　　　　　　5　木偶人形

問6　(d)木偶人形とあるが，ここでこのたとえは何を表わしているか，解答用紙Bの所定の欄に10字以内で答えなさい。ただし，**最後は「人間」という言葉で終える**こと。

問7 行動主義者の(c)『他人の痛み』というのは他人のふるまいを意味しているという主張が、「他人の痛みはまったく分からない」という懐疑に対する十分な答えとはなり得ないのはなぜか。解答用紙Bの所定の欄に120字以内で論述しなさい。ただし、そのときに必ず「自分の痛み」「意味」という2つの語句を用いること。

POINT 商学部の論文テストは、小論文というよりは、論理的・数学的思考力を問う小問形式の出題であることが多い。ゲーム理論など、社会学・統計学・論理学の知識があれば解きやすいが、課題文と設問文をよく読み、きちんと考えれば解けない問題ではない。本問で求められるのも、あくまでも論理的な思考である。

課題文の解説

▶各段落の要点

テーマと問題提起	❶「他人の痛みはまったく分からない」→「他人の痛み」の意味についての予断が働いている

テーマと問題提起

❶「他人の痛みはまったく分からない」→「他人の痛み」の意味についての予断が働いている
「他人の痛み」は「他人の感じているその感覚」を指し示す，とするのが常識的な予断→この予断の帰結は？

❷「他人の感じているその感覚」を私が感じることは，論理的に不可能→「他人の痛み」はその人の表情，ふるまい，発言から推測するしかない

批判

❸だが，外面的なデータから内面的なことがらへとつなげるルートは完全に遮断されている→何を推測すればいいのか？

❹一般的な推測＝過去の経験と比較し，法則的なつながりを確認した上で推測
　　⇕
他人の心の場合には，法則的な確認がまったくなく，証拠のみ

❺完全な懐疑，グロテスクな懐疑が避けられない

解釈1とその批判

❻～❾内面と外面とのつながり→私自身の場合には知っている→この「内–外法則」を他人にも適用すればいい

❿批判　　(4)　説→実は答えになっていない

⓫私の「内–外法則」を他人に適用できるか？→他人の内面への完全な懐疑が表明されているときに，私の場合と同じ「内–外法則」を前提にして答えるのは論点先取

解釈2とその批判

⓬・⓭「他人の痛み」＝「他人の痛そうな表情，ふるまい，呻き声」などの「外面的」なことがらでしかない

⓮「行動主義」では，外面的な観察が他人の痛みの観察となる

⓯批判　懐疑の回避にすぎない→他人は木偶人形だと宣言しているのと同じ

⓰「他人の痛み」が「他人が感じているその感覚」なら，グロテスクな懐疑は避けられない

▶着眼

　「他人の痛みはまったく分からない」というテーゼは，哲学では「他我問題」と呼ばれる伝統的な議論に登場する。「自分」と「他人」は区別されるのだが，近代的な思考で「我」（自我・自己・主体・主観など）を原理として考えると，「他」をどう捉えてよいか，そもそも他人のことを認識・経験できるのか，よくわからなくなるという事態が生ずる。本問では，他我問題そのものよりも，むしろ，こうした哲学の議論に用いられる論理に沿って思考できるかが問われている。その意味では，商学部の出題としては典型的といえよう。

▶キーワード

□**論点先取**　証明すべき内容自身が，その論証の前提となっていること。たとえば，「彼の言うことが正しいかどうか」を問題にしているとき，「彼は嘘つきではないのだから，彼の言うことは正しい」と言うことは，発言内の推論自体は誤りではないが，「嘘つきではない」つまり「彼の言うことが正しい」ことを前提にしている。

□**命題**　「…は～である」などの形で，ある判断の内容を表した文や式のこと。論理的な真偽評価の対象となる。

設問の解説

問1　下線部の意味

　「予断」が文中でもつ意味に最も近いものを選ぶ設問で，ほとんど語彙力の問題。予断とは，前もって判断すること，という意味だが，ここでは，「他人の痛み」について理解しようとする自分が，あらかじめある約束事が成立すると仮定して理解に臨んでいる，という文脈で「予断」が用いられている。選択肢の中でこの意味に近いのは 3 の「前提」である。

選択肢の吟味

×1　期待：望ましいことが実現するのを待ち構えること。
×2　条件：あることが成り立つために必要な事柄。
○3　前提：あることが成り立つための前置きとなること。
×4　断定：はっきりした判断を下すこと。
×5　予期：前もって推測したり覚悟したりすること。

解答
　3

問2　命題の分類

　選択肢の命題を，著者の意図に沿って，(ア)論理的に不可能なものと，(イ)それ以外（倫理的・事実的不可能性に関わるもの）に分類するとき，(ア)に属するものを選ぶ設問。著者の言う「論理的に不可能」とはどういう意味かを正しく理解する必要がある。

　課題文は，「他人の感じているその感覚」を私が感じることが「論理的に不可能」である理由について，「私が感じたならば，それは私の感覚になってしまうから」だと述べている。

　「他人」は「私」でないのだから，「他人の感じているその感覚」は「私の感覚」ではない。それを「私が感じる」というのは，「他人の感じているその感覚」が，「私の

感覚でない」と同時に「私の感覚である」ということに等しい。課題文は，このように，同一のものについて，それが A であると同時に A でないということを，「論理的に不可能」だと言っている。つまり，同一命題の中で矛盾したことを言うのは，認められないと言っているのである。

選択肢の吟味

1　父が途中で死亡するなどすれば，「私には父がいない」という場合はあり得る。事実かどうかで真偽が決まる命題。

2　父がたまたま家に不在であれば，「私の父はいない」という場合はあり得る。1と同様，事実かどうかで真偽が決まる命題。

3　「私の父」を A とすると，同じものが「A でありかつ A でない」と言っていることになり，論理的にあり得ない。なお，前の A が法律上の父，後の A が生物学上の父を指す場合には成立しうると考えた人がいるかもしれないが，それでは同一命題において「私の父」の意味が異なることになり，「A でありかつ A' でない」と書かねばならない。これは元の命題が表すものとは異なる。

4　私の生物学上の母が亡くなって，父が新しい妻を迎えれば，「私の父の妻」は「私の母」ではない。これも事実かどうかで真偽が決まる命題。

5・6　「私の父の母」や「私の母」が法律上の母であるとしたら，父が亡くなった後に，「私の妻」となることは不可能ではない。また，生物学上の母を妻とする話は，ソフォクレスの『オイディプス王』に描かれている。これも事実かどうか，あるいは倫理的に可能かどうかで真偽が決まる命題。

解答
- -

3

問3　脱文補充

> **解答ルール**　**論理は言い換えである**
>
> 　論理的な文章は，文の言い換えでできている。
> - A は〜である。B は…である。
>
> とあれば，「A は〜である」と「B は…である」は同じ意味内容になる。
> 　そうならない場合は，2文の間に何らかの接続詞が入る。
> - A は〜である。しかし，B は…である。
> - A は〜である。たとえば，B は…である。
>
> 2文目の内容は，接続詞を見れば，1文目から推測できる。

　論理的な文章は，文の言い換えでできている。たとえば，「明日は晴れではない」

という文は，天気の候補が「晴れ」「雨」「曇り」しかなければ，「明日は雨か曇りである」と言い換えられる。この言い換えとは，直前の言い方を別の言い方につなげる作業と言えそうだ。

古い言い方：「明日は晴れでない」→新しい言い方：「明日は雨か曇りである」
　　　　　　　　　　　　　　内容的には同じ

　そうでない場合には，次が例示なら「たとえば」，次が反対の内容なら「しかし」などと，文と文の関係を表す標識として，何らかの接続詞を置くのが普通である。もちろん，論理的な言い換えを特に強調したい場合に使う接続詞もある。「つまり」「したがって」などがその例である。

　空欄(1)〜(3)とその前後を取り出すと，次のようになる。

> だが，これは不思議な推測なのだ。
> (接続詞なし) [(1)]。
> ところが，[(2)]。
> そうだとすると，[(3)]。
> (接続詞なし) 外面的なデータから…私は何を推測すればいいのか。

　(1)の直前には「これは不思議な推測なのだ」とあり，(1)へ続く接続詞がない。また，「これ」は，前段落末の「わたしは…『他人の痛み』」について，その人の表情，ふるまい，発言から推測する」を受けているので，(1)はこの言い換えになっているはずである。これに該当するのは，「状況やふるまいや発言」といった「外面的なこと」を証拠として推測される結論が，「他人の痛み」という「内面的なこと」であるとしている，3である。同時に，ここからこの推測がどう「不思議」なのかが説明されていくはずだ，という見通しが立つ。

　(1)と(2)をつなぐ接続詞は「ところが」という逆接の接続詞である。逆接の接続詞は，しばしば矛盾を提示するのに使われる。ここでは，「外面的なことを証拠として内面的なことを推測する」ということ自体に，何らかの矛盾が含まれている，という内容が続きそうだ。1と2の文章はどちらも，この推測が抱える問題を指摘しており，(2)に入れるものとしてどちらが適切かは，まだ確定できない。

　(2)と(3)の間には「そうだとすると」と前提から帰結を導く接続詞がある。また，(3)の後には接続詞がなく，「外面的なデータから内面的なことがらへとつなげるルートが完全に遮断されている」と続く。ここから，(3)に入るのは，「他人の外面と内面のつながりについて，私はいっさい無知だと」指摘し，末尾の表現が帰結にふさわしい「…になる」になっている，1が適切だとわかる。(2)には残る2が入ることになる。

　全体としては，「外面的なことを証拠として内面的なことを推測するには，当然，外面と内面の間に何らかのつながりがなくてはならないはずだが，実は何もつながっていない（というところが不思議だ）」という展開になっている。

解答

(1)— 3　(2)— 2　(3)— 1

問4　空欄補充

　空欄補充問題の解法は，前後関係を考慮することに尽きる。前問で述べたように，論理的文章は言い換えでできているので，それを手がかりに空欄に入る語を考えればよい。空欄(4)を含む段落は次のようになっている。

> 確かに，こうした考え方が表明されたこともあった。そしてそれにたいしては「 (4) 説」という名前がつけられている。私の場合から他人の場合を「 (4) する」というわけである。しかし， (4) 説は実は答えになっていない。

　ここでいう「こうした考え方」とは，前段落の内容を指す。

> 私は私自身の場合に基づいて，内面と外面の法則的なつながりを知る…この「内-外法則」を適用して，あの人も私が感じるような感覚を感じているのだろうと推測するのである。

　ポイントは「…ような」および「推測する」である。私の「痛い」という感覚から知り得た内面と外面の法則的つながりを用いて，他人も「痛い」と感じているだろうと推測するのだから，他人の感覚における内-外のつながりは，私の場合と同様であって，私の感覚と他人の感覚は似たようなものだ，と考えていることになる。
　この意味に合う選択肢を選べばよいのだが，そのためには，選択肢にあるそれぞれの単語の正確な意味を知っていなければならない。これらの中で，「似たようなもの」「推測する」という意味が含まれているのは，4の「類推」だけである。

選択肢の意味

- ×1　演繹：一般的命題から個別の命題を導き出すこと。
- ×2　帰納：個別の事柄から一般的命題を導き出すこと。
- ×3　選別：ある特徴を持つものだけを選り分けること。
- ○4　類推：類似点に基づいて，既知の事物から別の事物の有り様を推し測ること。
- ×5　例証：例を挙げて証明すること。

解答

4

問5 指示内容

空欄補充問題ではないが，前後関係から解答することができる。問題の箇所は架空の対話になっているので，カギカッコと意味内容を補うと，次のようになる。

> 行動主義は，けっきょくのところ，「他人はみんな木偶人形だ」と宣言しているのである。「そういう(e)おまえはどうなんだ（木偶人形ではないのか）」と問うと，「(f)私は（木偶人形とは）違うさ」と答える。「ならば(g)私にも言わせてもらおう。私だって（木偶人形とは）違うさ」

つまり，これは対話の話者を前後関係から特定する設問なのである。「他人はみんな木偶人形だ」と宣言しているのは，当然，行動主義者だろう。それに対して，「そういうおまえは木偶人形ではないのか」と問うているのは，行動主義者ではない人である。したがって，選択肢2以外のどれかだが，この対話の始まりは，本来木偶人形ではない人が「木偶人形だ」と言われたことにあると考えられるので，5も除外される。また，著者はこの直前で，行動主義について「懐疑をたんに回避したというにすぎない」と批判しているのだから，「著者」が対話の相手としての「行動主義者」を批判する図式になっていると解釈できる。

> 行動主義者：「他人はみんな木偶人形だ」
> 著者：「そういう(e)おまえは木偶人形ではないのか」
> 行動主義者：「(f)私は木偶人形とは違うさ」
> 著者：「ならば(g)私にも言わせてもらおう。私だって木偶人形とは違うさ」

解答

(e)— 2　(f)— 2　(g)— 4

問6 比喩の説明

〔要求〕 (d)木偶人形とあるが，ここでこのたとえは何を表しているか答える。
〔条件〕 最後は「人間」という言葉で終える。

比喩はあるものを類似する別なもの（言葉）で表すことだが，ここは「ように」などの比喩であることを明示する表現を伴っていないので，暗喩（metaphor）だと言える。いずれにせよ，何か似ているところがあるので，こういうたとえをするのだから，それが何を表しているかも前後関係から類推できる。木偶人形とは，木彫りの人形のこと。操り人形という意味もある。「最後は『人間』という言葉で終える」という条件がついているのだから，次の関係が成り立つ。

$$ \boxed{木偶人形} \xrightarrow{\text{類似}} \boxed{?}\,人間 $$

前問で見たように，「他人はみんな_(d)木偶人形だ」と宣言しているのは行動主義者である。行動主義の考え方の特徴については，次のように述べられている。

> ・「他人の痛み」という表現は…単に「他人の痛そうな表情，ふるまい，呻き声」ないしはその一定のパターンでしかない（第**⓭**段落）
> ・外面的な観察がすなわち他人の痛みの観察にほかならない（第**⓮**段落）

つまり，他人の内面的なものを考えず，ただ外面的なもののみを考慮するのである。ここから，「内面と外面が同じ人間」と言えそうだが，それでは解答として不十分だ。なぜなら，内面と外面の区別がないだけで，内面があることを含意しているからである。木偶人形は，人間のような形をしており，動作を伴うが，人形自体に内面的な感覚や心があるとは考えられない。つまり，木偶人形という言葉は，行動主義者が実質的に，他人の内面をなきものとして，他人を「内面的なもののない人間」として扱っていることを指すと考えるのがより適当であろう。

解答例

　内面を持たない人間（10字以内）

問7　理由の説明

〔要求〕　行動主義者の_(c)『他人の痛み』というのは他人のふるまいを意味しているという主張が，「他人の痛みはまったく分からない」という懐疑に対する十分な答えとはなり得ないのはなぜか論述する。

〔条件〕　「自分の痛み」「意味」という2つの語句を用いる。

「なぜか」という理由説明問題についても，やはり言い換えのルールを応用することで解答することができる。一般に，正しい推論の形式に従って，前提をどんどん言い換えていくと，結論に到達できる。その道筋が明確に提示されていれば，「なぜか」という疑問は生じない。逆に言うと，前提から結論まで，まるで数学の証明のように芋づる式につながったものを提示できれば，「その前提からその結論に至るのはなぜか」という問いに対する答えになるのである。

論理のチェーンを考える

　ここでの前提は，行動主義者の『他人の痛み』というのは他人のふるまいを意味しているという主張であり，結論は，それが「他人の痛みはまったく分からない」という懐疑に対する十分な答えとはなり得ない，ということである。この両者をつなぐ推論の道筋を説明できればよい。

　「『他人の痛み』というのは他人のふるまいを意味している」」というなら，「私の痛

み」も私のふるまいを意味しているはずである。ところが，行動主義者は「私は違うさ」と答える。つまり「私の痛み」については「私の内面に秘められた感覚」として捉えている。行動主義においては，同じ「痛み」という言葉を使っていても，その意味が「私」の場合と「他人」の場合とで全然違っており，一貫性がない。これでは，他人についてだけは内面を考える必要がないこととしたに過ぎず，いわゆる「ご都合主義」（＝一貫性がない）だという批判を免れられない。

そもそも，「他人の痛み」が「他人が感じているその感覚」である限り，私がそれを直接感じることはできないために，「他人の痛みはまったく分からない」という懐疑が生じていたはずだ。これを克服するには，「他人の痛み」が「他人が感じているその感覚」でない，ということが証明されなければならないが，行動主義者の主張はそれを徹底できていないのである。

つまり，以下のような論理のチェーンが成り立つ。

前提：『他人の痛み』というのは他人のふるまいを意味している

↓（私は他人にとっては他人のひとりである）

「私の痛み」というのは私のふるまいを意味している

↓しかし（矛盾）

「私の痛み」を「私の内面に秘められた感覚」として捉える

↓

同じ「痛み」なのに，「他人」の場合と「私」の場合とで一貫性がない

↓

「他人の痛み」が「他人の内面に秘められた感覚」であることを否定できない

↓（「他人の痛み」が「他人の内面に秘められた感覚」だとすると，懐疑を避けられない）

結論：「他人の痛みはまったく分からない」という懐疑に対する十分な答えとはなり得ない

解答例

　「他人の痛み」が他人のふるまいを意味するなら，<u>自分の痛みも自分のふるまいに過ぎないはず</u>だが，自分の痛みは自分の内面的な感覚だと捉えているため，「痛み」の意味に一貫性がなく，「他人の痛み」が他人の内面的な感覚であることを否定できないから。（120字以内）

懐疑論はどこに行き着くか？

　懐疑論は，すべてについて判断を保留し，また既存の判断や認識のすべてを疑うという精神的態度のことである。たとえば，もしかすると，他人が感じたり考えたりしていることは，自分が感じたり考えたりしていることとは根本的に違っているのかもしれない，と疑うことができる。実際，自分が赤だと感じている色は，実は他人には，自分が青だと感じている色のように見えているという可能性はありそうだ。

　もちろん，本当にそうかどうか，他人に聞いて確かめることはできない。なぜなら，「これは赤だよね」と言っても，彼／彼女は「うん，赤だよ」と肯定するからである。そのくせ，彼／彼女には，自分が青だと感じている色のように見えている可能性がある。自分と他人の感覚では，青と赤がすべてひっくり返っているかもしれない。それを確かめる手段はないのである。

　そもそも「他人」は自分と同じ「人間」ですらないかもしれない，と疑うこともできる。実は，いつの間にか，自分以外の人間たちは全員ロボットに取り替えられていたり，単なる映像に切り替わったりして，ただ自分の行動や感覚に合わせて，変化するようにプログラミングされているだけなのかもしれない。そういう設定の SF 映画もあり，世界的なヒット作となった。途方もない考えのようだが，一定のリアリティーがあるので，ヒットしたのだろう。

　さらに疑っていくと，世界自体，存在しているのかどうかさえわからなくなる。たとえば，世界が自分の眠っているときにいったん消え，目覚めたときに，また存在しはじめたとしたらどうだろうか？　自分は眠っているのだから，それを確かめることはできない。もちろん，他人に聞いても「そんなことはないよ」ときっと言うだろう。でも，皆が口裏を合わせているだけかもしれない。

　我々は，日常感覚を信じて生活しているが，本当は，世界は我々が見ているような姿にはなっていないかもしれないのだ。そう考えると，何か恐ろしい感じがする。しかし，このような懐疑を経ることで，物事を根本的に見る態度が育っていく，とも言えるのである。

第2章　複数資料型

・総合政策学部
・環境情報学部

総合政策学部

24　教育の主体はどこにあるのか？

2008年度・目標**120**分

問題

　近年，日本で初等・中等教育のあり方が論議の的となっていますが，そもそも教育とは何なのでしょうか。教育という営みの本質をめぐっては，古典としての価値を有する文章が数多く存在します。

　資料1は，イマヌエル・カント（1724-1804）が18世紀後半にケーニヒスベルク大学でおこなった，「教育学」の講義のための覚え書きからの抜粋です。

　資料2は，ジョン・デューイ（1859-1952）が1915年に上梓した著作からの抜粋で，もともとは彼が1899年におこなった講演の記録です。

　資料3は，ハンナ・アーレント（1906-1975）が1968年に上梓した著作からの抜粋です。この部分が初めて発表されたのは1958年でした。

　一方，今から約30年前，詩人の谷川俊太郎をはじめとする人びとが，当時の文部省学習指導要領から離れた見地に立ち，実験的に小学校一年生用の国語の教科書を作成したことがありました。

　資料4は，その実験的教科書『にほんご』（福音館書店）の中の，「といかける・こたえる」をテーマとするページに掲載された詩です。

　資料1から資料4までを読んで，以下の問いに答えなさい。

問1　教育する者（親・教師）と学習する者（子供・生徒）の関係について，資料1，資料2，資料3のそれぞれから読み取れるカント，デューイ，アーレントの考え方は，どのような点で共通し，どのような点で食い違ったり，対立したりしていますか。900字以内で記しなさい。

問2　教育する者（親・教師）と学習する者（子供・生徒）の関係をめぐって，資料1，資料2，資料3を参照しつつ，資料4についてのあなたの考えを600字以内で記しなさい。

資料１

　人間とは教育されなければならない唯一の被造物である。そして教育とは，「養育」，「訓育」，および「人間形成をともなった知育」である。われわれはそのように理解する。したがって，人間はまず最初は乳児であり，次に教え子となり，そして生徒となるわけである。（中略）

　訓育は，動物性を人間性に転換してゆく。動物は本能によって直ちにそのすべてを実現している。それに対して人間は，人間固有の理性を必要とする。なぜなら，人間は本能を動物のようには持っていないので，みずから行動プランを立てなければならないからである。しかしながら人間は，生まれ落ちてすぐに行動プランなど立てられない。まったく未開で未発達のままこの世界にやって来るのだから，他の人が代わりにプランを立ててやらなくてはならない。（中略）

　訓育とは，ある人間が動物的衝動によってみずからの本分である人間性から逸脱することがないように，予防することである。たとえば，人間が激情に駆られたり思慮を欠いたりして危険をおかすことがないよう，人間に制約を課すことになる。したがって，訓育は消極的なものであって，つまりは人間から野性的な粗暴さを取り除く行為にすぎない。それに対して，知育こそ教育の積極的な部分だといえる。訓育は子どもの頃から早期に行わなければならない。そこで，子どもはまず最初に学校に送られるが，それは必ずしも学校で何か知識を学んでほしいからではなく，むしろ静かに着席するとか，指示されたことをきちんと守るとかいった習慣を身につけさせよう，将来子どもが思い付いたことを何もかもむやみにすぐ実行するようになることを避けよう，といった意図によるのである。（中略）

　人間は教育を受けて初めて人間になることができる。人間とは，教育が，素材の状態にある「人間」から作り出すものにほかならない。犬や馬を躾けることが可能なように，人間もまた躾けることができる。しかしながら躾けることだけではまだ十分ではないのであって，とりわけ重要なのは，子どもがみずから思考することを学ぶことである。（中略）

　教育の最も重要な問題のひとつは，法的強制に服従することと自己自身の自由を使用する能力とをいかにして統合できるのかということである。というのも，強制は必要不可欠だからだ！　私は，強制を行いつつ同時に，自由を使用する能力をどのように開発してゆくことができるのだろうか。私は，私の生徒を慣らせて自由を束縛されることに耐えられるようにしてやると同時に，ほかでもないその生徒に，みずからの自由を正しく使用するように指導しなければならない。そうしたことが行われなければ，すべての教育活動は単なる機械論にすぎず，教育を終えた者でもみずからの自由を使用できるようにならない。他者に依存しないように自立し自制してみずから生計を立てることの困難さを認識するようになるためには，生徒は早い時期から社会の避けがたい抵抗を感じ取る必要がある。

　この場合に留意されなければならないことの一つとして，次のことがある。すなわち，子どもに強制を加えても，それは子どもが，自分自身の自由を使用できるように指導するためであるということ，また子どもを教化するのは，子どもがやがては自由になることができ，換言すれば，他者の配慮に依存しなくてもよいようになるためであるということを，子ども自身に対して明確に示す必要がある。（中略）

　学校は強制的な教化の場である。あらゆることを遊びと見なすように子どもを習慣づけてしまうのは，きわめて有害である。子どもは休息する時間を持たなければならないが，子どもにとっては作業をする時間も必要である。子どもは何のためにそうした強制が有益なのかをすぐには洞察できないにしても，将来的にはその強制が非常に有益であることに気が付くであろう。「これは何のためになるのか，そしてまたそれは何のためなのか」という子どもの問いかけにつねに一つひとつ答えようとするならば，子どもの無遠慮な好奇心をいちじるしく助長するだけであろう。教育は強制的でなければならないが，しかしそうであるからといって奴隷的であってはならないのである。

（イマヌエル・カント著，加藤泰史訳「教育学」，『カント全集 17 論理学・教育学』岩波書店，2001 年から抜粋，編集）

資料2

　私はここまでの話で，旧教育の類型的な諸点，すなわち，旧教育は子どもたちの態度を受動的にすること，子どもたちを機械的に集団化すること，カリキュラムと教育方法が画一的であることを，いくぶん誇張したかもしれないが，明らかにしてきた。旧教育は，これを要約すれば，重力の中心が子どもたち以外のところにあるという一言につきる。重力の中心が，教師，教科書，その他どこであれ，とにかく子ども自身の直接の本能と活動以外のところにある。そうである以上，子どもの生活はあまり問題にならない。子どもの学習については多くのことが語られるかもしれない。しかし学校は，子どもが生活する場所ではないとされる。ところが今，大きな変革がわれわれの教育に到来しつつある。重力の中心が移動するのである。コペルニクスによって天体の中心が地球から太陽に移されたときにも比することのできる変革であり，革命である。このたびは子どもが太陽となり，その周囲を教育の諸々の営みが回転する。子どもが中心で，その中心のまわりに諸々の営みが組織されるのである。

　理想的な家庭，すなわち，両親が聡明で，子どものために最も善いものを見分け，必要なものを与える能力をもっているような家庭が，ここにあるとしよう。そんな家庭では，子どもは，家族のあいだの世間話やその家族のしきたりをとおして，物事を学ぶにちがいない。子どもはいろいろと発言するだろう。親子のあいだで質問が交わされ，さまざまなことが話題となり，かくして子どもは不断に学習する。子どもは自分の経験を語り，自分が考え違いをしていれば訂正する。さらに，子どもは家庭のい

ろいろな仕事に参加することで，勤勉，秩序，および他人の権利と思想を尊重する習慣を養い，さらには，自己の活動を家庭全体の利害に従属させるという基本的な習慣も身につける。理想的な家庭であるからには，当然仕事部屋があって，子どもはそこで構成的な本能を働かせることができるにちがいない。小さな実験室もあって，その実験室で子どものさまざまな疑問が解答へと導かれるであろう。子どもの生活は戸外に向かって拡大し，庭園にまで，近くの田園や，森林にまで至る。子どもは，遠足に出かけ，歩き，語る。そのとき，戸外の広い世界が彼の前に開かれるであろう。

　もしわれわれが，いま述べたすべての事柄を組織化し，一般化してみるならば，そこに理想的な学校ができあがる。この理想的な学校の創設に，神秘的なところなど一つもないし，教育学や教育理論の上での新奇な発見もない。それは単にたいていの家庭で何らかの理由から比較的貧弱に，偶然的におこなわれていることを，組織的に，かつ大規模で，よく考えられた，ちゃんとした方法でおこなうという課題にすぎない。まず第一に，理想的な家庭が拡大されねばならぬ。子どもの生活を最大限自由で，最大限豊かな社会生活たらしめるために，子どもはもっと大勢の大人と，そしてもっと大勢の子どもと接触させられねばならぬ。また，家庭という環境の中の仕事や関係は子どもの成長のために特に選ばれたものではない。それらの主たる目的は他にあって，子どもがそれらから獲得しうるものは付随的なものである。ここからして，学校が必要だということがわかる。学校においてこそ，子どもの生活がすべてを支配する目的となるのである。子どもの成長を促進するあらゆる手段がそこに集中される。学習はどうなのかと，人は問うだろう。たしかに学習はおこなわれる。しかし，生活することが第一だ。学習は生活をとおして，また生活との関連においておこなわれる。このように子どもの生活をすべての中心として組織化するならば，子どもは，何はさておき，たくさんの机が整然と並べられた教室に着席し，黙って教師の話を聴く存在である，ということにはならない。否，まったくその反対である。（中略）

　子どもはすでに走りまわり，ものをひっくり返し，あらゆる種類の活動を始めている。子どもはすでに激しく活動的であるのだから，教育とは，子どもの諸々の活動をとらえ，それらの活動に方向づけを与えることなのである。指導によって，つまり，組織的に取り扱われることによって，子どもの諸々の活動は，散漫であったり，単に衝動的な発現のままに任せられていたりすることをやめて，諸々の価値ある結果へと向かうのである。

　　　　（ジョン・デューイ著，宮原誠一訳『学校と社会』岩波文庫，1957 年から抜粋，編集）

資料3

　新しい学習理論は遊びを重視し，遊びと仕事（勉学）との区別をできるかぎり消し去ることに特別の重要性を与え，それによって教育の危機を招いた。遊びは，子供が世界のなかで行動するにあたって，最も生き生きとし，かつ最も本人にふさわしいあ

り方であり，また子供としての存在から自発的に展開される唯一の活動形態であると見なされた。旧来の学習は，子供に受け身の態度を強い，子供本来の遊びのイニシアティヴを断念させてしまう，と批判された。(中略)

　人間が認識し，かつ理解できるのは自分自身が実行したことだけだとするプラグマティズムの基本前提を，教育，つまり子供の学び方に適用すると，子供の世界が絶対化されてしまう。子供の独立を尊重するという口実の下に，子供は大人の世界から締め出され，人工的に子供自身の世界に閉じ込められる。こうして子供を閉じ込めることがなぜ人工的であるかといえば，とりわけ，教えることと学ぶことのうちに存在する大人と子供の間の自然な関係を断ち切るからであり，同時に，子供が人間に成長しつつある存在であること，子供時代が過渡的段階，成人性への準備段階であることをごまかすからである。(中略)

　子供がまだ世界を知らないならば，子供は徐々に世界へと導かれねばならない。子供が新参であるならば，その新参者が現にあるがままの世界に入って真価を発揮できるように配慮されねばならない。いずれにしても，教育者は若者に対して，既存の世界を代表する立場にある。この責任は，教育者に恣意的に押しつけられたものではない。この責任は，若者は絶えず変化する世界へと大人によって導かれるという事実に含意されている。世界への共同責任を負うことを拒否する人は，子供を持つべきではなく，子供の教育に参加することは許されない。

　教育において，世界へのこの責任は権威という形をとる。教育者の権威と教師の資格は，同一の事柄ではない。教師の資格は，世界を知り，それを他人に教えることができる点にあるのに対し，教師の権威は彼がその世界について責任を負う点に基づく。子供と向かい合うとき，教師は大人の住民全体の代表であるかのごとく，子供に事を細部にわたって示し，言うのである。これがわれわれの世界だ，と。(中略)

　近代社会における教育の困難は，その本来の性質からして権威や伝統なしには成立し得ない教育という営みを，権威を骨組みとするのでもなければ，伝統を支えとするのでもない社会の中で実施しなければならないという事実にある。このことは，教師や教育者ばかりでなく，われわれも子供や若者とともに一つの同じ世界に生きているのである以上，われわれ全員が，彼らに対しては，大人の間で取っている態度とは根本的に異なる態度を取らねばならないということを意味している。われわれは，権威を体現し，過去を担う保守的態度を教育の領域にのみ適用すべく，教育の領域を他の領域，とりわけ公的・政治的生活の領域から明確に分離しなければならない。

　実際面においてここからはっきり理解できるのは，まず第一に，学校の機能は子供に世界がどのようなものであるかを教えることであって，生きる技法を指導することではないということである。世界が子供に先立って存在する以上，つまり，子供にとってつねに所与として存在する以上，いかにわれわれの生が現在に関わるものであっても，学習は当然，過去へと向かわざるを得ない。第二に，子供と大人の間に一線を

画するのは，大人を教育するのは無理であり，子供を大人のように扱うこともできない，ということを意味しよう。とはいえ，まるで子供が大人と同じ世界に生活しておらず，子供時代がそれ自体の法則によって自立する段階であるかのように，区別の一線を，大人の共同体から子供を隔離する壁にしてしまってはならない。(中略)

　教育をどう営むかによって，われわれが子供たちを十分に愛しているかどうか，すなわち，子供たちをわれわれの世界から追放して本人たちの好き放題にさせるようなことをせず，そしてまた，何か新しいこと，われわれが予見し得ないことを企てるチャンスを子供たちの手から奪うこともなく，あらかじめ子供たちに，共通世界を刷新する任務への準備をさせることができるかどうかが決まる。

(ハンナ・アーレント著，引田隆也・齋藤純一共訳『過去と未来の間—政治思想への8試論』みすず書房，1994年から抜粋，編集)

資料4

　　かずこが　といかける。
　　せんせいが　こたえる。

　　しらないこと　わからないこと　ふしぎに　おもうことは
　　どんどん　せんせいに　きいてみよう。

　　せんせいが　といかける。
　　あきらが　こたえる。

　　せんせいにだって　しらないこと　わからないことがある。
　　せんせいに　どんなことを　おしえて　あげられるかな？

(安野光雅・大岡信・谷川俊太郎・松居直編『にほんご』福音館書店，1979年から抜粋)

POINT　教育に関する複数の主張が示され，教育する者と学習する者の関係について，それらの間の共通点と相違点をまとめさせる問題と，さらに，それらの資料と対比して，また別の資料についての自分の考えを書かせる問題の2問。問1は，3つの資料の対比というだけでも，かなり難度が高い。カントとデューイの対比は簡単だが，そこにアーレントをどう位置づけるか悩むはずである。問2では，資料4の文章について，自分の主張を書くために，資料1〜資料3の文章と比較しなければならない。相当な注意力と抽象力が必要になってくる。

課題文の解説

▶資料1〜資料3の要点

資料1　カントの教育論

導入	❶教育＝「養育」「訓育」「人間形成をともなった知育」
定義と本質	❷訓育＝動物性（本能）を人間性（理性）に転換する
説明	❸訓育＝消極的なもの，人間から野生的な粗暴さを取り除く行為⇔知育＝教育の積極的な部分 **例示**学校で静かに着席する，指示されたことを守る習慣を身につける ❹教育＝躾けること＋子どもがみずから思考することを学ぶこと
問題	❺法的強制に服従することと，自己自身の自由を使用する能力とをいかに統合できるか？
目的	❻強制→子どもが自分自身の自由を使用できるように指導するため＋他者の配慮に依存しなくてもよいようになるため
結論	❼学校＝強制的な教化の場→将来，強制が有益だと気が付く

資料2　デューイの教育論

批判	❶旧教育の中心は，教師・教科書など，子ども以外のところにある （旧教育における）学校≠子どもが生活する場所 　⇕ 教育の中心は子どもであるべき
モデルの提示	❷・❸理想的な家庭＝理想的な学校 学校は，家庭でおこなわれていることを，組織的・大規模・体系的におこなう 学習は生活をとおしておこなわれる ❹教育＝子どもの活動に方向づけを与えること

資料3　アーレントの教育論

批判	❶新しい学習理論は遊びと仕事（勉学）の区別を消し去り，教育の危機を招いた 旧来の学習は，子供に受け身の態度を強いるとされた ❷プラグマティズムの考え方＝子供の世界の絶対化→子供は大人の世界から締め出され，子供自身の世界に閉じ込められる→大人と子供の間の自然な関係を断ち切る＋子供時代が過渡的段階・準備段階であることをごまかす
主張	❸子供は徐々に世界へと導かれるべき 教育者は既存の世界を代表する→世界への共同責任を負う ❹教育者の権威＝世界について責任を負う点に基づく
帰結	❺教育＝権威と伝統なしに成立し得ない→子供に対して，大人の間とはま

> ったく違った態度（権威的・保守的）を取るべき→教育を他の領域から
> 分離すべき
> ❻学校＝○世界がどんなものか教える，×生きる技法を指導する
> 　子供と大人の間に一線を画すべきだが，子供を隔離してはいけない
> **結論**
> ❼教育＝共通世界を刷新する任務への準備をさせること

▶着眼

　資料は，「教育はどう行われるべきか？」「学校はどういう場か？」という問題に対して，それぞれ主張を述べている。資料1は，教育を3つの段階に分け，そのうち主に「訓育」について，人間的な自由を実現するために必要な強制だ，と主張する。したがって，学校も「強制的な教化の場」として位置づけられる。

　それに対して，資料2は，教育は，子供の自主性を尊重して子供の活動を方向付けることだ，と主張する。したがって，学校も「理想的な家庭」をモデルとして，生活しながら学んでいく場，として位置づけられる。

　ところが，資料3は，資料2の立場は「子供の世界の絶対化」であり，「子供を大人の世界から締め出す」と否定する。教育は，むしろ，子供を大人の世界へと導くことであり，教育者はこの世界に責任を負い，その代表者として権威を持つべきだ。もちろん，これは大人同士のあり方とは違う。教育は他の公の領域から切り離して「大人への準備段階」として明確化すべきであり，学校の機能は子供に世界のあり方を教えることだと言うのである。

▶キーワード

□**訓育**　英語では discipline。知識を得るためには，まず，静かに教師の言うことを聞く，という態度が必要になる。このような望ましい態度・行動を準備する方法のこと。資料1の途中で出てくる「躾」も同じ意味である。フランスの思想家ミシェル・フーコーは，近代の刑罰で，それ以前の八つ裂きなど，残酷な刑罰がなされなくなったのは，この訓育の技法が発達したためだと言う。

□**プラグマティズム**　「実用主義」と訳す。行動の結果を重視し，観念は役に立つ限りで意味があるという哲学的な立場。デューイはプラグマティズムの代表的な哲学者であり，教育学では，民主主義の立て直しを目指して，子供中心の立場から問題解決学習の重要性を説いた。

□**権威**　すべての人が認めて，従わなければならないという力。マルコによる福音書に「人々は驚いた。イエスは権威ある者のごとく述べたからである」という表現がある。大工の子，イエスの言葉を，皆が「認めて，従わなければならない」と感じたのである。ここでは，教師は，大人の世界の代表者として子供から尊重されるべきだ，ということ。

設問の解説

問1　対比・比較によって共通点と相違点を明確化する

〔要求〕　教育する者（親・教師）と学習する者（子供・生徒）の関係について，資料1〜資料3から読み取れるカント，デューイ，アーレントの考え方は，どのような点で共通し，どのような点で食い違ったり，対立したりしているか記す。

「教育する者（親・教師）と学習する者（子供・生徒）の関係」について，三者の考え方の共通点・相違点を問う設問である。二者の対比については，すでに「*A*は〜であるのに対して，*B*は…である」という形式で書けることを説明したが，三者になると，三つ目の位置づけが難しい。この設問で言えば，カントとデューイの対比は簡単だが，アーレントの位置づけが悩ましい。一方，三者の共通点の方は，**問2**で資料4との対比がうまく導けるように設定する必要がある。

三者の対比表を作る

3つ以上のものを対比する場合には，まず「大きな違い」を指摘して，2つのグループに分け，それから同じグループ内での「小さな違い」に言及して，それぞれを区別する，という手順で処理すればよい。

> **解答ルール　三者（以上）の対比の説明**
>
> 三者以上の*A*，*B*，*C*（，*D*，*E*，…）を対比するには，次のような手順をとるとよい。
>
> 1．大きな違いに注目して，全体を2つに分ける
> ・*A*，*B*は〜である。それに対して，*C*，*D*は…である。
> あるいは
> ・*A*，*B*は〜であるのに対して，*C*，*D*は…である。
> 2．1つのグループに注目して，共通性以外の違いを記述する
> ・ただ，*A*は〜であるのに対して，*B*は…である。
> 二者の対比と同様に，「〜」と「…」の所には，対義的な表現を使う。

本問では「教育する者（親・教師）と学習する者（子供・生徒）の関係」に関して問われているが，それは教育や学校のあり方に関する主張と不可分である。それらも含めて三者の対比表を作れば，以下のようになろう。

カント	• 教育＝「養育」「訓育」「知育」 • 訓育＝動物性を人間性（理性）に転換，消極的，人間から野性的な粗暴さを取り除く行為 • 知育＝積極的，子供がみずから思考することを学ぶこと，（他者に依存することなく）自己自身の自由を使用する能力を開発すること • 教育には強制・指導・教化が不可欠，学校＝強制的な教化の場
デューイ	• **批判**旧教育は子供たちの態度を受動的にする，子どもたちを機械的に集団化する • 教育＝子供が中心，子供の活動を方向づけること • 理想的な学校＝理想的な家庭 • 学校＝家庭で行われていることを，組織的かつ大規模に，体系的な方法で行う場 • 学習＝生活を通して行われる
アーレント	• **批判**新しい学習理論は教育の危機を招いた，子供の世界を絶対化し，子供を大人の世界から締め出した • 子供＝人間に成長しつつある存在，（大人への）過渡的段階にある • 教育＝大人によって子供を世界に導くこと，共通世界を刷新する任務への準備をさせること • 教育者＝既存の世界を代表する，世界への責任を負うがゆえに権威を持つ • 学校＝子供に世界がどんなものか教える場

　ここではまず，カントとデューイの対比が明確だろう。資料１のカントは，教育とは，「養育」「訓育」「知育」であり，そのうち学校教育が担うのは「訓育」「知育」であるとする。人間の動物性を人間性（理性）に転換し，子供がみずから思考し自由を使用できるようになるためには，教師による強制と子供の服従が必要だと説く。それに対して，資料２のデューイは，教育は子供中心であるべきで，子供の活動を方向付けることだという。だから，学校は，理想の家庭をモデルに，そこで行われていることを組織化・体系化して行う場でなければならない，と説く。つまり，前者は，教育の主体は教師と考え，後者は子供と捉えていることはすぐわかる。

　その意味で言えば，デューイを批判している資料３のアーレントはカントに近い。なぜなら，教育とは大人が過渡的段階にいる子供を世界に導くことであり，教育者はその責任を負うがゆえに権威を持つとしているからである。明らかに，教育の主体は教師にあると言える。したがって，「大きな違い」は，教師が教育の主体なのか，子供が教育の主体なのかで分けられるだろう。

　ただし，カントとアーレントはまったく同じとは言えない。なぜなら，カントのキーワードは「理性」や「自由」であるのに対して，アーレントのそれは「権威」「伝統」や「既存の世界」であるからだ。「理性」や「自由」が普遍的な意味や価値を持つのに対して，「権威」「伝統」や「既存の世界」はむしろその地域・集団において特殊的・個別的な意味を持つものだと考えられる。つまり，教育の主体が誰かに関してカントとアーレントをデューイと対立させたうえで，カントとアーレントを教育の意

味・目的で区別するのである。これで三者の共通点と相違点を述べたことになろう。

解答例

　　教育する者（親・教師）と学習する者（子供・生徒）の関係について，カントとアーレントは似ており，デューイは彼らと対立する。

　　まず，カントは，資料1で，教育とは「養育」「訓育」「知育」であり，そのうち学校教育が担うのは「訓育」「知育」であるとする。人間の動物性を人間性（理性）に転換し，子供がみずから思考し自由を使用できるようになるために，まず教師による強制と子供の服従が必要だと説く。同様に，アーレントは，資料3で，教育とは過渡的段階にいる子供を大人が世界に導くこととし，教育者はその既存の世界を代表すると言い，教育者は世界への責任を負うがゆえに，権威を持つべきだとする。したがって，両者はともに，教育する者が教育の主体であり，学習する子供・生徒はそれに従わなくてはならないとしていると言える。

　　それに対して，デューイは，教育とは，本来，子供中心であるべきであり，子供の活動を方向付けることだとする。学校は，子供が生活しつつ学んでいくように，理想的な家庭をモデルとして，そこで行われていることを組織化・体系化して行う場でなければならないと主張する。つまり，教育の主体は教師ではなく，子供であり，教師はその手助けをする存在だと捉えているのである。

　　しかしながら，カントとアーレントはまったく同じとは言えない。なぜなら，カントの言う教育の目的は「理性」を目覚めさせ自ら「自由」を実現させることであるのに対して，アーレントのそれは「権威」と「伝統」による「既存の世界」への導きであるからだ。「理性」や「自由」が，人間にとって普遍的な意味や価値を持つのに対して，「権威」「伝統」や「既存の世界」には，そうしたニュアンスは薄い。むしろ，ある地域・集団において特殊的・個別的な意味を持つものであるはずだ。その意味で，アーレントの方が，カントより，教育の意味・価値を限定的に捉えているわけだ。

　　このように，カントとアーレントは，誰が教育の主体なのかという意味で，デューイと鋭く対立するのだが，カントとアーレントも，教育する者が主体と言いながら，教育の目指すものという点から捉えれば，区別できるのである。（900字以内）

問2　さらなる対比と意見論述

> 〔要求〕　教育する者（親・教師）と学習する者（子供・生徒）の関係をめぐって，
> 　　　　　資料4についての自分の考えを記す。
> 〔条件〕　資料1〜資料3を参照する。

　資料4の考え方は，今までの資料とどこが違うか？　詩という表現から読み取らなければならない。そのためには，**問1**で，資料1〜資料3の特徴を，十分に簡潔に整理しておかなくてはならない。少しでも不明確なところがあると，対比が上手くいかないはずだ。その上で，この資料4の「教育の捉え方」を論評すればいい。

各連の表現を読み取る

　かずこが　といかける。
　せんせいが　こたえる。

　第1連は，通常の授業風景だろう。「かずこ」という生徒が，何かの問題について，教師に質問し，教師が答える，というあり方だ。第2連で「しらないこと　わからないこと　ふしぎに　おもうことは／どんどん　せんせいに　きいてみよう」というのだから，知らないのは「かずこ」，知っているのが「せんせい」だ。

　その意味から言えば，第3連も，教師が，生徒が理解しているかどうか，わざと問題を投げかけて，正答と思われる答えを，生徒が答えているように見える。

　せんせいが　といかける。
　あきらが　こたえる。

　しかし，この理解は間違っている。なぜなら，第4連を見れば，教師が「知らない者」になっていて，「教える者」が子供の側になっており，子供の側の優位性が述べられているからだ。

　せんせいにだって　しらないこと　わからないことがある。
　せんせいに　どんなことを　おしえて　あげられるかな？

　ただ，第2連には「しらないこと　わからないこと　ふしぎに　おもうことは／どんどん　せんせいに　きいてみよう」と教師の優位性にも言及されている。つまり，この詩では，教師と子供たちの関係は，一方的ではなく，相互的なのである。教師が子供たちに教えるだけでなく，子供たちが教師に教えるという関係も想定されている。
Homines dum docent discunt.「人は教える間，学んでいる」という有名な諺があ

るように，昔から，「教育とは，相互に教え合うことである」とも言われている。また，慶應大ではその教育理念の一つに「半学半教」，つまり，学習する者と教育する者が学び合い，教え合うという精神が掲げられている。資料4は，その「教育の相互性」を暗示しているのである。

「教育の主体」という表現が意味するもの

　ところが，資料1〜資料3では，教育の主体は「教える者にあるのか，教えられる者にあるのか」と二者択一式になっている。教える者が主体なら，教えられる者は従属的だし，教えられる者が主体なら，教える者は従属的になる。両者が相互的に教え合う，という意味にならないのである。根本的に観点が異なるのである。

　ここに気づけば，資料4は，資料1〜資料3の間の「誰が教育の主体であるべきか」という問題・対立を超越した，一段上の立場に立っていることがわかるだろう。後は，このような相互性がどのようにして成り立つか構想してみれば，字数は埋まるだろう。

解答例

　資料4では「せんせいが　といかける／あきらが　こたえる」とある。これは，教師が生徒に質問して正答かどうかを確かめる，というテストではない。なぜなら，次の行に「せんせいにだって　しらないこと　わからないことがある／せんせいに　どんなことを　おしえて　あげられるかな？」と，生徒が教師より「知っている」ことを想定しているからだ。つまり，両者の関係は，一方が教え，他方が教えられる固定したものではなく，むしろ相互に「教え合う」関係として捉えられている。

　この点で，資料4は資料1〜資料3と観点が異なる。教育の主体は「教師か生徒か」ではなく，「生徒も教師も」なのである。教師が，過去の伝統や知識を教えるのに対して，生徒も教師に教える。それは，過去の伝統や知識の外にある新しい気づきであったり，過去の伝統や知識が無視したり注意を払わなかったりする分野についての問題提起であったりするだろう。そのような相互行為の中で，教育は工夫され，何が教えられるべきか，何が排除されるかが決められるのである。

　もしかしたら，大人が否定することでも，子供にとっては価値を持つことがあり，それが次の時代の重大事になるかもしれない。さらに，教師が既知だと思いこんでいた知識の不備を突かれ，全面的な反省を迫られるかもしれない。その意味で，子供は子供の世界に閉ざされてはいない。「われわれの世界」に導くのは，大人とは限らないのである。（600字以内）

「教育改革」は役に立っているか？―教育の効果測定には時間がかかる

　教育については，さまざまな人が意見を言う。しかしながら，それを取り入れて，うまくいった試しはあまりない。たとえば，かつて「ゆとり教育」が，思考力・発想力を発達させるとして推進された時代があった。しかし，すぐに「ゆとり教育は学力を低下させる」という批判が巻き起こって，数年にならずして撤回されたことがある。教育の成果が出てくるには，少なくても10年は待たなければならないと言われるのに，こんなに早く変わるのでは，効果がどうなったのかわからない。実は，これと同じ現象は，アメリカでも起こっており，1960年代後半にデューイの思想に類似した「リベラルな教育」がいったんは全米に広がったのだが，1970年代には"Back to the Basics"という反対運動が巻き起こった。「基本事項を教えることを疎かにするな」と言うのである。以後，教育の改革は，子供の興味を中心にするか，教師が教えたいことをたたき込むか，という対立がずっと続いている。そういう意味で，日本の教育改革もしょっちゅう方針が変わって定まらないのである。

　とはいえ，学校現場では「ゆとり教育」以来，そこで試された「総合学習」という方式が今や定着しつつある。それに加えて「アクティブ・ラーニング」という手法も注目され，教師が単に「講義」をするという一方的な授業は，だんだん少なくなっている。これを見れば，「制度改革」自体はすぐ変化しても，現場でいろいろ模索されている内に，教授法も確立して指導者も出てくる。ゆっくりではあるが，教育は確実に変化しているのである。

25　相関関係と因果関係―真の原因を考える

2017 年度・目標 **120** 分

出題

　総合政策学部は，環境情報学部とともに，問題発見・解決を理念としています。問題が個人の問題であれ，企業や NPO や政府の組織の問題，社会の問題や国際的な問題であれ，問題発見・解決を行うためには，まず，問題がきちんと把握（発見）されることが必要です。そして次に必要なのは，原因の分析です。問題が把握されても，問題の原因がわからなければ，解決策を提案することは難しいからです。また，一つの問題の原因を分析した結果，問題自体の定義を変更する必要性が生じたり，あるいは分析の結果将来予測が可能になり，別の問題が発見できたりすることもあります。ですから，原因を分析するということは，問題発見・解決の重要なプロセスの一つだということになります。将来，どんな道を選ぶにしても，原因分析の基本的な考え方や手法を，大学時代に身につけておく方が良いでしょう。

　以下の問いに答えてください。

問1　因果関係と相関関係とはどう違いますか。また，相関関係から因果関係に迫るには，何をすればよいですか。資料1～4を読んで，自分の言葉で要約してください。（300 字以内）

問2　図1は都道府県の成人男性（65 歳未満）の糖尿病の死亡率（人口 10 万人当たり死亡人数）と平均年収（万円）を散布図にしたものです（データは仮想です）。各都道府県の年齢構成は同一となるよう調整してあります。ここでは糖尿病の死亡率が最終的な結果だとします。問1の回答および資料5～7を踏まえ，必要に応じてさまざまな要因を加え，糖尿病の死亡率と平均年収の間の関係の構造を図示してください。因果関係を示す時には，A（原因）→ B（結果），相関関係を示すときにはA ⟷ Bとします。Aが増える時，Bも増えるなら⊕，Aが増える時，Bは減るなら⊖をつけて表してください。数式化して表現しても構いません。なお，図示化の例は資料3の中にあります。

図1

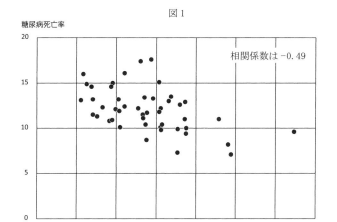

糖尿病死亡率

相関係数は −0.49

平均年収

注）糖尿病とは，膵臓から出るインスリンというホルモンの作用が低下したため，体内に取り入れられた栄養素がうまく利用されずに，血液中のブドウ糖（血糖）が多くなっている状態です。Ⅰ型（インスリンが出ないタイプ）とⅡ型（インスリンが出ても，肥満などにより作用が出にくいタイプ）に分かれますが，日本の糖尿病患者の95％がⅡ型です。回答に当たっては，全患者がⅡ型糖尿病であると仮定してください。

問3　問2で示した相関関係や因果関係の構図をわかりやすく文章で説明してください。（500字以内）

資料1　順問題と逆問題

　原因から結果を予測する，これが順問題。それに対し，結果から原因を探る。これが逆問題である。

　たとえば，水の中にインクを落とす。水の流れなり渦なりの知見から，インクの拡散する様を理解する。これは順問題である。しかし，より興味深いのは，インクが拡散する紋様を見て流れや渦が水面下でどうなっているかを知ることであろう。この思考の方向は，どうなるのかではなくなぜそうなるのかに在り，謎解きに似る。

　17世紀にニュートンが物体の運動の力と加速度による記述を発見して以来，数学は自然現象の理解に有用な言語と演繹法を提供してきた。しかし，原因から結果を導くという形で科学に貢献するのが主流であった。そして，科学は現象を理解し，それを予測に役立てる方向で進化してきた。

　だが，古典物理で説明不可能な現象が顕在化しその限界が意識され始めた19世紀

末頃から，数学や数理物理学の分野で逆問題の発想による研究が，おのおの孤立した成果ではあるが散見されるようになる。そして，これらは次第に「逆問題」として括られ，その発想法は諸科学や工学の世界に広く浸透するようになった。

　科学者が圧倒的な意識改革を迫られた場面場面に，逆問題は関与してきた。たとえば，プランクのエネルギー量子発見，恐竜絶滅に対するアルバレスらの隕石衝突説，ストンメルらの海の流れの研究，これらはすべて，実は逆問題の発想による。

（参考文献（一部編集・改変）　上村豊『逆問題の考え方ー結果から原因を探る数学』講談社，2014年）

資料2　因果関係の難しさ

　ある事柄を原因として，ある結果が生じる場合，因果関係があると一般的に言います。今，腕時計を金づちで叩くことをイメージしてみます。強く叩いたら当然，腕時計は壊れます。この場合，金づちで叩いたことが原因，腕時計が壊れたことを結果とする，因果関係があると言えます。この場合には，比較的容易にそう言えるようなのですが，それはなぜでしょうか。

　まず，この例では，原因も結果も実際に同時に観察しています。原因が結果に先行しており（叩く前には壊れない），原因と結果の間に空間的・時間的近接性があります（叩いた場所と異なるものが壊れるのではないし，強く叩いてから数年後に壊れるのでもない）。そして，一定以上の力で叩けば必ず毎回腕時計は壊れるはずであり（これを難しい言葉で表現すると，恒常的連結性があると言います），しかも，力の入れ方と壊れ方との間には，力を強くすれば壊れ方がひどくなるという，相関関係があります。さらに，どうやって測定するかを考えると，壊れ方の方にはやや主観的な評価が入りますが，力の入れ方はニュートンという単位できちんと測ることができます（1ニュートン＝1キログラムの質量をもつ物体に1メートル毎秒毎秒（m/s^2）の加速度を生じさせる力）。そして何よりも，疑問が出てきたら，繰り返し実験して確かめることができます。このような場合には，因果関係を認定することは比較的容易だと思われます。

　でも，世の中の多くの問題では，これほどうまくはいきません。まずは，たいていの場合，結果は観察できても原因は簡単には観察できません。たとえば，車のエンジンの調子が悪いという結果はわかっていても，その原因は複数あるはずであり，どれが本当の原因なのかは，いろいろと調べ，推論しながら突き止める必要があります。次に，原因と結果の間に時間的乖離がある場合も少なくありません。糖尿病にかかったという結果の原因の一つとして，カロリーの過剰摂取がありますが，糖尿病であるという結果は一時点で確定できても，原因の方は長い間の食生活の積み重ねにあります（時間的近接性がない）。しかも，長い間カロリーを過剰摂取していても，糖尿病にならない人もいます（恒常的連結性がない）。ですから，（どんな人に対しても）カ

ロリーの過剰摂取は糖尿病の原因であるかどうか（特定病因論）という問題ではなく，カロリーの過剰摂取は糖尿病のリスクを高めるか（確率的病因論）という集団の問題に転換して，因果関係を考えざるを得ません。また，糖尿病の原因としては，食生活のほかにも遺伝的要因等もあるはずです。原因が一つでない場合には，原因同士はどういう関係にあるのか（原因構造）ということも問題になってきます。

　考えている対象が社会における人間行動になると，個々人の自由意志や相互作用も関係するので，より難しくなります。株価や為替の値動きを考えれば理解しやすいでしょう。一般的に，為替は国力を反映すると言われますが，為替はさまざまな出来事を反映して複雑な動きを示します。

　このほかにも，原因となるものが客観的に測定可能か，可能であってもデータが入手可能かという問題もあります。また，物理の問題と違って，社会問題の多くは実験することが，実際にも倫理的にも難しい状況がほとんどです。たとえば，国の債務残高が膨張すると財政破綻がもたらされるのか，あるいは核兵器の保有は安全保障上の抑止力になっているかというような疑問や仮説に対して，実験をして確かめることはできないでしょう。

　このように因果関係をめぐる困難を列挙すると，気が減入ってくるかもしれませんが，ある程度のデータが入手可能なら，統計的に因果関係に迫るという方法もあります。

資料3　因果関係と相関関係

　コーヒーマシンの職場導入を推進している会社から「コーヒーを飲むと生産性が上がりますよ」と言われたので，話を聞きました。営業マンは，「コーヒー1杯（150ml）には100mgのカフェインが含まれており，カフェインには，自律神経である交感神経を刺激してエネルギー消費を促進し，集中力を高める効果があります。だから，職場にコーヒーマシンを導入すれば生産性が上がりますよ」と言います。そして，図2のようなデータを見せてくれました。

図2

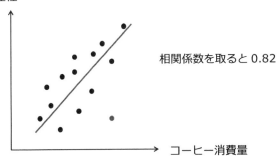

生産性

相関係数を取ると 0.82

コーヒー消費量

　このデータは，多数のオペレータを雇って電話セールスをしている会社のオペレータ・グループの生産性（セールス獲得率）とそのグループの1日のコーヒーの消費量を散布図にしたものです。これを見ると，コーヒーの消費量と生産性という二つの変数の間には正の相関関係があることは明らかです。コーヒー消費量の多いグループほど生産性が高いと表現できるかもしれません。それでは，職場にコーヒーマシンを導入して，職員にコーヒーを飲ませれば，生産性が上がると言えるのでしょうか？

　実は，このような相関関係を示した散布図から，因果関係を想定するには注意が要ります。問題が少なくとも二つあります。最初の問題は，因果（原因と結果）の方向の問題です。仮に生産性の代わりに「私の気分」，コーヒー消費量の代わりに「その日の気圧」であったら，気圧のレベル（原因）によって私の気分が変化する（結果）と言えます。私の気分が変わっても気圧が変化することはあり得ないからです。図のように縦軸に生産性，横軸にコーヒー消費量を取ると，あたかもコーヒーを飲むと生産性が上がるように見えますが，縦軸と横軸を転換してみてください。その場合の自然な解釈は，仕事を一生懸命行って生産性を上げると，（疲れるので）コーヒーをより多く飲むというものです。逆の因果関係です。ですから，コーヒーをより多く飲んだからと言って，生産性が上がるとは限りません。

　このように，相関関係は二つの事柄の関係を記述するだけで，因果の方向までは決めてくれないのです。冒頭のセールスマンの詳しい説明は，コーヒーの消費→生産性の上昇の根拠となる因果のメカニズムを示したものですが，反対の因果の方向の説明では，生産性の上昇→コーヒーの消費という別の因果のメカニズムが提供されていることになります。この場合，少なくとも生産性の上昇とコーヒーの消費量の上昇のどちらが時間的に先行しているのかの確認が必要です。

　もう一つの問題は，コーヒーの消費量と生産性の間の相関関係が見せかけにすぎない可能性です。たとえば，各オペレータ・グループにグループの業績管理をしているリーダーがいるとします，リーダーの業績に対する意欲は様々だとします。意欲あふれるリーダーがいるグループではメンバーは一生懸命仕事をするので，生産性が上がります。一方，意欲あふれるリーダーが必死に業績管理をすれば，グループのメンバーにはストレスがたまり，それを解消するためにコーヒーを飲むようになるかもしれません。この場合には，リーダーの業績管理の意欲と生産性，リーダーの業績管理の意欲とコーヒーの消費量との間には因果関係がありますが，コーヒーの消費量と生産性の間の相関関係は（少なくとも部分的には）見せかけだということになります。この場合，見せかけの相関を生んだのは，「リーダーの業績に対する意欲」という要因ですが，これは当初の生産性とコーヒー消費量という二つの変数だけを考えていた場合に比べると隠れていたことになります。このような要因を潜在変数と言います。性別や年齢，時間の経過などが代表的な潜在変数です。もっとも，このような潜在変数がある場合でも，コーヒーの消費量と生産性の間に因果関係が残っている場合もあり

ます。

　さらに問題なのは，このような潜在変数はいろいろ考えることができることです。たとえば，会社の社長が全社員を前に，会社のビジョンを語り，熱心に社員の動機付けをしているとします。このような動機付けは，「リーダーの業績に対する意欲」だけでなく，職員の動機付けも強化しますし，これらがコーヒーの消費量と生産性の双方に影響することも考えられます。このように複雑になってくると，因果関係に関するモデルを作る必要が出てきます。下に因果関係に関する構造図の例をあげておきます。

図3

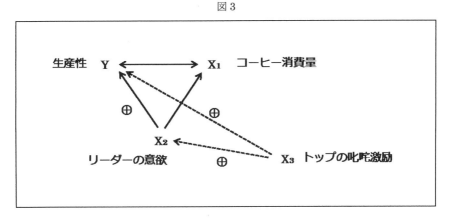

資料4　身体的特徴と出世

　アメリカのビジネスの世界では，肥満や喫煙習慣は出世にとって不利だとよく言われる。太っていることは，喫煙をやめられないことと同様，自分をコントロールできないことの証拠であり，エリート・ビジネスマンに必要な自己管理能力の欠如を示しているとみなされ昇進する上で不利になる，ということらしい。そこまで言わなくてもよいではないかとも思ってしまう。身体的特徴に基づく不当な差別である，という批判が出てくるのも当然かもしれない。しかし，これについての当否はともかく，身体上の特徴が原因となって出世や所得に影響が出るという因果関係は，はたして現実に存在しているのか。

　歴史をさかのぼると，社会的身分が体格に影響するという逆の因果関係の方がむしろふつうに存在していた。どの国でも，昔は身分の高い人ほど体格が良かった。彼らの栄養状態が良かったからである。たとえば，昔はイギリスの上流階級の人は，庶民より優に頭一つぶん背が高かったから簡単に見分けがついた。十九世紀初め，イギリスの王立士官学校に入学した平均十四歳の上流階級の少年たちは，同年齢で海軍に入隊した労働者階級出身の新兵に比べて二五センチメートルは背が高かったという。ずいぶんな違いである。

　現代のアメリカで，肥満への差別ということが問題になっているということは，庶民階級が食べるに困るほど貧しかった時代は少なくとも先進国では過去のものとなった，ということを意味するのだろう。それはそれで，喜ばしいことである。

　なぜ身長のような身体的特徴と出世との間にこのような相関関係が観察されるのだろうか。背が高いと周りから信頼感を得やすく，仕事上のパフォーマンス（実績）も自ずとよくなるからだろうか。あるいは，自分に自信を持つために仕事にも積極的になって成功するからだろうか。このような推論は，実際に身長が所得に影響を及ぼしていることを想定している。しかし，もしかすると身長が高いということは，子どものころから裕福な家庭に育って栄養状態が良かった結果であり，また裕福な家庭であったから高い教育を受けることができて，現在の所得も高くなっているのかもしれない。それならば，背の高さは所得を決める本当の原因ではないことになる。

　後者の例では，本当に所得に影響しているのはその人が裕福な家庭に生まれたことである。つまり，親の所得が原因であり，観察された身長と所得の相関関係は単に見掛け上のものということになる。このような関係は，「偽の相関」とも呼ばれる。因果関係があると言えるためには，親の所得のような他の変数が同じ値をとったとしても，なおかつ身長が本人の所得に影響を及ぼしていることが必要である。他の変数の影響をそろえる，すなわち統制（コントロール）した上でも，相関関係が確認できなければならない。

　（参考文献（一部編集・改変）　久米郁男『原因を推論する―政治分析方法論のすゝめ』有斐閣，2013年）

資料5　自制心と欲求充足

　発端は，1960年代にスタンフォード大学のビング保育園で行なった単純な実験で，学生たちと私は，園児たちにとっては厳しいジレンマを突きつけた。報酬一つをただちにもらうか，一人きりで最長20分待って，より多くの報酬をもらうかの，どちらかを選ばせたのだ。たとえば，エイミーは，ほしければすぐに食べられるマシュマロ1個と，待てばもらえる2個のマシュマロと向かいあって，一人でテーブルに着く。マシュマロの脇には卓上ベルがあり，いつ鳴らして研究者を呼び戻し，1個のほうのマシュマロを食べてもいい。だが，研究者が戻るまで20分待ち，それまで席を離れたりマシュマロを食べ始めたりしていなければ，2個のほうがもらえる。子どもたちがベルを鳴らすのを我慢しようと悪戦苦闘する様子は涙ぐましく，彼らの創意工夫には思わず拍手して声援を送りたくなり，幼児さえもが誘惑に耐え，あとでご褒美をもらうために我慢する能力を秘めているのだと思うと，新鮮な希望が湧く。

　未就学児たちが待ち続けようとして何をし，欲求の充足の先延ばしにどうやって成功したか，あるいは失敗したかからは，意外にも，彼らの将来について多くが予想できることがわかった。4歳か5歳のときに待てる秒数が多いほど，米国の大学進学適

性試験の点数が良く，青年期の社会的・認知的機能の評価が高かった。就学前にマシュマロ・テストで長く待てた人は，27歳から32歳にかけて，肥満指数が低く，自尊心が強く，目標を効果的に追求し，欲求不満やストレスにうまく対処できた。中年期には，一貫して待つことのできた（先延ばしにする能力の高い）人と，できなかった（先延ばしにする能力の低い）人では，中毒や肥満と結びついた領域の脳スキャン画像ではっきり違いが見られた。

　この自制する能力は民族によって異なるのだろうか。私はある年の夏を，トリニダード島の南端にある小さな村のそばで過ごした。島のこのあたりの住民は，アフリカ系かアジア系のどちらかで，その祖先は奴隷か年季奉公人としてこの地にやってきた。どちらのグループも，一本の長い泥道を挟んで，それぞれ別の側に建てた家々で平和に暮らしていた。
　私は近隣の人たちを知るにつれ，彼らが語る自らの生活の話に魅了された。また，二つのグループが互いに相手の特徴をどう捉えているかには，一貫性があることに気づいた。アジア系の住民によると，アフリカ系の人は快楽のことしか頭になく，衝動的で，楽しい時間を過ごして後先のことを考えずに暮らすのに熱心で，将来についてはあらかじめ計画も立てなければ，考えもしないという。一方，アフリカ系の住民の目に映るアジア系の人は，いつも将来のためにあくせく働き，人生を楽しむこともなく，せっせとお金をマットレスの下にため込んでいる。両者の説明を聞くと，有名なイソップのアリとキリギリスの寓話を思い出さずにはいられなかった。無精で快楽主義のキリギリスは，夏の日差しの中，あたりを跳ね回り，幸せそうに鳴き声を上げ，今，この瞬間を楽しんでいるのに対して，心配性で働き者のアリは，冬に備えて食糧集めに精を出す。キリギリスが快楽にふける一方，アリはあとで生き延びるために，欲求充足を先延ばしにしている。

　親たちから聞かされていた固定観念を裏づけるように，トリニダード島のアフリカ系の子どもはたいてい即時の報酬を好み，アジア系の家庭の子どもは先延ばしにした報酬を選ぶことがずっと多かった。だが，たんにそれだけのはずがない。父親不在の家庭（当時，トリニダード島のアフリカ系住民の間ではありふれていたが，アジア系ではごく稀だった）の子どもは，約束を守る男性に接したことがあまりなかったのかもしれない。もしそうなら，見知らぬ人（私）が約束した先延ばしの報酬を持ってあとで現われるとは信じにくいはずだ。「あとで」が現実のものとなるという信頼がないかぎり，「今すぐ」を見送るまっとうな理由はない。事実，男性が一緒に暮らしている家庭の子供だけに注目して2つの民族グループを比較すると，両者の違いは消えてしまった。
　（参考文献（一部編集・改変）　ウォルター・ミシェル著，柴田裕之訳『マシュマロ・テスト―成功する子・しない子』早川書房，2015年）

資料6　原因と結果の法則

（次ページに続く）

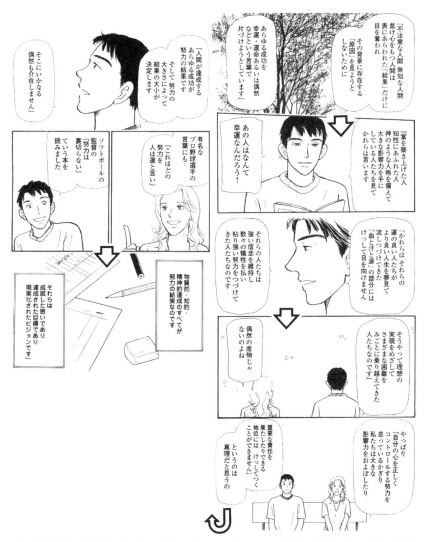

（参考文献（一部編集・改変）　原作：ジェームズ・アレン　潤色・脚本：小山高生　作画：高見さちこ『「原因」と「結果」の法則　コミック版』サンマーク出版，2009 年）

資料7　社会疫学

　個々の社会が持っている社会構造はその社会における有利と不利の分布を生じ，この分布が社会における健康と疾病の分布を形成する。社会疫学は，こうした社会構造―個人―健康および疾病の関連を多重レベルからなる相互関係としてとらえようとする点に特色がある（図4）。

図4

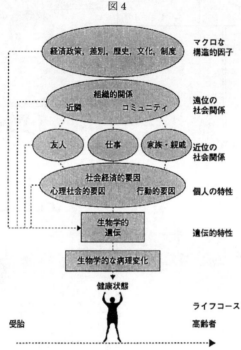

　注）社会構造因子がさまざまな媒介変数を経て健康・疾病を生じる，
　　これらのプロセスは生涯を通じて蓄積，影響する。
　出典）Kaplan GA: What's wrong with social epidemiology, and
　　how can we make it better? Epidemiologic Reviews 26: 124-135,
　　2004 (pp. 127, figure 4).

　社会疫学では，身体的・心理的・社会的な側面を統合した視点（bio-psychological paradigm）を重要視する。現代医学が多くは生物学的なメカニズムに注目している。しかし，社会構造が人の健康に影響を与える経路を理解するためには，これに加えて，心理社会学的な視点が不可欠である。ストレス科学の進展にともない，生活上の出来事や日常的な困難などの心理的な刺激（ストレッサー）によって，視床下部―下垂体―副腎を介したアドレナリン放出および交感神経興奮を介したノルアドレナリン放出を通じて，心拍，血圧，血糖値，免疫能などの身体機能に影響が及ぶことが明らかとなっている。また人の行動が学習や社会規範によって影響を受けることは，行動科学・心理学，社会心理学の研究の蓄積から明らかになっている。これらから，社会構

造はそれに応じた特徴的な社会環境や労働環境，あるいは物質的環境をその社会内に形成し，これが人の心理および行動に影響を与え，これらが神経内分泌学的な経路を介し，あるいは直接に人の身体に変化を生じると考えられている。社会疫学はこうしたモデルに基づいて，社会構造が健康に及ぼす影響を明らかにしようとしている。

　たとえば，経済的水準の低さや貧困が健康状態の悪さや疾病の発生に関係していることは古くから知られている。経済的水準と健康の関係は，国間の比較において顕著に観察される。例えば，世界銀行の報告では，1人あたり国民総生産（GNP）と平均寿命の間には明らかな相関関係があり，GNPが増えると平均寿命は増加する。この関係は特にGNPの低い国々で顕著である。貧困は，衣服，食物，住居，医療など健康にとって必要最小限度の必需品へのアクセスを制限し，これによって健康の悪化を招くであろうことは十分に理解できる。貧困による生活必需品の入手困難がなくとも，収入の水準により得られる，バランスのとれた栄養，快適な持ち家，自家用車の所有などの豊かさは連続的に健康に関連しているのかもしれない。こうした物質的な豊かさは，社会心理的な満足を通じて健康に寄与する可能性も指摘されている。

　また，社会関係資本と健康の関係も議論されている。社会関係資本は，ある社会における相互信頼の水準や相互利益，相互扶助に対する考え方（規範）の特徴と定義されている。社会関係資本は，相互信頼など，集団の社会的活動の基本構造である。人間関係資本は，個人を支え，集団としての行動を促進する働きを持っており，また個人的な利益ではなく公共の利益を生み出す点に特徴がある。ある研究者グループは，米国の36州で実施された世論調査から，「たいていの人は機会があれば自分を利用しようとしている」と回答した住民の割合を求め，これと各州の年齢別死亡率の間の相関を検討した。他人が自分を利用しようとしていると回答した者の割合が多い州ほど，年齢別死亡率が高かった。この結果から著者らは社会的な信頼感が健康に影響を与えている可能性があるとしている。

　さらに，社会疫学では，社会構造が人の生涯のごく初期にもたらす影響や，生涯の期間を通じて蓄積的に作用する生じる影響が，人の健康を決定する要因であるというライフコースの視点も重視している。ライフコース疫学は「胎児期，幼少期，思春期，青年期およびその後の成人期における物理的・社会的曝露による成人疾病リスクへの長期的影響に関する学問」と定義される。ライフコース・アプローチによる疾病要因の相互の因果関係は図5に示す4つのモデルを用いることが多い。大まかに分けて，モデル(a)とモデル(b)はリスクの蓄積モデル，モデル(c)とモデル(d)はリスクの連鎖モデルである。

　このうち，モデル(a)は異なるタイミングにおいてさまざまな独立したリスクが蓄積して疾病発症にいたるモデルである。たとえば，成人期の高血圧を，幼少期における鉛の曝露[1]，学童期における運動不足，青年期におけるアルコール摂取により発症す

るというモデルを立てることができる。モデル(b)はリスクが1つの大きな要因から派生しており，集積化している点で異なる。たとえば，喘息は貧困という大きな要因から派生した喫煙曝露，服薬コンプライアンス[2]の低さ，犯罪の多い地域という住環境で病院にアクセスしにくい，という要因によって発症した，というモデルを立てることができる。モデル(c)は要因Aによって要因Bがおき，要因Bによって要因Cがおき，そして疾病が発症するというモデルである。この連鎖反応は決定的なものである必要はなく，確率が高いつながりであればよい。モデル(c)はさらに，個々の要因が独立に疾病発症に影響するというモデルである。たとえば，心疾患を引き起こすモデルとして職場での長時間労働（A）により運動不足になり（B），それによって肥満になった（C）というケースを考えた場合，リスクは連鎖しながらもA，B，Cのどれもが心疾患を引き起こすリスクとなっている。この場合，それぞれのリスク要因が発症に付加効果（additive effect）をもたらしているので，リスクの蓄積の一種と考えることもできる。モデル(d)は，最後の要因（C）のみが疾病発症の直接的要因であって，それ以前の要因（A，B）は疾病発症に影響しない場合のモデルである。たとえば，親を亡くし（A），ギャングと付き合うようになり（B），薬物乱用をした（C）場合にHIVを発症するが，HIVに感染する直接の要因はCのみである。これは引き金効果（trigger effect）と呼ばれる。

図5

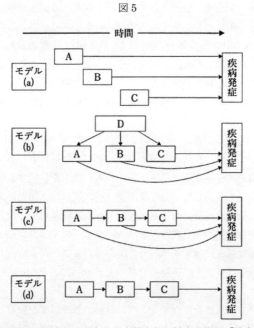

（参考文献（一部編集・改変）　川上憲人・小林廉毅・橋本英樹編『社会格差と健康―社会

疫学からのアプローチ』東京大学出版会，2006年と川上憲人・橋本英樹・近藤尚己編，藤原武男・小塩隆士ほか著『社会と健康─健康格差解消に向けた統合科学的アプローチ』東京大学出版会，2015年）

[1] ばくろ：さらされること
[2] 医師・薬剤師の指示通り，きちんと服薬すること

POINT　統計の解釈に関わる問題。相関関係と因果関係の区別を理解して，データを解釈し，原因構造を分析する。問1では，資料をもとに，相関関係と因果関係の違い，前者から後者に迫る方法を要約する。問2では，その応用として，データから導かれる相関関係の背後にどのような要因があり，それらの要因がどう関係しているのか，資料をヒントに推測して図示する。問3では，問2の図について自分の言葉でわかりやすく説明する。

課題文の解説

▶各資料の要点

資料1　順問題と逆問題

定義と例示	❶順問題＝原因から結果を予測する 　　逆問題＝結果から原因を探る ❷例示水の中のインク
対比	❸17世紀以来の数学＝原因から結果を導く形で科学に貢献 ❹19世紀末以来の数学・数理物理学＝逆問題の発想による研究
例示	❺科学者が意識改革を迫られた場面に逆問題が関与してきた 　　例示エネルギー量子発見，恐竜絶滅の隕石衝突説など

資料2　因果関係の難しさ

定義と例示	❶因果関係＝ある原因からある結果が生じる 　　例示腕時計を金づちで叩く→壊れる，因果関係があると容易に言える
因果関係とわかる条件	❷条件原因が結果に先行 　　叩いた場所が壊れる，すぐ壊れる＝空間的・時間的近接性 　　必ず壊れる＝恒常的連結性 　　力が強いと，壊れ方がひどい＝相関関係 　　客観的に測れる＋繰り返し実験して確かめられる
対比と例示	❸世の中の多くの問題ではうまくいかない 　　例示複数の原因があり，本当の原因は調べて推測するしかない＋原因構造も問題 　　原因・結果の間に時間的乖離がある＝時間的近接性がない 　　原因があっても，必ずしも特定の結果にならない＝恒常的連結性がない 　　→×特定病因論，○確率的病因論 ❹社会における人間行動の場合→自由意志・相互作用も関係する 　　例示株価や為替の動き ❺原因が客観的に測定可能とは限らない／可能でもデータが入手できない 　　社会問題は実験できない 　　例示財政破綻，核兵器保有は抑止力？→実験できない
可能性	❻統計的に因果関係に迫る方法もある

資料3　因果関係と相関関係

エピソードとデータ	❶コーヒーマシンの職場導入は生産性を上げるか？ 　　仮説カフェインが交感神経を刺激して集中力を高める？ ❷グラフの説明：コーヒーの消費量と生産性に正の相関関係がある→コーヒーを飲めば生産性が上がるか？
問題と説明	❸相関関係から因果関係が想定できるとは限らない 　　因果の方向は正しいか？→仕事を一生懸命すると疲れてコーヒーをより

多く飲むのでは？
❹相関関係は因果の方向を決められない
　コーヒーの例：時間的にどちらが先行しているか確認すべき
❺見せかけの相関関係
　コーヒーの例：リーダーの意欲が隠れた原因になっている？→潜在変数
の可能性
❻潜在変数はいろいろ想定できる
　例示 社長が会社のビジョンを語る

資料4　身体的特徴と出世

問題提起	❶身体的特徴が原因となって出世・所得に影響するという因果関係はあるか？
対比	❷歴史的には社会的身分が体格に影響するのがふつう ❸肥満への差別→庶民が貧しくなくなった？
例示	❹身長が高いと出世する相関関係の理由＝信頼感を得やすい／自分に自信を持つ→成功？ 身長が高い＝裕福な家庭→栄養状態が良い＋高い教育を受けて所得が高い（潜在変数）？
まとめ	❺単に見掛け上の相関関係＝「偽の相関」 因果関係があると言うには，他の変数の影響をそろえて比較する

資料5　自制心と欲求充足

実験の説明	❶マシュマロ・テスト：ただちに報酬をもらうか？20分待って，より多くの報酬をもらうか？という子どものジレンマ
将来との関係	❷4，5歳児のときに待てる時間が多い→青年期の社会的・認知的機能の評価が高い→中年期でもはっきりした違い
民族による 違い？	❸自制する能力は民族により異なるか→アフリカ系とアジア系 ❹アフリカ系は「快楽的・衝動的・無計画」とアジア系は考える アジア系は「将来ばかり・人生を楽しまない」とアフリカ系は考える
比較	❺アフリカ系の子どもは即時の報酬を好む／アジア系の子どもは先延ばしした報酬を選ぶ 　　　　　↓ アフリカ系は父親不在の家庭が多い→男性が一緒に暮らしている家庭に限ると差はない

資料6　原因と結果の法則

説明	原因と結果の法則＝心の中の思いが原因で，行いがその結果 成功は努力の結果＋努力の大小が結果の大小を決定する

資料7　社会疫学

説明

❶社会疫学＝社会構造―個人―健康・疾病の関連を多重レベルの相互関係としてとらえる

❷社会構造→社会・労働・物質的環境→心理・行動に影響→身体の変化
社会構造が健康に及ぼす影響を明らかにする

例示

❸経済的水準・貧困が健康・疾病に関係
GNPと平均寿命の相関関係：貧困→必需品へのアクセスを制限→健康の悪化
物質的豊かさ→社会心理的な満足→健康

❹社会関係資本＝相互信頼・相互利益への考え方→公共の利益
社会的信頼が少ない→健康に悪影響

❺ライフコース疫学＝成人期までの物理的・社会的曝露による成人疾病リスクへの影響をみる

❻ライフコース・アプローチの4つのモデル＝(a)独立したリスク，(b)集積化したリスク，(c)リスクの連鎖，(d)引き金効果

▶着眼

　SFCでは，問題解決型の教育実践が目指されている。つまり，何らかの問題をまず発見し，その解決のための方法を探って，それを適用するとともに，不十分であれば別の方法を考えて解決に持ち込む，というスタイルである。総合政策学部も，まず社会的な問題を取り上げ，その背後にある因果関係やメカニズムを探り，その解明に基づいて政策的な提案を行うという筋道をたどる学問スタイルをとる。

　問題の原因を分析する際の手がかりのひとつが，統計的なデータであろう。しかし，統計データの取り扱いについては注意を要する。データから読み取れる相関関係だけでは問題の原因にたどり着けないこともある。相関関係があったからと言って因果関係があるとは限らないからだ。この問題は，データから安易に関係性を推論して，間違った解釈にはまり込んではならないという，言わば，統計解釈における基本的な態度を取り上げているのだ。

設問の解説

問1　違いと関係性の説明

〔要求〕　①因果関係と相関関係とはどう違うか。
　　　　　②相関関係から因果関係に迫るには，何をすればよいか。

〔条件〕　資料1〜4を読んで，自分の言葉で要約する。

　資料の内容に基づき，「因果関係」と「相関関係」の違い，加えて，相関関係から因果関係に迫る方法について要約する。前者については，資料2・3から要点を抽出

する。後者については，資料3・4から，「因果の方向」の問題と「偽の相関」の問題の，二つを解決する必要があることを指摘すればよい。

因果関係・相関関係とは何か？

　資料2によれば，因果関係とは，「ある事柄を原因として，ある結果が生じる」（第❶段落）関係のことである。因果関係が成立するためには，X が Y に先行しており，X が変化したらすぐ Y も変化する（時間的近接性），X に変化があったとき，つねに Y にも変化が起こる（恒常的連結性），といった条件がある（第❷段落）。

　一方，相関関係については，資料のどこにも，明確な形で定義が示されていない。そこで，資料2の「力の入れ方と壊れ方との間には，力を強くすれば壊れ方がひどくなるという，相関関係があります」（第❷段落）という箇所に注目する。ここでは，腕時計を金づちで叩いて壊す，という例を使って「力の入れ方」と「壊れ方」の間の相関関係が述べられているので，それを抽象化すればよい。一方の変化に伴って他方が変化する，ということが説明できていれば十分である。

　なお，資料3の「コーヒーの消費量と生産性という二つの変数の間には正の相関関係がある」（第❷段落）という箇所にも注目すれば，相関関係には正と負の区別があるとわかるだろう。二つの変数 X・Y の間に，X が増えると Y も増える，X が減ると Y も減る，という関係が成り立つときに，正の相関があると言う。逆に，X が増えると Y が減り，X が減ると Y が増える，という関係が成り立つときは，負の相関があると言う。

二つの関係を明確化する

　ここで，資料3によれば，データ上で相関関係が認められたとしても，そこに因果関係を想定するには注意が必要になる（第❸段落）。まず，X が原因となって Y を結果として生み出しているようで，実は，X が結果で Y が原因である場合がある。つまり，因果関係を逆に考えてしまう可能性があるのだ（「因果の方向」の問題）。

　また，資料3・4にあるように，X と Y 以外に第三の変数 Z があって，それが潜在的な原因（潜在変数）となって，X と Y に影響を与えている場合もある。そのため，X と Y の相関関係が見せかけにすぎない可能性があるのだ（「偽の相関」の問題）。

　このように，相関関係があっても，必ずしも因果関係があるとは限らない。しかし，因果関係が成立していれば，そこには必ず相関関係もある。つまり，因果関係の概念は相関関係の概念よりも狭いのだ。

相関関係から因果関係に迫るには

　逆に言えば，「因果の方向」と「偽の相関」の問題を確認することが，相関関係から因果関係に迫るための手続きだ，ということになる。

　前者については，二つの事柄のどちらが時間的に先行しているのかの確認が必要である（資料3，第❹段落）。後者については，潜在変数が複数ある可能性を考えた上で，因果関係のモデルを作る必要がある（資料3，第❻段落）。そして，他の変数の影響をそろえた状態でも，最初の二つの変数の間に相関関係が確認できなければならない（資料4，第❺段落）。これらの手続きに通底するのが，結果から原因を探る，という「逆問題」の発想である（資料1）。

> 因果関係の成立 ＝ 相関関係の成立 ＋ 因果の方向が定まっている ＋ 偽の相関でない
> 　　　　　　　　　　　　　　　　　　↑
> 　　　　　　　　　　　　時間的な前後関係　　　　潜在変数の関与

　なお，資料2によれば，世の中の多くの問題，例えば「糖尿病にかかった」という結果の原因を考える場合，因果関係の成立条件である時間的近接性も恒常的連結性もない。そのため，データから統計的に相関関係を見つけ出し，それに対して上の手続きを踏んでいくことが重要になる。これが，後の**問2・問3**で求められる基本的な考え方になる。

解答の構成

　二つのものごとの違いが問われているが，先に見たように，因果関係は相関関係の特別な場合なので，厳密な対比の形では記述しにくい。因果関係と相関関係の定義に加えて，両者の関係性，「因果の方向」と「偽の相関」の問題が明示できていれば十分だろう。続いて，相関関係から因果関係に迫る方法については，それら二つの問題を解消するための，「逆問題」の発想，時系列の確認，潜在変数の把握と統制について，言及できていればよい。

> **解答例**
> ----
> 　相関関係とは，一方が変化したとき，他方も変化する関係である。それに対して，因果関係とは，相関関係のより狭い場合で，ある事柄が原因となって，別の事柄がその後につねに生ずる関係である。相関関係では，因果の方向は必ずしも明らかでなく，原因と結果が逆であったり，背後に潜在的な原因がある偽の相関であったりする可能性がある。
> 　相関関係から因果関係に迫るには，因果の方向や潜在的な原因の有無を明らかにする必要がある。そのためには，逆問題の発想で，二つの事柄のどちらが先に起きたのか，様々な潜在的な原因がどのように関係しているのか，他の原因の影響をそろえた状態でも相関関係が見られるのか，など確かめねばならない。（300字以内）

問2　関係の構造の図示

〔要求〕　糖尿病の死亡率と平均年収の間の関係の構造を図示する。
〔条件〕　①問1の回答および資料5〜7を踏まえる。
　　　　②必要に応じてさまざまな要因を加える。

　図1によれば，平均年収と糖尿病死亡率との間には，負の相関関係がある。つまり，平均年収が高いと糖尿病死亡率が低く，逆に，平均年収が低いと糖尿病死亡率が高い，という関係になっている。この関係について，**問1**で整理した，相関関係から因果関係に迫る手法も応用しながら，モデルを作るのが**問2**の要求である。

　したがって，平均年収と糖尿病死亡率の間の相関関係において，因果関係も認定できるか否かを確認する手続きの中で，複数の原因や潜在変数を考え，それらの関係を整理することになる。資料7に示されたモデルを基盤とし，各資料から，平均年収や糖尿病死亡率に関与する変数を取り出して流用するとよい。また，続く**問3**で，文章による説明を求められるので，その制限字数を考えれば，盛り込める要因の数は自ずと限られてくる。

因果関係はあるのか？

　相関関係から因果関係に迫るには，「因果の方向」と「偽の相関」の2つの疑いが解消される必要がある。まず，「因果の方向」については，設問文に，「糖尿病の死亡率が最終的な結果」とあり，平均年収が原因，糖尿病死亡率が結果とされているので，これに従えばよい。しかし，糖尿病による死亡のリスクを高める直接的な原因が，平均年収の低さだとは考えにくい。

　他方，これが「偽の相関」という可能性はどうだろうか？　もし他の隠れた原因＝潜在変数から，平均年収と糖尿病死亡率という結果が生じているのであれば，両者の相関関係は見掛け上のものになろう。とすれば，平均年収と糖尿病死亡率の間の関係については，図3に倣って，「←→」（負の相関関係）とするに留めておくのが妥当だろう。

$$○ \boxed{平均年収} \overset{\ominus}{\longleftrightarrow} \boxed{糖尿病の死亡率}$$
$$× \boxed{平均年収} \overset{\oplus}{\longleftrightarrow} \boxed{糖尿病の死亡率}$$

資料7を参考にする

　さて，平均年収と糖尿病死亡率に関わる様々な要因や，それら要因同士の関係，モデルの大枠を考えるに当たっては，資料の内容をヒントとして最大限に活用したい。中でも，資料7で説明されている「社会疫学」の考え方や，ライフコース・アプローチによるモデルが参考になる。図4に示された構造を，糖尿病にも当てはめれば，関

係する要因を網羅的に列挙することができる。また，図5に示された因果関係のモデルを流用すれば，複数の要因同士の関係を簡潔に整理し，図示することができる。

それぞれの資料に示された変数

上のような考察の指針に基づき，各資料から，平均年収と糖尿病死亡率に関係するかもしれないと思われる変数（要因）を拾い上げると，次のようになる。

資料2	カロリーの過剰摂取，食生活の積み重ね，遺伝的要因
資料4	肥満，喫煙習慣，出世や所得，親の所得
資料5	自制する能力，肥満，大学進学適性，欲求不満やストレス，父親不在の家庭
資料6	行いは思いの結果，努力の大きさによって結果の大小が決定
資料7	ストレス，学習や社会規範，経済的水準の低さや貧困，社会心理的な満足，社会的な信頼感，運動不足，アルコール摂取，喫煙曝露，服薬コンプライアンスの低さ，病院にアクセスしにくい，長時間労働，肥満

ここから，同類の変数をまとめて抽象化するなどして，最終的な解答に盛り込むものを絞っていけばよい。

まずは，カロリーの過剰摂取，食生活の積み重ね，喫煙，運動不足，アルコール摂取などをまとめて，「正しい生活習慣」という要因が考えられる。生活習慣が適切に管理されているほど，糖尿病リスクは低減される。一方で，正しい生活習慣を維持するには経済的・時間的余裕も必要であり，平均年収が高い方が実現されやすい。

次いで，平均年収に影響を与える要因として，「学歴」が考えられる。学歴が高ければ職業選択の幅も広がり，出世もしやすく，平均年収も高くなる傾向がある。また，資料4では，「親の所得」の関係も指摘されている。親の所得が多ければ，子どもが多くの教育投資を受け，高い学歴を得られる可能性が高い。ここから，親の所得→学歴→平均年収という連鎖的な因果関係（図5のモデル(d)）を考えることもできる。あるいは，ライフコース・アプローチによれば，裕福な家庭に生まれることで，幼少期を正しい生活習慣の中で過ごし，それが青年期以降も維持される可能性が高くなる。これに伴い，学歴と正しい生活習慣の間にも，親の所得を潜在変数とする正の相関関係（偽の相関）が認められるだろう。

他に，自制する能力，行いを思いの結果と見ることなどから，高い学歴を得るにも，正しい生活習慣を維持するにも，「自制心・克己心」がなければならない，とも考えられる。服薬コンプライアンス，病院へのアクセスなどから，平均年収が低いと「定期健診受診率」が下がり，そのことが糖尿病死亡率を上げる，という因果関係も導けるだろう。

もちろん，資料2あるいは図4にあるように，糖尿病死亡率には「生物学的遺伝因子」も関与している。

解答例

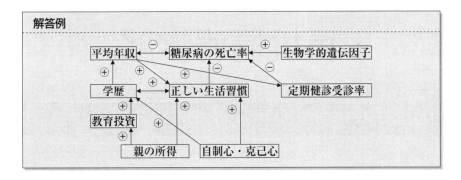

問3　構図の説明

〔要求〕　問2で示した相関関係や因果関係の構図をわかりやすく文章で説明する。

　問2で図示したものについて，文章で説明する。作業としては，図示に先立って整理した内容を500字にまとめるだけである。ただし，「糖尿病の死亡率と平均年収の間の関係」が問われているので，負の相関関係がある一方で，直接的な因果関係を認めることは難しい，という点をまず明示することが肝要である。

解答例

　　糖尿病の死亡率と平均年収の間には負の相関関係があり，平均年収が増えると糖尿病の死亡率が減り，逆に平均年収が減ると糖尿病の死亡率が増える。バランスの取れた食生活などの正しい生活習慣，あるいは，定期的な健康診断は，糖尿病リスクを軽減するが，高所得者ほどそれらを継続しやすいだろう。

　　しかし，ここには潜在変数が関係していると考えられる。一般的に，親の所得が高ければ，多くの教育投資ができ，子どもは高い学歴を得やすくなる。また，高い学歴を得るには，自制心・克己心がなければならないだろう。学歴が高いと，職業選択の幅も広がり，収入も多くなりやすい。一方で，ライフコースを考えると，親の所得が高ければ，生育過程で正しい生活習慣が身につきやすく，それが青年期以降も維持される可能性が高い。また，自制心が強ければ，生活習慣の管理もしやすいだろう。ここから，学歴と正しい生活習慣の間にも，正の相関関係があると考えられる。

　　もちろん，この他の要因として，生物学的遺伝因子の違いによっても，糖尿病リスクは変わってくるだろう。以上のことから，糖尿病の死亡率と平均年収の間に，直接的な因果関係を認めることは難しい。（500字以内）

環境情報学部

26　大学で何をどう学ぶか─自分の目標を見出す

2017年度・目標 **120** 分

　慶應義塾大学総合政策学部・環境情報学部（以下 SFC）で学ぶということは，既存の学問分野にこだわらず，異分野とされているものを組み合わせて，全く新しい学問を生み出す可能性があるということです。あなたは自由に科目や研究会を組み合わせて履修することができます。

　SFC の学生に求められるのは，自分の関心を中心に他の分野を結びつけ，世界の課題を解決したり，新たな分野を切り開く能力です。研究会は，SFC の学びの中心です。一般的な大学の研究室やゼミに近いものですが，研究会の教員が教えることが学生の専門になるのではなく，学生が自由に研究会を組み合わせて自分の道を切り開いていくのが，望ましい研究会の履修方法です。

　このような SFC の研究会のあり方を理解した上で，以下の4つの設問に答えなさい。

1　あなたが環境情報学部に入学してから，解決を試みようとする課題，あるいは発見しようとしていることについて，200字程度で説明しなさい。

2　あなたはいくつかの研究会の専門性を組み合わせ，課題解決，新発見に取り組むこととします。次ページ以降に，10の研究会の内容がそれぞれ紹介されています。これらのうち，4つの研究会を選んで履修してください。履修する研究会名を答えなさい。なお，必ず4つ選ぶこととします。

3　なぜその4つの研究会を履修しますか。また，4つの研究会をどのように履修し，あなたの目標を達成しますか。それがどのように課題解決・新発見につながるのか800字程度で説明しなさい。

4　3で答えた内容を模式図に表しなさい。枠線内はどのように使っても構いません。文字を使って説明しても結構ですが，必ず図も使いなさい。

（解答欄：ヨコ約14.7cm ×タテ約14.7cm）

今井むつみ研究会

　春学期と秋学期を通じて一貫したテーマで，認知科学を幅広く扱っています。認知科学は，人がどのように学習や判断をしていくか，また人はどのようにして物事を記憶するのかということを考える領域なので，かなり幅広いですね。私自身は，主に子供の言語の発達や，大人の外国語の学習の認知プロセスを研究しています。基本的に言語について扱っているので，もともとそのようなことに興味を持っていた学生がこの研究会に入るというケースが多いです。しかし，そのような学生だけでなく，人がどうやって意思決定や判断をするのかということや，言語以外の領域での子供の発達に興味を持っている学生もいます。他に，言語学習の延長として，教育について興味をもっている学生もいて，研究会に入ってくる学生の関心はさまざまです。

　私たちの研究会では週二回の定例セミナーを行っています。そのうちの一回は，みんなで英文の文献を読んで，学生が輪読発表を行います。みんなで認知科学についての共通の理解を深め，ディスカッションをします。もう一回のセミナーでは，その週の担当学生に自分で選んだテーマについての論文を事前に読んできてもらい，発表をしてもらいます。

　授業としての研究会はこのような感じですが，授業外では勉強会を開いています。勉強会では，研究を進めてゆく上で必要である基礎的なスキルを学びます。たとえば，統計を扱いますね。認知科学の研究は，基本的には実験がベースとなるのですが，その実験を行う上で知っておかなければならない知識がたくさんあります。なので，勉強会でそのような基本的な知識を学んでもらいます。このように，研究会の授業では最新の論文を読み，勉強会として実験を行う上での基本的な知識を学びます。

　また，実際に実験を行ってデータの取り方や，実験の仕方を学びます。この活動の対象者は半分くらいが大学生などの大人で，残り半分は保育園に通う幼児です。実際に保育園に出向き，幼児の行動を対象にした実験データを集め，大人の行動と比較しています。データを集めているのは卒業論文を作成する上級生で，下級生はお手伝いをするという感じですね。そのほかに，一学期に二回程度，学外での教育に関わる啓発活動を行っています。

新保史生研究会

　研究会のテーマは情報法についてです。主にインターネットの法律問題を扱っています。研究会の学生は全部で 40 人ほどいます。

　日常生活ではインターネットを使わないことがほとんどありませんよね。たとえば，私たちが何か取引をするときもたいていのことはインターネットでできるようになっています。交通機関の予約，旅行，買い物などほとんどの手続きが書面を介さずネッ

ト上でできますよね。今の世の中はインターネットが日常生活に不可欠な存在となっているわけです。

　しかし，ネット上では取引してはいけないことがいくつかあります。賃貸契約や重要な金銭に関わる契約は，あとでトラブルにならないよう，ネット上であっても必ず書面で契約を交わさなければなりません。

　また，インターネットを使った犯罪が問題になっています。不正アクセス，コンピューターウイルスを感染させる行為（不正指令電磁的記録併用罪）など，インターネットを使うからこそ起きる問題もあります。

　情報法が，大変だけどおもしろいのは，情報法が現実世界の法律問題をすべてカバーするのはもちろん，インターネットという仮想世界における法律問題についても考えなければならないからです。情報法という分野はカバーしなければいけない範囲が非常に広いのです。

　インターネット社会で法律をつくるときに，既存の法律を改正する場合と，まったく新しく立法する場合の二つのパターンがあります。研究会は学部生がほとんどで，法律をつくる専門的な知識があるわけではありません。そのため，まずどのような法律問題があるかを考え，調べて，どういう対処法があるのかを研究して，最後に法規制がされているのかどうかを確認します。どのように規制されているのか，規制されていないのであればどうやって規制していけばよいのかというところまで考えます。

　一年間の活動ですが，春学期は学生がそれぞれで研究テーマを考え，発表して討論をします。秋学期は春学期に学生たちが取り上げたテーマを知的財産，個人情報，プライバシー，サイバー犯罪などのカテゴリーごとにグループに分かれて研究を行い，その成果を Open Research Forum（11 月に行われる SFC の研究発表会）で発表するという流れになっています。

一ノ瀬友博研究会

　研究会は二つの形態を持っています。ランドスケープ研究という名のもと，学生それぞれが個人研究を行う形態のものと，グリーンインフラストラクチャーというグループワークを行う形態のものです。後者の形態では，一人がリーダーになりテーマを立ち上げ，それに他のメンバーが参加してグループで一つの研究をしていくという感じですね。

　私の研究の専門分野は，生態学やそこから派生した農村計画や緑地計画などですが，研究会で扱っているテーマはすごく幅が広いんです。鳥や昆虫などの生き物の研究をしている学生から，地域を活性化するために自然環境や地域情報化について研究を行う学生もいます。

　私のスタンスとしては，まずグループで研究して，その過程で先輩から研究の仕方

を学び，さらに深く追求したいという人が個人研究をするといったやり方を薦めています。本当は自分で見つけたテーマを一人で研究して欲しいんですけど，研究会の新規生が一から始めるのは難しいですからね。気軽に研究会を始められるように，グリーンインフラストラクチャーでは履修選抜^(注1)を行っていないんですよ。

　生態学は，基本的には生き物の行動やライフサイクル，生物と環境の関係などを研究する生物学のうちの一つの分野です。ただ，私の研究会では生態学よりも応用生態学を中心に扱っています。たとえば，生物を調べてより良い都市開発を考えたり，人間が持続的に発展するために人間と自然の共存はどうあるべきかということを考えたりしています。

　もちろん応用生態学ではなく，純粋な生態学を学びたいという学生もいます。SFCはバイオ分野に非常に力を入れていて，生態学や生物学など様々な学問が学べるわけです。自分の研究したいテーマによって，異なるアプローチで研究した方が良い場合もあるでしょう。学生に違う研究会を履修することを薦める場合もありますし，教員同士でこんな学生がいるんですよと話し，それじゃ今度うちに相談に来させてくださいというような経緯から研究会を移る学生もいました。1〜2学期の間，異なる研究会を履修して，また戻ってくるというようなこともよくあることで，SFCでは学生が自分のやりたいことにあわせて研究会を組み合わせることができるんです。

　注1　履修希望者数が多くなりすぎた場合に，何らかの方法で履修者の選考を行うこと。

秋山美紀研究会

　ヘルスを扱っています。健康っていうのは，人によって考え方が違いますが，人がいきいきと暮らしていけるっていうのがゴール。そのための手段としてのコミュニケーションを研究しています。コミュニケーション自体が研究対象の人もいると思うんだけど，私の場合，人や社会を元気にする手段として，コミュニケーションのあり方や仕組みをどう作ったらいいかという視点で研究会をやっています。なので，理論や枠組みとフィールドでの実践とを，同じように大切にしています。

　ものごとを理解する方法として，再現性とか客観性を大事にする科学的な方法と，その人が体験したことを追体験するっていう人文科学的な方法があると思うんだけど，健康を学んでいくうえでは，その両方のアプローチを融合しながら問題解決をしていこうとしています。

　学生は普段の生活の中でいろいろな問題意識を持つと思うんですよ。その問題意識を明確化して，どういうアプローチで，誰の視点に立って，問題を解決するのかという自分なりの視座あるいは視野を見つけてもらって，最終的に問題を解決していく。研究自体は本当に小さなものかもしれないけど，学生にちゃんとした手法を学んでもらって，少しでも問題解決につなげていけたらいいなと思って色々な活動をしていま

す。

　社会の問題は，様々な学術領域に詳しい人が集まって解決していく必要があると思っているので，異分野コラボレーションをすごく大事にしています。最近は医学部の教員と連携して5学部共同ゼミを始めました。医学部，薬学部，看護医療学部，総合政策学部，環境情報学部の学生が集まって議論しています。

Takashi Iba Lab.

Our society is becoming more complex and more diverse day by day. Finding a way to design the future with our own hands has become fundamental problem for us today. To be creative in such society, we must create our own visions, and design tools and methods to realize those visions.

In our lab, we define a society where people create their own goods, tools, concepts, knowledge, mechanisms, and ultimately the future with their own hands, as "creative society". Creation in the creative society is no longer limited to just companies and organizations, but is entrusted to each and every individual. In the creative society, "pattern languages" are key media for supporting creative acts. A pattern language is a collection of information called "patterns," which together works in a language-like structure to scribe out the practical knowledge related to a certain field of knowledge. The lab aims to seize the sprouts of the creative society, imagine its growth, and nurture it through actual practice. Members of the lab would either work on their own project based on their interests in a certain field, or they can work in one of the frontier projects offered by the professor. Examples of projects include investigation of new types of education, putting creative pattern language workshops to practice, sociological analysis of open collaborations, analysis of the creative process, creation of tools to support creative processes, studying cultural differences with using pattern languages, or the creation of a pattern language in a new field. Of course, we welcome any other topic that you are interested in.

鳴川肇研究会

　この研究会では現在，独自の世界地図図法の研究とこの地図をベースにいまの世界を視覚化する活動をおこなっています。図法に関しては私が考案したオーサグラフという新しい世界地図図法を用いています。四角形に収まりつつ，歪みの少ない地図図法です。これは我々が440年間使い続けてきたメルカトル図法と世界の見え方が異なるため戸惑うかもしれません。しかし歪みが少ない分この地図を用いるとこれまでと

異なった世界観を提供することができます。

　この活動を通して，多分野が絡み合った問題をまとめてグラフィックにする方法を探求するところにこそその魅力があります。一つ例を挙げて説明します。前述のメルカトル図法では表現しづらい極地が注目を集めています。極地の氷が溶け，特に北極海の生態系に影響が出ています。その一方で氷が溶けるわけですから船の航路が開け，ヨーロッパから日本へ物資を運ぶのに要する時間が短縮されます。また北極海の海底に大油田が発見され，その権益を巡って緊張が高まっています。広い視野で見ると，溶けた氷が海水になり海面上昇によって遠い太平洋のツバルという島国が沈みつつあります。

　このように，極地での出来事から生物学，物流，エネルギー問題，外交が絡み合ったトピックを学び，視覚化するわけですが，それをいかにわかりやすいグラフィックで表現するかを考えるわけです。

　この図法のバリエーションを考えるには数学，具体的には幾何学を思考の道具として学ぶ必要があります。一方この図法を用いて主題地図を製作するには美術の技法が表現の道具として必要になってきます。これらの基礎技術もこの研究会では身につけてゆきます。

　上述で紹介したように現在は世界地図図法を用いて今の世界観を表現する活動に主眼を置いていますが，大きな枠組みでは，美術，つまり表現技法と幾何学，つまり形を考える道具とともに学ぶことで，図法に限らずさまざまなデザイン分野において新しい提案を行ってゆくという方向性を持っています。

新しいデザイン

幾何学の知識
＝思考の道具

美術の技法
＝表現の道具

オーサグラフ世界地図

小熊英二研究会

　私は社会学と歴史学をやっていて，研究対象は近現代日本です。研究会には，日本に関する様々なテーマを研究する学生が集まります。たとえば，修学旅行を通じて日本のナショナリズムができあがった経緯とか，ネット上の右翼的発言がどのような人々によってなされているかとか，震災後の社会運動が60年代の運動とどう違うのかとか，そういったテーマですね。

　SFC は現在を知り，未来を探るための研究が多いですが，未来を知るためには歴史を調べなければなりません。たとえば，「現状は9です」というだけでは，未来はわからない。「25 年前から五年ごとに，1・3・5・7となって，現状は9です」とわかれば，未来が予測できる。つまり，未来を予測するためには，歴史を調べないといけないのです。

　また社会科学というのは，自然科学と違って実験ができない。だから実験の代わりに，比較をする。そのためには，国際比較と，歴史が大切になります。

　たとえば，「日本の福祉政策をこう変えたらいいんじゃないか」というようなことは，安易に「やってみましたが失敗しました」というわけにはいきません。ではどうするかといえば，実際に導入する前に，ほかの国でそういう政策をやった国がないかを探して，日本と比較をする。あるいは，過去にそれに近い政策をやった歴史を探して，現代と比較をするわけです。つまり，空間軸で比較をするのが国際比較で，時間軸で比較をするのが歴史です。だから，現在を理解するためにも，歴史を知らなければならないのです。

　研究会では，各自が自分の研究テーマを調べて，卒業論文にまで発展させます。そのために，自分が研究したことを，研究会全員の前で報告してもらう。私はそれを聞いて，「こんな視点が必要なんじゃないか」とか，「こんな本を読んだらいい」とかコメントする。それを踏まえて，研究会のみんなが討議をし，いろいろなアイデアを出しあう。研究そのものは一人でやるのだけれど，多様な視点を持ち寄るという形で，共同作業をするわけです。そうやって，お互いの成長を助け合うのが，研究会の役割です。

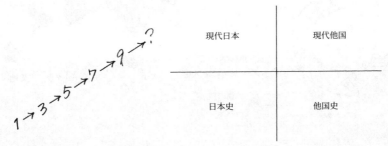

中浜優子研究会

　私は応用言語学が専門で，その中でも特に第二言語習得について研究しており，特に機能主義アプローチに着目しています。あまり知られていないんですが，簡単に言うと，文脈内での言語使用に重点を置き，form-function mapping すなわち形式と機能の関係について探求するアプローチです。

　具体的には，学習者の文法の正確さというよりも，言葉の形式を持って何を意味するのか，それをどうやって学習者が習得していくのかを調べています。文法の「知識」を見ているのではなくて，実際のコミュニケーションを通して文脈の中でどのように言語を「使用」しているのかに着目しています。

　たとえば日本語学習者が「昨日〜に行きます。」と言ったとすると，「昨日」は過去を表しているけれど，「行きます」は過去形ではないから文法的には誤用となります。でも昨日のことを意味していると分かるので，結果的には相手に伝わります。機能主義的な考え方では，これは文法的に間違っている，と捉える前に「昨日」という語彙で過去を表しているのだと解釈するわけです。

　また，学習者がどのように言語運用能力を身につけていくのかの過程にも着目しています。その学習過程を明らかにすることによって，どうすれば学習がスムーズにいくか，先生が何をしたら効果的に手助けできるのか，教育的な示唆にもつながると思うんですね。言語の形式と機能のマッピング能力を向上させることによって，異文化間のコミュニケーションが上手くいくことにもつながっていくのではないかと思います。

　心理言語学者であるダン・スロービンの thinking for speaking の考え方を援用すると，第二言語を習得することはその言語の思考法も習得することになるんですね。だから，ただ文法を学ぶだけではなくて，概念も一緒に習得していかないと本当の習得には至らないと思います。

神保謙研究会

　本研究会では，国際安全保障をメインテーマに研究を行っています。国際安全保障が扱う領域は多岐に渡ります。国際政治学・軍事学・地域研究にまたがる横断的分野ですが，ひとことで言えば"戦争と平和"を扱う研究領域です。

　伝統的には，国際安全保障は国家関係の問題です。たとえば，現在のアジアであれば，中国の急速な台頭や北朝鮮の威嚇的な行動に対し，どのような理論と政策によって安定的な秩序が保つことができるか，という課題を検討します。

　他方で今日の世界では，国際テロリズム，海洋安全保障，紛争後の平和構築をめぐる諸問題など，国際安全保障の領域が国と国との関係を超えて大変複雑化しており，これを読み解く包括的・多面的な分析枠組みが求められます。

　さらに，サイバー，宇宙領域，先端技術革新などの新しいドメインが，安全保障の概念にどのような影響を与えるのかという観点も，国際安全保障の今日的な研究領域になっています。

　研究の進め方は，大きく3つの柱があります。まず1つは，グループワークです。現在，本研究会には，多種多様な関心を持った30名ほどの学生が所属しています。学生の研究関心の共通性を捉えてグループをつくり，共同研究の成果を発表してもら

います。

　2つ目の柱は，クライシス・シミュレーションです。たとえばイランの核開発問題や南シナ海での武力衝突など，具体的な危機を想定し，学生が日本政府，外国政府の代表になり，各国がどのように政策を立て，対応するかをロールプレイします。昨年は海上自衛隊幹部学校の協力を得て，研究会の学生が実際の自衛官と一緒に図上演習をする機会を持つこともできました。

　3つ目の柱は，学期末に作成するタームペーパー（論文）です。一学期の成果をタームペーパーにまとめることにより，研究成果を着実に身につけていけることを目指します。

中西泰人研究会

　主にインタラクティブなシステムを作っています。インタラクティブというのは相互，双方向を意味する言葉で，インタラクティブな物というと，使ったり見たりする人でも参加できて楽しめるような物を指します。iphone アプリや美術館に展示されている作品まで，最近ではさまざまな物があると思います。

　僕がこれまで作ってきた物の多くは，かっこいい画面や分かりやすいアプリなどのヒューマンコンピュータインタラクション（HCI）だけでなく，ヒューマンヒューマンインタラクション（HHI）も意識して作っています。たとえばツイッターやフェースブックなどのソーシャルアプリは向こう側に誰かがいることが前提となっていますよね。一方，ワードやイラストレーターなどの作業用のアプリを使うとき，そこには人とコンピュータの関係しかありません。アプリを作る上で，その向こう側に人がどのように存在しているかという観点はとても重要です。

　インタビューをするときでもそうですが，取材相手と取材をする人の座る位置によって緊張感や距離感が変わって，そこから話す内容も変わってくるんです。対面に座ると面接のような緊張感が生まれるし，隣に座ると友達といるときのようなリラックスした空気になります。場所やシチュエーション，距離や角度などが，人が関係を構築してゆくことにとても密接に関わりがあります。

　そういったことは社会学や心理学，建築学の分野に関わってくるのですが，これらの知見を踏まえた上で，インタラクティブなシステムを作っています。研究を進める中でそうした知見を幅広く吸収しました。それでコンピュータを使わないコミュニケーションも研究やデザインの対象としていて，オフィスやワークショップのデザインなども行いました。

POINT　環境情報学部への志望理由を自由に書かせるような形式だが，資料読解を基本とする問題である。設問3では，選んだ4つの資料の要点を抽出したうえで，自分の問題意識に引き付け，相互に関連させながら一貫性のある文章にまとめることが求められている。設問1～4は実質ワンセットで，設問1で設定した課題が，残る設問の解答の方向性を決めることになる。設問4での図示も含めて，高い構成力を要する。

課題文の解説

▶各資料の要点
資料　各研究会の紹介文

今井むつみ研究会

❶テーマは認知科学（学習・判断・記憶など）。学生の興味は言語や子供の発達など
❷定例セミナーは英文文献の輪読発表と自分で選んだテーマでの論文発表
❸授業外勉強会で統計などの基礎的なスキルを学ぶ
❹実験を行ってデータの取り方や実験の仕方を学ぶ。ほか一学期に二回程度学外での啓発活動

新保史生研究会

❶テーマは情報法。主にインターネットの法律問題を扱う
❷日常生活にインターネットは不可欠
❸インターネットで取引してはならないこともある
❹インターネット犯罪が問題になっている
❺現実世界のみならず仮想世界における法律問題も含めて扱う面白さ
❻研究会では問題の所在から具体的規制までのインターネット社会の立法を考える
❼春学期に研究テーマ設定・発表・討論，秋学期はカテゴリー別グループ研究と成果発表

一ノ瀬友博研究会

❶ランドスケープ研究（個人研究）とグリーンインフラストラクチャー（グループワーク）の2形態
❷テーマは生き物の研究から地域情報化まで幅広い
❸グループ研究の過程で先輩から研究の仕方を学び，深く追求したい人が個人研究をする
❹研究会では生態学よりも応用生態学中心
❺純粋な生態学でもよい。やりたいことにあわせて研究会を移ったり，学生が研究会を組み合わせたりできる

秋山美紀研究会

❶健康（ヘルス）を扱う。人や社会を元気にする手段としてのコミュニケーションの視点，理論・枠組みとフィールドでの実践の両面を大切にする
❷科学的方法（再現性・客観性）と人文科学的方法（追体験）のアプローチを融合しながら問題解決
❸学生自身の問題意識の明確化，問題解決への視座・手法の獲得を目指す
❹問題解決のために異分野コラボレーションを大事にしている

Takashi Iba Lab.

❶日々複雑化し多様性を増す社会では，自ら未来をデザインすること，そのための方法を創造することが大切
❷「創造社会」では創造は一人ひとりに任されており，言語構造と同様に働き実践知に関わる「パターン・ランゲージ」が鍵になる

❸目標は創造社会を育てること。メンバーは，自らの関心に沿ったものであれ提示されたものであれ，実践プロジェクトに携わる
例示新しい教育の研究，パターン・ランゲージ・ワークショップ，開かれた共同作業の社会学的分析，パターン・ランゲージを使った文化的差異研究など

鳴川肇研究会

❶オーサグラフという独自の世界地図図法の研究と，いまの世界を視覚化する活動を行う
❷多分野が絡み合った問題をグラフィックにする方法を探求することに魅力がある→**例示**極地の気候変化の影響について
❸研究会では❷のようなトピックをいかにわかりやすいグラフィックで表現するかを考える
❹そのためには幾何学を思考の道具として学び，美術の技法を表現の道具として身につけることが必要
❺大きな枠組みとしては，表現技法と形を考える道具をともに学ぶことでデザイン分野における新しい提案を行ってゆくという方向性をもつ

小熊英二研究会

❶専門は社会学と歴史学。日本に関する様々なテーマを研究する学生が集まる
❷未来を予測するには歴史を調べることが必要
❸社会科学では実験の代わりに比較する→国際比較と歴史が大切
❹**例示**日本の福祉政策→他の国でやったことと日本の比較をする（国際比較），過去の政策と現代を比較する（歴史）
❺各自の研究テーマを卒業論文まで発展させるため，研究報告→コメント・討議→アイデアを出し合うという共同作業を行う

中浜優子研究会

❶応用言語学，特に第二言語習得について研究している。機能主義アプローチに着目
❷実際のコミュニケーションを通して文脈の中での言語の使用に着目する
❸**例示**日本語の「昨日〜に行きます」の解釈
❹学習者が言語運用能力を身につける過程にも着目する
❺第二言語を習得することはその言語の思考法も習得すること

神保謙研究会

❶国際安全保障は"戦争と平和"を扱う研究領域である
❷伝統的には国家関係の問題
❸扱う領域は国家間の関係を超えて複雑化し，包括的・多面的な分析枠組みが必要になる
❹新しいドメイン（サイバー・宇宙領域など）が安全保障の概念に与える影響も今日的な研究領域
❺研究会の大きな3つの柱：1. グループワーク
❻2. クライシス・シミュレーション
❼3. 学期末のタームペーパー（論文）

中西泰人 研究会	❶主にインタラクティブなシステムを作っている ❷ HCI（ヒューマンコンピュータインタラクション）だけでなく HHI（ヒューマンヒューマンインタラクション）も意識する 　**例示**アプリを作るときの「その向こう側の人」についての観点 ❸場所やシチュエーション，距離や角度などは，人が関係を構築することに密接に関わる→**例示**インタビューするとき ❹社会学や心理学，建築学といった分野の知見を踏まえた上でシステムを作る。コンピュータを使わないコミュニケーションも対象とする

▶着眼

　まさに SFC の目指す問題解決型アプローチの実践が求められていると言えよう。分野横断的な学びが特徴の環境情報学部では，学生が自由に課題設定できる分，学びの目標がなかなか定まらない，ということもありうる。この問題では，環境情報学部での学びのシミュレーションをさせることで，目的意識を持って入学してきてほしいとの意図があるのかもしれない。

　まず，どんな問題を探究しようと思うのか自分自身の志望を述べ，どの研究会を選び組み合わせ，どんな方法で研究するか，10 の研究会の活動内容をヒントに，学習の方向を定める。これは，解決のための理論や方法を探る段階であろう。当然，自分のやりたい問題とどう関わるのか，どう役立つのか，という関連や論点がわかっていなければならない。一連のプロセスは，上記の内容を的確に図示するための基盤となる。

設問の解説

1　課題・発見したいことの設定

〔要求〕　自分が環境情報学部に入学してから，解決を試みようとする課題，あるいは発見しようとしていることを説明する。

　本問は，志望理由書・研究計画書に近い出題内容であるものの，資料に示された 10 の研究会からしか履修するものを選ぶことができないことから，何を書いてもよいわけではない点に注意しよう。つまり，どんな問題を探究しようと思うのか自分自身の志望を述べるにあたり，この 10 の研究会の内容から取り組み可能な形でなければならない。そのためにも，課題の設定を行う前に，資料に一通り目を通しておくことが肝要である。

　他方で，設問文の前には，「異分野とされているものを組み合わせて，全く新しい学問を生み出す」「自分の関心を中心に他の分野を結びつけ，世界の課題を解決したり，新たな分野を切り開く」という，環境情報学部の理念が示されている。そこに沿

う形で答案を組み立てねばならないので，設問**2**～**4**に解答することを予め考え，そこで扱いやすいテーマをこの段階で設定しておくことが望ましい。

具体的には，二つのアプローチがあり得る。一つは，自分の解決したい課題から発想して研究会を選択する方法である。もう一つは，まず興味を持てそうな研究会を選んで，それらと適合する課題を後から考えるという方法。どちらでも構わないのだが，自分なりの具体的な問題意識が先行していると，各研究会が扱っている内容をそこに引きつけるのが難しくなるかもしれない。その場合は，課題を少し抽象化・一般化し，具体的なトピックを関連させやすくする工夫が可能である。

アイディアの大筋

〔解答例〕では，日本国内の地域格差を課題として設定してみた。高度経済成長以降，都市と地方の間には，人口・所得・インフラ・自治体の財政力など，様々な面で大きな格差が生じている。現在も，三大都市圏，特に東京への一極集中の傾向に変わりはなく，ヒト・モノ・カネが都市に集まり，逆に地方からはそれらが流出するという構造が続いている。

だが，都市も豊かさを享受しているばかりではない。むしろ劣悪な住宅環境や慢性的な交通渋滞など，人口過密に伴う問題を抱えており，そこでの生活も，実質賃金の低下や労働環境の悪化などで，さらに厳しさを増している。一方で，地方は，産業が少ないために，若い世代を中心に人口が減少し，高齢化が進んで，生活の基盤となる共同体自体が消滅しかかっているところも少なくない。地域共同体を維持するためには，新しいメンバーを補充しなければならないのだ。

他にも，世界や日本が抱える多様な課題を提示することができるが，いずれにせよ，4つの研究会の履修を通じた課題解決・新発見という，大きな筋書きに沿いやすい形で，扱う課題を選び，その主要な論点・着眼点を整理して説明する必要がある。

解答例

高度経済成長以来，日本では都市と地方の格差が広がった。都市にはヒト・カネ・モノが集中し，経済的・物質的には繁栄しているが，居住コストが高く，生活の満足度は必ずしも高くない。それに対して，地方は，自然環境は豊かだが，産業が乏しく，人口減少と高齢化が進み，共同体も崩壊しかかっている。このような状況を改善し，国民生活の豊かさを実現するために，都市と地方が共同して，双方の欠陥を是正しつつ利益をもたらすシステムを作りたい。（200字程度）

2 履修する研究会の選択

〔要求〕 履修する4つの研究会名を答える。

3 理由と方法の説明

〔要求〕 ①なぜその4つの研究会を履修するのか。
②4つの研究会をどのように履修し，自分の目標を達成するのか。
③それがどのように課題解決・新発見につながるのか，説明する。

設問2・3は，実質上一つの設問として考えるべきであろう。

資料では，それぞれの研究会について，⑴主要な研究テーマ，⑵研究手法の特徴，⑶その応用可能性も含めた研究テーマの射程，の3点が説明されている。これらを正しく読み取った上で，必要な研究会を選択する。設問1で提示した課題の論点・着眼点が明確になっていれば，個々の研究会との関連性を考えるのは容易だろう。

論述に当たっては，各研究会の⑶を参考に，⑴が自分自身の課題と重なっている，あるいは，課題解決に⑵を応用できる，という形で，その研究会を履修する理由を示すとよい（要求①）。あわせて，各研究会で何をどのように学び，どのような技能・見識を身につけるかについて，具体的に述べる（要求②）。あとは，それらの学びがどのように組み合わさり，課題解決につながっていくのかを明示する（要求③）。

異なる分野の知見を組み合わせることは，実際の学問研究の現場においても簡単なことではない。ここでは，研究テーマや研究手法，開発される道具やシステムなどが，設問1で提示した課題の解決に何らかの形で関連付けられていれば十分だろう。

〔解答例〕では，日本における都市と地方の地域格差という課題の解決に向けて，別荘の紹介・提供サービスを通じて移住のきっかけをつくることを構想した。このアイディアのヒントは，ロシアにおける郊外型の別荘「ダーチャ」である。ロシアの都市に住む人々は，伝統的に郊外に別荘を所有しており，週末はそこに滞在し，野菜を作ったり野外で食事をしたりと，田園生活を楽しんでいるという。このような二重生活は，都市生活者の精神的なストレスを減らすと同時に，地方には一時的な人口と資本の流入をもたらす。しかし，日本では，バブル期の無計画な別荘開発によって，各地で多くの問題が発生したという歴史があるので，慎重な検討を要するところである。

たとえば，一ノ瀬研究会は応用生態学を扱い，「より良い都市開発」や「人間と自然の共存」もテーマになっている。自然環境を保護しつつ，若年層の呼び込みも可能となるような，適切なインフラデザインを考えることができる。あるいは，秋山研究会は健康の手段としてのコミュニケーションを扱っている。別荘利用者のニーズに合わせた医療機関の配備は，地域の保健コミュニティの構築にも寄与するだろう。また，小熊研究会は社会学と歴史学の分野で，近現代の日本に関する様々なテーマを扱っている。移住者を呼び込むことで地域共同体を活性化するには，共同体の歴史や構造的

な特徴を把握する見方が欠かせない。そして，新保研究会は情報法を扱い，広い範囲の法律問題をカバーしている。この事業のポイントはインターネットの活用にあるので，そこで発生しがちなトラブルについても，事例を研究しておく必要があるだろう。

　この他にも，研究会の組み合わせ方，およびそれらの関連付けは様々に考えられる。

解答例

2

新保史生研究会・一ノ瀬友博研究会・秋山美紀研究会・小熊英二研究会

3

　都市と地方の地域格差を是正するには，都市に流出した資本や人口を，再び地方に流入させることが必要である。その一助として，インターネットを介し，地方に増えつつある空き家・廃屋を，都市生活者の別荘として紹介・提供できるサービスを構想したい。

　都市の人々が地方に住む動機には，まず，豊かな自然環境を享受したいというものがある。しかし，必要なインフラが整っていなければ，生活の不便さが目立つだろう。そこで，一ノ瀬友博研究会を履修して，応用生態学の知見から，自然環境に配慮しつつどう住環境をデザインすればよいか考えたい。

　他方で，都市生活者の健康志向にも注目できる。自然とふれあいつつ，身体・精神の健康を取り戻したいというニーズに応える医療施設が誘致できれば，それを地域の予防医療の拠点とすることもできる。秋山美紀研究会で，地方における新たな保健コミュニティの可能性を探りたい。

　さらに，都市と地方の人々では，政治意識・社会意識が大きく違うと予想され，その土地独自の歴史的・文化的背景をもつルールなどもある。小熊英二研究会では，日本近代における地方共同体の社会構造や，その後の地域開発に伴う問題などを学び，別荘居住者と地元の人々を含めた関係構築を考える足掛かりとしたい。

　もちろん，インターネットを利用したサービスを構築するのだから，そこで予想される問題・トラブルについても十分知っておく必要がある。新保史生研究会で情報法を学び，不動産事業に関連する法律問題やその対処法，法規制なども含めて，さまざまなケースに精通しておきたい。

　このような，別荘経営を軸とする持続可能な開発，都市と地方を結ぶコミュニティの構築は，都市生活者の地方移住や都市との積極的な往還にもつながり，地域格差の是正に寄与するだろう。また，具体的なサービスの構想について，複数の学問分野から多角的に検討することは，政策レベルのアプローチについても提言を可能とする，新たな視座の獲得につながると考えられる。（800字程度）

4　模式図の作成

〔要求〕　3で答えた内容を模式図に表す。
〔条件〕　文字を使って説明してもよいが，必ず図も使う。

　設問3の答案に沿う形で，設問1で提示した課題の解決に向けて，4つの研究会の履修を通じた学習・研究のプロセスを図示する。大きな課題に含まれる諸要素・論点と，それらの関係性が示され，どの部分をどの研究会で扱うのかがわかるような図であればよい。模式図のひな形としては，課題解決の過程を時系列に沿って示すフローチャートや，諸要素の相互関係に注目する構造図などが使えるだろう。

　〔解答例〕で論じてきた要素を整理すると，「豊かな自然環境を享受できる形でのインフラ整備」や「身体・精神両面の健康を促進するコミュニティづくり」は，別荘居住者の暮らしをより快適にするものであると同時に，地方への開発投資につながるものと言えるだろう。他方で，「地元の人々と別荘居住者との関係構築」や「インターネット・サービスおよび不動産取引に関わる法的リスクの管理」は，事業展開に伴って発生しうる障害や問題をなるべく軽減するためのものとまとめられそうである。

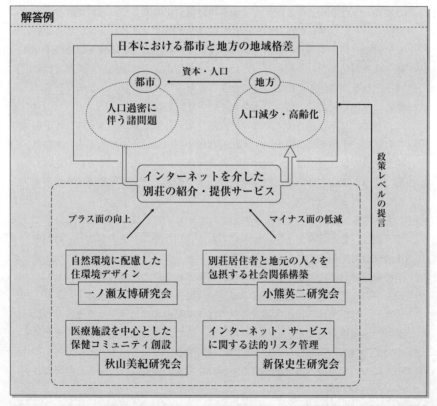

解答例

27 「生きること」と「研究のあり方」

2023 年度・目標 **120** 分

　文献 1 〜 3 は「生きる」とはどういうことかを問うもの，文献 4 はそもそも科学とはどういう営みかを論じるもの，文献 5 〜 6 は「生きること」に向きあう学問的態度のありかたを問うものです。文献 6 からは，文献 1 〜 5 の重要な論点を総合的に含む文章を抜粋しています。6 つの文献を熟読し，以下の設問 1 〜 6 に答えてください。

設問 1　文献 1 と文献 2 に通底することを論じてください（150 字以内）。

設問 2　文献 1 と文献 3 に通底することを論じてください（200 字以内）。

設問 3　文献 4 のいう定性的研究の重要さを，文献 3 の著者の主張と関係づけて論じてください（250 字以内）。

設問 4　文献 2 と文献 5 に通底することを論じてください（150 字以内）。

設問 5　文献 5 が論じる「生きることに向きあうための学問的態度」は，文献 4 の主張する定性的研究のやりかたにも相通じるものがあります。それについて論じてください（250 字以内）。

設問 6　A さんは建築を専門とする大学院生で，これまで室内環境，特に断熱や熱対流のシミュレーションの研究に従事してきました。B さん（50 代前半）は A さんが所属するサークルの OB です。数年前の同窓会で A さんと B さんは知り合い，その後，親交を深めるようになりました。

　　A さんは，B さん夫妻が最近東京郊外に家を建てたと聞きました。お話を伺ったところ，最寄り駅までバスで 15 分の閑静な住宅地で，周辺環境は，一級河川の支流がさらに枝分かれするように丘陵地帯に入りこむアップダウンの多い地形をなしているそうです。近所には野菜畑を営む農家もたくさんあり，3 〜 4 km 歩けば里山風景や未開拓の自然山林もあります。なんでも，B さん夫妻は数年前にひょんなことから文献 1 〜 3 に出逢って感銘を受け，それまでの都心のマンション暮らしとは環境が異なるこの地に家を建て，移り住むことにしたというのです。

　　このような環境のなかで暮らすのは初体験なので，自分たちらしい住まいかた・暮らしかたを模索しつつあるとのこと。B さんは，最近，とある文学賞にノミネー

トされ注目されている小説家です。Bさんの妻（50代前半）は彫刻家で，アトリエとなる小屋を近くの農家から借りたそうです。二人とも基本的に在宅ワークです。

　親しい知り合いのそんな話を聞くと，建築の学生として居てもたってもいられません。Aさんも文献1～3を読んで同じく強い感銘を受けました。さらにその過程で文献4～6にも出逢いました。6つの文献を俯瞰し，自身の研究にひきつけて考えた結果，研究のやりかたを見直そうと決心しました。これまでは室内環境だけに目を向けた研究をしてきましたが，より広い視座や多様な着眼点からひとの住まいかた・暮らしかたを探究する必要があると痛感したのです。

　以下の2つの問いに答えてください。

設問6(a)：
この新しい土地で，Bさん夫妻の住まいかた・暮らしかたはどのようなものになりつつある，あるいはこれからなっていくとあなたは考えますか？　できるだけ具体的に記述してください（300字以内）。

設問6(b)：
Aさんは，Bさん夫妻の住まいかた・暮らしかたがどう変化していくのかに興味を抱き，住まいかた・暮らしかたのありさまを詳細に調査させていただく了承を得ました。

　ただ，とても難しい研究になりそうであるとAさんは直観しています。Bさん夫妻が触発された文献にAさんも触発されたということもあって，Bさん夫妻がどのような住まいかた・暮らしかたをつくりあげていくのかについて，Aさんは共感的に想像することはできます。しかし，Bさん夫妻の住まいかた・暮らしかたが実際にその通りになると仮定して研究方法を計画するわけにもいきません。

　Bさん夫妻の住まいかた・暮らしかたのありさまを調査するために，Aさんがどのような工夫を盛り込んだ研究方法を考案するであろうとあなたは考えますか？　できるだけ具体的に記述してください（500字以内）。

文献1：土井善晴，中島岳志著『料理と利他』（ミシマ社：2020）
（補足：本書は料理研究家の土井氏と政治学者中島氏の対談形式で展開します）

人の暮らしのなかから美しいものができてくる（p. 96～98の一部を抜粋）
中島　私が土井先生のものを読ませていただいたときに，やはり家庭料理をはじめるきっかけ，お父さまから家庭料理の料理学校を継ぐようにと言われたときに，最初は「料理人になろうとしているのに，なんで家庭料理やねん」と思ったと。そのときに，

京都で河井寛次郎の民藝の世界に出会われて，「家庭料理こそが民藝である」という世界が，土井先生の料理観を下支えしているのではないかと思って，そのお話も前回させていただきました。

土井　家庭料理と民藝というものは，人の暮らしのなかから美しいものができてくる。なにも美しくしようと思って生活しているんじゃないけども。実際に京都の河井寛次郎記念館に行ったら，なんとも美しいものに，じかに触れることができる環境があって。美しい暮らしというものが，民藝のような，意識はしないけれども一生懸命仕事するという河井寛次郎の生活ぶりのなかに生まれてくる。これって家庭料理も同じじゃないか，と考えたわけです。

中島　民藝という言葉自体は，柳宗悦がつくった言葉で，柳，河井寛次郎，濱田庄司は民藝運動の重要な担い手たちです。彼らが考えたことの根底には，日本の仏教，とくに浄土教の世界があって。今，土井先生がおっしゃられたように，美しいものをつくろうとするから美が逃げていく。それが自力という問題です。それに対して「用の美」。人間が器になったときに，まさにそこに他力としての美がやってくる。この浄土教の世界と，土井先生がおっしゃる「いじりすぎない」とか，「力まかせの料理はやめておこう」という世界観が深く結びついているんだなと思った次第です。

土井　まったくですね，料理というのは美の問題なんです。西洋でも，料理は芸術になりたかった。実際にそのような料理も生まれている。日本料理というものは芸術とはまた違うんですけれども，とにかく美の問題であるということには違いないんです。食材を選ぶとか，こういう夏野菜ひとつをとってみても，常に「ああ，ええ感じやな」とか「きれいだな」とか，これは目に見えてますでしょ。そういうところから美の問題が関わっているんだということです。そうするとね，なにからなにまで楽しくなってくる。

和食の「和える」と「混ぜる」は違う（p. 101〜104 の一部を抜粋）

土井　（前略）和食では「和物」という料理があります。だから，和食では混ぜることを，和えると言います。和えると混ぜるは違います。料理の基本で，和物は和えたてを食べるということがあります。和食には，精進料理で「和え混ぜ」というのがあるんです。ぜんまいを薄味で煮たものと，きゅうり揉みとか，油揚げの焼いたものとか，胡麻と豆腐をつぶしたものをそのまま鉢に盛り込んで，自分で和えて食べるというお料理です。それは，調理を食べる人に委ねているのです。これは理にかなってて，それがいちばんおいしい。和えたてだから。（中略）

中島　そこに入れる野菜は，やはり季節のものとか旬のものになるんですか。

土井　それは自由です。じゃがいもと，きゅうりとか歯切れのあるもの，そしてタンパク質のハム，にんじんは彩り，季節感はとうもろこしで出ています。春だったら，ここにアスパラガスや空豆を少し入れる。枝豆を入れたら秋っぽくなる。季節感で，

それぞれ一年中できると思うんです。

器に盛ったときにいちばんおいしい状況をつくる（p. 104～105 の一部を抜粋）
土井　食卓であればこのガラス鉢のままでいいですが，これを盛ろうとなったら，また混ぜることになるじゃないですか。だから手前で止めておいて，器に盛ったときにいちばんおいしい状況をつくりたい。

　それから，器をどっちにしようか。夏の盛りだったら透明のガラスでもいいけれども，ちょっと色ガラスを使ってもいい気分じゃないか。このへんがね，季節感と器との関係性を楽しむことになってくる。……こっちのほうがいいな……（ランチョンマットの選択）。こうやっていろんなことを考えるんです。サラダと器の関係性，器と背景にあるマットとの関係性。常にはたらきかけ合ってるんですよ。これが美の問題ということです。

食材は頭じゃないところを使ってどんどん選ぶ（p. 108～111 の一部を抜粋）
土井　素材を選ぶのは，自分が素材を見て，味を予測しているわけですね。そしてそれを買ってくる。男の人も「お父さんが買ってきたきゅうりおいしいね」と言われたら，鼻高々になるでしょう。「そやろ，俺の目に狂いはないんや」と。料理のなかには予測が入っているんです。そこで大事なポイントは，お父さんは，なんでそれがわかるようになったのか？　なんです。子どもはまだそれがわからない。お父さんにはわかる。これが，料理をすることの大きな意味のひとつですね。
中島　そうですね。
土井　お父さんは，無意識でも経験の蓄積がものすごくなされていて。自分の無限の経験と今目の前にあるものから受ける刺激を重ねて悟性がはたらくんです。感性は感覚所与の違いを発見する能力ですが，悟性は経験と重ねて確信的にわかること，それが予測です。これはだいたいこんなものや，と，見たらわかる。触れなくても，固さまで，おいしさまでわかる。そういうものが，食べる経験で，体の神経のどこかで定数として残る。それが物を判断する基準になるんです。

　基準や比較対象がなかったら，なにも判断できない。判断するトレーニングを，朝，昼，晩，ずっと子どもは大人になるまでやるんです。これが非常に重要な問題として，家庭料理に含まれているんです。でもその経験は，自然と自分のあいだにある。自然と人のあいだにある。

いつも変えられるのが本物です（p. 111～112 の一部を抜粋）
中島　土井先生がおっしゃっていることで非常におもしろかったことは，献立というのは料理名から入るのではないと。その日の天気，気分，体調，素材から今晩なにをつくろうかというのを考えていく。服を選ぶように，お料理を決めていく。お店で実

際に素材を見てきれいだなと思ったら，そこからお料理を考えていく。私たちはどうしても，このレシピでこれをつくるんだということで身構えて，それでものを買いに行くと見えなくなるものがあるかもしれないですね。

土井　先に結果を考えていると，自分の感覚所与をほとんど使わない。結果がレシピのようなもので決まっているとしたら，それは料理をしていることになるのかということですよね。私でさえ自分のレシピを利用すると，感覚を使わなくなります。なにかに頼った瞬間に自分はサボりだす。自分のレシピであるとしても，レシピどおりつくったとしたら，それは七〇点以上にはならない。自分の感覚を使いながらつくると，一〇〇点，あるいは一二〇点のものが出てくる可能性もある。

中島　先生は，レシピはあくまでも目安だと。雨の日と晴れの日で入れる分量は違ってくるでしょう，とおっしゃっていて，それを感じる力というんですかね。

土井　さっきも言った美の問題というのが，ちょうどよい加減というものです。それは自分ひとりが決めるんじゃなくて，空を見上げて，今日のお吸い物は塩で決めるのか醤油で決めるのかという，これを感じて，その気分で味を決めるわけです。これはいつも違うんですよ。だから，プロの料理人は毎日同じ仕事ができる，ぱっと握ったら米粒を何粒握れる，というふうに言うけれど，それがいいんじゃなくて，いつも変えられるのが本物です。いつもちょうどよく，相手の顔を見て，「ああ，ちょっと……」ということで握りを変えるとか，水加減を変えるということが，なにか頭で考えるのではなくて，「想う」ことにすごく大事なことがあるんです。

中島　それが，土井先生の料理が自力の料理じゃないというんですかね。力まかせに料理をやるのではなくて，今日のテーマなのですが，自然に沿うということですね。自然のほうからやってくるものとどう呼応するのか，という人間のあり方ですね。よく先生は「だいたいええ加減でええんですわ」とおっしゃっているんですが，この「ええ加減」というのは，実はすごく前向きでポジティブな，すごく哲学的な，ハーモニーという意味ですよね。

土井　オー，うれしい。ありがとうございます。

文献2：鷲田清一著『生きながらえる術』（講談社：2019）（p. 107～113 の一部を抜粋）

　三〇年以上も前のことになろうか，のちに舞踏集団・白虎社のダンサーになる青山美智子さんが，入団希望書にこんなふうに書いていた―

　　最近自分の体が，とてつもなく萎縮しているのを感じます。東京で生活するようになって特にひどくなったと思うのですが，気がついてみたら二十一歳にもなって自分の体ひとつまともに思うように動かせず，声さえ出せず，まったくのでく

のほうになってしまっているのです。色々なものを恐れたり、いろんなことに迷ったりして、すっかり萎縮してしまって、何一つうまく表現できない自分の体に気がついて、苛立っていたのです。

　高度消費社会というものに多くの人たちが浮かれていた時代の証言である。じぶんという存在の《萎縮》、つまり「自分の体ひとつまともに思うように動かせず、声さえ出せず、まったくのでくのぼうになってしまっている」ことの感知は、それからうんと時を経て、別のかたちで多くの人たちに共有された。二〇一一年三月、東日本が大地震に見舞われた直後、「東京」で暮らす人びとは、移動も思うにまかせず、飲料水や食料や電池の確保もかなり困難になって、生活を一から自力で立て直すことすらおぼつかなくなっている自分に愕然としたのである。

　人は家族や仲間とともに生きのびてゆくために、土を耕して米や豆や野菜を作り、それに使う道具を作り、身につける衣装を作り、物を運ぶ車や船を作り、雨風と夜露をしのぐ家を造ってきた。体を使って何かを作ること、ずっとここに、生きることの基本があった。

　が、近代の工業社会は、この「作るヒト（ホモ・ファーベル）」を「買うヒト」に変えてゆく。「作る」手間を省いて、作られたものを「買う」ほうに身を移していったのだ。生活の手立てのほぼすべてを製造と流通のシステムに委ねることで、サービスの購買者もしくは消費者へと、である。

　便利である。より快適になった。が、そうしたシステムに漫然とぶら下がっているうち、「作る」という、生業の基本ともいうべき能力を損なってしまった。体を使い何かを作るのではなく、金を使い物とサービスを買うのが、生活の基本となった。そのことで体は自然とのじかのやりとりを免除され、いわば仮死状態に置かれることになった。

（中略）

　宮城県で生まれ育った山内さんは、東北には「ケガチの風土」があると書いている。地元の人たちは「ケガヅ」と言うそうだ。ケ（日常）の暮らしに欠くことのできない食糧が欠けがちであるという意味である。長く冷害や日照り、大雪や津波にくりかえし苦しみ、飢饉の不安に苛まれてきたこの風土にあって、土に雨水がしみ込むことをじぶんの体が「福々しく」膨らむことと感じる、そうした土や海と人とのつながりへの深い思いを、この地の人びとは分かち持ってきた。いいかえると、「土や海が傷ついたなら、それをちゃんと回復してやることが、そこで暮らしをたてていくために、なにより大事なことだった」。そういう人たちであれば、土や海の汚染もわが痛みとして感じたはずだというのである。

　あの原発事故による放射能汚染は、その東北という地では、農業や漁業、つまり人

と土や穀物・野菜との，人と海や魚とのつながりを断ち，一方，「東京」という地で
は，人びとに食糧の安全に神経をすり減らさせることになった。（中略）傷つけられ
た土や海の「痛み」をじぶんの体のそれとして感じられない，その「鈍感」を思い知
らされたのだった。「自分のからだが土にも海にも，そしてコメにも，いかにもなり
うるという感覚」が「わたしたちには，ない」と。

　おなじことはじつは「作る」ことにおいても生じていた。「作る」は「ものづく
り」へと，純化されて，「創る」こととして神棚に上げられていった。そう，匠の技
として，道具が工芸や美術品にまつりあげられていった。用いられるはずのものが
鑑賞されるものになった。道具は，用いられるものとして，人びとの繋がり，物たち
の連なりに根を生やしていたはずなのに。こうして「作る」こともまたわたしたちか
ら遠ざかっていった。

（中略）

　言葉こそちがえ，おなじこの違和感に向きあうのが，美術家の鴻池朋子さんだ。彼
女は著書『どうぶつのことば』（羽鳥書店）のなかで，震災後，じぶんがこれまで取
り組んできた〈芸術〉をもはや「自由」や「自己表現」といった悠長なことばでは語
りえなくなったという。〈芸術〉の現在を，知らぬまに仮死状態になっていた〈動
物〉としてのじぶんと切り離せなくなったと。そして猟師の世界にふれ，猟師の顔が
ときに動物のそれに見えることに衝撃を受ける。猟師たちは獲物たちがみずから罠に
かかりにやって来てくれたかのように話す。それは「まるでどこかの位相で猟師と動
物が事前に連絡を取り合っているかのよう」だったと。

　それ以後，動物を絵のなかに寓意的に配して満足していたころのじぶんを見限り，
食うか食われるかの〈動物〉の世界にじぶんも〈動物〉としてじかにつながっている，
そういう連続のなかにこそ，アートの立ち上がる場所があると思うようになった。

（中略）

　リアルの岩盤はわたしたちの身体の内にある。このリアルは，システムという装置
や媒体を介してではなく，自己の身体と他の生きものや人たちのそれらが生身であい
まみえ，交感するなかで，時間をかけて形成されるものだ。そう，複数のいのちがぶ
つかり，きしみあい，相互に調整しあうなかで，リアルは立ち上がる。それを岩盤に
社会のリアルも生成する。それが損なわれた……。

文献3：穂村弘著『はじめての短歌』（河出書房新社：2016）
（補足：本書は穂村氏が選者をする日経新聞の短歌欄に掲載された短歌を取り上げ，
解説するものです。普通ならついそう詠んでしまいそうな改悪例を敢えて穂村氏が作
り，それと比較することによって選出作品の秀逸さを論じています）

(1) p. 44 から始まる一節を抜粋

　　鯛焼の縁のばりなど面白きもののある世を父は去りたり　　　　高野公彦
　　ほっかほかの鯛焼きなど面白きもののある世を父は去りたり　　改悪例1
　　霜降りのレアステーキなど面白きもののある世を父は去りたり　改悪例2

　お父さん死んだんだよね。で，そのお父さんの死を悼んでいる歌で，「鯛焼きの縁
のばりみたいなものを，もうおやじは食えなくなっちまったんだなあ」っていう。
　奇妙な歌ですね。
　普通，多くの人が作るのは，改悪例1のような歌ですね。「おやじ酒飲めなかった
けど，鯛焼き好きでよく食ってたけど，もう食えなくなっちまったなあ」とか。
　だけど，たまにこの改悪例2のような歌を作る人がいる。
　どういう人かというと，昨日まで営業部長をやっていたけど，定年になったから短
歌でも作ってみようかなと思って短歌を作り始めたおじさん。
　昨日までいた世界の価値観に，まだひっぱられているのね。霜降りのステーキがい
いものだという。
　いや，霜降りのステーキは実際にいいもので，ぼくも三者択一でこの中から選ぶな
ら，霜降りのステーキを選ぶけれども，それは生身だから選ぶんであって，短歌的に
は，それはぜんぜん違う。
　だから社会的には取引先のお客さんに向かって，「霜降りのステーキがおいしい店
があるんですけど，今度行きませんか？」って言うのは OK。
　「鯛焼きのおいしい店があるんですけど，これ差し入れです」と。これはこれでな
んかいい感じですよね。
　でも，「ちょっと残業のお供に」とか言って差し出して，相手が包みを開けるとな
んかせんべい状のものが入っていて，「これせんべいだと思うでしょ，でもばり。鯛
焼きのばりなんです，ばり」とか言うと，もうかなり出世は望めない。会社をやめて
詩人になったってうわさを聞くと，さもありなんって思われる。
　だからみんな，わかってる。このベクトルは。
　ということは，短歌においては，非常に図式化していえば，社会的に価値のあるも
の，正しいもの，値段のつくもの，名前のあるもの，強いもの，大きいもの。これが
全部，NG になる。社会的に価値のないもの，換金できないもの，名前のないもの，
しょうもないもの，ヘンなもの，弱いもののほうがいい。
　そのことを，短歌を作る人はみんな経験的によく知っているので，鯛焼きのばりみ
たいなものを，短歌に詠むわけです。

(2) p. 23 から始まる一節を抜粋
　ぼくくらいの年齢の男性が，住宅地にしゃがんでじーっとしていますと，三十分く

らいすると，おまわりさんが来る。多分，誰かが通報するんですよね。

「平日の午後になんか中年の男性が道にしゃがんでいる。なんにもしていないんです」「なんにもしてない！　ふむ，怪しい」みたいな。

それでおまわりさんが来て，とてもていねいな口調で「何をなさっているんですか？」と。

（中略）

それで「いやあ，コンタクトレンズ落としちゃって」って言うと「それはお困りですね。本官も一緒に探しましょう」みたいになる。一秒ですよ，一秒。「コンタクトレンズ落として探しています」って言えば，おまわりさんも超オープンマインドで，味方になってくれる。

でもここで「ダンゴムシを探しています」って言うと相手の顔が曇りますね。「ダンゴムシ……」っていう感じに。そこで私が名刺を出して，なんとか大学の昆虫学の教授であると名乗ると，一応いい感じになります。「それは大変ですね」とか。

でもコンタクトレンズのときほどすっきりしない感じね。コンタクトレンズだと身元も聞かれずにすっきりしてもらえるのに，ダンゴムシだと，大学の偉い教授だという名刺を渡しても，一回くらい振り返って見られたりしますね。「ダンゴムシ？」っていう感じね。

で，最後に「蝶々の唇を探しています」と答えるパターン。これはもうNG。完全にNG。それで「ちょっと署まで来ていただけませんか？」みたいになったときに，「いや，私は本を出している歌人なんだ」と言ったりしてもダメですね。

ということは，「歌人とか詩人とかいうことは，かなりNGだ」ということなんですよ。

読者とか講演会の参加者とかは，だいたいぼくの味方でしょ。だから人前でも先生みたいな感じでいられますけど，一歩，家や会場の外に出れば，社会的にはかなりNGなんですよ。いつも蝶々の唇のこととか考えているわけですから。

だけど，ぼくは今日までそれで生きてきたんです。

今の話で，じゃあコンタクトレンズってなんなのか。

コンタクトレンズ探すために生まれてきた人とか，コンタクトレンズをはめるために生まれてきた人なんて，いないんですよ。

それなのにコンタクトレンズがそんなに強いカードである理由は何か？

それは，コンタクトレンズはツールだから。何かするためには，何をするためにも，コンタクトレンズはなきゃ困るからってことなのね。

つまり「生きのびる」ためにはそれがないと困ると，万人がそう思っているものだから。メガネとかなんでもね，ないと困るもの。お金ですよ，究極的にはね。

でもぼくらは，「生きのびる」ために生まれてきたわけじゃない。では何をするために生まれてきたのか。

　それはですね、「生きる」ためと、ひとまず言っておきます。

　言っておきますけど、それは「生きのびる」ための明確さに比べて、不明瞭なんです。「生きのびる」ためには、ご飯を食べて、睡眠をとって、お金稼いで、目が悪ければコンタクトレンズを入れて……しなきゃいけないでしょ、はっきりしているよね。だけど「生きる」ってことは、はっきりとはわからない。一人ひとり答えが違う。

　しかも世の中には、「生きのびる人」と「生きる人」がいるわけじゃないしね。

　全員がまず「生きのび」ないと、「生きる」ことはできない。ぼくらの生の構造として、第一義的には、生命体としてサバイバルしないといけない。その一方で「生きのびる」ために「生きる」わけじゃない。けれども、じゃあなんのため？　と言われるとわからない。

⑶ p.54 から始まる一節を抜粋
　「煤」「スイス」「スターバックス」「すりガラス」「すぐむきになるきみがすきです」
　　　　　　　　　　　　　　　　　　　　　　　　　　　　　　やすたけまり
　「煤」「スイス」「スターバックス」「すりガラス」「すてきなえがおのきみがすきです」
　　　　　　　　　　　　　　　　　　　　　　　　　　　　　　改悪例

　これはしりとりですね。しかもただのしりとりじゃなくて、「す」を「す」で返す非常に意地悪な形ですね。そしてしりとりの形をした短歌。

　改悪例のほうがダメな歌。原作のほうがいい歌。なぜかというと、改悪例のほうが社会的な価値に結びついているから。

　ここでいう社会的な価値とは何かというと、「すてきなえがお」。その証拠に、写真撮ったりするとき、笑えって言われるじゃないですか。写真の中の人はほとんど笑ってますよね。それは「社会的に承認された価値」っていうことなんです。

　それが短歌の中では、反転する。

　「すぐむきになる」というのは、社会的にはマイナス。欠点。会社とかで、すぐむきになる人とは、一緒に仕事したくない。すてきなえがおの人とは、一緒に仕事したい。

　だけど、愛の告白として有効なのは原作のほう。「すてきなえがおのきみがすきです」と言われても、「すてきなえがおはみんなが好きです」って思うけど、「すぐむきになるきみがすきです」って言われると、ちょっとぐっとくる。

　なぜかというと、すぐむきになるというのは、欠点だから。「この人、私の欠点も愛してくれるんだ」みたいな流れですね。

　もうひとつは、これ、実際に短歌の中でむきになっているからね。「煤」「スイス」「スターバックス」って、しりとりに負けまいとして。

　「今まさにしりとりで負けまいとしてむきになっている君が好きです」って言いな

がら，戦いはまだ続いていく。だからこれは，非常にテクニカルな短歌です。

　これ，今，言葉で説明しているから長いけど，直感的に，どっちがいい短歌で，どっちが愛の告白として有効か，わかりますよね。

文献 4：中谷宇吉郎著『科学の方法』（岩波書店：第 75 刷 2019 年（第 1 刷は 1958 年））（第 8 章「定性的と定量的」の一部を抜粋）

　定性的と定量的という言葉も，科学でよく使われる。これらも科学の方法を論ずる場合には，一応考察しておくべき言葉である。

　定性的というのは英語のクォーリタティヴの訳語であって，クォーリティ，すなわちものを質的に見ることである。定量的というのは，クォンティタティヴ，すなわちものの量を測って，量的に調べる場合に使われている。

（中略）

　通俗科学書などを見ると，この頃科学が非常に進歩して，自然界のことは，もうたいてい分ってしまったように書いてある。分子のことも分り，原子のこともわかった，原子核のことも，更に進んで素粒子のことまでも，だいたい分ったような印象を受ける。電磁波の方でも，放送などに使われる長波長のものから，短波，マイクロウェーブ，普通の光，X 線，ガンマ線と，全部のものが分っている。こういう面をみると，何だか今日の物理学は，自然の究極まで極めたように思われやすい。しかし自然というものは，そう簡単なものではないのであって，普通に人間が想像する以上のものなのである。現在の科学は，なるほど今いったように，物質の究極のところまで，見きわめている面もある。しかしこれは，たとえてみると，菌糸のような発達のしかたである。非常にうねうねしながら，無数に枝分れして，ずいぶん広い範囲にわたって伸びていっている。それである方向には，非常に深く入っている。それからまた枝分れも非常にたくさんあって，ありとあらゆる分野にまで，それぞれの知識が行きわたっている。しかしその間に，取り残された領域が，まだまだたくさんある。いわば線の形をとって進歩しているのであって，面積全体をおおう，すなわち自然界全体をおおうという形にはなっていないのである。

（中略）　少くともわれわれの身のまわりに毎日起きている現象の中に，いまだに解けていない問題がたくさんあることは知っておく必要がある。それで自然現象自身を，注意深く観察することは，まだまだ必要である。「それは単なる観察の記録にすぎない」というような一言で，ものごとを片づけてしまってはいけないのである。一応分っているように思われることでも，自然現象というものは，もっと複雑なものだということを，始終念頭において，自分の眼で観察していくことが大切である。観察は科

学の方法としては，一番原始的な方法であるが，今日の科学においても，やはり大切な一つの方法なのである。普通には観察というと，肉眼で見ることだけと思われ易い。しかし科学の場合においては，それをもう少し拡げて，顕微鏡とか，あるいは望遠鏡とか，その他の機械を用いて見るということも，もちろん含まれている。

（中略）

　こういうふうに，観察によって，自然界に起っている現象なり，物の本態なりをよく見ておいて，その中のある性質について，いろいろな測定を行うわけである。測定ということは，ある性質が分ったときに，その性質を，どういうふうにして，数であらわすかということである。それで測定をする前に，それがどういう性質のものかということを，十分よく知る必要がある。それにはまず観察によって，ある現象なり，ものなりの性質をよく見ることが第一になさるべきことである。この第一歩のところが，すなわち定性的な研究である。測るべきある性質がきまった場合に，測定によって，それを数であらわす。数であらわされたら，それに数学を使って，知識を整理統合していく。この方の研究は，あるものの性質を，量的に調べるわけであるから，定量的の研究といわれている。

　こういうふうに考えると，定性的の研究は，まず第一歩の研究であって，定量的な研究の方が，更に進んだ研究ということになる。そして事実そのとおりであるが，この初歩のところ，まず自然界を定性的に見るというようなことは，現在のように進歩した科学では，もう必要がなくなったとはいえないのである。科学のどの面においても，定量的な研究が，いつでも進歩した形であり，しかも数字の桁数がたくさん並んでいるほど精密だというふうに，一般には思われているが，そう簡単に割り切ってはいけないのである。測定された桁数が，たくさん並んでいるとき，それがほんとうに意味がある場合には，もちろんそれは精密な研究である。しかし測定しているものの性質があまりはっきりしていないような場合には，いわゆる定量的に，いくらくわしく測ってあっても，それは全く意味がない場合もある。測定によって得られた数字が，自然の実態をあらわしていないか，あるいは実態のうちのごく一部の性質しかあらわしていない場合は，科学的の価値は少ないのである。

　（中略）

　定性的な研究，すなわち測定の対象についてその性質を常に見守っているということは，研究の初歩の時期と限らず，全期間を通じて，常に大切なことである。

文献5　内田義彦著『生きること学ぶこと〈新装版〉』（藤原書店：2013）
（p. 58〜61 の一部を抜粋）
（補足：経済学者として，「生きる」ということに向きあう学問的態度のありかたを論じた一節です）

　志村ふくみさんという染織家がいます。日本の独得の美しさをたたえた布を織り上げる大家で，その方から伺った桜の色を出すコツの話です。もっとも，志村さんのお仕事は，別に桜が中心ではなく，さまざまな草木を使っての，さまざまに美しい日本の染織であるようで，現に『一色一生』というご本（これはいい本です。ぜひ読んで下さい）では，桜のことはチラと出るにすぎないのですけれども，この本の大佛次郎賞授賞式で伺った，桜の色のことが印象深かったので，それをもとにお話しします。

　私は，桜の色を出すというのは，桜の花を集めて，煮詰めるんだとばかり思っていましたが，そうじゃないらしいんですね。幹なんだそうですよ。桜の幹を煮詰めて色を取る。

　桜はある時突然パッと咲き揃いますね。花の山となる。

　つまり，あれだけ大量の花にあれだけ見事な桜色を出させるだけの ―― 質と量をもった ―― 樹液が幹の中に用意されているから，ある日，気象条件という外的な条件が揃ったときに，あの美しい桜がいちどきに咲き揃うので，問題は幹なんだそうですね，花ではなくて。それで，いつ，どこで，どういう幹を切り取るかが染料作りのコツなんだそうです。

　花が咲いちゃったらもう駄目なんですよ。

　花に吸いとられちゃって，幹の中は空っぽだから。といって，早すぎればもちろん駄目。気象という外的な条件がととのったとき，花が一時に咲きうるように，満を持して，過飽和状態になっている。正しくその時に ―― その時というのが私には皆目分かりませんが ―― 条件をみたしている幹を見定めて切る。そういう幹を集めるところにコツがある。

　もちろん，それだけで染織の仕事が終わるわけではない。その後の ―― さまざまな，それぞれコツを要する ―― 工程を経て，はじめて布はできる。それがなければ，染料だけではどうしようもない。むしろ，私など素人がたまたま織物工場を見に行って感心するのは，そこのところでしょう。が，その工程の奥に材料の調整という根があって，その基礎があって初めて，その後の仕事が仕事として生きてくる。その意味で，幹集めがコツなんだ ―― という話を聞いて私はうなりました。

　私など出来上がった製品を見て，初めて美しさを知る。せいぜいのところ，製品にごく近い部分だけを見て感心している。が，それじゃ，本当は製品を見たことにはなりませんね。根のところを知って，初めて製品を見る眼が出来てくる。（中略）織物のことは分かりませんが，学問という自分の仕事にかこつけて考えると，反省の材料になりました。ものの奥が見えてきて初めてものが見えてくる，そのようにものを見なくちゃ駄目だぞ，と思いました。ボヤッと，眼の前にある製品を見ていても，ものは見えてこない。

　（中略）

　ところが ―― 志村さんの話はまだ次があります ―― そうやって仕事を続けている

うちに，だんだん，こういうことでいいんだろうかという気がでてきた，というんです。

　たしかに，それでいい染料が出来，美しい織物が出来るようになった。しかし，桜の方からいうと，話は別でしょう。せっかく美しい花をと思ってたくわえてきた材料が取られちゃうわけですから。で，だんだん桜に申し訳ないような気がしてきたというんです。おそらく，桜の幹を真剣に見ているうちに，桜そのものに身が入ってきたんでしょう。その見方の変化が，ある時，意識の表面に出た。

　桜に成仏してもらえるような仕事，つまり，花は咲かせられなかったけれど，おかげでこういう美しい織物が出来た，これならいいと納得してくれるであろうような美しい織物を作らにゃ申し訳ない，そう思って，いっそう精進する。

　こういう心境と見方の変化によって，おそらくは志村さんの作品は，作品としていっそう見事なものになったし，なっていくだろうと思います。

　ということは，どういうことかといいますと，──いよいよ私の独断と偏見をもとに，我田引水で学問論の領域に話をすすめるわけですが──いままでは桜を染料を作る手段と考え，その立場から手段として桜の幹をみてきた。ところが，いまや，桜を手段として見るのではなく，ともに生物である桜とともに生き，桜とともに考える。そのように，桜の身になって，内から，自分がいまあるところの状態として幹を見る。そのような立場に立って見ることで初めて幹の状態が悉細[1]に見える。

　もう一度，概念的に整理しなおしておきますと，桜の幹を色の材料を出すための手段として，外から観察していた。しかし，その程度のことでは，見えないものがある。桜とともに生き，桜の身になって考える。桜とともに生きる，というのは難しいことですが，この場合に初めて非常に深い観察ができ，それによって初めて真に美しい布を染め出す材料が取れる。つまり，物を外から，手段として考え，手段として見るかぎり，手段としても役に立たない。手段としてではなく，その中に入って，（中略）その気持ちを理解するようになって初めて，染織の手段としても役に立つ。

　私はこの話を聞いて「そうだなあ」と思いました。だいぶ前からですが，調査のほうでも，そういうことが問題になっています。調査を単に外からやっていたのではダメだ，中へ入って，一緒にそこで暮らしながらやらなければ無理だといわれます。一緒に暮らし，喜怒哀楽をともにすることによってしか見えてこないものがある。外からの「学問調査」だけでは，学問の手段としても役立たない。

---

[1] 「悉く（ことごとく）詳細に」という意味で昔使われていたことば

文献6　三宅陽一郎著『人工知能が「生命」になるとき』（株式会社 PLANETS ／第二次惑星開発委員会：2020）

（補足：三宅氏はゲーム開発の世界に本格的に人工知能を持ち込んだ先駆者です。ゲ

ームの世界をリアルなものにしようとする探究は，知能とは何か，ひとはどういう存在かを問う「人間研究」そのものであるというのが著者のスタンスです。その意味で，著者は，「ひとが生きること」に真摯に向きあう人工知能研究のありかたを問うていると言えます。「存在」，「物事の連環」，「根を張る・張らせる」，「事事無碍」，といったことばと文献1～5の関係性を熟考しながら読んでください）

(1) p. 182-183 の一部を抜粋

　人が人と話すとき，ある言葉は相手の心の浅瀬まで，ある言葉は深い心の海まで届きますが，それが一体，どのような機構によるものなのか，まだわかっていません。会話する人工知能の最も遠い目標は言葉によって人と心を通わすことにあります。

　しかし，言葉によってだけでは不可能なのです。そこに存在がなければならない。そこに身体，あるいは実際の身体でなくても，同じ世界につながっている，という了解があってはじめて，人工知能は人の心に働きかけることができます。それは言葉だけを追っていては見えないビジョンですが，我々は言葉を主軸に置きながらも，その周りに表情を，振る舞いを，身体を，そして社会を持っています。

　人が人に接するということは，大袈裟に言えば，その背景にある，あるいは，その前面にある世界を前提にしています。言葉というエレガントな記号だけで情報システムは回っているために，どうしても人間のネットワークもそのように捉えたくなります。しかし，それは世界の根底にある混沌の表層であるとも言えます。発話者の存在が，また一つひとつの言葉が世界にどのように根を張っているか，また根を張っていない流動的な自由さを持っているかが，何かを伝える力を言葉に宿すことになります。

　言葉だけ見ていてはいけない，しかし言葉を見ないといけない。言葉は人間関係と社会の潤滑油であり，時に言葉が伝えられる，という事実そのものが，その内容よりも重要なことがあります。暑中見舞いの葉書が来るだけでも，その人が自分を気にかけてくれているとわかります。LINE のスタンプだけでも温かさを感じます。言葉という超流動性を獲得することで，人は，世界の存在の深い根から解放されお互いに干渉することができます。しかし，同時に言葉はいつもそんな人間の根の深い部分へと降りていくのです。(中略)

　人工知能に言葉を与えるということは，ただ言葉を学習させるだけではありません。その言葉にどのような重みを与えるのか，世界にどれぐらい深く人工知能を実装させようとするのか，根を張らせようとするのかを判断し実装する必要があります。深ければいいというわけでも，浅ければ簡単というわけでもなく，人工知能を最初から言葉を喋る「だけの」マシンとして捉えてしまうことは，工学的にも，サービスとしてもさまざまな弊害をもたらします。

⑵結語 (p.296-297) を引用

　知能を作ることは，宇宙を知ることと同じぐらいの深さがあります。人類が最初，宇宙をとても単純に考えていたように，我々は知能をあまりにも単純に考える癖があります。人体に対しても，医学の発展が複雑な身体の機構を徐々に解き明かしていますが，まだまだ知らないことがたくさんあります。知能の探求も，医学と同じように，細かな積み上げと組み合わせが必要とされます。そのためには，まず正しい探求の仕方を始める必要があります。それは，これまでの科学のアプローチの延長ではなく，因果律から事事無碍[2]の世界へ，機能だけではなく存在の根を含んだ形成を軸とするアプローチです。

　科学は鋭い刃で世界を断片化し知識を与えてくれました。しかしさまざまな人類の知見を総動員して知能を作るときには，物事の連環の不思議の中に入っていかねばなりません。物事がどのようにつながっているかについて，我々はまだ多くを知り得ていません。西洋哲学も，東洋哲学も，その点については充分な知見を持っていません。それは我々人間が形成された不思議とつながっています。存在することの驚異と，つながることの不思議に繊細に気をつけながら，徐々に要素を融合していく和の力が必要です。東洋の持つ生成の力，西洋の持つ統合の力を合わせて，人工精神，人工生物を生成する長い道のりが始まろうとしています。その長い旅路の中で，我々は自分自身を形作っている力と向き合っていくことになります。それは宇宙を探求することと知能を作ることに共通する問いである「我々はどこから来て，どこへ行くのか」の答えを知る旅でもあります。だからこそ，人工精神，人工生物を作り出すという行為は，これまでにない倫理的な問題に人間を立たせることになります。それは，人の倫理を問い直すことでもあり，人を新しい倫理の段階に昇らせる過程でもあるのです。

[2] 「じじむげ」と読む。世界のすべてのものごとは碍（さまた）げあうことなく融合しているという仏教界の考え方。

POINT 環境情報学部で例年出題される問題は，さまざまな著者による複数資料の読み込みと解釈を基にするものが多い。複数資料は，相互の関係を明確にし，共通性と相違点を区別して，分類しなければ論じられないが，この問題は，その手順をくわしく分解して，解答につなげるスタイルになっている。順を追って書けるので解きやすいとも言えるが，逆に，ちゃんと段階を踏まなければならないので大変とも言える。

課題文の解説

▶各資料の要点

<table>
<tr>
<td>

文献1
『料理と
利他』

</td>
<td>

小見出しで5節に分けられている
①家庭料理は民藝と同じ、「用の美」＝他力としての美、力まかせはやめる
②**例示**和え混ぜ＝調理を食べる人に委ねる
③手前で止める、器との関係性
④素材を選び、味を予測する＝経験の蓄積＋悟性→判断力
⑤感覚所与から考える、レシピはあくまで目安＝感じる力、ええ加減

</td>
</tr>
<tr>
<td>

文献2
『生きなが
らえる術』

</td>
<td>

中略を挟んで4部分に分かれる
①ダンサーの言葉の引用＝自分の体が萎縮、でくのぼうになっている
　説明工業社会では、「作るヒト」ではなく「買うヒト」になっている→
　自然とのじかのやりとりを免除＋仮死状態
②「ケガヅ」＝食糧が不足がち＋自然を自分事に感ずる→原発事故以後、
　土と海と人のつながりがなくなる＋作ることも遠ざかる
③猟師と動物が連絡を取り合う？→動物の世界にじぶんもつながる
④リアルは身体の内にある＝生身での交感

</td>
</tr>
<tr>
<td>

文献3
『はじめての
短歌』

</td>
<td>

(1)短歌では社会的に価値のないもの、換金できないもの、名前のないもの、
　しょうもないもの、ヘンなもの、弱いもののほうがいい
(2)「生きのびる」ために「生きる」わけではない
(3)社会的な価値に結びついているのはダメ、愛の告白として有効なのは欠
　点も好きだということ

</td>
</tr>
<tr>
<td>

文献4
『科学の
方法』

</td>
<td>

中略を挟んで5部分に分かれる
①定性的と定量的の区別
②自然の探求には取り残されたところがたくさんある
③だから、自然現象の観察は大切
④測定の前に性質を知るべき
　観察によりよく見る＝定性的研究→測定→数であらわす＝定量的研究
　測定しているものの性質がはっきりしていないと、測っても全く意味が
　ない
⑤定性的研究は研究の全期間を通じて大切

</td>
</tr>
<tr>
<td>

文献5
『生きる
こと
学ぶこと』

</td>
<td>

中略を挟んで大きく2部分に分かれる
①染織で桜の色を出す→花ではなく幹を煮詰める→学問でもものの奥が見
　えてきて、初めてものが見えてくる
②桜に申し訳ない→桜に成仏してもらえる仕事をしよう＝手段としてでは
　なく、桜の身になって考える→初めて手段としても役立つ＝学問調査で
　も一緒に暮らして喜怒哀楽をともにする必要

</td>
</tr>
</table>

文献6 『人工知能が 「生命」に なるとき』	(1)言葉が伝わる根底には発話者の存在がある→人工知能に言葉を与える (2)知能を作る＝存在の根を含んだ形成

▶着眼

　設問は総計で7つ。**設問1**，**設問2**，**設問4**では，文献相互の間の共通性が求められ，**設問3**，**設問5**では，他の文献との関係から意義づけを論じさせる。文献6は**設問1〜設問5**で触れられていないので，**設問6**で参照することになる。**設問6**は2つに分かれ，(a)では地域での住まいかた・暮らしかたの予測，(b)では資料をふまえ，地域に移住した人の住まいかた・暮らしかたの変化をテーマとした研究方法を考えさせる。複雑なように見えるが，**設問1〜設問5**は例年の問題解答の際にも必要となる手順を独立の小問にしただけ。それをもとに**設問6**を解かせる構成である。

▶キーワード

□**用の美**　無名の普通の人々が作った実用的なもの，たとえば食器，道具などの中に認められる美。1926年に始まった「民藝運動」の中で捉えられた概念。専門的な芸術家による作品創造である「芸術」「アート」とは対極にある考え方。

□**悟性**　経験した対象を理解する能力のこと。英語では understanding。理性 reason と似ているが，理性は悟性に基づいてさらに推論する能力。一方，知性は intelligence で，元々は神の直覚だが，近代では人間の持つ判断基準という意味で使われるようになった。

□**ホモ・ファーベル**　人間の学名 Homo Sapiens（知性を持つサル）のもじり。「ものづくりするサル」などとも訳せるかもしれない。他に人間だけが持つ特性を示そうとして，Homo Ludens（遊びをするサル）という呼び名を考案した学者もいる。

設問の解説

設問1　文献間の共通性の指摘

〔要求〕　文献1と文献2に通底することを論じる。

　「通底」とは，複数の事柄が，基礎においては共通性を持つこと。要するに文献1と文献2に共通している発想をまとめよ，と言われている。文献1は料理について，文献2は身体について，元々の話題は異なるが，内容に共通性があるとしたら何か，を書かなくてはならない。

叙述のスタイルと内容

　文献1は対談，文献2は評論になっている。「各資料の要点」でまとめたように，文献1では，料理が話題。料理では，調理を食べる人に委ねるなど，他力としての美を目指すべきであり，レシピは目安にすぎず，感覚所与，つまり自分が感じたものから考えることが，結局「ええ加減」を生み出す，と説く。一方，文献2は，現代社会では，人々は「買うヒト」になって，自然とのじかのやりとりを失っている，生身で自然と交感する身体の中にリアルを取り戻せ，と主張する。したがって，これら2つに共通するのは，「感覚所与」「交感」などの表現に表れるように，自分の精神や意思よりも，自然や周囲からもたらされた「身体の感じを重視すべきだ」というメッセージであろう。それが，結局，よい結果をもたらすというのだ。

> 「感覚所与」「交感」などの表現
> 　　↓
> 自然や周囲からもたらされた「身体の感じを重視すべきだ」というメッセージ

書き方の方針

　こういう小問は，設問作成者との対話のように書くとよいだろう。つまり，「文献1と文献2に通底するものは何ですか？」と問われれば，「文献1と文献2に通底するのは…であろう」と書き出せばよい。もちろん，この一文だけでは字数が足りないので，その後に設問作成者が「それはどういうことですか？」とさらに問うてくることを想像し，文献1と文献2のそれぞれの場合に分けて，「文献1では…，他方で文献2では…と言うのである」などと場合分けして説明すればよいだろう。

> **解答ルール**　**設問作成者の問いに答えるように書く**
> 1．冒頭に一文で大雑把な内容を書く。
> 2．その後にさらなる問いが出てくることを予想して，答える。

> **解答例**
> ------
> 　　両者に通底するのは，自然からもたらされた「身体の感じ」を重視すべきという主張だ。文献1では，料理ではレシピは目安にすぎず，感覚所与から考えることがよい結果を生み出すと説き，文献2は現代の消費社会では，人々は自然との直接のやりとりを失っているので，生身で自然と交感する身体を取り戻せ，と言うのである。（150字以内）

設問2　文献間の共通性の指摘

　〔**要求**〕　文献1と文献3に通底することを論じる。

設問1とほぼ同じ要求で，文献1と文献3に共通するアイディアをまとめる。文献1は料理について，文献3は短歌の考え方について，と話題は異なるが，それでも内容の共通性を発見して書く。比較する相手が違うと，注目すべき共通性が変わってくることに注意したい。

叙述のスタイルと内容

文献1は対談，文献3は評論。文献3は，2つの短歌の改悪例を出しつつ，短歌では社会的に価値のないもの，換金できないもの，ヘンなものの方が意義があるので，社会的な価値に直接結びついているものは，むしろダメな作品だと主張する。「換金」は比喩で「社会でアタリマエのように通用するもの」という意味。

文献1で，このような「社会的な価値に結びついているもの」は何かと探すと，「レシピ」が対応しそうだ。つまり，公開されている料理法に従えば，美味しい料理になるという保証である。しかし，文献1は，レシピは目安にすぎず，自分が感じたものから考えよ，と説く。文献2との比較では，この主張は「自然と交感すべき」というメッセージになったが，文献3との比較では「社会的な価値にすぐ結びつくものに頼るべきではない」というメッセージに変わる。価値基準とすべきなのは自分の感覚なのである。

したがって，これら2つの文献に共通する内容は，「社会的に通用する価値ではなく，自分の感覚に依拠して創造せよ」というメッセージになる。書き方の方針は**設問1**と同じ。「両者に通底するのは…である」と書き出して，その後で，文献1と文献3のそれぞれの場合に分けて，「文献1では…，他方で文献3では…と言うのである」などと場合分けする。

> **解答例**
>
> 　両者に通底するのは，社会的に通用する価値ではなく，自身の感覚に依拠すべきという主張だろう。文献1では，料理ではレシピに頼りすぎず，その時に得た感覚から作るべきだと説き，文献3は，短歌では社会で当然のように通用する表現に頼るのはダメで，社会的に価値がないとされるものの方がよい歌になる，と言うのである。（200字以内）

設問3　文献の内容比較

〔要求〕 文献4のキーワードを文献3の主張と関係づけて論じる。

前の2問と似ているが，「関係づけて」がやや違う表現。「関係」には広い意味があるので，論点は前問までのように「共通性」とは限らず，「対比」や「コントラスト」でもありうる。「定性的研究」は文献4のキーワードで，現代科学の主流である

「定量的研究」と対比されている。著者は「定性的研究は今でも大切だ」と，あえて主張している。その理由を探究すれば，解答につながるだろう。

それぞれの内容と比較

　文献4は，定性的研究は大切だ，と主張する。なぜなら，定量的研究では，測定する前に性質を知るべきだからだ。定量的研究は数字という明瞭さがあるが，測定している対象の性質がはっきりしていないと，いくら精密に測っても意味がないことになりかねない。定性的研究は定量的研究より曖昧に見えるが，まず，定性的研究で対象の性質を十分知ってから，定量的研究に行くべきだ，と言うのだ。

　一方で，文献3は短歌をテーマとしているので話題が全く異なる。それでも，どこか，関係づけられそうなところを探さねばならない。そこで，文献4で「定性的研究」が「定量的研究」と対比されていることをヒントに，文献3でも対比が使われているところを探す。すると，(2)で「生きる」ことと「生きのびる」ことが対比的に扱われている。「生きのびる」にはお金が必要という明瞭さがある。たしかに，「生きのび」なければ「生きる」ことはできないが，我々は「生きのびる」ためではなく，「生きる」ために生まれてきていると著者は言う。ただ，「生きる」こととは何か，と問われても，それははっきりせず，不明瞭である。

　これを文献4と対応させると，明瞭・不明瞭の軸で分ければ，「生きのびる」は明瞭，「生きる」は不明瞭。「定量的研究」は明瞭，「定性的研究」は不明瞭と分類できる。だが，大切さで言うと「生きる」「定性的研究」の方が，「生きのびる」「定量的研究」より大切と価値づけられている。

不明瞭	価値の優先	明瞭
生きる	＞	生きのびる
定性的研究	＞	定量的研究

　課題文には例示がないが，たとえば，統計を取ると，学生の成績の良さと眼鏡をかける割合にははっきりした相関関係が見られる。しかし，ここから「成績を上げるために眼鏡をかけろ」と言ったらおかしいだろう。眼鏡をかけることと成績の良さの間には，直接の因果関係はない。ただ，勉強をたくさんすると成績が上がるし，眼が悪くなって眼鏡をかける割合も増えることはありそうだ。これを最初に確認してから測定しないと，とんでもない判断間違いをしかねないのである。

> **解答例**
> 　　文献4は，定性的研究は定量的研究に先行すると言う。なぜなら，後者は一見明瞭だが，測定対象の性質が不明確なまま行うと，判断間違いに陥るからだ。曖昧に見えても，まず定性的研究で対象の性質を知ってから，定量的研究に進むべきなのだ。この関係は，文献3の「生きる」と「生きのびる」

> にも成立する。なぜなら，「生きる」ことは「生きのびる」ことに先行する
> からだ。後者には金の必要という明瞭さがあって，「生きのび」ないと「生
> きる」こともできないのはたしかだが，「生きのびる」だけでは「生きる」
> 意味は出てこないのである。（250字以内）

設問4　文献間の共通性の指摘

〔要求〕　文献2と文献5に通底することを論じる。

　「通底」を述べるのだから，**設問1**，**設問2**と同様の問題。それぞれの文献の全体
ではなく，その一部分が他の文献の一部と共通性を持っていることに注意。どこを持っ
てくるかが問題になる。

　文献2では，ダンサーや東北地方の表現などを引用しながら，現代人は自然とのじ
かのやりとりを失い，真の意味で生きていない，と批判する。それに対し，猟師が動
物の世界に自らつながる姿を称揚し，生身での自然との交感のうちに身体の内にある
リアルを立ち上がらせよ，と言うのである。

　他方，文献5では，「染織で桜の色を出す」には，花ではなく幹を煮詰めて使うと
述べながら，学問でも，ものの表面ではなく奥が見えてくるようにすべきという。さ
らには，染織家の「桜に成仏してもらえるような仕事をしよう」という心理を手がか
りに，たんなる手段としてではなく，対象の身になって考えて，初めて手段としても
役立つものが作れると展開する。学問調査でも同様で，中へ入って一緒に暮らさない
とダメだ，と主張するのである。

共通性は何か？

　両者は，文献2の「自然」，文献5の「学問調査」とテーマは異なるが，「生身での
交感」と「対象の身になる」という類似した表現が出てくる。つまり，自分と相手と
の区別がなくなるようになって，初めて感じられるものや学べるものがある，という
内容は同じだろう。したがって，解答では，まず，この共通性を冒頭に一文で表現し，
その後にそれぞれの具体的あり方を細部として付け加える，という方式でよいだろう。

冒頭のまとめ	自分と相手との区別がなくなるようになって，初めて感じられるものや学べるものがある
それぞれの細部	文献2：生身での自然との交感のうちに身体の内にあるリアルを立ち上がらせよ 文献5：対象の身になって，初めて手段としても役立つものが作れる

解答例

　　両者に通底するのは，自他の区別を感じなくなるようにつきあって初めて感じられるものや学べるものがあるという姿勢だろう。つまり，文献2では生身で自然と交感するうちに身体の内にあるリアルが立ち上がってくると説き，文献5では学問調査でも対象の身になって初めて手段としても役立つものが作れる，と言うのである。（150字以内）

設問5　文献の類似性の比較

〔要求〕　文献5のキーワードを文献4のキーワードと関係づけて論じる。

　設問3と同様の設問。「相通じる」というので，主に類似性を指摘して，どのように類似しているか述べればよい。「論じる」（英語なら argument にあたる言葉）とあるので，ただまとめるだけでなく，その問題点などについて，自分なりの議論を展開しなければならない。

　文献5「生きることに向きあうための学問的態度」は，**設問4**でも整理したように「対象の身になって考える」という態度のことであろう。そのためには対象の中に入って行かねばならない，と述べる。一方，文献4では，定量的研究の測定の前に，その性質を知らないと，いくら測っても意味がない，と言う。まず，定性的研究で対象を了解してから，定量的研究に移るべきなのだ。

「相通じる」内容とは？

　この両者に「相通じる」内容を探すとなれば，文献5の「対象の中に入る」ことと，文献4の「定性的研究で対象を知る」ことだろう。定性的研究とは，数値化する前に「対象のあり方」がどういうものなのかを了解する，ということだ。とすれば，対象と距離を取って客観的に外から眺めるより，実際に自らも体験して「ああ，こういう感じか！」と納得することが大切になろう。

　具体的な書き方は，まず「生きることに向きあうための学問的態度」と「定性的研究」のやりかたを比較しつつ確定して，それから「相通じる」共通性を考える，という順序が書きやすいだろう。

両者の比較	文献5：生きることに向きあうための学問的態度 文献4：定性的研究	対象の中に入る まず対象の性質を知る
「相通じる」内容	対象と距離を取って外から眺めるのではなく，内側に入って自らも体験して対象の性質を了解・納得する	

> **解答例**
>
> 　文献5「生きることに向きあうための学問的態度」とは，対象の内側に深く入って自ら体験して了解・納得することと考えられる。一方，文献4「定性的研究」とは，対象の性質を明確にして，定量的研究での判断を間違えないようにする研究だ。両者に相通ずるのは，対象と距離を取って外から観察するのではなく，対象と近い関係を保って，その性質を明らかにしようという姿勢だろう。とはいえ，一体化して没入するだけでは学問調査にはならない。対象と深くつきあう内に，明確な方法が見えてくるような体験にしなければならないのだ。(250字以内)

設問6(a)　事例についての予想

〔**要求**〕　今までの分析を元に，事例について記述する。

　設問6では仮の事例が設定され，(a)それがどのように推移していくか予想させ，(b)それを研究する際の方法や計画を考えさせる，という二問構成になっている。**設問1〜設問5**までは，**設問6**に取り組むための基礎文献やヒントとして捉えればよい。つまり，これは大学に入って行う研究のシミュレーションになっているのである。

> **解答ルール**　**複数資料の扱いと，それを利用しての問題解決**
> 　複数資料を扱う問題では，一つ一つを独立して理解するだけでなく，それらの共通性や関係性に従って分類して理解する。そのうえで，それをヒントにして，提示された問題を解決する，という順番になる。内容を発展させて，独自の内容を加えられれば，さらによい。
> 　1．複数資料を，共通性や関係性に従って分類して理解する。
> 　2．それらをヒントとして利用し，提示された問題を解決する。
> 　3．自分なりに独自の内容に発展させる。

具体的条件の確認

　設問の文章から，Bさん夫妻の住まいかた・暮らしかたが予想できそうな内容を抽出する。

> 　1．東京郊外に家を建てた，最寄り駅までバスで15分
> 　2．自然環境が豊か(野菜畑・里山風景・河・自然山林)
> 　3．文献1〜3からの影響
> 　4．Bさん夫妻は小説家・彫刻家，在宅ワーク

ここから「Bさん夫妻の住まいかた・暮らしかた」の変化を予想するのは難しくな

いはずだ。Bさん夫妻は，以前，都心のマンションに住んでいたとあり，忙しく働いて，技術を最大限利用して消費生活をしていたはずだ。しかし，郊外に引っ越して，自由業なので時間の余裕もある。だから，豊かな周囲の自然に親しみつつ，生活自体をゆったりと楽しむという方向になろう。たとえば，農家などとの交流を深めて食糧を確保したり，河・山林などを散策して山菜を採集したり，店で買うなどの消費活動の割合は減っていくと思われる。その分，季節や天候の変化など，自然の運行への感覚も呼び覚まされるはずだし，文献１～３からの理論的影響もあって，その変化は確信へと深まっていくだろう。そのような外界への感覚の変化は，しだいに自らの作品にも反映して，自然との関わり合いを意識した作品を試みる，などの変化が出てくるかもしれない。以上のような推移をまとめれば，解答になるはずだ。

| 自由業・在宅ワーク＋自然環境が豊か |
↓
| 消費活動は減る＋周囲の自然に親しみながら生活自体を楽しむ |
↓
| 自然の変化への感覚が呼び覚まされる＋文献１～３からの影響 |
↓
| 自らの作品にも反映する |

> **解答例**
>
> 　Bさん夫妻は，以前，都心のマンションに住んで忙しく働いて，技術を最大限活用して消費生活をしていた。しかし郊外に引っ越すと，自由業なので時間の余裕もある。だから，豊かな周囲の自然に親しみつつ，生活をゆったりと楽しむようになるだろう。たとえば，農家などと交流して野菜を購入したり，河・山林などを散策して山菜を採集したり，店で買う消費活動の割合は減る。その分，季節や天候の変化など，自然の運行への感覚も呼び覚まされる。文献１～３からの理論的影響もあって，その変化は確信へと深まる。そのような感覚の変化は，しだいに自らの内面にも反映して，自然との関わり合いを意識した作品を試みる，などの変化が出てくる。(300字以内)

設問 6 (b)　調査・研究方法の計画

〔**要求**〕　調査・研究方法を計画し，自分なりの工夫を盛り込む。

　文献４～６をヒントにして，Bさん夫妻の住まい方・暮らし方を調査・研究する方法を考える。文献４，５では「対象の身になる」「深くつきあう」などが強調されて

いた。だから，ここでも，それを利用して，対象に深く関わりつつ，調査・研究する手法がとられるだろう。ただ，問題なのは，文献6が今までの設問ではまったく分析されていないことだ。文献6の内容を短くまとめて言及しなければならない。

文献6の内容確認

そこで，文献6の内容を見てみると，2つの部分に分かれていて，次のようになる。

---

(1)言葉が伝わる根底には発話者の存在がある→言葉は人間の根の深い部分に降りていく
(2)知能を作る＝物事の連環の不思議の中に入っていく

とすれば，調査・研究し論文を書くにも，たんに都会の学校からときどき訪ねてきてインタビューするだけではなく，研究する者自体が変化して，対象を理解するとともに，表層だけでなく世界に対する深い根まで認識するような調査が必要になる，という結論になろう。

具体的な調査・研究方法に落とし込む

具体的には，一時的であっても，Bさん夫妻の近くに住居を移して，自然や環境の変化を自ら感じながら，その感覚を共有しながらインタビューするなどの工夫が出てくるだろう。たとえば，近くの空き家などを借りたり，農家に一時的に下宿したり，そこで生活しながら調査すれば，その地域の生活やしきたりにも馴染むので，Bさん夫妻の言葉も細かいところまで深く理解できるはずだ。

解答例

文献6では，人工知能を話題にして，言葉が伝わる根底には発話者の存在と，その存在がどのように世界に根を張っているかが大切であると言う。

これと文献4における定性的研究の重要性，文献5における調査において中に入ってともに生きることの重要性を合わせて考えれば，Aの研究計画も，時々学校からやって来て，B夫妻の言葉を聴くだけではすまないはずだ。よりよく理解するには，むしろA自身の存在が変化して，対象を自分のように感じなければならない。たとえば，長期休暇などを利用して，B夫妻の住居近くに住んで，自然や環境の変化を自ら感じながら，その感覚を共有しつつインタビューすれば，質問も深化し，B夫妻の「住まいかた・暮らしかた」に関するコメントも実感を持って理解できるはずだ。

実際，空き家などを借りたり農家に下宿したり，一時的にでも地域で生活しながら調査するとともに，自然環境をより感じるために周囲を歩き回り，地域の特徴や住民たちの生活やしきたりにも馴染む。そうすれば，夫妻の発するコメントに対するAの理解や解釈も変わってくるし，周囲の環境への適応の仕方に対する理解も進むはずだ。（500字以内）

地域暮らしの日常

　実は，この問題集を解説している筆者も，設問6に描かれているような暮らし方と無縁ではない。というのは，東京に家がある一方で，アジアの某国にもセカンド・ハウスがあり，そこで年間4カ月は暮らしているからだ。Bさん夫妻のように，リモート・ワークが可能なので実現した。それまでは，その地域の雰囲気が好きで，何回も通っては長期滞在もしたのだが，実際に家を持って滞在してみると，それまでの体験とは大きく違った。

　熱帯地方の国なので，特有の花や果物が豊富なのだが，市場やスーパーマーケットで売っていない種類のものがいろいろ見られる。地域の人々の生活も身近に見られるので，結婚式・葬式・お寺の儀式など風習に触れる機会も多い。さらに，観光客のときは気がつかなかった地域住民の自分たちに対する視線や態度にも気づくようになった。観光地だと，地元の人は客だと思って精一杯ニコニコするが，実際に住むとなると嫉妬や干渉にも気づくことになる。

　ただ，関係は近くなっても，筆者自身は地域住民ではないので，彼らとは生活も感覚も違う。外国人なので，もちろん地域の階級制度では out of caste という例外扱い。儀式などには参加しなくてすむが，その分，お金の寄付にも気を遣わなければならない。こういう事情は，きっとBさん夫妻も同様であろう。小説家と彫刻家という，そもそも都市化や情報化を前提とする生活形態であり，地域に根ざしている農家の生き方とはだいぶ違うからだ。だから「地域に溶け込もう」としても限界があり，微妙な距離感を保ちつつ交際していくなどの工夫も強いられるに違いない。

　そういえば，田舎暮らし実践として，かつて世界的な大ベストセラーになった『南仏プロヴァンスの12か月』のイギリス人作家も，最終的には地域の人々と揉めて，プロヴァンスの暮らしを諦めなければならなかった，と言う。「自然との交感」と言っても簡単ではないのである。